方国珍史料集

主　编　应再泉
副主编　徐永明　何斌超　赵世文

ZHEJIANG UNIVERSITY PRESS
浙江大学出版社

目　录

上　编

下　编

前　言

　　"天高皇帝远，民少相公多；一日三遍打，不反待如何"，元朝的残暴统治终于激起了元末风起云涌的农民起义。方国珍于至正八年(1348)最早在浙江路桥树起反元大旗，四年后红巾军起义爆发，相继出现了张士诚、朱元璋、陈友谅等武装力量。

　　路桥地处浙东沿海，渔民出身的方国珍凭借独特的海上地理优势，迅速建立起强大的水军，屡屡打败元军的进攻。不仅如此，方国珍的水军还控制了元朝的海上生命线。红巾军起义后，京杭大运河的运输线被切断，如果海上的运输线再被切断，那么，元朝整个京城的官员和居民都有衣食之虞。日薄西山的元廷迫于无奈，一次次对方国珍招安，封官授爵，直到官至江浙行省左丞，拥有庆元、温州、台州三郡之地。方国珍一面与元廷周旋，一面暗中壮大自己的实力。方国珍曾经奉元廷之命征讨张士诚，张士诚的军队号称将军十人，士兵七万，却被方国珍亲率的五万兵力打得落花流水，溃不成军，最后不得不"遣使纳款，请奉元正朔"。昆山之战，使方国珍之名声振东南。

　　朱元璋率领的淮北起义军一路南下，势如破竹。至正十八年(1358)，朱元璋军队攻下金华、处州等地，并改婺州路为宁越府。方国珍控制的庆、温、台三地顿时处于张士诚、朱元璋、陈友谅的军事包围圈中，形势十分严峻。朱元璋遣使招降，方国珍自知不能与锋头正健的朱元璋相抗，故以子为质，遣使通好内附。方国珍这样做的目的，显然是为了化解危机，让朱元璋掉头他向。如果朱元璋进攻张士诚或陈友谅，他就可坐山观虎斗，见机行事。

　　然而，朱元璋的淮北武人英勇善战，此外又有刘基、宋濂等浙东文人的辅佐，朱元璋的军力越来越壮大。在消灭了张士诚的势力后，方国珍再次面临朱元璋的通牒。方国珍本想负隅一抗，但当朱元璋的大将汤和、朱亮祖兵临城下，攻下庆元、新昌、台州等地后，方国珍自知难有退路，决定放弃抵抗，率众从海上来归朱元璋。因归顺有功，方国珍被授为广西等处行中书省左丞，直至完首而卒，享年五十六岁。

对于方国珍狐疑不决、既依且违的态度,后世多有贬词,以为他首鼠两端,"反复狙诈人耳"。对于方国珍的志向才略,后世以为他"非有长驾远驭之才,取威定霸之略",深为他不从章子善北上攻取天下的建议而感惋惜。不过,对于方国珍的保境安民、归顺朱元璋之举,时人及后世众口一词,赞扬有加,如明代开国文臣宋濂在为他写的《神道碑铭》中称他"盖公以豪杰之姿,庇安三路六州十一县之民,天兵压境,避而去之,曾无一夫被乎血刃,其有功于生民甚大","功在三府,其惠孔昭";清人傅维鳞在《明书》中称他"不建号称王,卒归命真主,国珍之识量有过人者。回视吴楚,俱烟消灰灭,而独乐天年,保富贵子孙安享厚禄,于太祖迅霆之下,非沈勇知几而能若是乎"。

方国珍的事迹一直以来为当地百姓所津津乐道。为了对六百余年前的这位历史人物作出正确的评价以服务地方文化旅游建设,让人们全面了解方国珍的生平事迹和历史地位,我们编纂了这本汇集方国珍历史文献资料的书。

本书的编纂得到了路桥区文联、路桥区图书馆、路桥区档案局和郑九蝉先生、管彦达先生、郑炜先生、方崇江先生以及浙江大学人文学院研究生黄文敬、王雨翌等人的大力帮助,在此一并向上述单位和个人致以衷心的感谢!由于成书仓促,遗漏和错误在所难免,欢迎读者批评指正。

编　者

2012 年 12 月 20 日

上

编

一、方氏源流

方氏源流原序

方 崧

方氏祖籍台州，自大宋年间侨寓黄岩，世居洋屿。后迁石曲，历传至元，有太祖、考、祖妣墓葬在方家现下汇头。又传数世，及元武宗时，出兄弟五人。长国馨，次国璋，三国珍，四国瑛，五国珉，咸有膂力，以鱼盐为业。一日清晨，国珍诣南塘戴氏，假大桅木，时主人卧尚未起，忽梦厅柱有黑龙蟠绕屋，为之震撼惊觉。起而视，乃国珍也。遂以女妻其子。（来按：数语本邑志。考郡志云，因妻以女，似妻国珍矣。然国珍妻两董氏，无姓戴者，郡志讹也。）

及元顺帝至正十八年十一月，国珍聚众，起兵海上。十三年，张士诚陷泰州，僭号"大周"，自称"诚王"，元遣国珍讨之，遂出师。水骑并进，杀将士，溺死者万计。元君臣多国珍，勋数加，爵赏至太尉左丞相，封衢国公。至正十八年，明太祖洪武既定金华，遣儒士陈显达招国珍，以宁、台、温三郡来附，用次子关为质。太祖曰："既诚来归，便当推诚相与，何质为哉？"乃厚赐遣之，授江南行省平章事。（来按：邑志，"江南"作"福建"，又改为淮南左丞。）国珉、国瑛皆至大官。（来按：并为平章事。）遣博士夏煜赍授银印。然国珍外示归附，内仍尽心事元。太祖平苏州，命国珍运粮，不报。太祖责其反覆，命汤和、廖永忠、朱亮祖等征之。国珍乃遣其子明完奉表谢罪。太祖览表怜之。（来按：此表幕下士天台詹鼎笔也。又按：明完，邑志作"关"。《七修类稿》、宋濂《神道碑》作"明完"。）乃赐书曰："当以此诚为诚，不以前过为过。"既率众来归，悉从原宥，即授广西行省左丞相。

及国珍病革，太祖遣内史问所欲言，国珍曰："臣荷厚恩，无以为报，子孙庸愚，不省人事，原上曲加保全，言讫而逝。"太祖闻而哀之，乃为文致祭，官其二子焉。先时，国珍病时，嘱诸子曰："无归葬海滨，可求京城外之地葬之。"后遂葬于城东二十里玉山之原。太祖命学士宋濂为《神道碑铭》，见《浙江通志》。且谓能保全三郡，归命真人，使桑梓不罹血刃，功亦不可泯没。后至明季，子孙仍转居石曲，名其里曰前方。与始祖墓在方家岘者，仅隔里许焉。颍川氏人崧再志。

（来按：此文题当作《国珍始末考》，不当谓《方氏源流序》也。然国珍事实，具载诸书及通志、郡邑志，尤详于宋文宪《神道碑》。惟校郎瑛《七修类稿·始末略》，则大致有异。碑固奉敕应制之文，纪善略恶，《类稿》则直叙其事，更为可信。此文第述大略，与诸异同不一，兹不具辨，后别著《源流考》一篇以正之。）

新定石曲方氏源流考 三修增

方　回

　　吾宗方氏，世居黄岩石曲前方。自国初至今，三百余年，团聚一乡，无散处者，然不详先世源流所自。谱中所载，以所可知者为始祖，不敢冒他处之方以渎宗，所谓宁简勿滥，盖言慎也。然数典忘祖，自昔所讥。来不敏，谨考得姓之源为吾石曲之派之所自，以详稽焉。

　　案方氏受姓，较他为姓最古。宋潜溪濂曰：方姓始自方雷氏。方雷氏者，西陵氏女，轩辕之正妃，是为嫘祖。或曰榆罔之子曰雷，封于方山，后因以为氏宗。正学公孝孺曰：黄帝时，有曰明，在七圣之列，其后有回，为帝舜友，历二代而族未显。周宣王时，叔为将伐猃狁，有大勋，赐食邑于洛，故世望于河南，方氏由是著于天下，然未散迁于江、皖、闽、浙间也。西汉末，新莽将篡立，有司马府长史名纮者官吴中，度天下将乱，乃避居歙县之东乡，遂家焉。生一子雄，雄生三子，曰俦，曰储，曰偐。偐为关内侯，行南部太守。（王子庄先生云，"部"当作"郡"。）偐为大都督。储字圣明，一字真顺，建初间，举贤良方正，对策为天下第一。拜议郎，转洛阳令，封黟县侯。和帝时，下郊，忤上意，饮鸩卒。后赠尚书令，能役使鬼神，乡人立庙祀之，称为仙翁。墓葬淳安县学前，庙曰真应庙。徽、严山中，皆有之。仙翁生三子：缵之，宏之，观之。子孙繁衍，遂分三族。严、衢、婺、越之方，缵之之后也。徽、宣、池、秀、湖、常之方，宏之之后也。莆田、九江、滁阳之方，观之之后也。缵之后，至唐咸通中，有号元英处士者，名干，字雄飞，以诗名，居睦之白云原，后隐越之镜湖以终。五世后，复自越迁睦，子孙号为九房，布列于浙河之东，多仕吴越钱氏。太平兴国二年，钱俶纳士，有自睦徙台州黄岩者，曰二四府君，自是黄岩始有方氏焉。

　　未几，迁宁郡之象山，又迁宁海缑城。至明建文间，而出正学公。若临海之鲛峰，天台之鬼峰，皆有方氏之子孙焉。惟黄岩自二四府君改迁后，不闻留居者，则石曲之方，非其所自也。（今黄邑西门、西乡、东南乡及太邑城乡各处皆有方氏，与本族之源不同。）若莆田本观之之后，唐昭宗时，守长史讳玠者，生御史中丞殷符，符生七子：延康、延年、延范、延远、延英、延辉、延滔，最号贵显。子孙或家滁阳。延滔，左仆射，其后或迁饶信、江苏。累代炽昌，闻人辈出。在宋，莆田之方最盛，有曰惟深，文学行谊为世所宗。曰渐，知梅州，积书尽多，世号富文方氏者是。（渐，榜藏书之阁曰富文，故有是称。）曰耆，字次云，官秘书省正字，储书千二百笥。朱子至莆谒之，敬礼有加。曰大壮，好学，不践场屋，得朱子性道之懿。子大东，孙澄会，明公权。元孙德至，四世科第。曰崧卿，字季申，隆兴初进士，官西京转运判，有惠政。至宋季有自莆迁台州之仙居，复迁于黄岩之洋屿，遂占籍焉。有曰天成，子宙，孙伯奇，俱以国珍贵赠官。伯奇追封越国公。伯奇子五：曰国馨、国璋、国珍、国瑛、国珉。国珍，明初赠资善大夫、广西等处行中书省左丞，卒于南京邸第。子孙仍转黄岩石曲，名其里曰前方。自是黄岩石曲，始有方氏焉。有明社屋，陵谷变迁，兵燹流离，谱牒散失，自唐至今，世系罔考，故先代宗公以国初肇基公为始，不复拉述远祖，然其源则出自莆田之方，为国珍后，无可疑者。若长史玠，又为江南凡方氏之鼻祖也。来读书不多，未能博考，如方回《桐江集》、方耆《莆田图谱记》、方仁杰《闽系录》及本郡宁海、天仙之方氏谱，俱未得见，兹第述其大略之可信者，以告我族人，庶不忘所自云。

（案：前半据宋文宪《方氏族谱序》及正学先生《方氏谱序》，后半杂考诸书，不便附注。来自记。）

（《民国四修石曲方氏宗谱》卷一）

方氏源流附考

按方回《桐江集》所载天下之方，姓皆出于歙县。歙县之东乡，为严之淳安，盖予鼻祖玠，西汉不仕，王莽避地时所居。仙翁储之墓，在县学前；庙祀，则徽、严山中皆有之，曰真应庙。徽、严之方，莆之方，信之鹅湖之方，屡出名卿显人。又按：秘书省正字方耆《莆田谱图记》所纪王莽之际，衣冠流离，有名玠字子缨者，渡江而宅吴中，以二说参之，皆本于张友成《仙翁庙记》，所以先后如出一辙。独新定别谱，谓仙翁新定人。祖玠，晋元熙间为郡功曹。父雄，生三子：长侪，娶司空谢安女。次即仙翁，名储。季曰俨，字叔威。当南齐世，与仙翁皆隐不仕。及梁武帝即位，仙翁始举秀才，终官太常卿。窃意谢安卒于晋孝武太元十年，卒后三十余年,始为恭帝之元熙,又历宋齐八十余年,而至梁,度其时侪必尚存,相去如此之久,而曰娶安之女,似无斯理也。侪事然且,不知仙翁仕梁之事,其果足信矣乎?又谓仙翁三子,长曰觌,次曰觊,季曰洪,而著作郎方仁杰《闽系录》则云仙翁三子缵之、宏之、观之,《谱图记》亦然,盖观字正同,宏则避宋宣祖讳改为洪,以宏与洪音义相近,惟觊与缵稍异耳。无乃传闻之易讹耶?惟方氏固为江南望族,而元英之支,子孙尤众,其九世孙监察御史蒙自记,白云原之族,时有二十三院,实治平之四年至淳熙初吕太史伯恭见于文辞,又云云源支叶甚繁,一源数百家,联谱合牒,衣冠文物之盛,乡人纪之。呜呼!亦可谓昌且炽矣。至若莆田之方,则唐昭宗时郡守长史讳琡始迁,琡生御史中丞殷符,殷符生七子:延康、延年、延范、延远、延英、延辉、延滔,最号贵显。延安,户部侍郎子孙,或家滁阳。延滔,左仆射,其后人或迁饶信、江苏诸郡。琡亦观之之裔,因为元英异支,谓其徙于光之固始者,则非也。(光州,今河南横川县。)

(《民国四修石曲方氏宗谱》卷一)

方国珍世系表

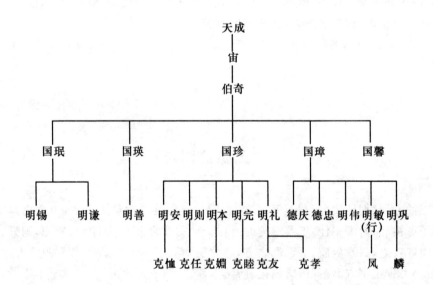

(据《民国四修石曲方氏宗谱》制)

二、碑铭志传

故资善大夫广西等处行中书省左丞方公神道碑铭

明·宋濂

洪武七年三月某日,资善大夫、广西等处行中书省左丞方公殁于京师钟山里之私第。既已襄事,而墓门之石未有刻文。九年冬十一月,其子礼恐公群行堙没无传,请于大都督府。移文中书,中书下礼部。于是尚书臣筹以其事闻。制曰:"可。"遂敕翰林学士承旨臣濂为之铭。

臣谨按留守都卫经历天台詹鼎状公之行曰:公讳珍,避庙讳更名真,因字谷贞,姓方氏。其系分自莆田,再迁台之仙居,三迁于黄岩,遂占籍焉。公长七尺,状貌魁梧,而身白如瓠。有伟丈夫量,未尝宿怨,识者已知其为贵人。至正初,李大翁啸众倡乱,出入海岛,劫夺漕运舟,杀使者。时承平日久,有司皆惊愕相视,捕索久不获,因从而绥辑之。剧盗蔡乱头闻其事,谓国家不足畏,复效尤为乱,势鸱张甚,滨海子女玉帛,为其所掠殆尽,民患苦之。中书参知政事朵儿只班发郡县兵讨蔡寇。公之怨家诬构与其通,逮系甚急。公大恐,屡倾资贿吏,寻捕如初。公度不能继,且无以自白,谋于家曰:"朝廷失政,统兵者玩寇,区区小丑不能平,天下乱自此始。今酷吏藉之为奸,媒蘖及良民,吾若束手就毙,一家枉作泉下鬼。不若入海为得计耳。"咸欣然从之。郡县无以塞命,妄械齐民以为公。民亡公所者,旬日得数千,久屯不解。朝臣察其非罪,奏为庆元定海尉,使散众各安其居。

自时厥后,汝颍兵大起,海内鼎沸。齐国忠襄王李察罕保鳌河、洛、晋、冀,李思齐、张思道号令关陕,陈友谅、明玉真分有江、汉、荆、益,张士诚据淮、浙,公亦有庆元、台、温三郡之地。

同县章子善者,好从横之术,走说公曰:"夷狄无百年之运,元数将极,不待知者而后知。今豪杰并起,有分裂之势。足下奋袿一呼,千百之舟,数十万之众,可立而待,溯江而上,则南北中绝。擅馈运之粟,舟师四出,则青、徐、辽、海、闽、广、瓯、越,可传檄而定。审能行此,人心有所属,而伯业可成也。"公曰:"君言诚是,然智谋之士,不为祸始,不为福先。朝廷虽无道,犹可以延岁月。豪杰虽并起,智均力敌,然且莫敌为主。保境安民,以俟真人之出,斯吾志也,愿君勿复言。"子善谢去。

公自是其官累迁,至江浙行中书参知政事。会有诏征兵讨张士诚,公遂出师。士诚知公且至,遣其将史文炳、吕真,统十将军,兵七万,御公于昆山。昆山去姑苏七十里,士诚之伪都在焉。文炳、真陈兵城中,仍以步骑夹岸为阵。士诚命游兵往来,旌旗数十里不绝,气势甚盛。公曰:"滨海之地,非四达之衢,乃复参用步骑,兵虽众,不足畏也。"公舟师仅五万,身率壮士数百趋鬵子桥。文炳、真使十将军薄水战,矢石如雨。公戒其众,持苇席,藉涂泥,冒矢石急奋。夹岸之军,以火箭乱射。公燎及须鬒,横刀大呼而入,杀两将军及十余人。军大溃,若禽鸟散去。公与壮士追击,趋其中坚。文炳、真接战。公出入阵中,所向辄披靡。桥左右水骑讫不得成列,而岸上军又散北。文炳、真弃马走,亡七将军,溺死者万计。公乃次兵于岸。明日又战,七战七捷,直至城下。士诚得报,遣使者送款,请奉元正朔。

公还,遂以节钺镇浙东,开治于鄞。元之君臣多公之勋,复数加爵赏,俄至太尉、江浙行省左丞相,赐衢国公印章,昆弟子姓宾客,皆至大官。

当是时,今上皇帝龙兴临濠,定鼎金陵,天戈所指,无不箪食壶浆,以迎王师。上亲取婺州,而衢、处相继降。公曰:"吾闻顺天者昌,逆天者亡。今临濠兵精甚,所至无坚城。此殆天命之所在也,逆天不祥。"即遣子完入侍。上喜曰:"自古英雄以义气相许,当如青天白日,事成同享富贵,何以质子为?"遂使完归。公复遣使者,愿守城邑,如钱镠故事,岁贡白金,以给军赏。上许之。然犹自海道输粟元都。

时群雄方争,上方励志中原。公独屏蔽江海,使者交于二境上,唯求庇民而已。苗军刘震、蒋英等叛婺州,杀首帅胡大海,持其首来,曰愿隶麾下。众皆贺,独公不许,曰:"吾昔遣使效钱镠,言犹在耳。今纳其叛人,是见小利而忘大信也。且人叛主而归我。即他日叛我,又安可耶?"遂帅师击之,仲兄中流矢而没。上遣使临祭,且慰抚其遗孤。越数载,上诏大将军徐魏公平姑苏缚士诚献京师。公以久疾不视事,又莫府宾客无所陈说,失朝贺礼。上怒,大军且压鄞。公忧惧不知所为,乃封府库,具氏数,使城守者出迎。躬挈妻孥,避去海上。使完奉表谢曰:"臣闻天无所不覆,地无所不载,王者体天法地,于人无所不容。臣荷陛下覆载生成之德久矣,安敢自绝于天地?敢一陈愚衷,惟陛下财幸。臣本庸才,处乎季世,保境安民,非有黄屋左纛之念。曩者,陛下霆击雷掣之师至于婺州,臣愚以为天命有在,遣子入侍,于时固已知陛下有今日矣。所谓依日月之末光,望雨露之余泽者也。而陛下开诚布公，赐手书，归质子，俾守郡县如钱镠故事。十年之间，与中吴角立，皆陛下之赐戟也。逮天兵下临吴会，臣尝上书，谓朝定杭、越，则暮归田里。不意今年以来，老病交攻，顿成昏昧，而弟兄子侄志虑不齐，致烦陛下兴问罪之师。方怀忧惧，未能自明，而大军已至台、温。令臣计无所出，虽遣使再三，而承诏之师，势不容已。是以封府库，开城郭，以俟王师之至。然犹未免为浮海之计者，昔有孝子于其亲也，遇小杖则受，大杖则走。臣之事，适与相类。虽然，臣一介草莽，亦安敢自绝于天地？故每自思，欲面缚待罪阙庭。复恐陛下万一震雷霆之怒，天下后世议者，不谓臣得罪之深，将谓陛下不能容臣，岂不累天地之大德哉？谨昧死奉表以闻，俯伏俟命。"

上览表，趣公入觐。公至京师，上且喜且让曰："若来何晚也？"公即叩首谢罪。上以公诚悫，遇之特厚，每赐宴飨，皆与功臣列坐。未几，有广西左丞之命，俾奉朝请。一日侍上燕，坐不能兴，舆至第，则成末疾矣。上数遣中使赐问，官其二子：礼，宣武将军、金广洋卫亲军指挥使司事。完，忠显校尉、虎贲卫千户所镇抚，令公得亲见之。已而公疾革，上遣中使问所欲言。公指使者中坐，良久曰："臣荷陛下厚恩，无尺寸之功，而子孙椎鲁，绝不知人间事，臣所忧者独此耳。幸陛下以臣故，曲加保全，则臣感恩九泉，为犬马报陛下矣。"言毕而逝，寿五十又六。上闻，哀悯之，亲御翰墨为文，命官致祭。皇太子暨亲王亦如之。中书省、大都督府、御史台亦皆奉上旨临祭，成礼而去。先是，公病时，尝属诸子曰："我即死。毋归葬海滨。主上遇我过厚，可求京城外之地埋焉。且使后人习于礼义。"及是，卜城东二十里玉山之原帷食。礼部为奏请，上欣然可之。于是以某年某月某日葬，礼也。

公世为善人，而其父尤柔良。人弱之，屡致侵蚀，父笑曰："吾诸子当有兴者，毋久苦我。"其后五子果贵显。元季，以公之贵，得屡赠三代。曾祖天成，荣禄大夫、湖广等处行中书省平章政事。祖宙，光禄大夫、福建等处行中书省平章政事，勋皆杜国，爵皆封越国公。父伯奇，银青荣禄大夫、淮南等处行中书省左丞相上柱国，仍追封越国公。曾祖妣陶氏，祖妣潘氏，妣周氏，妻两董氏，皆封越国夫人。子男五人，其二即礼与完，其三曰本，曰则，曰安。女五，二适士族，余在室。孙男六。

隋大业末，海内纷纭，江华聚众保民，据有歙、宣、杭、睦、婺、饶六州之境，虽屡受隋爵，及唐高祖有天下，遂封府库，籍民数，以归职方，擢为歙州刺史，殁于长安，其事与公似无大相远者。盖公以豪杰之姿，庇安三路六州十一县之民，天兵压境，避而去之，曾无一夫被乎血刃，其有功于生民甚大。然而天宠所被，赐官丞辖，享有禄食，而二子皆列崇阶，赫奕光着，视唐则有加焉。于是历序其故，著为铭诗，以宣朗国家之鸿烈，而及公保民之伟绩云尔。铭曰：

元季纷纭，群雄相吞。公据海滨，志欲靖民。
黄屋左纛，我非敢觊。绥定一隅，以俟真主。
大明煌煌，出自东方。天威奋张，孰敢不来？
王乃籍土，乃封府库，大开城门，委之而去。
皇帝诏还，喜动龙颜。卿能庇民，朕数嘉叹。
卿居海邦，倚水为强。旌旗扬扬，武夫洸洸。
舳舻数千，横行海中。诸蕃畏威，莫越其封。
炳乎几先，能顺天命。卒全黎元，兵不血刃。
何哉暴强，驱民锋镝，酣战弗禁，身乃就殛。
以此较彼，卿实为能。爵之崇阶，禄给子孙。
天语褒嘉，金宣玉奏。公拜稽首，天子万寿。
惟公挺生，人中之豪。功在三府，其惠孔昭。
华之保歇，事与公类。至今庙食，春秋不废。
公虽殁矣，德曷忘矣。太史铭矣，发幽光矣。

（《宋濂全集》第 2 册，第 1147 页）

方国珍德政碑（残）

释□□

平章荣禄方公分四明之明年，海壖肃清，黎氓底宁。沐浴□□□□□□□□□□□镇吾鄞今二载，郡之士庶与吴释氏子莫不戴公恩。今民既□□□□□□□□□顾虎视，设张机牙，睥睨吴鄞，民惴不自保。及公来分兵镇御，舟□□□□□□□□□□□朝廷遣使来东南，皆假道海上。还京师，四方之将命乘传者，杂□□□□□□□□□□□苏息而使价胥悦。及海舟北上，则为治舟舡，具糇粮，严兵卫以扈□□□□□□□□□胥吏辈从民市，直不酬物，且督责捶楚，民甚病。及公至，下令戒约□□□□□□□给。公既戒约，官吏毋得多输民租，且命输者自持概，平其缺斛，豪胥□□□□□□□□其弊，凡作器物，皆官自给，褍备匠居肆，程限弗棘。鄞虽宿重兵治守，□□□□□□公亲诣天井诸龙湫，谒水露首，徒跣行百里，陟冈巘，披荆榛一日夜，达□□□□卒得雨，□以不歝，其虔恪为民若此。鄞濒海为郡，榷盐之场五，旧时官□□□□□□盆之□□给军储，其他琐条密纲，一切驰之。民无不得食盐而钳钛之。□□□□□费不□，驿户不烦，县邑经画有方，营构有法，于是四方之来者，始有托宿□□□□□，能静厚宽恕，克赞公志。至于幕府僚佐，皆能勤恤民隐，以襄美政。吾徒静□□□□□浮图氏，若无所□也。而乃拳请为志诸金石，彼岂无说乎？因语之曰："公之□□□□□以德泽之我及者为言，是酬私恩也。余因固询之，则曰：初公之未至也，使客□□□□寺出缗钱，为丁夫庸，及具糇粮为赍，送往困弊，公闻而咤曰：夫僧与编氓同□□□□糇粮之需者，皆公赐也。然而所以树石而纪德者，则非为是一端也。盖吾游□□□□徒净业修禅寂，遂谓非公赐，可乎？乌可泯公赐，而昧其所自来耶？余闻而□□□□方面之相臣，而又必惟述其仁民之功，而不言其及己之惠，不欲以私恩□□□□为□，朝廷所倚重，□宠锡荐臻，□恩渥隆赫，公必将竭忠奋庸以报□□□□□□行当奖率三军，荡平边陲，扫清氛祲，使东南疲氓复见太平全盛之治，而尔□□□□报德之意，乃为之书。因铭以诗曰：

　　□□之墟，控越走吴。邻奸侦窥，封豨猰貐。猗欤相臣，来殿海隅。锋旗所麾，逆枭叛□。□□王国，盐策流行。弗急其征，仓庾量平。弗渔其赢，敕甲锻兵。戈铤耀明，贝胄朱缌。虎□□多，□□取及。明明圣皇，赍锡孔章。命服辉煌，秬鬯秘芳。公拜登受，□□□□。□□□□，□□□疆。馈□天子，万年永绥。万方(方字疑衍)民讴歌，德音不忘。

　　碑文的方格。据冯目载："至正二十年(1360)，释□□撰。民国十八年(1929)灵桥门出土。"

(《天一阁明州碑林集录》第53页)

明太祖实录·方国珍传

　　(洪武七年)壬辰，广西行中书省左丞方国珍卒。国珍名珍，以字行，台之黄岩人。世以贩盐浮海为业，长身面黑，颇沉勇。

　　元至正中，同里蔡乱头啸聚恶少年，行劫海上，有司发兵捕逐其党，多株连平民。国珍怨家陈氏诬构国珍与寇通，国珍怒杀陈氏，陈之属诉于官，官发兵捕之急。国珍遂与其兄国璋、弟国瑛、国珉及邻里之惧祸逃难者亡入海中，旬月间，得数千人，劫掠漕运粮，执海道千户。事闻，诏江浙行省参政朵儿只班总舟师捕之，兵败，反为所执，国珍因迫使请于朝，下招降之诏。元主从之，遂授庆元定海尉。国珍虽授官还故里，而聚兵不解，势益暴横。

　　十二年，元兵征徐州，命江浙省臣幕舟师守大江，国珍怀疑，复入海以叛，乃命台州路达鲁花赤泰不花讨之。泰不花率舟师与战，众溃，泰不花自分必死，即前薄国珍船，手刃数人，遂为所杀。是时，汝颍兵起，海内大乱，江淮南北诸郡土豪各聚众割据，元不能制，遂复遣官谕之使降。久之，伪吴张士诚据姑苏、常、湖等郡，元患之，且欲藉国珍收士诚，因授国珍江浙行省参知政事，兄国璋等转官有差，令其将兵讨士诚。国珍率兄弟诸侄等以舟师五万进击士诚昆山州，士诚遣其将史文炳等御于鬲子桥，国珍七战七捷，会士诚亦送降款于元，愿奉正朔，元从其请，遂命国珍罢兵。

国珍还，开治于庆元，而兼领温、台，全有三郡之地，遂以兄国璋、弟国瑛居台，侄明善居温，而留弟国珉自副。时上亲征婺、衢、处诸郡，婺既下，即遣使以书招谕国珍。国珍闻王师在婺，法令严明，士马精强，所向无敌，乃集其兄弟谋曰："方今海内虽乱，而元运未终，然惟建业善用兵，威振远迩，恐吾兄弟不足与抗。不如姑示顺从，以观天下之势。"乃遣其子完入侍。上知国珍意不诚，命归完。国珍复遣使上言，愿守郡邑如钱镠故事，岁贡白金以给军费，上许之。方是时，元每岁遣官督国珍备海舟至张士诚所，漕米十万余石，渡海北输元都，国珍亦奉命，因累加国珍官至太尉、江浙行省左丞相，赐爵衢国公，兄国璋行枢密院副使，弟国瑛、国珉、侄明善俱累官行省平章政事。由是，国珍兄弟子侄贪虐日甚，虽时遣人来贡，其实假此以为觇伺。

久之，会国朝苗军降将蒋英、李福叛，刺杀江南行省参政胡大海于金华，将由台州走福建。时国璋守台，率兵邀击于仙居，为所败，被杀。吴元年，王师既破张士诚，国珍忧惧，将遣人入贺，而诸弟子侄志虑不齐，不果遣。上怪其反覆，乃遣参政朱亮祖将兵趋台州，御史大夫汤和、平章政事廖永忠向庆元。九月，亮祖攻台州，克之。国瑛率余众入黄岩，亮祖兵寻追及之，国瑛遁于海。十月，亮祖自黄岩移兵攻温州，明善亦挈家遁去，守者以城降。

十一月，和率兵抵庆元，国珍仓卒知计不可为，约其弟侄，挈妻子，浮海以避，而王师追之益急。国珍乃封府库，籍民数，俾其子弟将校迎降，且遣人奉表谢。上览表怜之，因赐诏，趣国珍入觐。既至，上让之，国珍叩首谢罪。上察国珍辞气诚悫，无他肠，以前日阳降阴背，乃左右之谋，非其本意，特厚遇之。每赐宴，皆与功臣列坐。未几，授广西行省左丞，俾奉朝请。后寝疾，上数遣中使赐问，官其二子：礼，广洋卫指挥金事；完，虎贲卫千户所镇抚。已而遂卒，年五十有六。

国珍与兄弟俱不知书，时佐其谋议者，同邑刘仁本、张本仁、郑永思、永嘉丘楠辈。惟丘楠颇廉慎，余皆由州县胥吏进用，贪贿营私，无深虑远略。其兄弟子侄分治二郡，政刑租赋，率任意为轻重。侄明善居温，颇循法度。而兄国璋、弟国瑛居台，惟以买田造舟殖货为富家计。及国珍降，其参佐皆杖死，惟赦楠，任为韶州府知府。

（《大明太祖高皇帝实录》）

明史·方国珍传

方国珍，黄岩人。长身黑面，体白如瓠，力逐奔马。世以贩盐浮海为业。元至正八年，有蔡乱头者，行剽海上，有司发兵捕之。国珍怨家告其通寇。国珍杀怨家，遂与兄国璋、弟国瑛、国珉亡入海，聚众数千人，动运艘，梗海道。行省参政朵儿只班讨之，兵败，为所执，胁使请于朝，授定海尉。寻叛，寇温州。元以孛罗帖木儿为行省左丞，督兵往讨，复败，被执。乃遣大司农达识帖睦迩招之降。已而汝、颍兵起，元募舟师守江。国珍疑惧，复叛。诱杀台州路达鲁花赤泰不华，亡入海。使人潜至京师，赂诸权贵，仍许降，授徽州路治中。国珍不听命，陷台州，焚苏之太仓。元复以海道漕运万户招之，乃受官。寻进行省参政，俾以兵攻张士诚，士诚遣将御之昆山。国珍七战七捷。会士城亦降，乃罢兵。

先是，天下承平，国珍兄弟始倡乱海上，有司惮于用兵，一意招抚。惟都事刘基以国珍首逆，数降数叛，不可赦。朝议不听。国珍既授官，据有庆元、温、台之地，益强不可制。国珍之初作乱也，元出空名宣敕数十道募人击贼。海滨壮士多应募立功。所司邀重贿，不辄与，有一家数人死事卒不得官者。而国珍之徒，一再招谕，皆至大官。由是民慕为盗，从国珍者益众。元既失江、淮，资国珍舟以通海运，重以官爵羁縻之，而无以难也。有张子善者，好纵横术，说国珍以师溯江窥江东，北略青、徐、辽海。国珍曰："吾始志不及此。"谢之去。

太祖已取婺州，使主簿蔡元刚使庆元。国珍谋于其下曰："江左号令严明，恐不能与抗。况为我敌者，西有吴，南有闽。莫若姑示顺从，借为声援以观变。"众以为然。于是遣使奉书进黄金五十斤，白金百斤，文绮百匹。太祖复遣镇抚孙养浩报之。国珍请以温、台、庆元三郡献，且遣次子关为质。太祖却其质，厚赐而遣之；复使博士夏煜往，拜国珍福建行省平章事，弟国瑛参知政事，国珉枢密分院佥事。国珍名献三郡实阴持两端。煜既至，乃诈称疾，自言老不任职，惟受平章印诰而已。太祖察其情，以书谕曰："吾始以汝豪杰识时务，故命汝专制一方。汝顾中怀叵测，欲觇我虚实则遣侍子，欲却我官爵则称老病。夫智者转败为功，贤者因祸成福，汝审图之。"是时国珍岁岁治海舟，为元漕张士诚粟十余万石于京师，元累进国珍官至江浙行省左丞相衢国公，分省庆元。国珍受之如故，特以甘言谢太祖，绝无内附意。及得所谕书，竟不省。太祖复以书谕曰："福基于至诚，祸生于反复，隗嚣、公孙述故辙可鉴。大军一出，不可虚辞解也。"国珍诈穷，复阳为惶惧谢罪，以金宝饰鞍马献。太祖复却之。

已而苗帅蒋英等叛，杀胡大海，持首奔国珍，国珍不受，自台州奔福建。国璋守台，邀击之，为所败，被杀，太祖遣使吊祭。逾年，温人周宗道以平阳来降。国珍从子明善守温以兵争。参军胡深击败之，遂下瑞安，进兵温州。国珍恐，请岁输白金三万两给军。俟杭州下，即纳土来归。太祖诏深班师。

吴元年克杭州。国珍据境自如，遣间谍假贡献名觇胜负，又数通好于扩廓帖木儿及陈友定，图为掎角。太祖闻之怒，贻书数其十二罪，复责军粮二十万石。国珍集众议，郎中张仁本、左丞刘庸等皆言不可从。有丘楠者，独争曰："彼所言均非公福也。惟智可以决事，惟信可以守国，惟直可以用兵。公经营浙东十余年矣，迁延犹豫，计不早定，不可谓智。既许之降，抑又倍焉，不可谓信。彼之征师，则有词矣，我实负彼，不可谓直。幸而扶服请命，庶几可视钱俶乎。"国珍不听，惟日夜运珍宝，治舟楫，为航海计。

九月，太祖已破平江，命参政朱亮祖攻台州，国瑛迎战败走。进克温州。征南将军汤和以大军长驱抵庆元。国珍帅所部遁入海。追败之盘屿，其部将相次降。和数令人示以顺逆，国珍乃遣子关奉表乞降曰："臣闻天无所不覆，地无所不载。王者体天法地，于人无所不容。臣荷主上覆载之德旧矣，不敢自绝于天地，故一陈愚衷。臣本庸才，遭时多故，起身海岛，非有父兄相借之力，又非有帝制自为之心。方主上霆击电掣，至于婺州，臣愚即遣子入侍，固已知主上有今日矣，将以依日月之末光，望雨露之余润。而主上推诚布公，俾守乡郡，如故吴越事。臣遵奉条约，不敢妄生节目。子姓不戒，潜构衅端，猥劳问罪之师，私心战兢，用是俾守者出迎。然而未免浮海，何也？孝子之于亲，小杖则受，大杖则走，臣之情事适与此类。即欲面缚待罪阙廷，复恐婴斧钺之诛，使天下后世不知臣得罪之深，将谓主上不能容臣，岂不累天地大德哉。"盖幕下士詹鼎词也。

太祖览而怜之，赐书曰："汝违吾谕，不即敛手归命，次且海外，负恩实多。今者穷蹙无聊，情词哀恳，吾当以汝此诚为诚，不以前过为过，汝勿自疑。"遂促国珍入朝，面让之曰："若来得毋晚乎！"国珍顿首谢。授广州西行省左丞，食禄不之官。数岁，卒于京师。

子礼，官广洋卫指挥佥事；关，虎贲卫千户所镇抚。关弟行，字明敏，善诗，承旨宋濂尝称之。

（《明史》卷一百二十三）

鄞县志·方国珍传

《明史》本传曰：方国珍，黄岩人。世以贩盐浮海为业。至正八年，与兄国璋、弟国瑛、国珉聚众数千人，劫运艘，梗海道，行省参政朵儿只班讨之。兵败，为所执，胁使请于朝，授定海尉。寻叛。寇温州，元以孛罗帖木儿为左丞，督兵往讨，复被执。乃遣大司农达识帖睦迩招之降。已而复叛。诱杀台州路达鲁花赤泰不华，亡入海，使人潜至京师，赂诸权贵，仍许降，授徽州路治中。国珍不听命，元复以海道漕运万户招之，乃受官。寻进行省参政。

先是，国珍兄弟倡乱海上，有司惮于用兵，一意招抚，惟都事刘基以国珍首逆，数降数叛，不可赦。朝议不听。国珍既授官，据有庆元、温、台之地，益强不可制。元既失江淮，资国珍舟以通海运，重以官爵羁縻之。

明太祖已取婺州，使主簿蔡元刚使庆元，国珍遣使奉书，进黄金五十斤，白金百斤，文绮百匹。太祖复遣镇抚孙养浩报之。国珍请以温、台、庆元三郡献，且遣次子关为质。太祖却其质，厚赐而遣之。复使博士夏煜往拜国珍福建行省平章事。国珍名献三郡，实阴持两端。煜既至，乃诈称疾，自言老不任职，惟受平章印诰而已。是时，国珍岁岁治海舟，为元漕张士诚粟十余万石于京师，元累进国珍官至江浙行省左丞相、衢国公，分省庆元，国珍受之如故。特以甘言谢太祖，绝无内附意。太祖复以书谕曰："福基于至诚，祸生于反复，隗嚣、公孙述故辙可鉴。大军一出，不可虚辞解也。"国珍复阳为惶惧谢罪，以金宝饰鞍马献，太祖复却之。及胡深下瑞安，进兵温州，国珍恐，请岁输白金三万两给军，俟杭州下即纳土来归。太祖诏深班师。

吴元年，克杭州，国珍据境自如。太祖贻书数其十二罪，复责军粮二十万石，国珍不从。惟日夜运珍宝，治舟楫为航海计。太祖已破平江，命参政朱亮祖攻台州，进克温州。平南将军汤和以大军长驱抵庆元，国珍率所部遁入海，追败之盘屿。其部将相次降。和数令人示以顺逆，国珍乃遣子关奉表乞降。曰："臣本庸才，遭时多故，起身海岛，非有父兄相藉之力，又非有帝制自为之心，方主上霆击电掣，至于婺州，臣愚即遣子入侍，主上推诚布公，俾守乡郡如故。吴越事，臣遵奉条约，不敢妄生节目。子性不戒，潜构衅端，猥劳问罪之师，私心战兢，用是俾守者出迎，然而未免浮海，何也？孝子之于亲，小杖则受，大杖则走，臣之情事适与此类，即欲面缚待罪阙廷，复恐婴斧钺之诛，使天下后世不知臣得罪之深，将谓主上不能容臣，岂不累天地大德哉？"太祖览而怜之，赐书曰："汝违吾谕，不即敛手归命，次且海外，负恩实多。今穷蹙无聊，情词哀恳，吾当以汝此诚为诚，不以前过为过，汝勿自疑。"遂促国珍入朝。面让之曰：若来得毋晚乎？国珍顿首谢，授广西行省左丞，食禄，不之官。数岁卒于京师。国珍又名谷珍，盖降后避明讳云。

《（乾隆）鄞县志》卷二十六

新元史·方国珍传

  方国珍,黄岩洋山澳人,后避明太祖字,改名谷珍。初与兄国馨、国璋,弟国瑛,皆以贩盐海上为业。国珍与州人蔡乱头以争盐贩相仇,州不与直。已而蔡聚众海上剽掠漕运,再杀使者,势张甚。行省悬格捕之。国珍欲捕蔡以应赏格,蔡惧,自归于官。总管焦鼎纳蔡赂薄其罪。国珍恚曰:"蔡能为盗,我顾不能耶!"适以逋租,遣巡检往捕之,国珍方食,左执食案,右持挺,格杀巡检,遂与其兄弟亡入海,劫粮艘,梗运道。时至正八年十一月也。

  行省参政朵儿只班讨之,追至福州。国珍焚舟将遁,官军自相惊溃,朵儿只班为国珍所执,使请于朝,授国珍海运千户,不受。

  十年十一月,率水贼千艘,泊松门港,索粮。十二月,攻温州及沿海诸县,行省左丞孛罗帖木儿击之。

  十一年六月,官军至大闾洋,国珍纵火焚之,官军大败,赴水死者过半。孛罗帖木儿及郝万户皆被执,二人乃为饰词,以国珍求招安上闻。郝故出奇皇后位下,请托得行,遂议立巡防千户所,设长贰等官,授其兄弟及党与数十人。复遣大司农达识帖木儿至黄岩,招降,国珍兄弟皆登岸罗拜,退舍民居。绍兴总管泰不华欲遣壮士袭杀之,达识帖木儿曰:"我受命招降,公欲擅命耶!"事乃止。

  明年,贬泰不华为台州路达鲁花赤。时官军方讨徐州,募舟师防江,国珍疑惧,复入海。泰不华遣方大用往谕国珍留之,遣其党陈仲达来议降。泰不华具舟,建受降旗,至澄江,与国珍遇于黄林港,呼仲达申前议。仲达目动气索,泰不华知有变,手斩之,即前攻国珍船。贼党麇集,拥泰不华入其船,泰不华瞋目叱之,为国珍所杀。六月,国珍据定光观,悉毁黄岩官居民舍。八月,进攻台州,以舟师诱总管赵琬至黄岩,舍于白龙澳,琬不食而死。

  十三年,遣行省左丞帖里帖木儿、南台侍御史左答纳失里招谕之。二人奏国珍已降,遂降金符,授其兄弟、党与官有差,伐石立宣德碑,国珍仍不受命。时州人潘有光挺身说国珍降,国珍使盗要于路杀之,遂据台、温、庆元三路。行省无可如何,奏以国珍为海道万户。

  明年,又迁为都镇抚,兼行枢密院判官。自后,汝、颍兵起,海内大乱,累迁国珍江浙行省参知政事,诏使讨张士诚。士诚遣其将史文炳、吕珍,率兵七万御国珍。文炳与珍陈于昆山,仍以步骑夹岸为阵,士诚命游兵往来,旌旗数十里不绝。国珍曰:"濒海之地,非通衢可比,士诚参用步骑,兵虽盛,不足畏也。"国珍舟师仅五万,自率壮士数百趋裔子桥。文炳使十将军传战,矢石如雨。国珍戒其众持苇席，涂泥，冒矢石而入。士诚兵以火箭攒射之，国珍燎及须发，横刀大呼，杀两将军及十余人，士诚兵大溃。国珍与将士追击，轹其中坚，步骑讫不得成列，文炳、珍皆弃马而遁。明日又战，七战七捷，直至平江城下。士诚遣使纳款，请奉元正朔，国珍乃还。累擢至太尉、行省左丞。初国珍作乱，朝廷出空名宣敕数十道，募人击贼。海濒壮士多应募立功，所司邀重贿，不辄与，有一家死数人，卒不得官者。国珍再受招谕，遽至大官。由是民慕为贼，从国珍者益众。国家既失江淮，藉国珍舟师以通海运，重以官爵羁縻之，国珍愈横。

十八年，明人取婺州，遣主簿蔡元刚招国珍，国珍欲藉为声援，以观事变。十九年二月，遣其郎中张仁本奉书献黄金五十斤、白银百斤、文绮百匹。明祖复遣镇抚曾养浩报之，国珍请献温、台、庆元三路，且以次子关为质。明祖曰："古者虑人不从则为质，今既诚心归顺，何以质子为！"厚赐关而遣之，拜国珍福建行省平章政事。

是年，朝廷亦授国珍行省平章政事，已又改为淮南行省左丞。是时，国珍岁治海运，舟漕张士诚粟十余万石至京师，于是封国珍为衢国公，官为江浙行省左丞相，分省庆元。

明祖累以书谕之，国珍阳为恐怖谢罪，以金宝饰鞍马献，明祖却之。已而苗帅蒋英杀胡大海，持其首奔于国珍，国珍不受。国璋为蒋英所杀，明祖遣使吊祭。及胡深克瑞安，进兵温州，国珍惧，请岁输白银三万犒军，俟杭州下，即纳土。明祖诏深班师。国珍数通使于扩廓帖木儿及陈友定，图为掎角。明人知其事，移书数其十二罪，复责军粮二十万石。国珍日夜运珍宝，治舟楫，为航海计。

迨明人取平江，朱亮祖攻台州，进克温州，汤和以大军直抵庆元，国珍走入海。追败之盘屿，国珍始遣子关乞降。明祖赐书，许宥其罪，国珍乃谒和于军门。和送国珍等至建康入朝，明祖谯让之，国珍顿首谢罪，且曰："臣闻天下无道，乘桴浮于海，天下有道，束带立于朝。"明祖笑而宥之，授广西行省左丞，食禄，不之官。数岁卒。疾革，遣内史问所欲，国珍以子孙愚鲁，愿赐保全为对。明祖悯之，为文赐祭葬，官其子礼卫指挥佥事，关卫千户所镇抚。关弟行，明敏善诗，宋濂尝称之。

先是，有周必达者，隐天台山，国珍造其居问之，必达曰："当今四方大乱，君能举义除盗，名正言顺，富贵可致，余非我所知。"国珍不听。及屡败，始悔曰："不意黄毛野人，能料事如此。"由是国珍颇敬礼文士，萨都剌等皆入其幕府。

（《新元史》卷二百二十七）

鸿猷录·平方谷珍

明·高岱

　　谷珍,一名国珍,浙东台郡黄岩人。元至正戊子,起兵掠沿海州县,元兵屡讨不克,谷珍渐骄横。壬辰春,元以泰不华为台州路达鲁花赤,招谕之,谷珍降。亡何,元欲伐徐州,命江浙募舟师,民间讹言,谷珍疑惧。遂劫其众下海,入黄岩港以叛。

　　泰不华发兵扼澄江,遣义士王大用往示约信,使来归。谷珍不听,拘大用不遣。还以小舸二百艘突入海门港,犯马鞍诸山。泰不华语众曰:"吾以书生登显要,今守海隅,贼反复不能制,国家何赖焉,诸君助我讨之,克则诸君功,不克,吾死以报国。"谷珍使其党陈仲达来伪受命。泰不华张受降旗,纵舟乘潮下。将与谷珍舟遇,呼仲达语。仲达目动气索,泰不华觉其诈,即手斩之。前抟贼船,所格杀五六人。贼群至,执之欲拥。过谷珍舡,泰不华瞋目叱之,奋起夺贼刀,又杀数人。贼攒槊刺之,中项死。事闻,元赠泰不华官,追封魏国公,立庙台州。

　　八月,谷珍攻台州,元浙东元帅也忒迷失、福建元帅黑的儿合兵击走之。癸巳三月,元命江浙左丞帖里帖木儿、南台侍御史左答里失里招谕谷珍,请降。然心犹豫不决。二人遂以得降报,请授之官。时刘基为浙东行省都事,建议谓方氏首乱,宜捕斩之。执政多受谷珍赂者,驳基议,谓擅作威福,罪之。竟授谷珍徽州路治中、弟谷璋广德路治中、谷瑛信州路治中,督令之官,谷珍仍疑惧,不受命。拥舡千艘,据海道阻绝粮运。元复遣江浙右丞阿儿温沙率兵讨之,谷珍遂执元元帅也忒迷失、黄岩守臣宋伯颜不花、赵宜浩等,拥众入海,以要诏命。元复以谷珍为海道漕运万户、谷璋为衢州路总管。自是谷珍虽受元官,实拥兵自固,不受元调发。元亦以四方多故,羁縻之不问。谷珍仍叛,遂据温、台、庆元等路。

　　戊戌,上既取金、衢、宁、婺郡,遣典签刘辰使谷珍,招谕之。谷珍与其下谋曰:今元运将终,群雄并起,惟江左号令严明,所向无敌,今又下婺州。料不能与抗,况与我为敌者,西有张士诚,南有陈有定,莫若姑示顺从,藉为声援,以观其变。己亥三月,遂遣使奉书币,以温、台、庆元三郡来献,且以其次子为质。上曰:"自古虑人不从,则为盟誓,盟誓不固,变为交质,由未能相信故也。今既诚信来归,便当推诚相与,如青天白日,何用质子为哉?"乃厚赐遣还之。谷珍又以金玉饰马鞍为献,上曰:"吾方有事,四方所需者,文武材贤;所用者,谷粟布帛,珍玩非所好也。"却还之。

　　辰初至谷珍所,谷珍饰二姬贻之,辰却不受。谷珍惭而退。冬十二月,元复以谷珍为江浙行省平章政事,谷珍受之,其自擅如故。乙巳九月,元又以谷珍为淮南行省左丞相,分省庆元。丙午九月,又改为江浙行省左丞相。谷珍、谷珉及

方国珍史料集 上编

谷珍子明善,俱平章政事。初,谷珍虽以三郡来献,实未纳土,特欲阳借我声援以拒元。及元屡加命,谷珍益骄,遂据有浙东瑞州等地。无内附意。上方连兵陈友谅、张士诚,不暇往讨,尝遣使招之。谷珍云:俟克杭州,即纳土。及我师克杭州,犹自据如故。上以书责其怀诈反复,犹不奉诏。上笑曰:待我平张士诚后,彼虽欲奉正朔,无及矣。

丁未九月,谷珍方据明州,上既克士诚。乃命汤和及吴祯率常州、长兴、宜兴、江淮诸军讨之。祯引舟师乘潮入曹娥江夷坝通道,出其不意,抵车厩。会降卒言谷珍已遁入海岛。祯勒兵尾追之。上又命朱亮祖帅马步舟师分讨谷珍于台州。亮祖师驻新昌,遣部将严德破平关岭山寨。至天台,守臣汤盘以城降。丁酉,向台州,谷瑛以兵拒战,严德战死。遂至台州。谷瑛奔黄岩。谷瑛初欲遁去。会谷珍入庆元治兵,为城守计,使人谓谷瑛坚守勿去,谷瑛遂据黄岩,乘城拒守。然士卒多怨怒,有叛去者。亮祖等攻之急,瑛度不能支,遂乘夜以舟载妻子出兴善门走,留其党哈儿鲁守黄岩。哈儿鲁即以城降,亮祖抚定之。遂徇下仙居等县。

谷珍闻之,气大沮丧。亮祖进至温州,陈于城南七里。谷珍令其子明善引兵拒战,亮祖败之。破其太平寨,追至城下,余兵溃奔。入城,亮祖遣部将汤克明攻西门,徐秀攻东门,柴虎将游兵策应。晡时,克温州。获其员外郎刘本善,谷珍等遁去。亮祖入城,抚其民,分兵徇瑞安。守将俞伯通降,遂帅舟师会吴祯。袭明善于乐清,与战,自申至夜,三鼓克之。大获其战舰、士马。汤和遣人持书招谷珍,谕以朝廷威德,及陈天命所在,谷珍乃遣其子明完,奉表乞降,亮祖即旋师黄岩。谷珍与其弟谷珉,率所部谒和于军门。和乃遣使送谷珍等于建康。得器械、舟楫以万计,浙东遂平。

论曰:元末诸雄,惟谷珍举事最早,其所就业最微。观其所营为,盖反复狙诈人耳。非有长驾远驭之才,取威定霸之略。特元人失御,酿成其恶至此也。吾于元人处谷珍一事,而知其必亡已。夫招安大盗,已为下策,乃招之不从,又招之。既从而叛,复招之。崇之以高官大爵,而不能弭其乱;优之以卑词殊礼,而不能解其兵,则亦何利而自贬损如是耶?不惟谷珍有轻觑骄纵之心,四方觊觎者,闻之亦奚惮而不称兵也。况此事在壬辰癸巳间,犹逮之,势有所不能,而谷珍作孽时,则汝颍蕲黄之兵未起也。是在元谓之首乱,以天下之全力不能制一海隅寇耶?观刘基之言不用,则知谷珍之必不可制;观谷珍之不可制,则知元祚之必亡矣。若乃我圣祖之于谷珍,服则待之不疑,叛则讨之不赦。观其遣还质子之数言,推诚布公,岂非天地覆载之量?帝王绥世之略乎?虽然,谷珍当我圣祖招谕之初,其揣逆顺、测成败甚明,此非有过人之识不能也,使其率义旅归附,不失为开国之元勋矣。乃反复观望,狐疑不自决,卒至国灭身虏,惜哉!

……

论曰：陈有定、方谷珍虽托名元臣，其实元贼。盖不能自举义声讨，故假元名号，力以纠众耳。非所谓豪杰之士也。要之，二人才亦相埒，故皆窃据数郡，殊无远图。我圣祖既克汉吴，此辈皆癣疥疾耳。故命将北伐，而以偏师定之。虽然，使非圣武布昭，诸将宣力以肆讨不庭，则其狡谲慓悍，虽不能纵横中原，岂难于为尉陀哉！汉高帝灭秦蹙项，平定中原，而尉陀桀骜南荒，汉兵曾不能逾岭海以发一矢。至文帝遣使，始获称臣；武帝用兵，方令纳土，其视我圣祖之南征北伐，并奏肤功，炎海冰天，同归版籍者，岂不大相远哉！呜呼！此我圣祖之所以功高千古也。

（《鸿猷录》卷四）

明书·方国珍记

　　方国珍，后避仁祖讳改国真，台之黄岩人也。身长面鳌黑，负膂力，性颇沉勇。兄国璋、弟国瑛、国珉咸刚狷。父伯奇，农。懦，无所不狎侮，恒叹曰："吾子必有兴者，无久苦我。"俗，佃户见田主，拱侍；如承官府，伯奇益退竦，至不自容，里人群笑之。国珍见状，张目曰："彼犹人，何所上下，乃事之如此？"伯奇死，兄弟僇力作，家渐裕。田主至其家，习旧态久积，声色不堪，国珍怒，佯鸡黍，醉田主而杀之。

　　时同里蔡乱头啸聚海上，官兵逐捕，多所株连。国真有怨家陈氏讼与盗通，国真怒，戕杀陈氏。陈之属诉于官，来捕国珍。方就食，左手举几自蔽，右手握门关格杀捕者，遂与兄弟及侄亚初、诸邻里之惧连及者咸亡入海，时至正八年戊子。旬月间，得数千人，掠漕运，执海道千户。事闻，诏行省参政朵儿只班总舟师捕之。蹑福州五虎门，国珍势促，且焚舟去，忽官舟内自扰，国珍反蹙之，执只班。只班求脱，愿请于朝招降。元主从之，授庆元定海尉。

　　国真虽受官，无所任，兵聚不解，仍出没海上。攻温州，不克，焚掠去。辛卯三月，副元帅董抟霄以兵败之，国珍走。六月，复聚众攻黄岩，百户尹宗战死。去攻温州，江浙左丞孛罗帖木儿来讨，次庆元，遣元帅泰不华以火筏御之，乃引退，于是孛罗期不华大闾洋会战国珍。谍知之，夜率健卒突鼓噪，官兵不战溃，赴海死者过半。执孛罗及郝万户囚舟中，使招安。郝故出元主高丽奇皇后位下，请托公行，二人幸得脱，诡言于朝，元主虑海道梗下，不华复招谕之。壬辰春乃就不华降。会江浙募舟师征徐州，国真以讹言惊惧，复叛，劫众下海。

　　二月，不华军澄江，遣义士王大用往谕，国珍拘大用不遣，以小舸三百泛海门，犯马鞍诸山。不华誓众曰：此往克则诸君功，不克，死报国矣。国珍使其党陈

方国珍史料集
上编
020

仲达伪受命，比至，仲达与语，目动气索，不华知其诈，手剑斩之，跃上船，格杀五六人。贼群刃至，不华瞋目叱之，众披靡，夺众人刀，复奋杀数人。众攒槊刺之洞项，不华死，犹植立不仆。事闻，诏追封魏国公。八月，复攻台州。浙东元帅也忒迷失及福建元帅黑的儿合兵击走之。国珍行金赂元执政甚勤。癸巳三月，乃命江浙左丞帖里帖木儿、南台侍御史左答里失复招谕之，请授官。

时刘基为浙西行省都事，建议谓方氏首叛，宜捕斩不可赦，官之是教反。执政多受国珍贿，驳台议，谓基擅作威福，罪之，竟授国珍徽州路治中，兄国璋广德路治中，弟国瑛信州路治中。督遣之官，终疑惧不赴，拥舟千艘，复据海道，阻绝粮连。元复遣江浙右丞阿儿温沙与庆元元帅纳麟答剌会兵讨之，皆败。元无如何，复招安，从其所欲，以国珍为海道漕运万户，国璋为衢州路总管。

先是，海上赵士正诸家起义兵与方氏战，子弟多创死，不获沾一命，而方氏累叛累进，秩功罪反，人无以劝，于是上下解体，多甘心从乱而方氏益横。国珍既受官，不听调，时汝颖兵乱，四方多故，元益羁縻不能问。九月，以兵突入台州路，执元帅也忒、知州赵宜浩等，据台州。执进士潘省中①，不屈，使盗杀之于隘。是月，御史喜山袭黄岩不克而遁，庆元路与台相接，学录王刚甫严正，分守东门。方氏惮，不敢窥者久之。

乙未，刚甫解去，国珍以舟师奄至，元帅纳麟不能御，开门纳之。国珍阳尊谒纳麟不犯，沉慈溪令陈文昭、永嘉丞达海、乡进士赵惟恒于水。寇昌国州，为达鲁花赤高昌帖木儿所败。国珍愤，复益兵为寇，或讽高昌去，高昌怒曰："是我效节之日也。"城破，高昌力战死。乘胜陷余姚州，同知秃坚义责之，寻构杀秃坚斥地。至上虞，与张士诚接。七月，遣其将李德孙袭温州，陷之。以倅明善为镇抚，屯兵千佛寺。先是，温之岷冈王子清者不附方氏，被执磔之。楠溪刘公宽积御盗功官都事，愤子清死，率众袭镇海门，入千佛寺，明善脱走，入城以居。十月，元院判迈里古思出兵曹娥江，图庆元，败还。明年丙申七月，元经略使李国凤至温，拜明善为判院，明善胁留之，悉官其党，然后得去。冬，公宽势蹙，明善属陈珙善公宽，因计饮醉公宽，而密购其仆金兴刺杀之，取其首以献，妻侯氏自经死，明善以金兴叛主，斩以徇。

丁酉春，大造海舟，或问曰："舟已多，何更造为？"国珍曰："傥兵多至，易浮海去。"人见其但为走计，无大志，豪杰多去之。戊戌春，黄岩章子善好纵横术，往说国珍曰：夷虏无百年之运，元数将终，人皆知之。今所在分崩，各思乘时以立功名。公若奋臂一呼，战舰沂江而上，豪杰景从，立可数十万，然后南北抗绝，擅漕粟而食之，如是青徐、闽广、辽海，惟公所欲，霸业可成。国珍曰："君言远矣。"竟不能用。

---

① 中，原脱，径补。

久之，元欲藉方氏以定姑苏，因授国珍江浙行省参政，兄国璋皆转官。国珍闻吴中富饶，亦欲自为计，率舟师五万进击昆山州，周将史文炳、吕珍统十将军御之，步骑夹岸为堑。国珍曰："濒海泥淖，步骑互且，嚣猝不得成列，吾知其无能为也。"自率壮士趋虀子桥，奋杀周两将军。复战，周果步骑乱，五将军败，没死者数千人。凡七战皆捷，然舟师竟不能登陆。久相持，士诚亦纳款于元，愿奉正朔。元令国珍罢兵，还治庆元，兼领温、台，全有三郡之地，遂以国璋、国瑛居台，明善居温，留弟国珉自副。

十二月，太祖亲率师下婺州，遣主簿蔡元刚招谕国珍。国珍欲藉声援观变。己亥三月，乃遣使举书币，尽以其地来献，令次子关为质。太祖曰："交质此衰世事，今真心来归，吾推诚相与，如青天白日，安用质为？"寻复镂珠玉于马鞍来献，太祖曰："吾方有事，四方所需，文武材贤；所用钱谷布帛，珍玩非所好也。"却之。复上书，愿守郡邑，如钱镠故事，岁贡白金给军费，许之。遣博士夏煜授国珍行省平章。庚子正月，煜还，言国珍方为元具舟，合士诚漕海入元都，加官太尉爵衢国公。时太祖急备汉，未暇讨也，仍遣都事杨宪谕之，不省，太祖既破友谅于龙江，国珍惧，遣人谢过。

壬寅，苗兵乱，杀胡大海，持其首奔国珍。国珍不纳，进师合讨。国璋中流矢死。太祖遣人祭之，更遣典签刘辰通命。国珍饰二姬贻之，辰却不受，国珍惭而退。始元察罕平定山东，江南震动，太祖遣千户王华挟三千金附，国珍海舟至燕通好，元随遣尚书张昶来讯。俄而察罕死，太祖兵威日盛，国珍诛昶以媚我。甲辰九月，明善攻土豪周宗道于平阳，宗道急来归。胡深以兵援，败之，遂下瑞安。明年六月，复取乐清，获其将吏，释戍常州。丙午，元以国珍为江浙行省左丞相，诸子弟皆改官。初，国珍约杭州下便纳士入侍。

丁未吴元年，李文忠下杭州，复据境自君。太祖怒与书，数其十二罪。国珍惧，集群党议，独丘楠力劝归命以保富贵，不听。九月，命朱亮祖讨之。时士诚就缚，吴平，亮祖军新昌，遣将严德破平关岭。至天台，守臣汤盘以城降。寻败国瑛于台州，亮祖进薄城下，国瑛走入城，徇下仙居诸县。十月，追国瑛于黄岩，守将哈儿鲁以城降，国瑛复走海上。太祖命汤和为征南将军，吴桢副之，合讨国珍于庆元。十一月，亮祖进攻温州，破明善太平寨。至城下，明善使人城守而己先遁，克温州，获其员外郎刘本善。分兵徇瑞安，守将俞伯通降。追袭明善于乐清，克之，大获其战舰士马。汤和兵至绍兴，渡曹娥江，上虞、余姚皆降。进兵围庆元，国珍乘海舟先遁，府制徐善等率其属出降，定海、慈溪等县皆下。

太祖再命廖永忠益兵助汤和合讨。国瑛遣其子文信诣朱亮祖纳款，时国珍欲扬帆远去，风辄不利，窘甚。遂遣郎中陈永奉书汤和求降，又遣其次子关更名明完纳省院诸司印章降表，略曰：

"臣闻天无所不覆，地无所不载，王者体天法地，于人无所不容，臣荷陛下覆载生成之德久矣，安敢自绝于天地，切念臣本庸才，处于季世，保境安民，非有黄屋左纛之念。曩者陛下霆轰电掣，至于婺州，臣愚以为天命有在，遣子入侍。于时固知陛下有今日矣。日月中天，幸依末造，而陛下开诚布公，赐以手书，俾守郡县，如钱镠故事。十年之间，与中吴角立，皆陛下之赐也。逮天兵下临吴会，臣尝上书，谓朝定杭越，暮归田里。不意今年以来，老病交攻，顿成昏昧，兄弟子侄辈志虑不齐，致烦陛下兴问罪之师，方怀忧惧，未能自明，而大军已到温台，令臣计无所出。虽使再三顾承诏之师，势不容己，是以封府库，开城郭，以俟王师之至。然犹未免为泛海计者，昔孝子于其亲也，小杖则受，大杖则走。今臣之事适与相类。虽然，臣一介草莽，安敢自绝于天地，故每欲面缚待罪阙庭，复恐陛下万一震怒，天下后世不谓臣得罪之深，将谓陛下不能容臣，不累天地之大德哉？臣谨昧死奉表，俟严诛。"

太祖览之叹曰："孰谓方氏无人？是可以活国珍矣。"赐书原宥。国珍既降，得舟楫器械以万计。昌国州守臣亦来降，改庆元路为明州府，后改为宁波府，徙其官属刘庸等于濠州。明完二郡水手数万人请沿海筑城备倭，从之。明年正月，太祖即皇帝位，国珍入见，赐第居京中，与李思齐同食行省左丞禄，以其子礼为指挥佥事，明完为镇抚，侄明谦亦指挥佥事。洪武七年，国珍卒，年五十有六。初，海边有山，不生草木，名杨屿，谣曰："杨屿青，出海精。"无何郁然。

国珍与兄弟俱不知书，时佐其谋议者刘仁本、张本仁、郑永思、丘楠辈。楠，永嘉人，颇廉慎。余皆由州县胥吏进用，贪贿营私，无深虑远略。子侄分治二郡，刑政租赋，率任意为轻重。子明善居温，颇循法度，而国璋、国瑛居台，惟以买田造舟殖货为富家计，及降，参佐皆杖死，惟赦楠，仕为韶州府知府。

史官曰：初，国珍之发难黄岩也，元祚正炽，四海奠盘，虽朝政隳翠，中原未至荡析。国珍非有乘衅伺隙之便，辄诛仇结众，凌风卷雾于江海之陬，不可谓非云雷之壮烈焉。叱咤数年，始多控弦勒骑之举。是亡元者，国珍也。元即啖以爵禄，讵能絷虎兕而令弭耳哉？使听章子善之论，天下事未可知也，乃终不建号称王，卒归命真主，国珍之识量有过人者。回视吴楚，俱烟消灰灭，而独乐天年，保富贵子孙安享厚禄，于太祖迅霆之下，非沉勇知几而能若是乎？说者咎其不夹击江阴，于质子之日取公侯分诰券，果尔，则前安得岸然豪宕于浙左者几二十年，后亦与傅李诸公同受惨苦矣。

（《明书》卷九十）

皇明史窃·方国珍

明·尹守衡

　　方谷珍者,黄岩人。其初杨屿盐徒也,膂力绝人。至正四年,县官悬购大盗酋蔡乱头,谷珍出应赏格。帅徒属追捕,而贼中魁宿急甚,覆欲中伤谷珍,求脱免,首告谷珍实与蔡通,诡捕名自匿。吏乃并逮谷珍,谷珍忿曰:蔡能为盗,我不能耶?方食,逮至,谷珍左手执食桌为翼蔽,右手执斧,格杀十余人,亡入海。

　　吏不能得,连械齐民为谷珍党,民亡谷珍所。旬日,而得数千人。谷珍曰:"元苦吾民久矣,等死不如死众。"而谷珍少时,尝诣宦家戴其主人,梦有黑龙蟠厅事廊柱,窃视之,谷珍也,以女妻之,其民固已怪之矣。至是,则相与谋推为长。拥船千艘,据海道绝粮运,而旁海州郡,皆藉谷珍粟。台、温、庆元三路六州十一县,皆属焉。省臣累奉诏命讨之,不能得。招之,辄又叛去。予官治中,并官其弟侄,皆不受命。而且执其州县长吏以为质,竟为所胁,得授节钺,坐镇浙东,开治于鄞。

　　郡人章子善,走说谷珍曰:"夷狄无百年之运,元数将极,不待知者可知也。今豪杰并起,分裂天下,足下奋袂一呼,千百之舟、数十万之众,可立而待,泝江而上,则南北中绝,擅馈运之粟,驰四出之师,青徐、辽海、闽广、瓯越传檄可定,审能行此,则人心有所属,而霸业可成也。"谷珍曰:"公言良是。然智谋之士,不为祸始,不为福先。朝廷虽无道,犹可以延岁月。豪杰并起,智均力敌,天下事未可知。且莫若保境安民,以俟真人之出,吾志也,愿公勿复言。"子善谢去。

　　至正十八年,高皇帝克婺州,使使招谕谷珍。谷珍佯以三郡来献,而使子完入质。上曰:"英雄豪杰,义气相许,何疑而质子耶?"遣之还。谷珍请如钱镠故事,岁贡白金助军兴,而不奉我正朔。南交陈友定,北通扩廓。问之,则惶栗谢过,而以金王、饰马、鞍辔来献,上却之。上方励志中原,使者交于境,上庇民而已。其后上克杭州,谷珍犹屏蔽海隅,上怒,谕之书曰:"汝初纳款,谓杭城下即献土来归,此汝左右之士共保富贵之良谋也。岂意汝怀奸挟诈,阳降阴叛,数相愚弄,张士诚与汝壤地相接,取尔甚易,然所以不敢加兵于汝者,诚以吾力能制之,汝故得安处海隅,坐享三郡之富贵,是我大庇于汝也。汝乃自为不祥,背弃信义,时遣奸细,觇我动静,潜结远援,汝何惑之甚也。今明以告汝,吾兵下姑苏,即南取温、台、庆元,水陆并进,无能御也。汝早于此时改过效顺,能尽以小事大之义,犹可保其富贵,以贻子孙,以反于人。如其不然,集三郡之兵与我一较胜负,亦大丈夫之所为。不然,舍三郡之民,为偷生之计,扬帆乘舟,窜入海岛,然吾恐子女玉帛,反为汝累。舟中有自生敌国,徒为豪杰所笑也。非分之恩,不可数得,汝宜慎思之。"谷珍犹未决。

上命朱亮祖马步舟师往讨之。其弟国瑛守台州，遁走黄岩。国珍亡入海。姑苏平，汤和与廖永忠军且至，国瑛降。谷珍从海上遣子完奉表待罪。其表曰："臣闻天无所不覆，地无所不载，王者体天法地，于人无所不容，臣荷陛下覆载生成之德久矣。安敢自外于天地，敢一陈愚衷，惟陛下财（裁）幸。臣本庸才，处乎季世，保境安民，非有黄屋左纛之念。曩者陛下霆击雷掣之师，至于婺州，臣愚以为天命有在，遣子入侍，于时固已知陛下有今日矣。所谓依日月之末光，望雨露之余泽者也。而陛下开诚布公，赐手书，归质子，俾守郡县，如钱镠故事。十年之间，与中吴角立，皆陛下之赐戟也。逮天兵下临吴会，臣尝上书，谓朝定杭越，则暮归田里。不意今年以来，老病交攻，顿成昏昧，而弟兄子侄，志虑不齐，致烦陛下兴问罪之师，方怀忧惧，未能自明，而大军已至台、温，令臣计无所出。虽遣使再三，而承诏之师势不容已，是以封府库开城郭以候王师之至。然犹未免为浮海之计者，昔有孝子于其亲也，遇小杖则受，大杖则走，臣之事适与相类。虽然，臣一介草莽，安敢自绝于天地，故每自思欲面缚待罪阙庭，复恐陛下万一震雷霆之怒，天下后世不谓臣得罪之深，将谓陛下不能容臣，岂不累天地之大德哉？谨昧死奉表以闻，俯依候命。"

上读表曰："孰谓方氏无人哉？是可以活其命矣，宥其罪使来。"谷珍至，上且喜曰："若来何晚？"谷珍叩首谢罪。上曰："朕推赤心待汝，其自安。"授谷珍广西行省左丞。亡何，上闻表，出谷珍都事詹鼎草，使召。鼎为书万余言，诣阙下，叩车驾上之，上立马受读，付丞相官鼎。鼎，宁海人，美须髯，威仪甚都。丞相奏为刑部郎中，谷珍不得之官。奉朝请，一日，侍上燕坐，不能兴，舆至第，成末疾。上乃官其二子礼为指挥使，完为镇抚。谷珍疾革，上使问所欲言，谷珍曰："臣荷陛下厚恩，无尺寸功，而子孙庸鲁，绝不知人间事，臣所忧独此耳。幸陛下以臣故，曲加保全，则臣感恩九泉，为犬马报陛下矣。"先属诸子曰："我即死，毋归葬海滨，主上遇我过厚，可求皇城外之地埋焉。且使后人习于礼义。"上欣然曰："可。"

……

论曰：方谷珍首倡东南之乱，虎踞三郡。喜其无他远猷，名托臣元，西界张吴，东邻江左，牺牲玉帛，待于二境。卒能身脱死亡，不踵吴汉大僇，知其初志有足怀者。明玉珍窃帝一隅，以高深自安，临视四方，独觊江东之好。夫豪雄之所趋舍，隐然知汉鹿之有归矣。天假之年，何至烦颍川之旅出东莞之后哉！静言思之，可为太息。

方国珍本末事略

明·吴国伦

　　方国珍,台州宁海人,力能走及奔马。其居有山,在中曰杨氏。尝有童谣曰:杨氏青,出贼精。至正八年,蔡乱头剽劫海商,方乃为国宣力剿贼,而总管焦鼎纳蔡之赂,反黜其功。方忿曰:"蔡能乱,我不能耶?"遂与弟国璋等叛。至十六年,降元为海道漕运万户,羁縻而已。

　　十八年,天兵取婺州,自料非其敌也。十九年,降太祖,遂献款书曰:"国珍生长海滨,鱼盐负贩,无闻于时。向者因怨构诬,逃死无所,迪于自救而已。惟明公倡义濠梁,东渡江左,据有形势,以制四方,奋扬威武。国珍向风慕义,欲归命之心久矣。道路壅遏,不能自通。今闻亲下婺城,抚安浙左,威德所被,人心景从。不弃犷愚,猥加训谕,开其昏聩,俾见天日,此国珍所素欲也。谨遣使奉书,上陈恳款,或有指挥,愿效奔走。"然既入贡,阴复泛海,北通扩廓帖木儿,南交陈友定,图为犄角。

　　至吴元年,王师讨姑苏,拥兵坐视。太祖反覆以书数其十二过恶,其略曰:"尔起事时,元尚承平。倡乱海隅,遂陷三吴之地,扼海道之冲,窃据山岛二十余年。朝送款于西,暮送款于北。此岂大丈夫之为,一也。吾下婺时,破敌甚多,岂暇与尔较胜,尔遣子纳降,吾不逆诈,数年之间,即生兵隙,二也。近者浙之东西诸郡当渐下,尔阴蓄异志,觇吾虚实,三也。未有衅端,先自反覆,四也。易交轻悔,五也。扩廓帖木儿以曹操之奸,旋为俘虏。吾中原已得其半,尔泛海远交,声言击我,以速怨尤,六也。彼若有事,尔远难救;彼若无事,交疏礼薄,祸乱由生,七也。尔兄弟无功于元,坐要名爵,跋扈万端,今归顺,又不能保,八也。尔兵数出,上帝好生,违天虐民,九也。尔能尽驱温、台、庆元之民,与决胜负,丈夫事也。今复遣数弁,狗偷鼠窃,十也。吾遣兵入浙,张士诚将士尽皆降附,尔诱我海上土豪作乱,近来匿其首恶,十一也。尔窥陈友定之谋稔恶,乃阴扇潜结,遥为声援,以诈交诈,反自疑吾,十二也。尔乃择交大国,有一无二,尚可以保全矣。"不报。

　　六月,责国珍贡粮二十万,仍以书谕,其略曰:"汝初献款,谓杭城在即来归,岂意挟诈,张士信接境,取尔甚易,不敢加兵者,吾力制之,故尔安享三州。尔却遣奸觇我,潜结陈友定,今明告尔,师下姑苏,即取温台,水陆并进。尔早改过,以小事大,尚可保富贵也。不然,与我较一胜负,亦大丈夫之为也。不然,扬帆窜入海岛,吾恐子女玉帛反为尔累,舟中自敌国也,宜慎思之。"国珍于是有航海之计,然又遣子明完奉表谢罪乞归降,曰:"臣闻天无所不覆,地无所不载,王者体天法地于人,无所不容。臣前负荷至上覆载之恩久矣,不敢自绝于天地,故容略陈其愚衷，知必有以容臣者。臣本庸材，昧于学术，遭时多故，起自海岛，非有父祖承藉之势；与众驰逐，又非有图成望大之心，必欲得汤武为之依附而已。向者王师之渡江左，霆雷忽至于婺城，远近震惊。是以遣子拜师，归心效顺，惟时固已知主上有今日矣。但无以依日月之末光，望雨露之余泽。而主上推诚布公，赐手札，归质子，俾守城邑，如钱镠故事。奉遵约束，不敢有违。岂意从子明善不戒边疆，擅构衅端得罪，故不可解。今日守疆之吏驰走飞报，言天兵远临，闻之不胜骇愕，惶惑失措，遂俾守者奉迎王师。然而未免浮海，何也？昔者孝子于其亲过，小杖则受，大杖则走，适与相类。窃自咎十年之间，非主上无以至，今一旦堕坠天下，后世必有以议臣者，敢冒斧钺之诛，遣子入侍，伏望复全覆育之恩，更予生成之赐，容归海岛，老死深渊。使子侄辈得全余生，以听驱策，实为万幸。"

太祖始怒其反复，览表怜之，乃赐书曰："汝外示归诚，中怀谲诈，吾姑容之，待汝自效。岂意汝行小智，愈肆奸宄，竟背前约，致劳我师。汝尚不归命，乃逃于海上，犹欲观望成败。今辞甚哀恳，吾当以汝此诚为诚，不以前过为过。汝勿自疑，率众来附，悉从原宥。"不报。九月，命参政朱亮祖讨之。初，亮初至台，方国瑛欲遁去，会都事马克让自庆元还，言国珍治兵为守望城计，国瑛始拒守。然士卒怀惧，我师攻击，国瑛度不能守，以巨舰载妻子夜走黄岩。亮祖遂入城，徇下仙居等县。追至黄岩，国瑛烧殿宇民居遁海，守将哈儿普降。十月己巳，亮祖进兵至温州，阵于南城。国珍部将率兵拒，战败之，破其太平寨，余兵奔入城。亮祖四面攻打，晡时克之，获员外刘本易。方明善先挈妻子遁去。十一月，亮祖率舟师袭，败明善于乐清之盘屿，追至楚门海口。己丑，又命汤和共讨之，和既至庆元，国珍遁入海岛，国瑛及明善来降，送之建康。

后洪武二年，汤和降执国珍于海中，朝以之为广西行省左丞，但不之官，食禄于朝，《实录》之言也①。又见诚意伯曰："太祖威震华夏，不能致者，方国珍深入海岛，王保保远去沙漠，惟二子未诛。"恐不然也。

（《四库全书存目丛书》史部第 162 册）

按：此文又见《七修类稿》卷八《国事类》，题作《方国珍始末略》

（万历）绍兴府志·方国珍传

元至正八年，方国珍起兵，掠沿海州县。国珍一作谷珍，台之黄岩人，十一年，降于元，受官。十二年，复劫众下海。十三年，复降元，得徽州治中之命。仍

---

①　录，原作"禄"，径改。

疑惧观望，元复以国珍为海漕万户，弟国璋为衢州总管。国珍虽受元官，实拥兵自固，遂据温、台、庆元等路。十八年，侵据余姚、上虞，以曹娥江为界。十九年三月，我太祖遣典签刘辰招之，国珍奉书币以三郡来献。秋，国珍筑余姚城。十二月，元以国珍为江浙行省平章政事，国珍复受之。二十五年，进淮南行省左丞相。二十六年，又改江浙行省左丞相，封衢国公，弟国珉及子明善俱平章政事。国珍益骄，阴持二端。上再遣使招之，国珍云："俟大军克杭州，即纳土。"及杭州平，国珍自据如故，犹自海道输粟元都。二十七年，国家既克张士诚，乃命汤和、吴祯率常州、长兴、宜兴、江淮诸军讨之。祯引舟师乘潮入曹娥江，夷坝通道，出其不意。上虞、余姚降。大军抵车厩，上又命朱亮祖别攻下台、温，国珍惶惧，奉表乞降，汤和遣使送至南京，赦不诛，三郡悉平。

（《（万历）绍兴府志》卷二十四）

昭代武功编·朱永嘉、汤东瓯削平方谷珍

明·范景文

谷珍一名国珍，浙东台郡黄岩人。元至正戊子，起兵掠沿海州县，元兵屡讨不克，谷珍渐骄横。壬辰春，元以泰不华为台州路达鲁花赤，招谕之，谷珍降。

亡何，元欲伐徐州，命江浙募舟师，民间讹言，谷珍疑惧，遂劫其众下海入黄岩港以叛。泰不华发兵扼澄江，遣义士王大用往，示约信使来归。谷珍不听，拘大用不遣。还以小舸二百艘，突入海门港，犯马鞍诸山。泰不华语众曰："吾以书生登显要，今守海隅，贼反复不能制，国家何赖焉？诸君助我讨之，克则诸君之功，不克吾死以报国。"谷珍使其党陈仲达来伪受命，泰不华张受降旗，纵舟乘潮下，将与谷珍舟遇，呼仲达语。仲达目动气索，泰不华觉其诈，即手斩之。前传贼船，所格杀五六人。贼群至，执之欲拥过谷珍船。泰不华瞋目叱之，奋起夺贼刀，又杀数人。贼攒槊刺之，中项死。事闻，元赠泰不华官，追封魏国公，立庙台州。

八月，谷珍攻台州，元浙东元帅也忒迷失、福建元帅黑的儿合兵击走之。癸巳三月，元命江浙左丞帖里帖木儿、南台侍御史左答里失里招谕，谷珍请降，然心犹像不决。二人遂以得降报，请授之官。时刘基为浙东行省都事，建议谓方氏首乱，宜捕斩之。执政多受谷珍赂者，驳基议，谓擅作威福，罪之，竟授谷珍徽州路治中，弟谷璋广德路治中，谷瑛信州路治中。督命之官，谷珍仍疑惧不受命，拥船千艘，据海道阻绝粮运。元复遣江浙右丞阿儿温沙率兵讨之，谷珍遂执元元帅也忒迷失、黄岩守臣宋伯颜不花、赵宜浩等拥众入海，以要诏命。元复以谷珍为海道漕运万户，谷璋为衢州路总管。自是谷珍虽受元官，实拥兵自固，不受元调发。元亦以四方多故，羁縻之不问。谷珍仍叛，遂据温、台、庆元等路。

戊戌，上既取金、衢、宁数郡，遣典签刘辰使谷珍招谕之。谷珍与其下谋曰：
"今元运将终，群雄并起，惟江左号令严明，所向无敌，今又下婺州，料不能与抗，
况与我为敌者，西有士诚，南有友定，若姑示顺从，藉为声援，以观其变。"己亥三
月，遂遣使奉书币以温、台、庆元三郡来献，且以其次子为质。上曰："自古虑人不
从，则为盟誓；盟誓不固，变为交质，由未能相信故也。今既诚心来归，便当推诚
相与，如青天白日，何用质子为哉？"乃厚赐遣还之。谷珍又以金玉饰马鞍为献，
上曰："吾方有事，四方所需者，文武材贤；所用者，谷粟布帛，珍玩非所好也。"谷
珍既入贡，复阴泛海，北通元扩廓帖木儿，南交友定。王师讨姑苏，而谷珍拥兵坐
视，实假贡献，以觇胜败，为叛服计。帝以谷珍反复，赉书数其十二过，曰："当尔
起事之初，元尚承平天下，谁敢称乱。惟尔倡兵海隅，元官皆世袭子弟，顾惜妻
子，其军久不知战，故临阵而怯，尔得鸱张于海隅。及天下乱，尔遂陷二州之地，
扼海道之冲，窃据山岛二十余年。朝送款于西，暮送款于北，此岂大丈夫之所为？
尔过一也。吾下婺时，四方强敌甚多，岂暇用兵海岛，与尔较短长？尔自怀疑惧，
遣子纳降，吾以诚心待人，不逆尔诈，即遣归尔子，尔乃诡诈多端，不数年间迭生
隙，尔过二也。近者浙左会稽、浙右钱塘诸郡皆下，尔阴蓄异志，时遣人觇吾虚
实，尔过三也。未有衅端，先起猜忌，自怀反侧，尔过四也。易交而轻侮，尔过五
也。扩廓帖木儿以曹操之奸，将乌合之兵，东奔西扰，顿师乏粮，又为李思齐、张
良弼逐出潼关，三秦已失，中原徐、宿、邳郡为吾藩篱，大河为吾门户，吾舟师往
来，如入无人之境，尔不能料中原事势，顾且泛海交好，声言击我，虚张声势，以速
怨尤，尔过六也。彼若仓卒有事，尔隔海滨，岂能应援，败亡由尔也。若无事，交
疏礼薄，则豪杰之怨，祸乱之生由此始矣，尔过七也。尔等无功于元朝，无恩于下
民，盗据海隅，以势害君，以私贿下，坐邀名爵，跋扈无状，今归于我，而又不能善
保富贵，欲纵民于锋镝，尔过八也。尔兵数掠我湖海之民，上帝好生，下民思治，
乃违天虐民，尔过九也。尔若有大志，尽驱温、台、庆元之民与我较胜负，此果决
大丈夫之志也，今不能此，徒遣数舟，狗盗鼠窃，谋小举而兴大怨，尔过十也。吾
遣兵入浙，下湖州，军旧馆，张氏将士尽皆降附，遂捣姑苏，对垒深沟，民安如故，
尔乃诱我海上，土豪作乱，近已平定，匿其首恶，此岂良谋？尔过十一也。福建陈
友定奸谋稔恶，以致阮德柔辈自相吞噬，彼可合乎？尔乃阴煽潜结，遥为声援，以
诈交诈，岂能长久？如吾以诚心待尔，反自疑贰，辄以诈罔，所谓首言为定者何
在？尔过十二也。吾为尔计，当未交敌国之先，不必送款纳降，但有豪杰，止以平
礼相好，守分保民，自安海隅，临事而处，见机而作，不轻屈膝，亦不妄生衅，此尔
之福，亦民之福。今大敌未至，自生疑惑，起事危身，非计之善。亮此非尔本情，
由左右所误，如左右有俊杰之士，能为汝谋，择交大敌，有一无二，保全必多矣，尔
其深烛成败，高览远虑，自求多福，尚可图也。"

谷珍得书不报，复以书谕之曰："汝初纳款，谓杭城下，即献土来归，此汝左右之士共保富贵之良谋也。岂意汝怀奸挟诈，阳降阴谋，数相愚弄。张士诚与汝壤地相接，取尔甚易。然所以不敢加兵于汝者，诚以吾力能制之。汝故得安处海隅，坐享三郡之富贵，是我大庇于汝也。汝乃自为不祥，背弃信义，时遣奸细，觇我动静，潜结陈友定，以图相援，彼自救不暇，何能救人？汝何惑之甚也。今明以告汝，吾兵下姑苏，即南取温、台、庆元，水陆并进，无能御也。汝早于此时改过，效顺能尽以小事大之义，犹可保其富贵，以贻子孙以及下人。如其不然，集三郡之兵与我一较胜负，亦大丈夫之所为；不然，舍三郡之民，为偷生之计，扬帆乘舟窜入海岛，然吾恐子女玉帛反为汝累，舟中有自生敌国，徒为豪杰所笑也。非分之恩不可数得，汝宜慎思之。"

方国珍大惧，为泛海计。至是，命参政朱亮祖师马步舟师讨之。朱亮祖师至天台，县尹汤盘以城降。亮祖进攻台州，方国瑛出兵拒战，我师击败之，指挥严德战死。初，国瑛闻王师至，即欲遁去，会其都事马克让自庆元还，言国珍方治兵为城守计，劝国瑛勿去，国瑛始约束将士，乘城拒守。然士卒怀惧，往往有逃溃者。我师攻之急，国瑛度力不能御，以巨舰载妻子，夜出兴善门，走黄岩。亮祖入其城，遂徇下善居诸县。朱亮祖自黄岩进兵温州，陈于城南七里。方国珍部将率兵拒战，我师击败之。追北至城下，余兵奔入城，亮祖复遣指挥张俊、汤克明攻其西门，徐秀攻东门，指挥柴虎将游兵往来应援，晡时克其城。方明善先已挈其妻子遁去。亮祖入城，抚安其民，分兵徇瑞安，枢密同金谢伯通以城降，亮祖遂率舟师，袭方明善于乐清之盘屿，败之，追至楚门海口，遣百户李德招谕之。汤和兵先自绍兴渡曹娥江，进次余姚，降其知州李枢及上虞县尹沈煜，遂进兵庆元城下，攻其西门，府判徐善等率官属耆老自西门出降。

方国珍部下乘海舟遁去，汤和率兵追之。国珍以众逆战，我师击败之，擒其伪副枢方惟益，元帅戴廷芳，获海舟二十五艘，马四十一匹。国珍率余众入海，汤和徇下定海、慈溪等县，得军士三千人，战舰六十三艘，马二百余匹，银印三，铜印十六，金印二，银六千九百余锭，粮三十五万四千六百石。国珍部将徐元帅、李金院等率所部诣汤和降。国珍见诸将叛，不得已，于是亦遣郎中承广员外郎陈永奉书于汤和乞降。已而又遣其子明克、明则、从子明巩等纳其省院及诸银印、铜印二十六，并银一万两、钱二千缗于汤和。丙申，朱亮祖兵至黄岩，方国瑛及其兄子明善率家来降，送之建康。于是方国珍遣其子明完奉表谢罪乞降。

帝始怒其反复，及览表，怜之，乃赐书曰："昔汝外示归诚，中怀诡诈，吾始容之，待汝自效，岂汝行小智，愈肆奸宄，竟背前盟，致劳我师，汝尚不即稽首归命，逃于海上，犹观望成败。今势穷来归，词甚哀恳。吾当以汝此诚为诚，不以前过为过，汝勿自疑，率众来归，悉从原宥。"方国珍及弟国珉率部属谒见汤和于军门，得其部卒九千二百人,水军一万四千三百人,官吏六百五十人,马一百九十匹,海舟四百二十艘,粮一十五万一千九百石,他物称是。继而元昌国州达鲁花赤阔里吉思亦来降,得粮六万九千石,马五十匹,船四百八十二艘。

送国珍等赴京师入见,帝谕之曰:"汝献款已久,反为反侧,复劳征伐。"国珍顿首曰:"臣遭时多艰,逃死海上,终期归附圣明以全首领,不意又劳王师,然此非出臣心,实群小所误,是以至此,惟陛下哀其愚,特赦其死罪。"帝曰:"草昧之时,英雄角逐,人孰不欲有为,亦谁能识帝王之有真者?其为去就,安能无所龃龉,尔之所为,亦何足责?朕推赤心待汝,其自安勿用怀疑。"国珍顿首谢,为广西行省左丞,不之官,食禄居京师。

赞曰:章安永宁,孽生通寇。南通北交,王命声讨。乃将永嘉,师取赤城。因渡蜃江,并袭乐成。济我舟师,盘屿失险。东瓯会兵,军于庆元。敌众骇奔,兽沸越海。悉定甬东,归印纳款。千里东藩,皇舆户阪。

(《昭代武功编》卷二,《续修四库全书》第 389 册)

古今识鉴

明·袁忠彻

方国珍,浙之黄岩人。元末举兵反海上,初据明州。袁柳庄相之曰:"公神气不常,举动急速,性灵气暴,南人胡相,故以武处,官至一品。日下龙穴凤池有红黄黑气,二七日内男女生。"国珍曰:"一妇有孕,何见男女生?"后果生一男二女。官至平章政事。洪武初,归款授左军金都督。

(《古今识鉴》卷八)

罪惟录·方国真

清·查继佐

方国珍避讳改国真,台之黄岩人也。长身,貌鬐黑,负膂力。兄弟五人,咸刚戾。父伯奇,农。懦,无所不狎侮。俗,佃见主人,拱侍。如承官府,伯奇益退竦,至不自容,里人咸笑。国真张目曰:"彼犹人,何所上下,乃自丑如此。"他日,伯奇或遇屈辱,退告所知,吾儿不让人。

伯奇死,兄弟力作豪,同畔稍裕。主人至其家,复责以故事,久积声色,不堪,国真怒,佯鸡黍,醉主人而杀之。时同里蔡乱头啸聚海上,被逮,多所株连。国真有怨家陈氏,讼与盗通,国真复起戕陈氏。陈之属讦天官,即捕国真。方就食,左手举几自蔽,右手握门关,格杀捕者,遂与兄弟及诸子、里之惧连及者,咸亡入海,时至正八年戊子。旬月间,得数千人,掠漕运,执海道千户。事闻,诏行省参政朵儿只班总舟师捕之,蹙福州五虎门。国真势促,且焚舟去,忽官兵内自扰,国真反蹙之,执只班。只班求脱,愿请于朝招国真。诏从之,授庆元定海尉。国真虽受官,无所任,兵聚不解,仍出没海上。攻温州,不克,焚掠去。辛卯三月,元副元帅董抟霄以兵败之,国真仅以身免。

六月,复聚众攻黄岩,百户尹宗战死。去攻温州,江浙左丞孛罗帖木儿遣元帅泰不华以火筏御之,退去。于是孛罗期不华大间漾会战,国真谍知之。乘夜先健卒突孛罗营,官兵不战溃。赴海死者过半,执孛罗及郝万户,囚舟中,复胁抚。郝,故出元高丽奇皇后位下,请托公行,幸得脱。诡言于朝,下不华复招谕之。壬辰春,乃就不华降。会江浙募舟师征徐州,国真以讹言惊惧,复叛,劫众下海。

二月,不华军澄江,遣义士王大用往谕国真,拘大用不遣。以小舸三百泛海门犯马鞍诸山。不华誓众曰:"此往克则诸君功,不克死报国矣。"国真使其党陈仲达伪受款。比至,仲达目动气索,不华知其诈,手剑起斩之。跃贼船,复格杀五六人。贼群刃至,不华瞋目叱之,众气夺。复格杀数人,贼乃攒槊洞不华死。犹植立不仆。事闻,诏追封魏国公。

八月,复寇台州,浙东元帅也忒迷失及福建元帅黑的儿合兵击走之。国真行金赂元执政甚勤。癸巳三月,乃命江浙左丞帖里帖木儿、南台侍御史左答里失复招谕之。时刘基为浙西行省都事,建议谓方氏首叛,宜捕斩不可赦。官之,是教反。执政便国真,驳台议,谓基擅作威福,罪之,竟授国真徽州路治中、兄国璋广德路治中、弟国瑛信州路治中,督遣之官,终疑惧不赴。复据海道阻绝粮运,元复遣江浙右丞阿儿温沙与庆元元帅纳麟答剌会兵讨之,皆败。元无如何,复招安,从其所欲,以国真为海道漕运万户、国璋为衢州路总管。

先是,海上民赵士正诸家起义兵,与方氏战,子弟多创死,不获沾一命,而方氏累叛累进,秩功罪反,人无以劝,乃多甘心从乱,而方氏益横。国真既受官,不听调。时汝颍兵乱,四方多故,元益羁縻不能问。九月,以兵突入台州路,执元帅也忒、知州赵宜诰等据台州,执进士潘省中,不屈,杀之于隘。庆元路与台相接,学录王刚甫、严正分守东门,方氏惮不敢窥者久之。乙未,刚甫解去,国真以舟师奄至。元帅纳麟不能御,开门纳之。国真阳尊谒纳麟,不犯。沉慈溪令陈文昭、永嘉丞达海、乡进士赵惟恒于水。寇昌国州,为达鲁花赤高昌帖木儿所败。国真愤,复益兵。为寇或讥高昌去,高昌怒曰:"是我效节之日也。"城破,高昌力战死,乘胜陷余姚。

州同知秃坚义责之,寻构杀秃坚,斥地至上虞,与张士诚接。七月遣其将李德孙袭温州,陷之,以子明善为镇抚。先是,温岷冈王子清不肯附方氏,被磔柟溪。刘公宽积御盗功官都事,愤子清死,率众袭镇海门,走明善。十月,元院判迈里古思出兵曹娥江，图庆元，败还。明年七月，元复拜明善为判院，明善胁留，诏使李国凤，悉官其党，然后得去。于是，公宽势不能与仇。明善计饮醉公宽，而密购其仆金兴刺杀之，取其首以献，妻侯氏自经死。明善以金兴叛主，斩以徇。

戊戌春，黄岩章子善好纵横术，说国真曰："元数将终，人皆知之，今所在分崩，各思乘时以立功名。明公果奋臂一呼，沂江而上，豪杰景从，立可数十万，然后南北抗绝。擅漕粟而食之，如是青徐、闽广、辽海，惟公所欲，霸业可成。"国真曰："君言远矣。"竟不能用。久之，元欲藉方氏以定姑苏，因授国真江浙行省参政。兄国璋皆转官。国真闻吴中富饶，亦欲自为计，率舟师五万进击昆山州。周将史文炳、吕珍统十将军御之。步骑夹岸为堑。国真曰："濒海泥淖，步骑互猝，不得成列，吾知其无能为也。"身率壮士，趋奔子桥奋击，周果步骑乱，五将军败没，死者数千人，国真七战皆捷。士诚请和。元令国真罢兵，还治庆元，兼领温、台，全有三郡之地。遂以国璋、国瑛居台，明善居温，留弟国珉自副。

十二月，太祖亲率师下婺州。遣主簿蔡元刚招谕国真，国真欲藉声援观变。己亥三月，遣使奉书币，尽以其地来献，令次子关为质。太祖曰："交质，衰世事，吾推诚相与，安用质子！"寻复镂珠玉于马鞍来献，直千金。却之曰："吾方有事四方，所需文武材贤，所尚钱谷布帛，此淫巧非所好。"复上书，愿守郡邑，如钱镠故事，岁贡白金，给军费，许之。遣博士夏煜，授国真行省平章。煜还言，国真方为元具舟，合士诚漕海，加官太尉，爵衢国公。时太祖急备汉，未暇讨也。太祖既破友谅于龙江，国真惧，遣人谢过。壬寅，苗兵乱，杀胡大海，持其首奔国真。国真不纳，进师合讨，国璋中流矢死，太祖遣人祭之，更遣典签刘辰通命。国真饰二姬赆之，辰却不受。

始元察罕平定山东，江南震动。太祖遣千户王华挟三千金附国真，海舟至燕通好，元随遣尚书张泉等出谕。俄而察罕死金陵，兵威日盛。国真欲诛泉以媚我。泉窜，我游兵获之。甲辰九月，明善攻土豪周宗道于平阳，宗道急来归。胡深以兵援，败之，遂下瑞安。明年六月，复取乐清，获其将、吏，释戍常州。丙午，元以国真为浙江行省左丞相，诸子弟皆改官。丁未，吴元年，李文忠下杭州。初国真约杭州下，纳土入侍，至是据境自若。太祖怒，与书数其十二罪，国真惧。集群臣议，独丘楠力劝归命，以保富贵，不听。九月，命朱亮祖讨之。时士诚就缚，吴平。亮祖军新昌，遣将破平关岭。至天台，守臣汤盘以城降。寻败国瑛于台州。亮祖进薄城下，国瑛走入城，徇下仙居诸县。十月，追国瑛于黄岩，守将哈儿鲁以城降，国瑛复走海上。太祖命汤和为征南将军，吴祯副之，合讨国真于庆元。十一月，亮祖进攻温州，克之。明善已先遁，分兵徇瑞安。守将俞伯通降。追袭明善于乐清，克之。大获其战舰士马。汤和兵至绍兴，渡曹娥江。上虞、余姚皆降。进兵围庆元，国真乘海舟先遁，府判徐善等率其属出降，定海、慈溪等县皆

二 碑铭志传

下。太祖再命将军永忠益兵助汤和,合讨国瑛。遣其子文信诣亮祖纳款。时国真欲扬帆远去,风辄不利,窘甚,遂遣郎中陈永奉书汤将军求降。又遣其次子关更名明完纳省院诸司印章。

降表略曰:"臣闻天无所不覆,地无所不载,王者体天法地,于人无所不容。切念臣本庸才,处于季世,保境安民,非有黄屋左纛之念。曩者陛下霆轰电掣,至于婺州,臣愚以为天命有在,遣子入侍。陛下开诚布公,赐以手书,遣还质子,俾守郡县如钱镠故事。十年之间,与中吴角立,皆陛下之赐也。不意今年以来,老病交攻,顿成昏昧,兄弟子侄辈志虑不齐,致烦陛下兴问罪之师。然犹未免为泛海计者,昔孝子于其亲也,小杖则受,大杖则走,今臣之事适与相类,臣请面缚待罪阙庭,复恐陛下万一震怒,天下后世不谓臣得罪之深,将谓陛下不能容臣,岂不累天地之大德哉!"盖幕官詹鼎所撰草也。太祖览之,叹曰:"孰谓方氏无人,是可以活国真矣。"赐书原宥。

国真既降,得舟楫器械以万计。改庆元路为明州府,后改宁波府。徙其属官刘庸等于濠州。明完献二郡,水手数万人,请沿海筑城备倭,从之。明年正月,太祖即皇帝位,国真入朝,赐第居京中,与李思齐同受行省左丞禄,以其子礼为指挥金事,明完为镇抚,侄明谦亦指挥金事。洪武七年,国真卒,年五十有六,兄弟俱不知书。时佐其谋议者刘仁本、张本仁、郑永思、丘楠辈。楠,永嘉人,颇廉慎,余皆由州县胥吏进用,贪贿营私,无深虑远略。子明善,居温,颇循法度。而国璋、国瑛居台,惟以殖货为富家计。及降,参佐皆杖死,惟赦楠,仕为韶州府知府。

论曰:元以高官赏叛,即奈何不弄兵,元乱自方始。然则刘福通以下不胜数,皆为方黄岩所遣矣。徒恃狙诈,非有长驾远驭之略,比之宋将毛贵、田丰辈,犹当北面,安所望。章子善之计,得行乎?使献郡质子之日,出舟师应江阴,局促张氏,封侯及世,不足酬也。袁柳庄一见国珍,语人曰:"南人胡相。"褒服见人,犹可观;冠服,则陋鄙矣。终非成美名者。

(《罪惟录》列传卷六)

元季伏莽志·方国珍

清·周 昂

国珍姓方氏,避故明庙讳,后更名谷真。生浙之台州黄岩(一云宁海),地名杨氏,即洋屿山也。

先是,尝有童谣云:"杨氏青,出贼精。"珍生之岁,青草遍生,盖其应也。珍长七尺,状貌魁梧,身白如瓠(《实录》云"长身面黑"),性沉勇,力能走及奔马,以贩盐浮海为业。家故贫,佃大姓陈氏田。黄岩风俗,贵贱分甚严。农家种富室田,名佃户，见田主不敢施揖，伺其过而后行。珍父伯琦，遇田主尤恭。珍尝谓父曰："田主亦人耳，何恭如此？"父曰："我一家养赡，惟田主之田是赖，焉得不恭？"珍不悦。盖方氏世以善行里中，珍父益柔良，人或弱之，父笑曰："吾诸子当有贵者，无久苦我。"既而父卒，兄弟竭力作苦，家渐裕。酿酒以伺田主之索租。一日，主仆至。盛馔宴主，先以美酤醉死其仆，而主随之，皆醢其尸于瓮中。越数日，主家来询，答以"是日索租即去"。问诸邻，则曰："但见主仆来，未见出也。"久之，迹露。主家诉于官，遣人捕之，拒而杀之，官自往捕，亦被杀。

时李大翁啸众唱乱，劫漕舟，杀使者，有司捕不获，从而搜辑之。剧盗蔡乱头相率效尤，势张甚。朝廷悬格捕之。珍慕赏功官爵，起义兵。台州总管焦鼎等纳蔡赂，薄其罪而不加诛。玩忽积岁月，珍谋于众曰："朝廷失政，统兵者玩寇，区区小丑不能平，乱自此始。今酷吏藉之为奸，媒孽及良民，若束手就毙，一家枉作泉下鬼，不若入海为得计耳。"众欣然从之，旬日得数千人，遂作乱，执海道千户德流于实。事闻，诏江浙行省参知政事朵儿只班总舟师捕之，追至福州五虎门，珍知事危，焚舟将遁。官军自相惊溃，朵儿只班遂被执。珍逼其上招降状，朝议授珍为庆元定海尉，兄弟皆授官（珍兄名国璋，弟曰国瑛、国珉）。珍不赴官，名虽就抚，劫掠如故，此至正八年事也。

十年十二月己酉攻温州。十一年正月庚申，上命江浙行省左丞孛罗帖木儿讨国珍至庆元，以泰不华谂知贼情状，迁浙东道宣慰使都元帅，分兵于温州，使夹攻之。泰不华即纵火筏焚之，珍遁去。既而孛罗密与不华约以六月乙未合兵进讨。孛罗乃以壬辰先期至大闾洋，珍夜率劲卒纵火鼓噪，官军不战皆溃。时有郝万户先陷贼中，珍拘制舟中，求招安。郝故出高丽后位下，请托得行，业许之矣。而孛罗人被执，反为珍饰词上闻，不华闻之，痛愤辍食数日。朝廷弗之知，复遣大司农达识帖睦迩、江浙省参知政事樊执敬等至黄岩招之。珍兄弟皆登岸罗拜，退止民舍小楼。是夕中秋，月甚皎。不华欲令壮士袭杀之，会达识夜过不华，密以事白之。达识曰："我受诏招降耳，公欲擅命耶？"乃止。檄不华亲至海滨，散其徒众，复授珍兄弟官有差。

至正十二年三月，朝廷征徐州，命江浙省臣募舟师守大江。珍怀疑，复入海叛，率海岛贫民千余艘从海道突入刘家河，烧海运船无算，遂抵太仓，大肆焚掠。浙省参政宝哥樊执敬以兵数千来援，溃于张泾，反被贼大获金帛而去，于是不华发兵扼黄岩之澄江，而遣义士王大用抵珍处，示约使来归。珍拘大用不遣，以小舸二百突海门，入州港，犯马鞍诸山。珍之戚党陈仲达往来计议，陈其可降状。不华率部众张受降旗，乘潮而前船触沙不能行，猝与珍遇，呼达伸前议，达目动气索，不华觉有异，手斩之，即前抟贼船，射死五人。贼跃入船，复砍死二人。贼举槊来刺，辄斫折之，贼群至，欲抱持过珍船。不华瞋目叱之，起夺贼刀，又杀二人。

贼攒槊刺之，中项死，植立不仆。投其尸于海，临海尉李辅德、千户赤盏、义士张君璧皆死之。五月，珍寇台州，自中津桥直上登楼，骑屋山，内薄临城，城中人方拒击，楼忽自坏，登者尽压死。贼遂纵火焚郭外民舍，并毁楼。珍初乱时，上有宣谕数道，敕十数道，悬以购人立功。及有功，亦竟不与。又获功之官，于功令非得风宪体覆牒文，不辄命官；宪使招权，非得数千缗不与行遣，有功无钱者，事从中辍，皆抱怨望。而大盗则一招再招，官已至极品，于是人心益解体，后盗日充斥，空名宣敕，遇微功即填给，人已不为荣矣。上命江南行台御史大夫纳麟给宣敕与台州民陈子由、杨恕卿、赵士正、戴甲（赵即蒲圻，赵家。戴即戴纲，司家。）等，令集民丁，协剿国珍。（此下接珍初乱时一段）八月珍再寇台州，浙东元帅也忒迷失、福建元帅黑的儿击退之。是月，中书参知政事帖里帖木儿出为江浙行省右丞，领征讨事。贼闻之，因守帅吴世显纳款请降，奏上，有诏命左丞与南台侍御史左答纳失理同往察便宜。二人至台州，遣使宣谕。珍等悉归其所俘，愿岁率其徒，护漕粮至直沽，海上悉平。

至正十三年十月庚戌，朝从帖里帖木儿左答纳失里之请受国珍降，于是授国珍徽州路治中，国璋广德路治中，国瑛信州路治中。督遣之任，帖里等乞立巡防千户所。朝廷命以五品流官，令纳其船，散遣徒众。珍疑惧不受命，乃拥船一千三百余艘，仍据海道，阻绝粮运。御史台臣纠言二人罪。至正十四年四月，上遂命阿儿海沙为江浙行省右丞，恩宁普为参政，总兵讨珍。帖里之招谕方氏也，辟刘基为行省都事，基以为方氏首乱，掠平民，杀官吏，其兄弟宜捕而斩之[①]，余党宜从招安。珍等惧，重赂基。基不受，左丞以基所议请于朝。方氏乃悉具贿，使人浮海至燕京，省院台俱纳之，准招安，授珍等官。罢帖里帖木儿，羁管基于绍兴。九月，[②]自是方氏益横。九月，再攻台州。久不下，有渔者九人，常夜从水关入城，渔毕则出。既久，乃就国珍献计。珍与谋而遣之。一夕，国珍兵至西门，渔者使数人于西门大噪举火，城中官兵趋救之。又数人密从东门斩关西出纳外兵，台州遂陷，执元帅也忒迷失、黄岩州达鲁花赤宋伯颜不花、知州赵宜浩以俟诏命。其冬，珍复率兰秀山贼掠海上，水军副万户董抟霄御之于刘家河及半泾，斩首数百级，贼遁去。十五年，珍复掠温州庆元等处。十六年三月，珍又降，以为海道运粮漕运万户兼防御海道运粮万户，其兄国璋为衢州路总管兼防御海道事。

十七年，珍据温、台、庆元等处。有章子善者，说以伯业，不听，谢去。八月乙丑，珍升为江浙行省参知政事，海道运粮万户如故。时张士诚据姑苏、常湖等郡，元患之，欲藉珍以收士诚，有诏征珍讨之。珍率兄弟诸侄以舟师进攻昆山州，士

---

① 捕而，原作"拒而战"，据本书他传改。

② 九月，疑衍。

诚侦珍且至，遣其将史文炳、吕珍统十将军、兵七万御之。昆山去姑苏七十里，士
诚伪都在焉。文炳直陈兵城中，乃以步骑夹岸为阵，士诚命游兵往来，旌旗数十
里不绝，气势甚盛。国珍曰："滨海之地，非四达之衢，乃复参用步骑，兵虽众，不
足畏也。"时珍之舟师仅五万，身率壮士数百趋奤子桥。有漕户倪蓬头为珍内应，
先以兵袭吕珍，珍小却。既而文炳与吕珍等使十将军薄水战，矢石如雨。国珍戒
其众，持苇席，藉涂泥，冒矢石急奋呼。夹岸军以火箭乱射，燎及须鬓，国珍横刀
大呼而入，杀两将军及十余人，张氏军大溃。国珍与壮士追之，击其中坚。文炳
等接战，国珍出入阵中，所向披靡。桥左右水骑，迄不得成列，而岸上军又败北。
文炳与吕珍弃马走亡，七将军溺死者万计。国珍次兵于岸，明日又战，七战七捷，
直至城下。士诚遣使者送款，请奉元正朔，又托丁氏往来说合，结为婚姻，于是两
境之民稍息。珍还，开治于鄞元，加优宠，升授太尉，江浙省左丞相，赐衢国公印
章，兄弟子姓宾客皆至大官。于是国珍拥节钺，而以国璋、国瑛居台，侄明善居
温，留弟国珉自副。

十八年，珍遣兵侵据绍兴属县，枢密院判官迈里古思曰："国珍本海贼，今既
降，为大官，而复来害吾民，可乎？"欲率兵往问罪。先遣部将黄中取上虞，中还，
请益兵。十月二十二日，迈里自出兵与珍部下冯万户斗，不利，驻军东关，单骑驰
归。斯时朝廷方倚重国珍，资其舟以运粮，而御史大夫拜住哥与珍素通贿赂，愤
迈里擅举兵，且恐生事，二十三日，召迈里至私第与计事，及中门，命左右以铁锤
挝杀之，断其头，掷厕溷中。黄中乃率众复仇，入拜家，举其尸无元，大索三日，得
于溺池中。尽杀拜家人及台府官员掾史，独留拜住哥不杀，以告张士诚，士诚即
遣兵守绍兴。是年婺州已被明祖取之，国珍以侍姬献明祖，明祖遣典签刘辰却
之。十二月，明遣主簿蔡元刚、儒士陈显道往庆元招谕国珍，国珍与其下谋曰：
"方今元运将终，豪杰并起，惟江右号令严明，所向莫敌。今又东下婺州，恐不能
与抗。况与我为敌者，西有张士诚，南有陈友定，莫若姑示顺从，藉为声援，以观
其变。"众以为然。

至正十九年正月乙卯，国珍献黄金五十斤，白金百斤，金织文绮百端，遣使奉
书，愿合兵灭士诚。其略曰："国珍生长海滨，鱼盐负贩，无闻于时。向者因怨构
诬，逃死无所，遂窜海岛，为众所推，连有三郡，非敢称乱，迫于自救而已。惟明公
倡义濠梁，东渡江右，据有形胜，以制四方；奋扬威武，以安百姓。国珍向风慕义，
欲归命久矣。奈道路壅遏，不能自通。今闻亲下婺城，抚安浙左，威德所被，人心
景从，不弃狂愚，猥加诲谕，开其昏蒙，俾见天日，此国珍所素愿也。谨遣使奉书，
上陈恳款，或有指挥，愿效奔走。首言为定，明神实临。"明祖遣省都镇抚孙养浩
报之。国珍虽纳款，然尚阴持两端。三月丁巳，珍遣郎中张本仁以温、台、庆元三
郡，且以次子关（后改名明完，一作亚关）为质。明祖喜曰："英雄以义气相许，当如

青天白日,事成同享富贵,何以质子为?"遂使关归。珍复遣使者,愿守城邑,如钱镠故事,岁贡白金以给军赀。明祖许之。然珍犹自海道输粟元都。明祖方励志中原,珍独屏蔽江海,使者交于二境,惟求庇民而已。九月甲寅,明遣博士夏煜授国珍福建等处行中书省平章政事,国璋行中书省右丞,国瑛行中书省参政,国珉江南行枢密院佥院,各给符印,以本部兵马城守,俟命征讨。煜至庆元,珍欲不受,业已降;欲受,又恐受制。乃诈称疾,但受平章印,告老不任职,遇使者亦颇倨。时元既以珍为太尉江浙行省左丞相,每岁遣官,督珍备海舟至士诚所,漕米十万石,渡海北输元都。至是年十月,明以珍以明授为江浙行省平章政事,遂同兄弟子侄贪虐为事。虽时遣人入贡,其实假此以为觇伺。

至正二十年正月,夏煜还,言国珍奸诈状。明祖曰:"吾方致力姑苏,未暇与较。"乃遣都事杨宪、傅仲彰往谕之曰:"吾始以汝为豪杰,识时务,不待征讨,幡然归命。嘉汝之意,命以高官,兄弟显荣,自制一面。岂效他人阳交阴备,徒为羁縻之国而已。岂意汝自迷惑,昧远大之图,为覆灭之计。外虽纳降,内实反复。欲觇我虚实,则遣子质;欲却我官爵,则称老病,此何为者? 吾宁不能遣一偏裨将十万众,直穷海岛,以取汝耶? 顾以汝率先来归,姑忍须臾,待汝自改耳。汝及今涤心改过,不负初心,则三郡之地庶几可全,福禄庶几可保。不然,吾恐汝兄弟败亡,妻子为僇,徒为人所指笑。夫智者转败为功,因祸成福,汝其图之。"珍不省。十一月甲寅朔,复遣夏煜、陈显道谕之曰:"福基于至诚,祸生于反复。谲诈者亡,负固者灭。隗嚣、公孙述之事可以鉴矣。汝首致甘言,终怀反复,大军一出,不可以甘言解也。汝宜深思之。"珍惶惧,对使者谢曰:"鄙人无状,致烦训谕。"使者归,遂遣谢过。既而仍不奉正朔命。明祖复遣使谕之,国珍答曰:"当初献三郡,为保百姓,请多发军马来守,交还城池。若遽奉正朔,张士诚、陈友定来攻,援若不及,则危矣。姑以至正为名,彼则无名罪我。果欲从命,必须多发军马,即当以三郡交还。国珍愿领弟侄赴京听命,止乞一身不仕,以报元之恩德。"明祖曰:"姑置之。俟我克苏州,虽欲奉正朔,迟矣。"

至正二十一年三月戊寅,珍遣检较燕敬至谢夏煜之命,且以金玉饰马鞍辔献于明。明祖正克江西,李善长遣其使就往江西进献。明祖谓其使曰:"我取天下用马,奚取此物?"珍不得已,又进大西马四匹,明祖曰:"此马可踏街。"随赐将士。二十二年二月,明降将蒋英、李福叛,由台州走福建。珍遣兄国璋邀击于仙居,为所败,被杀。二十四年九月,方明善攻温之平阳,为明将胡深所败。明善惧,与国珍谋,岁输银二万两充军实,请守乡郡,如钱镠故事。明祖许之,诏深班师。二十五年十月,元以国珍为淮南行省左丞相,开省庆元。二十六年四月,珍遣经历刘庸贡白金二万两于明。十月,元以国珍为江浙行省左丞相,弟国瑛、国珉、侄明善并为江浙行省平章政事,赠其曾祖、祖皆行省平章勋柱国越国公,父伯琦淮南行省左丞相上柱国,追封越国公,曾祖妣以下及两妻并封越国夫人。二十七年,吴之元年也。二月己未,珍既入贡,复阴泛海,北通扩廓帖木儿,南交陈友定。明师至姑苏,珍拥兵坐视,屡假贡献,觇胜败为叛伏计。明祖察之,以书数其十二过曰:

"当尔起事之初,元尚承平天下,谁敢称乱?惟尔倡兵海隅。元官皆世袭子弟,顾惜妻子,其军久不知战,故临阵而怯,尔得鸱张于海隅。及天下乱,尔遂陷三州之地,扼海道之冲,窃据山岛二十余年。朝送款于西,暮送款于北,此岂大丈夫之所为?尔过一也。吾下婺时,四方强敌甚多,岂暇用兵海岛,与汝较短长,尔自怀疑惧,遣子纳降,吾以诚心待人,不遂汝诈,即遣还尔子。尔乃诡诈多端,不数年间,迭生兵隙,尔过二也。近者浙左会稽、浙右钱塘诸郡皆下,尔阴蓄异志,时遣人觇我虚实,尔过三也。未有衅端,先起猜忌,自怀反侧,尔过四也。易交而轻侮,尔过五也。扩廓帖木儿以曹操之奸,将乌合之众,东奔西扰,顿师乏粮。又为李思齐、张思道逐出潼关,三秦已失,中原徐、宿、邳郡为吾藩篱,大河为吾门户,吾舟师往来,如入无人之境。尔不能料中原事势,顾且泛海交好,声言击我,虚张声势,以速怨尤,尔过六也。彼若仓猝有事,尔隔海滨,岂能应援,败亡由尔;彼若无事,交疏礼薄,则豪杰之怨、祸乱之生由此始矣,尔过七也。尔兄弟无功于元,无恩于民,盗据海隅,以势要君,以私赂下,坐邀名爵,跋扈万状。今归于我,而又不能善保富贵,欲驱民于锋镝,尔过八也。尔兵数出,掠我并海之民,上帝好生,下民思治,乃违天虐民,尔过九也。尔若有大志,尽驱温、台、庆元之民,与我较胜负,此果决丈夫之志也。今不能此,徒遣数舟,狗偷鼠窃,小举而兴大怨,尔过十也。吾遣兵入浙,下湖州,军旧馆,张氏将士尽皆降附,遂捣姑苏,对迭深沟,民安如故。尔乃诱我海上,土豪作乱,近已平定,匿其首恶,此岂良谋?尔过十一也。福建陈友定奸谋稔恶,以致阮德柔辈自相吞噬,彼可合乎?尔乃阴扇潜结,遥为声援,以诈交诈,岂能长久?如吾以诚待尔,反自疑贰,辄以诈罔。所谓首言为定者何在?尔过十二也。吾为尔计,当未交敌国之先,不必送款纳降,但有豪杰,止以平礼相好。守分保民,自安海隅,莅事而处,见几而作。不轻屈膝,亦不生衅,此尔之福,亦民之福。今大敌未至,自生疑惑,起事危身,非计之善。谅此非尔本情,或由左右所误。如左右有豪杰之士能为尔谋,择交大敌,有一无二,保全必多矣。尔其深烛成败,高览远虑,自求多福,尚可图也。"珍得书不报。七月,明遣使责国珍贡粮二十三万石,仍以书谕之曰:"汝初纳款,谓杭城克即献上来归,此汝左右之士共保富贵之良谋也。岂意汝怀奸挟诈,阳降阴畔,数相愚弄,张士诚与尔壤地相接,取尔甚易。然所以不敢加兵于尔者,诚以吾力能制之耳。故得以安处海隅,坐享三郡之富贵,是吾大庇于尔也。尔乃自为不祥,背弃信义,时遣奸细觇我动静。潜结陈友定,以图相援。彼自救不暇,何暇救人?尔何惑之甚也。今明以告尔，吾师下姑苏，南取温、台、庆元，水陆并进，无能御也。尔早于此时改过效顺，能尽以小事大之义，犹可保其富贵，以贻子孙以及下人。如其不然，集三郡之兵与我一较胜负，亦大丈夫之所为。不然，舍三郡之民，为偷生之计，扬帆乘舟，窜入海岛，吾恐子女玉帛反为尔累，舟中自生敌国，徒为豪杰所笑也。非分之恩不可数得，尔宜慎思之。"

书至，珍大惧，集弟侄暨诸将佐决去就。郎中张本仁曰："江左之兵方围姑苏，姑苏，劲敌也。国富兵强，高城深池，怀必死之志，胜负难必，彼安能轻越千里而取我？"刘庸进曰："江左兵多步骑，平地用也，施诸海滨，其如我海舟何？"珍之弟侄多以为然。惟丘楠争曰："此二者皆非所以为公福也。惟智可以决事，惟信可以守国，惟直可以用兵。江右一下姑苏，出兵南向，乘胜而驱，责我背叛之罪，辞直而师壮吾，谁与为援者？将一败涂地矣。莫若遣使奉书，明示不敢背德，庶几可以解纷息兵，而公得以常保富贵，福及子孙。不然，祸至无日矣。"珍素思暗，不能决。惟日夜运珍宝某巨舰为泛海计。九月甲戌朔，明遣参政朱亮祖率浙江衢州、金华等卫马步舟师讨国珍。帝谕之曰："国珍鱼盐负贩，砧窳偷生，观望从违，志怀首鼠。今出师讨之，势当必克。彼无长策，惟有泛海遁耳。三州之民，疲困已甚，城下之日，毋杀一人。"

丁酉，进攻台州。辛丑，克之。国瑛奔黄岩。癸丑，明祖复命御史大夫汤和为征南将军，金大都督府事吴祯为副将军，率常州、长兴、宜兴、江淮诸军讨国珍于庆元。珍闻之益惧，遂乘大舶遁入海岛。和与祯等引舟乘潮夜入曹娥江，夷坝通道，出其不意，直抵军厩。进次余姚，降知州李枢、上虞县尹沈煜，遂进兵庆元，府判徐善出降。国珍驱部下乘海舟遁，和率兵追之。珍以众力战不胜，其副枢方惟益、元帅戴廷芳等被擒。珍领余众入海。和还师庆元，徇下定海、慈溪等县。丁酉，和兵又至军厩，会降者言方氏已挈家入海，祯即引师追至盘屿，及之，珍还师来拒。合战至夜三鼓，败之。珍复挈妻子，弃其师而遁，尽获其战舡辎重而还。遂取庆元，分兵戍之。己未，和等进兵温州。

己丑，明命中书平章廖永忠为征南副将军，帅师自海道会和讨国珍。时国瑛被逼，已诣朱亮祖纳款。珍之部将徐元帅、李金院等率所部亦诣汤和降。珍见诸将皆叛，不得已，遣郎中承广员外郎陈永奉书于和乞降。又遣子明完、明则、从子明巩等纳其省院及诸司银印、铜印二十六，银一万两钱二千缗于和。仍遣子明完奉表谢曰：

"臣闻天无所不覆，地无所不载。王者体天法地，于人无所不容。臣荷陛下覆载之德久矣，安敢自绝于天地，敢一陈愚哀，惟陛下裁幸。臣本庸才，处乎季世，保境安民，非有黄屋左纛之念。曩者陛下霆击雷掣之师至于婺州，臣愚以为天命有在，遣子入侍，固已知陛下之有今日矣。所谓依日月之末光，望雨露之余泽者也。而陛下开诚布公，赐手书归质子，俾守郡县，如钱镠故事。十年之间，与中吴角立，皆陛下之赐也。迨天兵下临吴会，臣尝上书，谓朝定杭越即暮归田里，不意年来老病交攻，顿成昏昧，而弟兄子侄志意不齐，致烦陛下兴问罪之师。方怀忧惧，未能自明，而大军已至台、温，令臣计无所出，虽遣使再三，而承诏之师，势不容己。是以封府库，开城郭，以俟王师之至。然犹未免为浮海之计者，昔有孝子于其亲也，遇小杖则受，大杖则走，臣之事适与相类。虽然，臣一介草莽，亦安敢自绝于天地？故每自思欲面缚待罪阙下，复恐陛下震雷霆之怒。天下后世议者，不谅臣得罪之深，将谓陛下不能容臣，岂不累天地之大德哉？臣昧死奉表以闻，傈伏俟命。"明祖初怒其反复，览表后反怜之。趣入觐，仍赐手书曰："吾当以汝此诚为诚，不以前过为过，汝勿自疑。"十二月辛未，国珍率国珉等见汤和于军门，并献部卒九千二百人，水军一万四千三百人，官吏六百五十人，马一百九十匹，海舟四百二十艘，粮一十五万一千九百石。未降前，珍实欲泛海，以风不顺不得已归命。既纳款，和乃送珍等赴京师入朝。帝且喜且让曰："君来何晚也？"

珍即叩首谢罪。朝毕，宣国珍升奉天殿，赐以龙衣冠带，命于大臣班坐而宴。初入朝，授广西行省参政，于钟山里起造千步廊一百间为国珍居第。洪武二年十月，升广西行省左丞，不之官，奉朝请食禄于京。三年十二月，子孙世袭指挥金事。明祖遇珍厚，每与燕飨，常偕功臣列坐。一日侍上燕，坐不能兴，舆至第则成末疾矣，如瘫痪之类。帝数遣中使赐问，官其子礼为广洋卫指挥金事，完为虎贲卫千户所镇抚，令得亲见之。七年三月壬辰，疾革，帝遣中使问所欲言，珍指使者，中坐良久，曰："臣荷陛下厚恩，无尺寸之功，子孙椎鲁，绝不知人间事。幸陛下以臣故，曲加保全，则臣感恩九泉，为犬马报陛下矣。"言讫而逝，年五十六。帝御翰墨为文，命官致祭。皇太子暨亲王亦如之。中书省、大都督府、御史台皆奉旨临祭。

初，国珍病，属诸子曰："我即死，无归葬海滨。主上遇我厚，可求京城外之地埋焉，且使后人习于礼义。"及是，卜城东二十里玉山之原，礼部为奏请，帝欣然可之。珍雅好儒术，善属文，喜吟咏，岭南名士孙王佐等皆出幕下，其《过梅关谒张曲江祠》诗曰："提兵昔过梅关北，奉命今还五岭东。古庙尚留朱履迹，旧题羞见碧纱笼。一天云气千山雨，万壑松声十里风。谒罢相祠重回首，蓬莱宫阙五云中。"一时在朝如宋濂、方孝孺诸公乐与之游，极推重之，谓其保障南服，识时知命，善保功名，南越以来所未有也。（《过岭梅关》诗见《岭南海见闻》。按，珍以佃农为盗魁，《实录》谓其兄弟俱不知书，且生平未越浙东一步，何以有过梅关诗事？其附会与否，载此俟考。）

（《元季伏莽志》卷七《盗臣传》，《续修四库全书》第 520 册》）

方国珍据三郡

清·洪颐煊

《鲒埼亭集》：方国珍乱浙东，所据为庆、台、温，而兼有绍兴、曹江之东境，以通明坝为地限。其用刑甚严，犯其法者，以竹笼之投于江。明太祖招之，国珍约降而不奉朔，徘徊持两端。及汤信公以师渡江，国珍逃窜入海，已而自归。太祖不责前事，赏以千步廊百间。而国珍子亚关旧尝在金陵为质子，建言当筑城于沿海以防倭。太祖诏下信公施行，施行，[①]于是始筑定海等处十一城。

定海城为卫，而以大嵩、穿山、霩䨕、翁山四城隶之；观海城为卫，而以龙山城隶之；昌国城为卫，而以石浦、钱仓、爵溪三城隶之，皆以亚关之言也。国珍父子于元末群雄为首乱，鼠窃一十八年，真人出而爝火息，其罪甚巨。而吾乡藩篱之固，则亦其父子实启之，不可谓无功。其吾乡府城因元初隳天下城池而坏者，虽筑于纳麟之手，而亦至方氏始完。不然，嘉靖以后，王直、徐海之乱荼毒更有不可言者矣。

明初群雄割裂，只国珍以令终。既内附，有女适沐黔公子。在滇中，凡鄞人仕滇如应布政履平辈，女敦乡里之谊，还往若亲戚然。则方氏之窃据也，所谓盗亦有道者耶？群从弗戢，竟陨厥宗，悲夫。

（《台州札纪》卷十二，《续修四库全书》第 734 册）

路桥志略·方国珍传

民国·杨 晨

方国珍，其先仙居人，迁黄岩灵山乡塘下里（张肃撰《方国璋碑》），即今方家岘，遂著籍焉。长身黑面，体白如瓠，力能逐奔马。元至正中，授为江浙中书省参知政事。会有诏讨张士诚，遂出师。士诚遣史文炳、吕真统十将军御之于昆山，步骑夹岸，旌旗数十里不绝。国珍曰：滨海之地，步骑非宜，兵虽盛，不足惧也。国珍舟师只五万人，身率壮士数百，持苇席涂泥，以冒矢石，奋呼急击，士诚军动，追击之，遂大败，亡七将军，死万余。明日又战，七战七捷，士诚惧，乃遣使纳款，请奉元正朔。国珍乃班师，以功进大尉左丞相，治于鄞。有张子善者（或作章子善），喜纵横术，说国珍以舟师沂江渡河，北略青徐、辽海。国珍谢之曰："吾始顾不及此。"时乱漕梗，国珍以舟师岁输谷千万余石于京师，复以海运功进封衢国公。明

---

① 施行，疑衍。

遣人招之内附，国珍阳应之，而漕元如故。会苗帅王保、蒋瑛等杀胡大海以其首来奔，国珍不受。复奔闽，国璋邀击之，为所杀，明遣使吊祭。至正廿七年，明平吴，汤信国和率兵至庆元，朱亮祖下台州，国珍乃封府库，籍兵民以降。和送之建康，太祖面让之，国珍对曰："臣天下无道，乘桴浮于海；天下有道，束带立于朝。"太祖善之，乃授广西行省左丞，数年卒。赐葬京城外之玉山，命宋濂作神道碑。濂比之于隋唐之汪华，谓国珍据有三郡，事既相类，保境安民，识时知命，其功亦复相同，信非诬也。宁波有庙祀之。

兄国璋，元授衢州路总管，追封越国公。弟国瑛、国珉，均官江浙平章政事。子关(一作完)明忠显校尉、虎贲卫千户所镇抚。（按宋濂碑，子五、礼、完、本、则、安。《洪武实录》，完，小名亚关。方氏谱不详。又府志言国珍微时，早诣南塘戴氏主人，梦黑龙绕柱，因妻以女，而谱云国珍妻两董氏，未知孰是。《羽庭集》亦云越国夫人董氏。）

（《路桥志略》卷四）

方国珍，至正中，历官定海尉海道万户行枢密院判官、江浙行省参知政事，晋左丞，平章政事。太尉、衢国公。入明，授资善大夫、广西行省左丞。《明史》有传。

（《（光绪）黄岩县志》卷十五《选举》）

（光绪）黄岩县志·方国珍始末

国珍，洋屿人。行三，长身黑面，体白如瓠。方逐奔马，与兄国馨、国璋，弟国瑛、国珉皆以贩盐浮海为业。国珍与蔡乱头以争牢盆相仇，州不与直。已而李大翁啸聚海上，乱头继之，剽掠漕运，再杀使者，势甚嚣张。行省悬格令捕。国珍，故蔡仇也，又慕赏格，鸠众擒蔡。蔡惧，自投于官。总管焦鼎纳蔡赂，薄其罪。国珍恚曰："蔡能为寇，我不能耶？"适以逋租遣巡检某往捕之。国珍方食，左执食桌为障，右持巨扛为挺，格杀巡检，遂与其兄弟聚兵入海，掠截漕运，时至正八年戊子十一月也。

元命参政朵儿只班讨之，追至福州。国珍焚舟将遁，元兵自相惊溃。只班被执，为上招降之，状授国珍海运千户，不受。十年十一月，率水军千艘泊松门港借粮，居民罔敢不与。十二月，攻温州及沿海诸县，遣孛罗贴木儿击之。十一年六月，兵至大闾洋，国珍率劲卒纵火鼓噪。元兵不战自溃，赴水死者过半，孛罗及郝万户皆被执，二人乃为饰辞上闻，以求招安。郝故出高丽后位下，请托得行，遂议立巡防千户所，设长贰参，授其二兄及党羽数十余人官。复遣大司农达识贴木儿至黄岩招降，国珍兄弟皆登岸罗拜，退止民间。绍兴总管泰不华欲命壮士袭杀之，达识贴木儿曰：“我受命招降，公欲擅命耶？”事乃止。是时有百户尹三珠者，守黄岩，率百余人出与国珍战，死焉。

明年，泰不华谪为台州路达鲁花赤。时元兵方征徐州，募舟师守大江，国珍怀疑，复入海。不华遣义士方大用往谕，国珍留之。遣其戚党陈仲达往来议降，不华具舟张受降旗下。澄江风雨潮不利与国珍，遇于黄林港，呼仲达伸前义，仲达目动气索，不华觉其心异，手斩之。即前抟国珍船，其党麇至，欲抱持入其船，不华瞋目叱之，国珍之党攒槊刺不华，中项死。六月，国珍坐定光观，遣悍兵入黄岩，悉毁官亭民居。八月，攻台州，国瑛以舟师诱总管赵琬至黄岩，舍于白龙奥，琬不食死。十三年，遣左丞贴木儿、南台侍御史左答纳失里招谕之。二人报国珍已降，遂降金符，宣授拜其昆弟及其党，与官有差，伐石立宣德碑。国珍不受。命时邑人潘省元伯修挺身说降，答纳失里奏其功，国珍之党使盗待诸隘而杀之。遂据有台、温、庆元三路，开府庆元，日与兄国璋、侄明善等焚掠沿海州县，朝臣莫可如何。奏以国珍为庆元定海尉，寻为海道万户。明年，为省都镇抚，升行枢密院判官。

自后汝颍兵起，海内鼎沸，累迁国珍江浙行中书省参知政事。会有诏讨张士诚，国珍遂出师，士诚知国珍且至，遣将史文炳、吕真统十将，军兵七万，御于昆山。昆山去士诚姑苏伪都七十里，文炳、真陈兵昆山，仍以步骑夹岸为障。士诚命游兵往来，旌旗数十里不绝，气势甚盛。国珍曰：“滨海之地，非四达之衢，乃复参用步骑兵，虽盛不足畏也。”国珍舟师仅五万，身率壮士数百，趋奇子桥。文炳、真使十将军薄战，矢石如雨，国珍戒其众，持苇席涂泥，冒矢石，急奋夹击之。十将军以火箭乱射，国珍燎及须鬓，横刀大呼而入，杀两将军及十余人，军大溃。国珍与壮上追击，趋其中坚，桥左右步骑，讫不得成列。文炳、真弃马走，亡七将军，溺死者万计。国珍乃次兵于岸，明日又战，七战七捷，直至城下。士诚得报，遣使纳款，请奉元正朔，国珍乃还。遂以节钺镇浙东关治于鄞。元以国珍为勋戚，加爵赏，俄至太尉左丞相。

国珍之初作乱也，元出空名宣敕数十道，募人击贼。海滨壮士多应募立功，所司邀重贿，不辄与，有一家数死事卒不得官者。而国珍之徒，一再招谕，皆至大官。由是民慕为盗，从国珍者益众。元既失江淮，资国珍舟以通海运，重以官爵羁縻之，而无以难也。有张子善者，好纵横术，说国珍以师泝江，窥江东，北略青、徐、辽海。国珍曰：“吾始愿不及此。”谢之去。

十八年，明师取婺州，遣主簿蔡元刚招国珍。国珍谋于其下，曰：“江左号令严明，恐不能与抗，况为我敌者，西有吴，南有闽，莫若姑示顺从，藉为声援以观变。”众以为然。十九年三月，遣郎中张仁本奉书，进黄金五十斛，白银百斛，文丝百匹。明祖复遣镇抚曾养浩报之，国珍请以温、台、庆元郡献，且遣次子关为质。

明祖曰："古者虑人不从，则为盟誓交质，今既诚信来归，便当推诚相与，何事怀疑，而以质子为哉？"厚赐关而遣之，复使博士夏煜赍银印往拜国珍福建行省平章事、国瑛参知政事、国珉枢密分院佥事。是年，元亦授国珍行省平章事。已，又改为淮南左丞，国瑛、国珉并为平章事。国珍名献三郡，实阴持两端。煜既至，诈称疾，自言老不任职，惟受平章印诰而已。

明祖察其情，谕以书曰："吾始以汝豪杰，识时务，故命汝专制一方，汝顾中怀叵测，欲睹我虚实，则遣侍子；欲却我官爵，则称老病，夫智者转败为功，贤者因祸成福，汝审图之。"是时，国珍岁治海舟，为元漕张士诚粟十余万石于京师，元进国珍衢国公，分省庆元，国珍受之如故。特以甘言谢明祖，无内附意。及得所谕书，竟不省。明祖复谕，以书曰："福基于至诚，祸生于反复，隗嚣、公孙述故辙可鉴，大军一出，不可虚辞解也。"国珍诈穷，复阳为惶惧，谢罪，以金宝饰马献，明祖复却之。已而，苗帅蒋瑛等叛杀，胡大海持首奔国珍，国珍不受。自台州奔福建，国璋守台邀击之，为所败，被杀。明遣使吊祭。

逾年，温人周宗道以平阳来降，明善以兵争，参军胡深击败之，遂下瑞安，进兵温州。国珍恐，请岁输白银三万两给军。俟杭州下，即纳土来归。明祖诏深班师。吴元年，克杭州，国珍据境自如，遣间谍假贡献名觇胜负。又数通好于扩廓帖木儿及陈友定，图为椅角。明祖怒，移书数其十二罪，复责军粮二十万石。国珍集众议，郎中张仁本、左丞刘庸等皆言不可从，有丘楠者，独争曰："彼所言，均非公福也，惟智可以集事，惟信可守国，惟直可以用兵，公经营浙东十余年矣，迁延犹豫，计不早定，不可谓智；既许之降，抑又倍焉，不可谓信，彼之征师则有辞矣，我实负彼，不可谓直。幸而扶服请命，庶几可视钱俶乎？"不听，惟日夜运珍宝，治舟楫为航海计。

二十七年，明祖破平江，命参政朱亮祖攻台州，国瑛迎战，败走。进克温州，平南将军汤和以大军长驱抵庆元，国珍率所部遁入海，追败之盘屿。其部将相次降，和数令人示以顺逆。国珍乃遣子关奉表乞降，曰："臣闻天无所不覆，地无所不载，王者体天法地，于人无所不容。臣荷主上覆载之德久矣，不敢自绝于天地，故一陈愚衷。臣本庸才，遭时多故，起身海岛，非有父兄相藉之力，又非有帝制自为之心。方主上霆击电掣，至于婺州，臣愚即遣子入侍，固已知主上有今日矣。将以依日月之末光，望雨露之余润。而主上推诚布公，俾守乡郡，如故吴越事，臣遵奉条约，不敢妄生节目。子姓不戒，潜构衅端，猥劳问罪之师，私心战兢，用是俾守者出迎，然而未免浮海，何也？孝子之于亲，小杖则受，大杖则走，臣之情事适与此类。即欲面缚待罪阙廷，复恐婴斧钺之诛，使天下后世不知臣得罪之深，将谓主上不能容臣，岂不累天地大德哉？"盖幕下士詹鼎辞也。

明祖览而怜之，赐书曰："汝违吾谕，不即敛手归命，次且海外，负恩实多，今者穷蹙无聊,情词哀恳,吾当以汝此诚为诚,不以前过为过,汝勿自疑,率众来归,悉从原宥。"国珍乃竭和于军门,和送国珍等至建康。入朝,明祖面让之曰:"若来得毋晚乎?"国珍顿首谢,授广西行省左丞,食禄,不之官。数年后疾革,遣内史问所欲言,国珍曰:"臣荷厚恩,无以为报,唯子孙庸鲁,不省人事,愿上曲加保全。"言毕而逝。明祖怜悯之,为文赐祭葬,官其子礼广洋卫指挥佥事,关虎贲卫千户所镇抚。

先是,国珍病时,属诸子无归海滨,可求京城外之地葬之,遂葬于城东二十里王山之原,命翰林学士承旨宋濂为神道碑铭。濂谓:隋大业末,海内纷纭,汪辈聚众保民,据有歙宣杭睦婺饶六州之境。虽屡受隋爵,及唐高祖有天下,遂封府库,籍民数以归职方,擢为歙州刺史,没于长安,其事与国珍似无大相远者,而我国家天宠所被,视唐则有加焉。旧志云:元纲已坠,方氏首逞膂力,卒能保全三郡,归命真人,不罹血刃,其勋庸不可泯云。

今按:方氏海上乱民也,迹其抗师拒命,焚毁官亭民舍,维时邑民受其荼毒者,何异绿林黄巾之惨,而顾推其后,此归命之功,可谓不揣其本而齐其末矣。汪革聚众保民,未尝杀一无辜,焚一城郭也,然犹谓之据有六州,方氏而不谓之寇盗,何哉?以乱窃据,能以善全归,此其所以获保首领欤?而比之汪氏保障功勋,抑亦过矣。

（《(光绪)黄岩县志》卷三十八《杂志》）

宁波府志·方国珍逸事

元至大二年正月,倭寇入城,元帅府及录事司皆焚。方国珍,台之黄岩人。身长七尺,貌魁梧,走及奔马。父伯奇,素柔良,每为乡人所侵蚀。辄笑曰:"吾子当有兴者,无久苦我。"既乃生子五人,皆粗豪有膂力。黄岩风俗,贵贱等分甚严。佃户见田主,不敢施揖。伯奇亦恭事田主,国珍谓父曰:"田主亦人耳,何恭如此。"父曰:"我养汝等,由田主之田也,何可不恭!"国珍不悦。父卒,兄弟戮力,家道渐裕。耻不礼于田主,酿酒以俟田主之至,醉其主仆,醢其尸于酒瓮。主家诉于官,州遣巡检来捕。国珍左执几杆兵,右执巨梃格斗,遂杀巡检,入海为乱。州县无以塞责,妄械齐民以为国珍党。由是海上益骇,亡之国珍所者,旬日得数千人,时至正八年也。

十一月,元主命朵儿只班讨之。国珍引而东,元兵追至福州五虎门。国珍势危,将焚舟遁,而元兵忽自惊扰。国珍乘而蹙之,执朵儿只班,因迫其上招安之状。元主从之,用为定海尉,使散其众。国珍虽受命,然终不自安。是岁,永嘉大风涛，海水吹上平陆三十里，人死者以千数。已而国珍乱，人以为兆云。

十年冬，国珍复入于海，江浙行省调兵捕之。十二月，国珍寇温州。城中守备甚严，出兵接战，国珍乃焚掠城外而去。十一年三月，浙东副元帅董抟霄率舟师至温，与国珍兵遇，元兵惊乱，争赴水死。抟霄号令不能施，仅以身免。元舟为所夺者数百艘。六月，国珍攻黄岩。元沿海翼百户尹宗泽战死。江浙左丞孛罗帖木儿率兵讨之，次于庆。元遣元帅泰不华赴温，以图夹攻。既至，值国珍方攻温，不华以火筏御之，乃引退。初，孛罗密与不华约，以六月乙未进兵。孛罗先期至大闾洋，国珍率劲卒纵火鼓噪，元兵不战而溃，赴海死者过半。孛罗及郝万户皆被执，囚之舟中，使求招安。郝故出元主高丽奇皇后位下，请托得行。元主亦虑其为海道梗，复遣大司农达识帖木儿等至黄岩招之。国珍兄弟皆登岸罗拜，退止民间。不华欲使壮士袭杀之，达识散其徒众，收其海舟器械，授国珍万户，及其兄弟官爵有差。

十二年春，元人方征徐土，募舟师北守大江。国珍疑为图己，复入于海。不华遣兵扼黄岩之澄江，仍遣使谕之，国珍益疑。以小舸二百，复突入海门，犯马鞍诸山塞。不华迎战，死之。三月，元主复遣江浙左丞答纳失里率兵讨之。频海大姓赵士正、陈子游、杨恕卿、戴甲，皆倾家募士，为元收捕。五月，国珍攻台州，自中津桥乘楼临城。楼忽崩，攻者尽堕死，国珍气沮。焚城外庐舍而退。元帅也忒迷失，击走之。十三年春，元遣左丞帖里帖木儿复招谕国珍。参军刘基议以国珍首乱，当诛，余党当招安。帖里上基议，省院入方氏贿，驳基伤朝廷好生之德，且擅作威福，于是编管基于越。既而报国珍已降，令授以五品流官，遂授徽州路治中，弟国瑛信州路治中，国璋广德路治中。国珍疑惧，拥舟千艘阻漕运。元乃复遣江浙右丞阿儿温沙击之。

十四年，元设浙江元帅于庆元。以纳麟哈喇为元帅，以备之。庆元密迹国珍，日夜治铠仗，理舟楫，运粮饷。项领相望，以给军用。又树栅杆江浚，筑城隍，列弩石楯戟，严警以防寇。至阿儿温沙命诸县令以军资，入海而不与之兵。遇国珍兵，皆溃而归，失亡不可胜计。元人无如之何，寻复招安之。授国珍海道巡防万户，国璋为衢州总官，兼防海道。先是，赵士正诸家，每与方氏战，子姓多歼于盗，不沾元一命，而方氏一再招，辄进高官。于是，上下解体，甘心从乱，而方氏益横矣。

国珍以海内大乱，知元力不支。九月，以兵突入台州路，执元帅也忒迷失。黄岩州达鲁花赤宋伯颜不花、知州赵宜浩等以俟元命，遂据有台州。台人潘省中，元进士也，为国珍所劫，屡以大义折之，国珍不从。其党郭仁本潜之，乃使盗杀诸隘。先是，庆元路蒙古字学录王刚甫被檄守东门，方氏兵惮之，不敢登陆者数年。刚甫解官去，十五年春，台既破，庆元民震恐。至是国珍以舟师奋至，纳麟不能御城中，开门纳之。国珍入城，谒纳麟，阳尊事之。独慈溪令陈文昭不附，执文昭欲沉之于海，已，乃因之岱山。又攻昌国州，达鲁花赤高昌帖木儿屡击破之。方氏兵来益众，或劝之遁，帖木儿曰："是我效死之日也。"城破，力战而死。国珍乘胜取余姚。州同知秃坚见而责之，曰："君甫就招安，复以兵入台、庆，背德忘信，何以令人！"国珍不答，心甚衔之。竟构秃坚以罪死。国珍乃居庆元。斥地至上虞，与张士诚接境。先是，温城守兵每出战多捷。戍将骄，不为备。七月，国珍使其将李德孙袭温州，破之。用其俘明善为镇抚，以守温，屯兵千佛寺。温之岷冈有王子清者，不附方氏，寻被执，磔之。

栅溪刘公宽者，积御盗功，官至都事，亦不附方氏，闻子清死，不胜愤。九月，夜率众袭镇海门，入千佛寺。明善脱身走。公宽退，明善复入城，筑砦天宁寺以居。国璋闻变，至温，使方文举立砦于净居寺以助防守。十月，元院判迈里古思出兵曹娥江，以图庆元，为国珍所败而还。十六年春，方明善等攻刘公宽，公宽壁险拒之。七月，元经略使李国凤至温，拜明善为院判，明善胁留之。悉官其党，然后得去。冬，刘公宽兵势益蹙，明善部下陈珙旧与公宽善，因使珙图公宽。珙一夕与公宽酗饮，密令公宽仆金兴杀之，取其首以献。其妻侯氏自经死。明善以金兴叛上不忠，斩之以殉。

十七年春，国珍造舟益多，或问之，国珍曰："倘有兵来，吾即乘舟浮海去耳。"于是闻者叹曰："若但为走计，非英雄也。以故，豪杰往往去之。"十八年春，黄岩章子善好纵横术，说国珍曰："元数将终，人皆知之，今豪杰并起，四海分崩，公若奋臂一呼，战舰数千艘、数十万众可立至也；沂江而上，则南北中绝，擅漕舟之粟，舟师四出，则青徐、闽广、辽海皆惟公所欲，审能此行，则人心有所系属，而伯业成矣。"国珍曰："君言远矣，智者不为祸始，朝廷虽无道，尚可以迁延岁月，今豪杰争雄，莫适为主，吾乃按兵保境，以待其定耳。"子善谢去。

元进国珍为江浙行省参政，寻令击张士诚。士诚遣史文炳、吕珍统十将军、以数万众御国珍于昆山海滨。步骑夹岸为堑。国珍策之曰："海滨非平地，而参用步骑，吾知其无能为也。"乃以舟师五万攻之，自率壮士数百趋畚子桥，十将军薄战，矢石雨下，国珍奋击，杀其两将军，余皆散去。复前与史、吕接战，其步骑讫不得成列而散。遂杀其七将军，死者数千人。明日，七战皆捷。士诚请和，乃引还。元主嘉其功德，以节钺镇浙东，开治于鄞。复数加爵赏，俄进太尉、江浙左丞，赐以衢国公印章。昆弟子侄宾客，皆至大官。虽奴仆，亦滥名器。每遇朝，金紫杂沓。永嘉丞达海及乡进士赵惟恒皆不与方氏，国珍恶之，并沉之于江，由是人皆侧目。士有誉功德以媚之者，辄跻显贵。溪山啸聚之徒，荷戈来从，授以州县佐者甚众。又时以粟至燕，交通权贵，凡宣敕封赐，恣其所欲，三路士民忘其为盗，惟知有方氏，更翕然附之。

十二月，明太祖下婺州。明年，衢、处相继款附。因遣儒士陈显道往招国珍。国珍亦惧兵南来，即遣子完为质，使其属张本上书，请以三郡内附，如钱镠故事。岁贡白金，以给军资。太祖许之，还其质子，遣博士夏煜往授国珍江南行省平章，国璋福建行省右丞，国瑛福建行省参政，国珉江西行枢密院佥院，畀以印章，国珍受而不用，惟令国珉称佥院，而通贡北方如故。苗军刘震、蒋瑛杀婺州守将胡大海以叛，持其首赴之，众皆喜。国珍曰："吾昔遣使款附，今纳其叛人，是见利而忘信也。且人叛主而归我，即他日叛我矣。"遂率师击之。苗军悍甚，国璋中流矢殁。太祖遣使临其丧，抚其遗孤。国珍自国璋之殁，知其兵不可用，惟北通察罕父子，南通陈友定，以观成败。

二十二年，国珍使其检校燕敬以金鞍玉辔献，时方克江西，太祖语敬曰："我取天下，所用者马，奚用此为。"国珍又遣使献大马四，太祖班赐诸将。始察罕平定山东，江南震动。太祖遣千户王华挟三千金附国珍，海舟至燕通好，元主遣尚书张昶等来谕，俄而察罕死。太祖遂欲与元绝，国珍以昶等闻，而太祖不答。国珍惧见让，令昶等至闽。已而太祖悉召元使诛之。太祖又遣郎中杨宪谕国珍，使奉正朔。国珍对曰："昔献三郡，为民计也，未至遽奉正朔，张士诚、陈友定倘来见攻，若援不及，则国珍危矣。姑以至正为号，彼则无辞以罪我，况元之首乱，不得已。而授我兄弟以官，使我稍不振，彼安容我耶？必欲我从命，须多发兵来守三郡，即当以三郡□□国。国珍率弟侄听命于京，止乞国珍一身不仕以报□恩。足矣。"宪还以告，太祖曰："姑置之，俟我克姑苏，虽欲奉正朔，亦晚矣。"时国珍方睦于士诚，倚以为唇齿，故不即降。

二十三年，方明善以舟师攻平阳，执元守臣周兴嗣，幽之于鄞。明善入平阳，恣淫虐。月余，周氏旧卒童环逐明善，以平阳附于处。州将胡深引兵略瑞安。二十四年春，深攻温州，国珍惧，修贡于太祖，且约大兵取杭，即献土。二十六年八月，明兵围姑苏，国珍屡假贡献来觇，太祖恶其反复，数其十二过责之，国珍不报。未几，绍兴降于太祖，太祖责其贡粮三十万，仍谕以当早效顺。国珍不听。自度兵且至，遂为泛海计。是岁，元太子遣使赐御酒龙衣于国珍。二十七年，是为吴元年，姑苏既下。九月，太祖遣大将汤和将兵渡浙江，夜入曹娥，划坝通道，直抵军厩，将逼庆元。国珍既封府库，具民数，使城守者出迎王师。自挈妻孥以大舶走海中。副将朱亮祖入新昌，破天台，进趋台州。方国瑛弃城拒野，亮祖攻之急。国瑛亦以大船载妻孥走黄岩。亮祖遂下诸属邑。十月丙午，兵至黄岩。国瑛复焚廨宇入于海。己未，亮祖兵至温州，破方明善于城南，明善遁去。十一月癸酉，复败明善于盘屿。

始国珍登大船，欲扬帆远引以避兵锋，辄不利，窘迫，不知所为。值和、亮祖各遣人谕使早降。国珍遂率其宗党来降。且上表曰："臣闻天无所不覆，地无所不藏,王者体天法地,于人无所不容,臣荷陛下覆载生成之德久矣,安敢自绝于天地,切念臣本庸才,处于季世,保境安民,非有黄屋左纛之念。曩者陛下霆轰电掣,至于婺州。臣愚以为天命有在,遣子入侍,于时固知陛下有今日矣。日月中天,幸依未造,而陛下开诚布公,赐以手书,归其质子,俾守郡县,如钱镠故事。十年之间,与中吴角立,皆陛下之赐也。逮天兵下临吴会,臣尝上书,谓朝定杭越,暮归田里。不意今年以来,老病交攻,顿成昏昧,而兄弟子侄,志虑不齐,致烦陛下兴问罪之师,方怀忧惧,未能自明,而大军已至台、温。令臣计无所出,虽遣使再三,而承诏之师势不□,已是以封府库,开城郭,以俟王师之至。然犹未免为泛海计者,昔孝子于其亲也,小杖则受,大杖则走,今臣之事适与相类。虽然臣一介草莽,安敢自绝于天地,故每欲面缚待罪阙庭,复恐陛下万一震怒,天下后世不谓臣得罪之深,将谓陛下不能容臣,岂不累天地之大德哉!臣谨冒死奉表,伏俟严诛。"表文,国珍幕官詹鼎之词也。

上览表曰:"孰谓方氏无人哉,是可以活其命矣。"因趣其入觐。至京师,上大喜,且让之曰:"若来何晚也?"国珍顿首谢罪,上待之特厚。每赐宴享,与功臣并列。方氏既平,其伪官悍将二百余人素为民巨害者,皆徙江淮。台、温、庆之民始奠枕焉。未几,拜国珍广西左丞,仍奉朝请。一日,侍燕坐,不能兴,舆至家,已成未疾矣。上数遣中使存问,官其子礼为广洋卫指挥佥事,完为虎贲所镇抚。侄明□为大仓卫指挥佥事。又遣人问所欲言,国珍曰:"臣荷厚恩,无尺寸之功,而子孙椎鲁,不知人间事,幸陛下以臣故,曲加保全。"遂卒,年五十六。上为文祭之。国珍且死,求葬于京城东之玉山,上特许之。洪武十一年,令明谦籍其始从戎者为兵,谓之方氏军哨,凡数万人。而明谦骄不法,事觉,上怒,加以剥肤之刑,举宗受戮。其犀象、珠玉、金缯之属以亿万计,皆归于有司。先是,黄岩童谣曰:"杨屿青,出贼精。"杨屿,素童,忽生草木,而国珍出,竟如谣言。

(《(雍正)宁波府志》卷三十六《逸事》)

《民国四修石曲方氏宗谱·方国珍小传》

国珍,伯奇三公子。元至正中,授江浙中书省参政,以讨张士诚功,进太尉左丞相,复以海军功,进封衢国公。明授资善大夫、广西等处行中书省左丞相。洪武七年五月,卒于南京钟山里之私第,享寿五十有六岁。赐葬京城外玉山之原,命宋濂作《神道碑铭》,《明史》有传。配两董氏,俱封越国夫人。子五,女五。长适长浦下尤吴兴郡马尤□□,次俱适士族。

(《民国四修石曲方氏宗谱》卷一)

方国珍寇温始末

清·叶嘉枪撰　民国·刘绍宽增订

元顺帝至正八年戊子十一月，台州黄岩民方国珍，入海为乱。据《元史·顺帝纪》、《泰不华传》修。按泰传云：台州黄岩民方国珍，为蔡乱头、王伏之仇逼，遂入海。《明史·方国珍传》：有蔡乱头者，行劫海上，有司发兵捕之。国珍怨家告其通寇，国珍杀怨家，遂与兄国璋、弟国瑛、国珉亡入海，聚众数千人，劫运艘，梗粮道。《黄岩县志》叙方国珍始末云：与兄国馨、国璋、弟国瑛、国珉，皆以贩盐为业。国珍与蔡乱头以争牢盆相仇，州不与直。已而，乱头啸聚海上，剽掠漕运，再杀使者，势张甚，行省悬格捕之。国珍鸠众欲擒蔡，蔡惧，自投于官。总管焦鼎纳蔡赂，薄其罪，国珍恚曰："蔡能为盗，我顾不能耶！"适以逋租，遣巡检往捕之，国珍格杀巡检，遂入海。《象山县志》引《新元史》同。《宁波府志》谓杀田主起事。鄞县、象山两《志》皆不从。《宁波府志》又云：州县无以塞责，妄械齐民，以为国珍党，由是海上益骇，亡之国珍所者，旬日得数千人。宋濂撰《神道碑》云："公讳国珍，避庙讳，更名真，因字谷贞。"今按《明史·太祖纪》，父世珍，所云避庙讳以此。太祖字国瑞，国珍嫌如兄弟，故又改国为谷云。

十一月，诏江浙参政朵儿只班总舟师捕之，追至福州五虎门。国珍将遁，官兵自溃，珍反蹑之。执只班，迫使上招降状。授定海尉，不赴，势益横。据《顺帝纪》、《泰不华传》、《明史·方国珍传》、宋濂《神道碑》修。按原本诏捕以下系九年，兹据《顺帝纪》、《泰不华传》订。

九年己丑，诏礼部尚书泰不华察实以闻，得状上招捕策，不听。据《泰不华传》。

十年庚寅六月，国珍复入海，焚掠沿海州郡。按《泰不华传》：十年十二月，国珍复入海。此云六月，未知所据，然考黄岩《志》有十一月率水军千艘泊松门港之语，则入海非始十二月明矣。闽浙檄调万户府达鲁花赤哈喇不花、温州路达鲁花赤帖木列思以海舟会剿。据《温州府志》。惟所云闽浙檄调，不言何官，殊略。达鲁花赤原作监军监郡，今正其官名，后仿此，不悉出。

十二月二十八日晨，寇船突至温州外沙，入镇海门，至竹马坊焚劫。变起仓猝，官兵皆窜。温州路总管左答纳失里与僚属俱立马拱北门内，良久，有海运千户吴世显、千户黑的儿挟弓矢驰至。急启关，世显跃马先出，斩一寇门侧，左亦发矢，连毙数贼，贼惧登舟。左守乃急治城郭，缮甲兵为守御计，贼遂不敢近城。其寇瑞安者，知州杜和亦率民格战却之。据《温州府志·寇警》及《名宦传》修。按原本左守治城缮甲，系次年国珍出口，今移此，情事较合，即下所谓城中有备也。永嘉有朱童子，逸其名，居瀬江，当寇猝至时，母投江死，童子哭母，亦投江死。据《永嘉县志·孝友传》增。

十一年辛卯正月三日，贼知城中有备，退舟出港。据温州《乐清县志》。又《鄞县志》云：城中守备严，乃掠城外而去。是月，命江浙左丞孛罗帖木儿总兵，至庆元讨国珍。按原本据《泰不华传》作二月，今据《顺帝纪》改。

三月，浙东副元帅董抟霄统舟师至温，与贼遇，兵惊惧，皆赴水死，贼夺舟数百，抟霄仅以身免。由是贼势愈炽。据《温州府志》、《宁波府志》、《乐清县志》、《鄞县志》增。原本不载者，盖以《元史·董抟霄传》无其文欤？然考《抟霄传》，是年除济宁县总管。其前官固浙东宣慰副使，与志文正合也，史特略之耳。孛罗以泰不华谂知贼情，迁浙东道都元帅，分兵温州，夹击之。未几，贼至，泰不华纵火筏焚之，一夕遁去。孛罗前与泰不华约，以六月乙未进兵，乃以壬辰先期至大闾洋，贼夜率劲兵，纵火鼓噪，官军不战皆溃，赴水死者过半。据《泰不华传》。按原本此下有贼夺舟数百，势愈炽，乃误移并董抟霄之事于此，今删。孛罗被执，胁使上请归诚。

七月，命大司农达识帖睦迩及江浙行省参政樊执敬、浙东廉访使董守愨同招谕。至黄岩，国珍兄弟皆登岸罗拜，退止民舍。是夕中秋月明，泰不华欲命壮士袭杀之，达识止之，即檄泰不华亲至海滨散其徒众，拘其海舟兵器。据元《顺帝纪》、《泰不华传》修。原本国珍兄弟上有冬字，因《温州府志》有至冬乃招安语，今据《泰不华传》删正。授国珍万户，及其兄弟官爵有差。按原本作千户，今据《鄞县志》所引《嘉靖志》正。

十二年壬辰春，汝颍兵起，朝廷征徐州。按原本作丞相脱脱征徐州。考《顺帝纪》，脱脱请亲征徐州，在是年七月，此时非脱脱也，据删。命江浙募舟师北守大江。国珍疑其及己，复劫党入海。时泰不华为台州路达鲁花赤，发兵扼黄岩之澄江，遣义士王《黄岩志》作方。大用往谕降。国珍拘大用不遣，以小舸二百突海门入州港，犯马鞍诸山，复遣所亲陈仲达往来议降。泰不华具舟张受降旗，乘潮下，触沙不行，垂与国珍遇，呼仲达申前议，觉其心异，无降意，手斩之，即前抟贼船，射死五人。贼跃入船，复斫死二人。俄贼群至，欲抱泰不华过船，泰不华起夺贼刀，又杀二人，贼攒槊刺之，中颈死。据《明史·方国珍传》、《泰不华传》修。又按《乐清志·曾应孙传》：方国珍寇温，都帅泰不华延应孙筹议方略，甚器重之。泰不华殉节于台，应孙为位哭之甚哀云。

五月，命江南行台御史纳麟给宣敕与濒海民陈子由、杨恕卿、赵士正、戴甲等，令共集民丁，夹攻国珍。翌年，子由与温州乐清蒲岐民赵纲家皆为贼所屠，据《顺帝纪》、《鄞县志》、《乐清志》增修。《纪》文本作台州民，考赵士正温州乐清蒲岐人，见《不系舟渔集·赵氏书塾记》，知《纪》所载非尽台州民。《鄞县志》云：濒海大姓赵士正、陈子游、杨恕卿、戴甲，皆倾家募士为国收捕。不专称台州人，是也，今从改。《乐清志·人物传》云：赵纲居蒲岐。至正十三年，与司家陈子游等倾家募士，为官收捕，贼屠其家。《明史》方传云：国珍之初作乱也，元出空名宣敕数十道，募人击贼，海滨壮士多应募立功。所司邀重贿，不即与，有一家数人死事卒不得官者，而国珍之徒一再招谕，皆至大官，由是民慕为盗，从国珍者益众。《鄞志》亦云：赵士正诸家子姓多奸于盗，而不沾元一命。今按陈子游当即子由，士正与纲名字相应，似若一人。陈高《赵氏书塾记》言士正于至正甲午由蒲岐始迁壶山之下，则是十三年被贼，十四年迁居情事正合。惟是记不言其家属被戕，则纲与士正不敢臆定为一人。

十月，贼艘二百余，入瑞安飞云江，上泊永安市，下弥海口杀掠，二十九日乃退。据《瑞安志》增。《志》原文云：国珍率弟国璋。按国璋乃兄，非弟也，其名有误，今删。

十三年癸巳春，山寇焚劫平阳坊郭及诸村落，所至成烬。据《平阳县志》增。是时，山海奸民连结负贩私盐者，多与方寇出入。按此未知所据。然考《明史·方国珍传》"世以贩盐浮海为业"，《宁波府志》亦有"溪山啸聚之徒，荷戈来从，授以州县佐者甚众"之语，则此贩私连结语必有所本。闽括寇李师、吴第五、《平仲集》第作悌。吴成七、张希伯、郑长脚、翁金瑞等，各据地为乱，以闽、括、温三处界地为巢穴。据《平阳县志》修。

三月，命江浙左丞帖里帖木儿、江南行台左答纳失里招谕国珍，行省都事刘基谏弗听。十月，授国珍徽州路治中，国璋广德路治中，国瑛信州路治中，督遣之任。国珍怀疑，不受命。据元《顺帝纪》、明《刘基传》修。原本谓道盗杀使者。《黄岩志》云：时邑人潘省元伯修挺身说降，答纳失里奏其功，国珍之党使盗待诸隘而杀之。《宁波府志》叙于方据台州后云：台人潘省中，元进士也，为国珍所劫，屡以大义折之，国珍不从。其党郭仁木谮之，乃使盗杀诸隘。一事异闻，而皆非使者，与不受命无防〔涉〕也，此误牵合。是月，山寇焚劫平阳松山分水岭，直抵州治。东平翼千户所达鲁花赤帖木，时镇温州路，与永嘉尉王楚山，从万户晁恭廉来平守御。恭廉遇贼先遁，帖木、楚山血战死之，平阳官吏俱降。据《平阳县志》修。先是，海运千户吴世显以功升至副元帅，驻温州，政乖其方，任用非人。浙东帅府同知周应奎子嗣德，诣江浙左丞帖里帖木儿，言变在旦夕，请豫为计，不听。据《温州府志》、《平仲集·周嗣德墓志》修。考《刘基传》，以言方氏兄弟首乱宜诛事，被责编管绍兴，正在此时，故有《赠宗道诗》"子去慎所适，我亦行归藏"之语。是时，世显调温州路兵守松山。至州，摄州事卜颜颇严毅，有戍卒悍于市，卜颜械以惊〔警〕众。韩虎儿等遂谋作乱，推千户所吏陈安国为首。众欲杀卜颜，安国止之，遂于十二月十六日帅众至郡，逐同知王中都马不及，驰入世显宅，杀显。时浙东金都元帅按原作金宪。王武在温州分司署，青田义士蒋子锡领义兵数百余，贼战于署前,败死。贼遂入署,昇武出徇于路,数日脱去。王中都马乞哀,舍之。安国遣党分守十门,给帖税户,借办军需。据《温州府志·寇警》修。

十四年甲午春,浙东道宣慰使都元帅。按《温州府志》作都元帅,《平仲集·周公墓志》作浙东道宣慰使,与《浙江通志·职官表》合。《通志》宣慰使都元帅,无恩宁普名。考宣慰使有军旅事则兼都元帅,纳麟哈剌为都元帅,而《通志》亦无之,自是阙略耳,今参取之。恩宁普来讨山寇,按《温州府志》,讨叛盖本讨山寇,原本改云讨贼,似径讨兵变矣,误。低[抵]括,闻兵变,遂留不进。韩虎儿等惧官兵且至,谋大掠弃城泛海,安国不可。处州所都目李君祥乘小舟抵拱北门,呼曰:"元帅在括,闻城为山寇所陷,遣吾觇之。今楼橹如故,乃知误传耳。为吾启关,吾即入,如关勿启,吾亦自回矣。"安国即命开关,延于华盖峰,饮至暮。君祥屏人潜以阃檄示安国,署为温州府判官。因抚其背曰:"汝亟诛同党,此男儿转祸为福之秋也。"安国惊喜,夜领心腹兵驰至来福门,时虎儿已寝,给起杀之,遂杀十门守卒,函首送括。参谋胡琛、令史俞溥、蔡宋仁以舟至永嘉县,达鲁花赤的里翰给安国同舟往见,遂被擒及,分捕余党二百余,皆枭以徇。恩宁普至,磔安国于市。据《温州府志·寇警》修。时平阳知州乏人,按此句新增。恩宁普求得本邑人周嗣德,命摄行州事。而左丞帖里帖木儿至自台,以嗣德豫言世显事验,器之,倚以讨贼安民,给以粮五百石,勉令就职。据《平仲集·周嗣德墓志》修。按原本据《平阳乾隆志》云:弟诚德攉同知。非此时事,今删。又按《平仲集·周墓志》摄州事系至正乙未,而文云浙东道宣慰使恩宁普求可属任者。考恩于十四年四月即升参政,而此云宣慰使,必在未升以前事。《乾隆志》载陈高《增学田记》,亦有至正十四年冬,周以行省之命摄守州事等语。是恩委摄在四月前,省命乃在是冬,墓铭并入次年叙之耳。

四月,恩宁普以功升参政。据《顺帝纪》。朝命纳麟哈剌为浙东都元帅,开府庆元。按《鄞县志》系此于十二年,而以《嘉靖志》系十四年为误,今此本亦系是年。考前此都元帅为恩宁普,恩升,缺乃授纳麟,《嘉靖志》不误,原本必有所据,今仍之。考《元史·百官志》宣慰司分道有军旅事则兼都元帅府,庆元本有浙东道宣慰使司,此开府即其地。原本元帅上无都字、浙东无东字,今据《鄞县志》增。时,国珍拥船仍据海道,阻绝粮运,诏以江浙行省参政阿儿温沙升本省右丞,与恩宁普皆总兵讨国珍。据元《顺帝纪》。既而,两军皆败。此句未知所据。

九月,国珍执浙东元帅也忒迷失、黄岩达鲁花赤宋伯颜、知州赵宜浩,遂据台州。按此为方寇据地之始,故据《顺帝纪》、《鄞县志》增修。

十五年乙未春,国珍奄至庆元,纳麟不能御,开门纳之。按此为方寇据庆元之始,据《鄞县志》增。又按《鄞志》:国珍入城,独慈溪令陈文昭不附,执欲沉之于海,已乃囚于岱山。《永嘉志·人物》云：陈麟字文昭，置岱山后，朝廷起户部主事，寻改瑞安州知州，度不能行，以疾辞归。

嗣德是岁，戮寇李师、翁金瑞，及他酋数十，谕降张仲卿，据《平仲集·周公墓铭》增。上功行省，升浙东道元帅，总制平阳瑞安。据《平仲集·周公墓铭》增。此后嗣德除拜诸官不见《顺帝纪》者，以行省永[承]制为之。考《顺帝纪》：十五年八月，以达识帖睦迩为江浙行省左丞相，便宜行事。则是升授者，达识丞相也。《百官志》云：各处总兵官以便宜行事者，承制拟授，具姓名以军功奏闻。掌故之文缺轶不完，则纪文不具之故以此。

十六年丙申正月，周嗣德击走别寇葛兆，获酋金龙十。据《平仲集·周公墓铭》增。

三月，方国珍复降，以为海道运粮万户。其兄国璋为衢州总管，兼防卫海盗事。据《顺帝纪》修。原本据《温州府志》系十四年。考《鄞县志》云，《嘉靖志·敬止录》国珍官万户在十四年，误，今据正。

是岁，乐清县达鲁花赤燕帖木儿讨贼不克，举邑骚动。温州路总管陈志学以民力捍城，饥死者枕藉城下，令发廪及私帑，计丁雇役，民趋如市，不日城堑成。据《温州府志》增。按原本国珍攻张士诚系是年，误，详见十七年下。

十七年丁酉，寇葛兆又来袭，嗣德覆之，获酋吴天雷，遂命弟诚德分兵击下瑞安诸砦，进兵会括分院兵，按分院当为枢密分院。元《顺帝纪》：十六年三月，立行枢密院于杭州，命左丞相达识帖睦迩兼知院事，省院等官并听调遣，凡招降讨逆许以便宜行事。此括分院或其临时所设欤？夹攻寇之抄平阳者，破其窟穴，吴悌五遁之福宁。括分院上诚德功，授同知平阳州事，兼行军镇抚。据《平仲集·周公墓铭》增。按原文以功闻于康里丞相。考康里脱脱为江浙行省左丞相，在仁宗朝，此丞相即达识帖睦迩，乃康里子，故蒙称康里也。

八月，以方国珍为江浙行省参知政事，海道运粮万户如故。《顺帝纪》。时张士诚据平江，朝命国珍攻士诚，七战七捷。会士诚降，元乃罢兵。士诚亦与国珍结为婚姻，两境之民稍息。据《明史》方传、《鄞县志》修。按原本系攻士诚事于十六年，《鄞志》系于十八年。考《顺帝纪》，是年八月授国珍行省参政，方传云：寻晋行省参政，俾以兵攻士诚。是确在此时。《明史·张士诚传》：士诚既得平江，遣士德破杭州，完者还救，复败归。明年乃擒士德，以招降士诚。士德间道贻书，俾降元。考陷平江破杭州，据元《顺帝纪》皆在十六年，其明年则十七年也。《顺帝纪》：张士诚请降，诏以为太尉，正在十七年八月，在命国珍为参政之后。方传所云士诚降乃罢兵，情事正合，自是张、方结姻，故此后朝廷岁征粮士诚，皆方为海运。迨二十三年九月，士诚复为吴王，元征粮不复与。《士诚传》所云赐龙衣御酒，士诚自海道岁输粮十一万石，《顺帝纪》在十九年、二十年，方传亦有岁岁治舟为张士诚粜十一万京师语，何容有十八年方攻士诚之事？是原本与《鄞志》所系皆误也。《鄞志》于方、张结姻，亦系十八年，而谓《秘阁元龟政要》系丙申为误。考《政要》原文云：士诚屡为明军所败，惧国珍乘隙，托结姻。据《士诚传》，明屡败士诚，正在十七年，《政要》系早一年，《鄞志》系迟一年，皆误。又此原本云：诏多其功，命以节钺开府庆元，兼领温台庆三郡。据《温州府志》，国珍于十八年始据温州，何有十六年即诏领温台庆三郡之事？便误，今删。

是岁，国珍将李德孙《鄞县志》德作得。寇温，时温城守兵出战多捷，戍将骄不为备，遂为所袭破。据《温州府志》、《鄞县志》修。《鄞志》系在十五年，误，辨见下。

十八年戊戌，国珍以兄子明善为省都镇抚，分驻温州，屯兵千佛寺。据《温州府志》。按原本云：国珍以国璋、国珉居台，留国瑛自副，居庆元。《鄞县志》引《明太祖实禄[录]》，珉、瑛名互易。时温之珉冈有王子清者，不附方氏，被执，磔之枬溪。刘公宽者，新添县尹公源之弟，八字据《永嘉县志·孝友·胡野卢传》补。积御盗功，官至都事。愤子清死，因团结清通乡兵，夜率袭千佛寺。明善间道脱走，筑天宁寺为砦以居。国璋及明善弟文举继至，亦筑净居寺为砦。据《温州府志》、《鄞县志》修。按《鄞志》系此事于十五年，而以《温州府志》系十八年为误。考《东瓯金石志》载方明善《重修温州路谯楼记》云：至正十八年，公以行省都镇抚来镇，正与《温州府志》合。又陈高《不系舟渔集·忠敬堂记》云：天台贾侯，至正戊戌从军来温，踏枬溪，守安固，入横阳，皆躬擐甲胄云云。其云戊戌来温，正在此岁；其踏枬溪，即指刘公宽事。是为国珍十八年据温之确证。元《百官志》，行省属官有都镇抚，惟国珍于十七年八月为行省参政，故得以弟为省都镇抚来守温也。《温志》不误。时元史江淮海运道梗，燕京大饥，朝廷征张士诚输粜。国珍岁岁治舟，为元漕士诚粜十余万石于京师，至是进官至行省左丞，加太尉，封衢国公，以节钺开治庆元。据《温州府志》、《明史》方传、《鄞县志》修。按《顺帝纪》：是年五月，以国珍为江浙行省左丞，兼海道运粮万户，而方传作左丞相分省庆元者。考《顺帝纪》，国珍为淮南行省左丞相，分省庆元在二十五年，为江浙行省左丞相在二十六年。传特终言之，非是时事，故此仍从元纪。作左丞且分省云者，乃淮南行省分设于庆元也。故此仍从《鄞志》作开治。原本有加左丞相进平章语，考进平章在十九年，亦非此时事。又据方传文，封衢国公在左丞相下，似非此时事。然《新象山志》据《新元史·行省丞相表》国珍除左丞加太尉正在此年，《百官志》太尉为三公正一品，国公封爵亦正一品，此加封当是同时，《鄞志》谅不误，从之。并以赂贿通权贵，宣敕封赠，如意可得，遂升明善为浙省参政，文举升行省枢密院同签。据《温州府志》修。于是公宽势益蹙。明善部下陈琪旧与公宽善，固[因]使琪图宽。一夕酣饮，密令刘仆金兴杀之，取其首以献。其妻侯氏自经死，二子皆自杀。明善以兴叛主不忠，斩以殉。据《鄞县志》引《敬止录》及《永嘉县志·列女传》增。明善在千佛寺被袭后，罪门者周士行、魏忠，囚将斩之，士行弟士威诣狱吏请，曰："吾兄弟皆孤，藉外祖母夏以存，今夏年八十六，非兄弗养。吾无能焉，愿以身代。"狱吏怜而易之，士威遂遇害。忠将被刑，子保趋刑所，以身蔽父，曰："是夕，守门者保也。"伸颈受刃，父得释。县役胡义事公宽兄公源，明善捕刘党，亦被执。子野庐挺身出曰："事刘君者我也，执父奚为？"遂斩野庐而释其父，野庐时年二十一。据《永嘉县志·孝友传》增。瑞安周乐父晟，通经能文，方氏拘晟置海舟上，乐随往，事甚谨。一日，贼酋遣人沉晟于水，乐泣请曰："我有祖，幸留父侍养，请以己代父死。"不听，乐抱父不忍舍，遂同死。《元史·孝友传》。又有永嘉丞达海及乡进士赵惟恒皆不与方氏，国珍并沉之于江。据《鄞县志》增。按原本，是年系以周嗣德遣弟诚德败闽括贼于香山，又败之徐洋，擒吴悌五，降张希伯等语。考此误据《平阳乾隆志·周诚德传》，盖未考《平仲集·周嗣德墓志铭》及《诚德墓表》也。香山、徐洋两役皆败方明善，与山寇无涉，且未必在此岁。《乾隆志》之张希伯，疑即《平仲集·张公墓志》之张仲卿，降在十五年。吴悌五《乾隆志》别作吴成七，疑即《瑞安志》山寇之吴成大，或即《平仲集》之吴帮大，亦戮在十五年。若吴悌五之获，《平仲集》不叙年分，而最在诸贼之后，《乾隆志》乃叙在十四年，皆误，今悉删之。

十九年己亥三月，国珍以温、台、庆元献之于明，遣其子关为质。明祖郤（却）其质。时明已取婺州。据《太祖纪》、方传修。原本谓已取婺括二郡，按括下在是年十一月，此时未取也。

十月，元授国珍江浙行省平章政事。《顺帝纪》。明亦遣授行省平章，国珍以疾辞。明《太祖纪》。

周嗣德遣弟诚德击走闽括寇吴悌五，寻引兵蹙之象原，购得悌五并三恢酋郑子敬，送于闽省诛之。是岁，经略使普颜不花、李国凤在闽，遣从事曾坚分御赐酒劳之，承制擢嗣德行枢密院判官。平阳山寇至是悉平，嗣德以是益修内治。据《平仲集》两周墓志表、《顺帝纪》参增。按陈高《不系舟渔集·送曾子自员外序》：十八年，朝廷命省台重臣经略江南，曾君为从事官；明年，君以襄赏功绩之命来温之平阳。是知为十九年事。

二十年庚子夏，京师旱，嗣德遣弟绍德漕运粮二万五千石上供，绍[诏]赐龙衣御酒，按此事见《平仲集·嗣德墓志》而《顺帝纪》不载。盖时乱，掌故缺轶多矣，后仿此。授嗣德行枢密院判官，诚德温州路总管府判官，绍德同知平阳州事。时方明善以枢密院判官制温，嗣德不为下。据《平仲集》增。有郑子敬天真天民者，以策干嗣德，弗用，遂喉明善并平阳。据《温州府志》修。明善屡以舟师来轧，嗣德屡却之。

自以一州抗国珍三郡，非万全计，进父老语以故，欲委地去。父老不可，乃遣弟明德往谒国珍，被留不遣。据《平仲集·周公墓志》修。按《不系舟渔集》附录揭法［法］《陈子上先生墓志铭》:方明善与平阳周宗道构兵，尝一出而解两家之难，当在是时，但不能定其年耳。大抵嗣德于十九年前皆攘山寇，二十年后皆攘方寇，原本是年据《平阳乾隆志·周诚德传》，擒贼首郑长脚等，境内乃安。按郑长脚疑即郑子敬，前以《平仲集·嗣德墓志》及《不系舟渔集·送曾子白叙》考之，当在前一年，故兹从删。

二十一年辛丑夏，嗣德遣都事张居锡漕贡京师，进同签行枢密院事，降分院印，诚德浙东道宣慰司使副金都元帅。明善舟人在直沽者，欲夺分院印，不克。据《平仲集·周公墓志》增。

二十二年壬寅春，明善以三千余舟列营平阳瑞安，嗣德屡挫其锋，按《诚德墓表》:明善屡以舟师来侵，公败之香山，又败之徐洋。考香山盖即瑞安宝香山，今名屿头，徐洋其旁近地，即此所谓屡挫其锋也。又复使人断其矴缆，乃去，追获舟二百。会集贤院都事兴童持诏来劳，嗣德乃遣从诏使，入贡谢恩，按《不系舟渔集》有《送兴童都事还京诗》。表言国珍侵轶，乞注代。诏让国珍，仍有龙衣御酒之赐，超拜江浙等处行中书省参知政事，诚德行枢密院判官。国珍被诏大怒。以上据《平仲集·嗣德墓志》增。

二十三年癸卯春，国珍悉发台、庆、温兵以捣平阳瑞安，相持六余月，乃以厚利啖嗣德帐下林淳、林子中为内应。九月，平阳陷，诚德败奔径口。十八日，林淳执嗣德。越十二日，林子中亦执诚德，俱送明善所。诚德谩骂明善，按《诚德墓表》述其辞云:"贼奴贼奴！尔诸父行劫海上，朝廷贷尔死，又畀尔节钺，恩莫大焉。尔等不思报效，而分据郡县，真大憝也！我奈何下尔？且张士诚在吴，尔不知为国剿除之，顾日夜加兵于我，我受天子命守二州之事，奈何而下尔也！"遂遇害，剚其皮焉，至死骂不绝口。绍德缒石而沉诸海。州判张君锡亦被执，沉死，其子端跃入水，抱父尸俱死。送嗣德国珍，国珍终不敢加害。据《平仲集·嗣德墓志》、《平阳乾隆志·列女孝友传》修。按《鄞县志》云:嗣德囚于鄞。《平仲集·周公墓铭》云:越三年，王师取庆元，公与国珍例道赴南京，以诚意伯刘基言，得放还田里。洪武辛亥，大臣行边者，复遣赴南京，其秋八月卒。考大臣行边，谓信国公汤和也。《和传》云:倭寇上海，帝谓和强为一行，乃度地浙西东，并海设卫所城五十有九。此《筹海图编》所谓岁为边患，汤和经略海上是也。和请与国珍从子鸣谦俱，故嗣德复有遣赴南京事。

明善入平阳，恣淫虐月余，周氏旧卒童环以父顺命起义兵，按杜整《童顺墓记》环作闻，盖后改名。与镇抚陈达，招集溃散军士五百人战，擒伪知事郑子敬等。明善遣弟文举再击，环度不能支，闻明兵下处州，按明《太祖纪》十九年十一月，胡大海克处州。二十二年，降人李祐之复叛，四月邵荣复处州。此云下处州，盖指此也。遂与嗣德甥项伯文往，请援于其守将胡琛，琛遣将孙安，孙安名据《乾隆志》载《高阳重修儒学记》补。击走明善，遂下瑞安。据《鄞县志》、《宁波府志》、杜整《童顺墓记》、《平阳乾隆志·童环项伯文传》、《明史·胡琛传》参修。按《明史·胡琛传》云：温州豪周宗道聚众据平阳，数为方国珍从子明善所逼，以城来降。明善怒攻之，琛遣兵击走明善云云。此殊失实。夫惟宗道为元守土，不附方氏，故为攻逼。迨被执后，其下始附于明，在宗道之身，固未尝背元即明，反复如方寇所为者。温州平阳府县志、《鄞县志》皆班班可考，此不可不辨也。

二十四年甲辰春，胡琛进攻温州。国珍惧，修贡于明，请俟杭州下即纳土，太祖诏琛班师。据《明史·胡琛传》、《方国珍传》、《鄞县志》参增。按明班师后，瑞安复为国珍将郭伯嵩所据守，说见后。

二十五年乙巳九月，元以国珍为淮南行省左丞相，分省庆元。据《顺帝纪》增。

二十六年丙午九月，元以国珍为江浙行省左丞相，其弟国瑛、国珉，侄明善，为平章政事。据《顺帝纪》增。考明《太祖纪》及《方国珍传》，国璋时已前死。二十二年二月，苗帅蒋英叛，杀胡大海，国璋守台州，邀击之，败，被杀。

十一月，明李文忠下余杭，国珍据境自如，遣间谍假贡献名觇胜负，又数通好于扩廓帖木儿及陈友定，图为犄角。据《明史·方国珍传》增。惟《明史·方国珍传》克州系吴元年，为二十七年，而《太祖纪》系之是年，《鄞县志》据《明史稿》辨正，今从之。

二十七年丁未四月，太祖移书数国珍十二罪。七月遣使责贡粮。国珍不听，惟日夜运珍宝，治舟楫，为航海计。据明《太祖纪》、《方国珍传》增。

九月，明参政朱亮祖攻台州，国瑛出走。追至黄岩，降其守将哈儿鲁，徇下仙居诸县，进兵温州。据《明史·朱亮祖传》。原本谓明兵既下台、庆，误，时庆元未下，见后。

十二月二十二日，师自楠溪过江，至太平岭。明善具海舟数百，捆载财物，为泛海计，遣党夏狗、郑不花、车英出西门拒敌。明兵夹击歼之，狗、英仅以身免。明善惧，欲纳款，其妻鲍氏裂绢为旗，命吏书投拜字，而迭为幕宾陈德录、鲍与侃所阻。二十六日申时，明善弃城登舟，而明兵先锋已登陴矣。据《鄞县志》引《温州府志》修。按原本此段与《鄞志》所引《府志》文，详略互异，而为今《府志》所无，盖皆旧《府志》原文，而尽为后人删削矣。明克国珍在是年，其克温为十月，史志各无异辞，而今《府志》乃叙为甲辰春，大误。按甲辰春乃二十四年，其春为胡琛入平阳，何得与此涉，误。其下文云：明善自戊戌据温，至丁未凡十年，则又不误。盖删修旧志，任意失检故也。亮祖既克温州，遂徇瑞安。时明善将贾伯嵩守瑞，亮祖檄平阳总管夹击，伯嵩遂降。平阳兵至，闻已张榜安民，亦退。据温州、瑞安府县《义行·王伯初传》修。按传云：贾纳款，朱总兵以安民榜畀之，贾令麾下徐姓者持回，而平阳兵已薄城下。徐恐其扰害，即登城张榜厉声读之，兵闻悉退，邑赖以安。既而总兵道陶指挥至州抚定，以事怒徐，将斩之。伯初奋身解衣请曰：斯人曩者张榜活我一城，愿以身代。陶两释之。考《不系舟渔集·忠敬堂记》：天台贾侯守安固，入横阳。盖即伯嵩、明善陷平阳，贾亦随来，迨胡琛下瑞安，奉诏班师，瑞安旋为贾所据守也。

十一月，亮祖袭攻明善于乐清之盘屿，追至楚门海口，国瑛及明善皆诣军降。据《朱亮祖传》、《乐清县志》参增。《温州府志》谓明善舟不得出口，遂降。考盘屿、楚门皆温州地，其说不误。《乐清志》谓亮祖追至楚门海口，及命汤和共讨之。和至庆元，国瑛、明善来降，亦谓降于亮祖，非往庆元降和也。是月，征南将军汤和与副将军吴祯克庆元，国珍遁入海。副将军廖永忠自海道来会讨，指挥费聚亦以舟师邀之，追及国珍于盘屿，合战自申至戌，败之，斩馘无算。

十二月，国珍降，浙东平。据明《太祖纪》，汤和、廖永忠、费聚、吴祯传，《鄞县志》增。原本系汤和讨降国珍于二十六年，与史志皆不合；且云汤和引兵自海道会参军胡琛，亦误。胡琛已于二十五年战死建宁，盖所据本或偶失也。明善自戊戌入据温州，至丁未凡十年云。据《温州府志》、《瑞安县志》增。

三、编年事迹

元史·顺帝本纪

（至正八年）十一月辛亥，徭贼吴天保率众六万掠全州。是岁，诏赐高年帛，设分元帅府于沂州，以买列的为元帅，备山东寇。台州方国珍为乱，聚众海上，命江浙行省参知政事朵儿只班讨之。

（《元史》卷四十一）

（十年）十二月壬午朔，修大都城。辛卯，以大司农秃鲁等兼领都水监，集河防正官议黄河便益事。命前同知枢密院事伯颜不花等讨广西徭贼。乙未，太阴犯鬼宿。己酉，方国珍攻温州。

十一年春正月乙卯，享于太庙。丙辰，辰星犯牛宿。庚申，命江浙行省左丞孛罗帖木儿讨方国珍。

（十一年）六月，发军一千从直沽至通州疏浚河道。是月，刘福通据朱皋，攻破罗山、真阳、确山，遂犯舞阳、叶县等处。江浙左丞孛罗帖木儿为方国珍所败。

秋七月己巳，太白犯左执法，荧惑入鬼宿。是月，开河功成，乃议塞决河。命大司农达识帖睦迩及江浙行省参知政事樊执敬、浙东廉访使董守悫同招谕方国珍。

是月（十二年三月），方国珍复劫其党下海，入黄岩港，台州路达鲁花赤泰不花率官军与战，死之。

是月(十二年闰三月),诏四川行省平章政事咬住以兵东讨荆襄贼,克复忠、万、夔、云阳等州。命江西行省左丞相亦怜真班以兵守江东、西关隘。命诸王亦怜真班、爱因班,参知政事也先帖木儿与陕西行省平章政事月鲁帖木儿讨南阳、襄阳贼,刑部尚书阿鲁讨海宁贼,江西行省右丞火你赤与参知政事朵觧讨江西贼。以浙东宣慰使恩宁普代江浙行省左丞左答纳失里守芜湖。命江西行省右丞兀忽失,江浙行省左丞老老与星吉、不颜帖木儿、蛮子海牙同讨饶、信等处贼。方国珍不受招安之命,命江浙左丞左答纳失里讨之。

五月(十二年)戊寅,命龙虎山张嗣德为三十九代天师,给印章。海道万户李世安建言权停夏运,从之。命江南行台御史大夫纳麟给宣敕,与台州民陈子由、杨恕卿、赵士正、戴甲,令其集民丁,夹攻方国珍。

八月(十二年)癸卯,命中书参知政事帖里帖木儿、淮南行省右丞蛮子供给脱脱行军一应所需。方国珍率其众攻台州城,浙东元帅也忒迷失、福建元帅黑的儿击退之。

十一月辛未,命江浙行省平章政事庆童收捕常州贼。乙亥,以星吉为江西行省平章政事,出师湖广。丙子,中书省臣请为脱脱立《徐州平寇碑》及加封王爵。癸未,命江浙行省右丞帖里帖木儿总兵讨方国珍。

(《元史》卷四十二)

十三年春正月丙子,方国珍复降。

是月(十三年三月),会州、定西、静宁、庄浪等州地震。命江浙行省左丞帖里帖木儿、江南行台侍御史左答纳失里招谕方国珍。

(十三年)冬十月癸卯,以江浙行省参知政事买住丁升本省右丞,提调明年海运。甲辰,岁星犯氐宿。丁未,广西元帅甄崇福复道州,诛贼将周伯颜。庚戌,从帖里帖木儿、左答纳失里之请,授方国珍徽州路治中,国璋广德路治中,国瑛信州路治中,督遣之任。国珍疑惧,不受命。立水军都万户府于昆山州,以浙东宣慰使纳麟哈剌为正万户,宣慰使董抟霄为副万户。

(十四年)夏四月癸巳朔,汾州介休县地震,泉涌。以武祺参议中书省事。是月,车驾时巡上都。江西、湖广大饥,民疫疠者甚众。御史台臣纠言江浙行省左

丞帖里帖木儿等罪。先是，帖里帖木儿与江南行台侍御史左答纳失里奉旨招谕
方国珍，报国珍已降，乞立巡防千户所，朝廷授以五品流官，令纳其船，散遣徒众，
国珍不从，拥船一千三百余艘，仍据海道阻绝粮运，以故归罪二人。以江浙行省
参知政事阿儿温沙升本省右丞，浙东宣慰使恩宁普为江浙行省参知政事，皆总兵
讨方国珍。

是月(十四年九月)，赐穆清阁工匠皮衣各一领。盖海青鹰房。禁河南、淮南
酒。阶州西番贼起，遣兵击之。方国珍拘执元帅也忒迷失、黄岩州达鲁花赤宋伯
颜不花、知州赵宜浩以俟诏命。

(《元史》卷四十三)

(十六年三月)丁酉，立行枢密院于杭州，命江浙行省左丞相达识帖睦迩兼知
行枢密院事，节制诸军，省、院等官并听调遣，凡赏功、罚罪、招降、讨逆，许以便宜
行事。大明兵取镇江路。戊申，方国珍复降，以为海道运粮漕运万户兼防御海道
运粮万户，其兄方国璋为衢州路总管兼防御海道事。

(《元史》卷四十四)

(十七年)八月乙丑，以陕西行台御史中丞伯嘉讷为陕西行省平章政事，淮南
行省参知政事余阙为淮南行省左丞，江浙行省参知政事杨完者升左丞，方国珍为
江浙行省参知政事，海道运粮万户如故。

(十八年)五月戊戌朔，察罕帖木儿遣董克昌等，以兵复冀宁。以方国珍为江
浙行省左丞兼海道运粮万户。

(十九年)冬十月庚申朔，诏京师十一门皆筑瓮城，造吊桥。以方国珍为江浙
行省平章政事。

(《元史》卷四十五)

(二十五年)九月，扩廓帖木儿扈从皇太子至京师。丁丑，太阴犯井宿。壬
午，诏以伯撒里为太师、中书右丞相、监修国史；扩廓帖木儿为太尉、中书左丞相、
录军国重事、同监修国史、知枢密院事，兼太子詹事。是月，以方国珍为淮南行省
左丞相，分省庆元。

(《元史》卷四十六)

（二十六年）九月甲申，李思齐兵下盐井，获川贼余继隆，诛之。礼部侍郎满尚宾、吏部侍郎掩笃剌哈自凤翔还京师。先是，尚宾等持诏谕思齐开通川蜀道路，思齐方兵争，不奉诏，尚宾等留凤翔一年，至是始还。丙戌，以方国珍为江浙行省左丞相，弟国瑛、国珉，侄明善并为江浙行省平章政事。

（二十七年）九月辛巳，大明兵取平江路，执张士诚。乙酉，大明兵取通州。丁亥，大明兵取抚锡州。己丑，诏也速以中书右丞相分省山东，沙蓝答里以中书左丞相分省大同。丙申，太师汪家奴追封兖王，谥忠靖。己亥，命帖里帖木儿提调端本堂及领经筵事。辛丑，大明兵取台州路。时台州、温州、庆元三路皆方国珍所据。

（二十七年）十二月卯朔，日有食之。丁未，大明兵取般阳路。戊申，大明兵取济宁路，陈秉直遁。己酉，大明兵取莱州，遂取济南及东平路。丁巳，大明兵入杉关，取邵武路。时邵武、建宁、延平、福州、兴化、泉、漳、汀、潮诸路，皆陈友定所据。庚申，以杨诚、陈秉直并为国公、中书平章政事。甲子，命右丞相也速，太尉知院脱火赤，中书平章政事忽林台，平章政事貊高，知枢密院事小章、典坚帖木儿、江文清、驴儿等会杨诚、陈秉直、伯颜不花、俞胜各部诸军同守御山东。又命关保往援山东。丙寅，以庄家为中书参知政事。庚午，大明兵由海道取福州，守臣平章政事曲出遁，行宣政院使朵儿死之。是月，方国珍归于大明。

（《元史》卷四十七）

新元史·惠宗本纪

（八年）十一月，台州人方国珍作乱，江浙行省参知政事朵儿只班以兵讨之。太不花为中书平章政事，忽都不花为中书右丞。

（《新元史》卷二十四）

（十年）十二月辛卯，大司农秃鲁等兼领都水监，集河防官议治河。己酉，方国珍寇温州，江浙左丞孛罗帖木儿以兵讨之。

十一年春正月乙卯，有事于太庙。庚申，江浙行省左丞孛罗帖木儿以兵讨方国珍。是月，清宁殿灾。

（十一年）六月，刘福通陷朱皋及罗山、上蔡等县。孛罗帖木儿讨方国珍，兵败，为国珍所执。

（十一年）秋七月丙辰，广西大水。命大司农卿达识帖睦迩、江浙行省参知政事樊执敬招谕方国珍。

（十二年）三月丁未，徐寿辉将陶九陷瑞州。壬子，河南行省平章政事泰不花复南阳府。癸丑，行纳粟补官法。辛酉，诸王阿儿麻以兵讨商州等处贼。巩卜班知行枢密院事。甲子，徐寿辉将项普略陷饶州，遂陷徽州、信州，饶州知州魏中立、信州总管于大本俱死之。丁卯，江南行台御史大夫帖木哥为甘肃行省平章政事。戊辰，诏依世祖旧制，用南人为中书省、枢密院、御史台官。江浙行省左丞相亦怜真班为江西行省左丞相，以兵讨饶、信诸州贼。庚午，台州路达鲁花赤泰不花与方国珍战于黄岩之州港，死之。陇西地震百余日，改定西为安定州，会州为会宁州。是月，徐寿辉寇南昌，平章政事道童等败之。

（十二年）闰三月甲戌朔，钟离人朱元璋从郭子兴于濠州。壬午，大理宣慰使答失八都鲁为四川行省添设参知政事，与平章政事咬住讨山南湖广贼。乙酉，徐寿辉将陈普文陷吉安路，吉安人罗明远起兵复之。立淮南江北行中书省，治扬州。壬辰，大都留守兀忽失为江浙行省添设右丞，以兵讨饶、信贼。丁酉，湘广行省参知政事铁杰复岳州。戊戌，翰林学士承旨晃火儿不花、湖广行省平章政事失列门并为淮南江北行省平章政事，淮东元帅蛮子为右丞，燕南道廉访使秦从德为左丞，陕西行台侍御史答失秃、山北道廉访使赵琏为参知政事。庚子，枢密副使悟良哈台为中书添设参知政事。是月，四川行省平章政事咬住复忠、万、夔、云阳等州。方国珍不肯降，江浙行省左丞左答纳失里以兵讨之。也先帖木儿军溃于沙河，以中书平章政事蛮子代之。召也先帖木儿还，仍为御史大夫。陕西行台御史大夫朵儿直班、监察御史蒙古鲁海牙、范文等劾其丧师辱国，不报。左迁朵儿直班为湖广行省平章政事，蒙古鲁海牙等为各路添设佐贰官。

（十二年）五月壬申朔，答失八都鲁复襄阳。戊寅，台州人陈子由等率民兵夹攻方国珍，命行台御史大夫纳麟给以宣敕。己卯，咬住复中兴路。安置瀛国公子和尚赵完普于沙州，禁与人交通。癸未，建昌人戴良以民兵复建昌路。是月，答失八都鲁败贼于襄阳。

（十二年）八月癸卯，方国珍寇台州，浙东元帅也忒迷失、福建元帅黑的儿败之。甲辰,同知枢密院事哈麻为中书添设右丞。己酉,知枢密院事咬咬、中书平章政事搠思监、也可札鲁忽赤福寿并从脱脱讨贼。壬子,札撒温孙为河南行省右丞,偰哲笃为淮南行省左丞。丙辰,秃思迷失为淮南行省平章政事。丁卯,诏脱脱以答剌罕、中书右丞相分省于外,节制各处军马,听便宜从事。是月,车驾至自上都。徐寿辉将俞君正复陷荆门州,知州聂炳死之。其别将党仲达复陷岳州。

(十二年)十一月辛未,江浙行省平章政事庆童以兵讨常州贼。癸未,江浙行省右丞帖里帖木儿以兵讨方国珍。

十三年春正月庚午朔,中书添设左丞哈麻为中书右丞,中书添设参知政事悟良哈台为添设右丞,乌古孙良桢为中书左丞。壬申,陕西行省平章政事卜答失里为总兵官。癸酉,有事于太庙。乙亥,中书右丞秃秃以兵讨商州贼。丙子,方国珍降。庚辰,杜秉彝为中书参知政事。庚寅,知枢密院事老章复襄阳及唐州。

(十三年)三月己卯,命脱脱以太师开府。是月,命帖里木儿、左答纳失里同招谕方国珍。

(十三年)冬十月丁未,广西元帅甄崇福复道州,周伯颜伏诛。庚戌,授方国珍徽州路治中,国珍不受命。立水军都万户府于昆山州。是月,江浙行省平章政事卜颜帖木儿等讨徐寿辉于蕲水,大败之,寿辉遁,获其伪官四百余人。

(十四年)夏四月癸巳朔,介休县地震、水涌。是月,车驾幸上都。江西、湖广大饥。江浙行省参知政事阿儿温沙为行省右丞,浙东宣慰使恩宁普为行省参知政事,以兵讨方国珍。

(十六年)三月壬午,徐寿辉寇襄阳。庚寅,朱元璋陷集庆路。行台御史大夫福寿、行省平章政事阿鲁灰、参知政事百家奴、治书侍御史贺方、达鲁花赤达尼达思俱死之。丙申,倪文俊陷常德路。丁酉,朱元璋将徐达等陷镇江路,平章政事定定、守将段武俱死之。立行枢密院于杭州,行省左丞相达识帖睦迩兼知行枢密院事,节制诸军,许以便宜从事。戊申,方国珍复降,授海道运粮万户。

(十七年)八月癸丑,刘福通陷大名路,遂陷卫辉路。乙丑,陕西行台御史中丞伯嘉讷为陕西行省平章政事,淮南行省参知政事余阙为淮南行省左丞,参知政事杨完者为右丞,方国珍为江浙行省参知政事。是月,车驾至自上都。知枢密院事纽的该以兵讨山东贼。朱元璋将缪大亨陷扬州路。张士诚降,以士诚为太尉,其弟士德为淮南行省平章政事。

（十八年）五月戊戌朔,察罕帖木儿复冀宁路。方国珍为江浙行省左丞,兼海道运粮万户。李思齐杀同金枢密院事郭择善。庚子,察罕帖木儿为山西行省右丞,兼行台侍御史、同知河南行枢密院事。壬寅,刘福通陷汴梁,迎伪主韩林儿都之。甲辰,太尉阿吉剌为甘肃行省左丞相。乙巳,察罕帖木儿部将关保败贼于高平。庚戌,陈友谅陷吉安路。乙卯,削泰不花官爵,安置益州。知行枢密院事悟良哈台节制河北诸军,河南行省平章政事周全节制河南诸军。辛酉,陈友谅陷抚州路。

（《新元史》卷二十五）

（十九年）冬十月庚申,方国珍为江浙行省平章政事,时国珍已降于朱元璋,遂拒命。

（二十五年）九月,扩廓帖木儿扈从皇太子至京师。壬午,伯撒里为太师、中书右丞相,扩廓帖木儿为太尉、中书左丞相、录军国重事、知枢密院事,兼太子詹事。是月,方国珍为淮南行省左丞相,分省庆元。

（二十六年）九月丙戌,方国珍为江浙行省左丞相,其弟国瑛等并为行省平章政事。己亥,中书平章政事失列门为御史大夫。

（二十七年）十一月壬午,徐达陷沂州,王宣叛降。丙戌,平章政事月鲁帖木儿,知枢密院事完者帖木儿,平章政事伯颜帖木儿、帖林沙,并知大抚军院事。戊子,徐达陷峄州。壬辰,方国珍叛,降于吴。乙未,貊高为中书平章政事,中书左丞相帖里帖木儿为大抚军院使。庚子,徐达陷滕州。辛丑,徐达陷益都路,行省平章政事保保叛降,宣慰使伯颜不花、总管胡浚、知院张缦皆死之。

（《新元史》卷二十六）

元史纪事本末

是年（顺帝至正二年）,令江浙行省及中正院财赋总管府拨赐诸人寺观之粮,尽数起运,仅得二百六十万石。及汝、颍倡乱,湖广、江右相继陷没,而方国珍、张士诚窃据浙东、西之地,贡赋不供,海运之舟不至京师。

至正十九年,遣伯颜帖木儿征海运于江浙,诏张士诚输粟,方国珍具舟。二贼互相猜疑,伯颜帖木儿与行省丞相多方开谕之,始从命,得粟十有一万石。后三年,复遣官往征,拒命不与。

(《元史纪事本末》卷十二《运漕》)

温、台、汝、颍大盗寝昌,天下骚动,大将数没。李黼死于徐寿辉;泰不花死于方国珍;星吉死于赵并胜;李齐死于张士诚;褚不华身经在战,尽命淮安;余阙每战必胜,丧元安庆;毛贵破济南路,而董抟霄被刺;陈友谅寇信州,而伯颜不花的斤战死。此数臣者,或孤城穷守,烈比睢阳;或义士从游,客同东海。母教子忠,臣心贯日,多贤殄瘁,国何可长。

(《元史纪事本末》卷二十五《察罕帖木儿克复之功》)

顺帝至正八年十一月,台州黄岩民方国珍兵起。初,国珍与蔡乱头等相仇杀,遂入海为乱,劫掠漕运。诏江浙参政朵儿只班讨捕之。追至福州,国珍知事危,焚舟将遁,我兵自相惊溃,朵儿只班遂被执。国珍迫其上招降之状,朝廷从之,授国珍兄弟以官。将治朵儿只班之罪,枢密参议归旸曰:"将之失利,其罪固当。然所部皆北方步骑,不习水战,是驱之死地耳。宜募海滨之民习水利者擒之。今国珍遣人请降,决不当从,国珍已败我王师,又拘我王臣,力屈而来,非真降也,必讨之以令四方。"时朝廷方事姑息,卒从其请,国珍兄弟不肯赴,势益猖獗。

十一年六月,方国珍兄弟入海,烧掠沿海州郡。朝廷遣江浙行省左丞孛罗帖木儿往击之。兵至大间洋,国珍夜率劲卒纵火鼓噪,官军不战皆溃,赴水死者过半。孛罗帖木儿被执,反为国珍饰词上闻。朝廷复遣达识帖睦迩等至黄岩招国珍。国珍兄弟皆登岸罗拜,退止民间。绍兴总管泰不花欲命壮士袭杀之,达识帖睦迩曰:"我受诏招降公等,欲擅命耶?"乃止。仍檄泰不花至海滨,散其徒众,授国珍兄弟官有差。十月,蕲州人徐寿辉等兵起,攻陷蕲水县及黄州路。寿辉自称皇帝,国号天完,改元治平,以邹普胜为太师。攻陷饶州,执魏中立,陷信州,执于大本,二人不屈,并死之。

(十二年)三月,台州路达鲁花赤泰不花与方国珍战于澄江,死之。时朝廷方征徐州,命江浙募舟师,北守大江。国珍怀疑,复劫其党入海。泰不花遣义士王大用往谕,国珍拘留不遣,而令其党陈仲达往来议降。泰不花具舟,张受降旗,乘潮下澄江,触沙不行。垂与国珍遇,呼仲达申前议,仲达目动气索,泰不花觉其心异,手斩之,即前抟贼船,奋击之。贼群至,欲抱持入其船。泰不花瞋目叱之,夺

方国珍史料集 上编

刀杀贼,贼攒槊刺之,中颈死,犹植立不仆,投其尸海中。事闻,追赠魏国公,谥忠介。

（十三年）十月,以方国珍兄弟为各路治中,不受。先是,遣江浙左丞帖里帖木儿、南台侍御史左答纳失里复招谕国珍,既而二人报国珍已降,乞授以五品流官,令纳其船,散遣徒众,遂以国珍为徽州路治中,国璋广德路治中,国英（瑛）信州路治中。国珍等疑惧不受命,仍拥船千艘,据海道,阻绝粮运。复遣江浙右丞阿儿温沙等率兵讨之。

（十六年）三月,方国珍复降,命为海道漕运万户,其兄国璋为衢州路总管。

是年（至正二十三年）,陈友谅之众与大明兵战败,中流矢死,国亡。士诚二十七年始灭。方国珍亦降于大明。

张溥曰:秦灭六国,传二世而陈胜、吴广起兵于蕲,刘邦起兵于沛,项梁起兵于吴,不一年而项籍破秦军,沛公入关中,子婴出降而秦亡。元灭金、宋,传至正而方国珍起兵于台州,刘福通起兵于颍川,徐寿辉起兵于罗田,郭子兴起兵于定远,张士诚起兵于泰州,十余年而大明兵北定中原,顺帝出走而元亡。二代之兴,皆自西北;其亡也,祸则发于东南。东南为国咽吭,岂不谅哉?

（《元史纪事本末》卷二十六《东南丧乱》）

大明太祖高皇帝实录

（戊戌十二月）戊子,遣主簿蔡元刚、儒士陈显道往庆元招谕方国珍。

（《大明太祖高皇帝实录》卷之六）

（己亥春正月）乙卯,方国珍遣使奉书献黄金五十斤,白金百斤,金织文绮百端。先是,蔡元刚至庆元,方国珍与其下谋曰:"方今元运将终,豪杰并起,惟江左号令严明,所向莫敌。今又东下婺州,恐不能与抗。况与我为敌者,西有张士诚,南有陈友定,莫若姑示顺从,藉为声援,以观其变。"众以为然,至是遣使奉书,献金币,愿合兵共灭张士诚。书略曰:"国珍生长海滨,鱼盐负贩,无闻于时。向者因怨构讦,逃死无所,遂窜海岛。为众所推,连有三郡,非敢称乱,迫于自救而已。惟明公倡义濠梁,东渡江左,据有形胜,以制四方。奋扬威武,以安百姓,国珍向风慕义,欲归命之日久矣。道路壅遏,不能自通,今闻亲下婺城,抚安浙左,威德所被,人心景从。不弃犷愚,猥加诲谕,开其昏蒙,俾见天日,此国珍所素愿也。谨遣使奉书,上陈恳款,或有指挥,愿效奔走,首言为定,明神实临。"于是上复遣省都镇抚孙养浩报之。国珍虽纳款,然其志尚阴持两端。

（三月）丁巳，张士诚寇建德，亲军左副都指挥朱文忠御之于东门，使别将潜出小北门，间道过鲍婆岭，由碧鸡坞绕出其阵后，夹击大破之，其众溃去。

方国珍遣郎中张本仁以温、台、庆元三郡来献，且以其次子关为质。上曰："古者虑人不从，则为盟誓，盟誓变而为交质子，此衰世之事，岂可蹈之？凡人之盟誓交质者，皆由未能相信故也。今既诚心来归，便当推诚相与，当如青天白日，何自怀疑而以质子为哉？"乃厚赐关而遣之，关后改名明完。

（八月）甲寅，遣博士夏煜授方国珍福建等处行中书省平章政事，国章（璋）福建行中书省右丞，国瑛福建行中书省参政，国珉枢密分院佥院，各给符印，仍以本部兵马城守，俟命征讨。煜至庆元，国珍欲不受业，已降；欲受，又恐受制。乃诈称疾，但受平章印，告老不任职，遇使者亦颇倨，惟国珉开枢密分院署事。

（《大明太祖高皇帝实录》卷之七）

庚子春正月己丑朔己亥，夏煜自庆元还，言方国珍奸诈状，非兵威无以服之。上曰："吾方致力姑苏，未暇与校。"乃遣都事杨宪傅仲彰往谕之曰："吾始以汝为豪杰，识时务，不待征讨，幡然归命，嘉汝之意，命以高官，兄弟显荣，自制一面，岂效他人阳交阴备，徒为羁縻之国而已。诚欲汝为吾腹心，效股肱之力，共立大功，以垂后世，为方氏子孙之福。岂意汝自迷惑，昧远大之图，为覆灭之计，外虽纳降，内实反覆。欲觇我虚实，则遣质子；欲却我官爵，则称老病，此何为者？夫以蕞尔之地，而忽事大之礼，舍其垂成之功，更造无穷之祸，此岂汝之得计也？吾宁不能遣一偏裨将十万众，直穷海岛，以取汝耶？顾以汝率先来归，姑忍须臾，待汝自改耳。汝及今能涤心改过，不负初心，则三郡之地庶几可全，福禄庶几可保，不然，吾恐汝兄弟败亡，妻子为僇，徒为人所指笑。夫智者转败为功，因祸成福，汝其图之。"国珍不省。

十二月甲申朔，复遣博士夏煜、陈显道谕方国珍曰："福基于至诚，祸生于反覆。谲诈者亡，负固者灭。隗嚣、公孙述之事可以鉴矣。汝首致甘言，终怀反覆，大军一出，不可以甘言解也，尔宜深思之。"国珍始惶惧，对使者谢曰："鄙人无状，致烦训谕。"使者归，国珍遂遣人谢过。

（《大明太祖高皇帝实录》卷之八）

（辛丑三月）戊寅，方国珍遣检校燕敬来谢夏煜之命，且以金玉饰马鞍辔来献。上曰："吾有事，四方所需者，文武材能；所用者，谷粟布帛，其他宝玩非所好也。"却其献。

（《大明太祖高皇帝实录》卷之九）

（壬寅六月）戊寅，元中书平章察罕帖木儿遣使致书于上，上谓左右曰："予观察罕书辞婉而媚，是欲唊我，我岂可以甘言诱哉？况徒以书来，而不返我使者，其情伪可见。吾观天下事势，若天未厌元，而彼之所为有以厌服人心，则事未可知。今其所为违天背理，岂能有成。且人谋不如天从，天与人，人不得违；人贪天，天必不与。我之所行，一听于天耳。夫天下犹器也，众人争之必裂，一人持之则完。今张士诚据浙西，陈友谅据江汉，方国珍、陈友定又梗于东南。天下纷纷，未有定日。予方有事之秋，未暇与较，姑置不答。"

十二月壬辰，元遣户部尚书张昶航海至庆元，欲通好予我。方国珍遣检校燕敬来告，上不之答。敬还，国珍惧，乃送昶于福建平章燕只不花所。时左丞王溥在建昌，闻之，遣人报上。上命溥招之来，且命符玺郎刘绍先候之于广信。溥招昶果至，遂偕绍先赴建康。昶见上，问其所以来。昶俛首无一言，上不欲穷诘，命中书馆之，时召问以事，知其才可用，遂留之。

（《大明太祖高皇帝实录》卷之十一）

（癸卯二月）丁酉，命王时以白金三千两令方国珍市马。

（六月）壬戌，方国珍遣经历陈惟敬来贡马。

（《大明太祖高皇帝实录》卷之十二）

（乙巳夏四月）癸巳，遣赵好德以纱绮及鞍辔赐方国珍。

（《大明太祖高皇帝实录》卷之十六）

（乙巳六月）壬子，参军胡海克温之乐清，擒方国珍。镇抚周清、万户张汉臣、总管张善等械送建康，命释之，发戍常州。

（《大明太祖高皇帝实录》卷之十七）

乙巳冬十月辛丑，命中书左相国徐达、平章常遇春、胡廷瑞、同知枢密院冯国胜、左丞华高等率马步舟师，水陆并进，规取淮东、泰州等处。时张士诚所据郡县南至绍兴，与方国珍接境；北有通、泰、高邮、淮安、徐、宿、濠、泗，又北至于济宁，与山东相距。

（《大明太祖高皇帝实录》卷之十八）

丙午夏四月戊辰，方国珍遣经历刘庸等来贡白金二万两，赐庸白金百两，千户梁某五十两，绮帛各二匹。

（秋七月）遣宋迪以纱绮、鞍辔赐庆元方国珍，报其来贡也。

（《大明太祖高皇帝实录》卷之二十）

吴元年夏四月己未，方国珍既入贡，复阴泛海，北通扩廓帖木儿，南交陈友定。王师讨姑苏，国珍拥兵坐视，屡假贡献，觇胜败为叛服计。上以国珍反覆，以书数其十二过曰："当尔起事之初，元尚承平天下，谁敢称乱？惟尔倡兵海隅，元官皆世袭子弟，顾惜妻子，其军久不知战，故临阵而怯，尔得鸱张于海隅。及天下乱，尔遂陷三州之地，扼海道之冲，窃据山岛二十余年，朝送款于西，暮送款于北，此岂大丈夫之所为，尔过一也。吾下婺时，四方强敌甚多，岂暇用兵海岛，与尔较长短？尔自怀惧，遣子纳降。吾以诚心待人，不逆尔诈，即遣还尔子，尔乃诡诈多端，不数年间，迭生兵隙，尔过二也。近者浙左会稽浙右钱塘诸郡皆下，尔阴蓄异志，时遣人觇吾虚实，尔过三也。未有衅端，先起猜忌，自怀反侧，尔过四也。易交而轻侮，尔过五也。扩廓帖木儿以曹操之奸，将乌合之兵，东奔西扰，倾师乏粮，为李思齐、张思道逐出潼关，三秦已失，中原徐宿邳郡为吾藩篱，大河为吾门户，吾舟师往来，如入无人之境。尔不能料中原事势，顾且泛海交好，声言击我，虚张声势，以速怨尤，尔过六也。彼若仓卒有事，尔隔海滨，岂能应援？败亡由尔。彼若无事，交疏礼薄，则豪杰之怨、祸乱之生，由此始矣，尔过七也。尔兄弟无功于元朝，无恩于下民，盗据海隅，以势要君，以私贿下，坐邀名爵，跋扈万状。今归于我，而又不能善保富贵，欲驱民于锋镝，尔过八也。尔兵数出掠我并海之民，上帝好生，下民思治，乃违天虐民，尔过九也。尔若有大志，尽驱温、台、庆元之民，与我较胜负，此果决丈夫之志也。今不能此，徒遣数舟，狗偷鼠窃，小举而兴大怨，尔过十也。吾遣兵入浙，下湖州，军旧馆，张氏将士尽皆降附，遂捣姑苏。对垒深沟，民安如故，尔乃诱我海上。土豪作乱，近已平定，匿其首恶，此岂良谋？尔过十一也。

（《大明太祖高皇帝实录》卷之二十三）

（吴元年秋七月庚寅）方国珍之初降也，约云杭城下，即纳地来朝。及王师克杭州，国珍据境自若，时时遣间谍觇我虚实，又通使于闽，图为犄角。上闻之怒，遣使责国珍贡粮二十三万石，仍以书谕之曰："汝初纳款，谓杭城克即献土来归。此汝左右之士共保富贵之良谋也。岂意汝怀奸挟诈，阳降阴畔，数相愚弄。张士诚与尔壤地相接，取尔甚易，然所以不敢加兵于尔者，诚以吾力能制之，尔故得以安处海隅，坐享三郡之富，是我大庇于尔也。尔乃自为不祥，背弃信义，时遣奸细，觇我动静，潜结陈友定，以图相援。彼自救不暇，何暇救人？尔何惑之甚也。今明以告尔，吾师下姑苏，即南取温、台、庆元，水陆并进，无能御也。尔早于此时改过效顺，能尽以小事大之义，犹可保其富贵，以贻子孙以及下人。如其不然，集三郡之兵，与我一较胜负，亦大丈夫之所为。不然，舍三郡之民，为偷生之计，扬帆乘舟，窜入海岛，然吾恐子女玉帛反为尔累，舟中自生敌国，徒为豪杰所笑也。非分之恩不可数得，尔宜慎思之。"书至，国珍大惧，集弟侄及诸将佐决去就。其郎中张本仁曰："江左之兵方围姑苏，姑苏，劲敌也。国富兵强，高城深池，怀必死之志，胜负难必，彼安能轻越千里而取我？"刘庸曰："江左兵多步骑，步骑平地用也，施诸海滨，其如吾海舟何？"国珍弟侄多以为然。唯丘楠争曰："此二者皆非所以为公福也，惟智可以决事，惟信可以守国，惟直可以用兵。江左一下姑苏，出兵南向，乘胜而驱，责吾背叛之罪，辞直而师壮，吾谁与为援者，将一败涂地矣。莫若遣使奉书，明示不敢背德，庶几可以解纷息兵，而公得以常保富贵，福及子孙。不然，祸至无日矣。"国珍素戆暗，不能决，惟日夜运珍宝，集巨舰，为泛海计。

（《大明太祖高皇帝实录》卷之二十四）

吴元年九月甲戌朔，升雄武卫千户韦正马凤翔卫指挥副使。命参政朱亮祖帅浙江衢州金华等卫马步舟师讨方国珍。上曰："方国珍鱼盐负贩，呰窳偷生，观望从违，志怀首鼠。今出师讨之，势当必克。彼无长策，惟有泛海遁耳。三州之民，疲困已甚，城下之日，毋杀一人。"于是亮祖顿首受命而行。

（《大明太祖高皇帝实录》卷之二十五）

吴元年冬十月癸丑，命御史大夫汤和为征南将军，金大都督府事吴祯为副将军，帅常州、长兴、宜兴、江阴诸军讨方国珍于庆元。上谕之曰："尔等奉辞讨罪。毋纵杀戮。当如徐达下姑苏平定安辑，乃副吾所望也。"

甲寅，复遣使檄谕温、台、庆元之民曰："庆元方国珍始由海上细民，因元失政，首倡祸乱。盗据三郡，兄弟子侄，伪列官曹，肆其贪虐，为民巨害。昔常遣人纳降，吾念尔民之故，即许之不疑。彼怀奸匿诈，旋即背叛，交构闽寇，犯我边疆，故命师往讨。罪止方氏，其他士民有违误者，皆非本情，毋妄致疑。各归本业，有能仗义擒斩魁党来归者，吾爵赏之。"

己巳，参政朱亮祖自黄岩进兵温州，陈于城南七里。方国珍部将率兵拒战，我师击败之，破其太平寨。追北至城下，斩首六十余级，获马八十余匹。兵奔入城，亮祖复遣指挥张俊、汤克明攻其西门，徐秀攻东门，指挥柴虎将游兵往来应援。晡时克其城，获其员外郎刘本。方明善先已挈其妻子遁去。亮祖入城抚谕其民,分兵徇瑞安,枢密同佥谢伯通以城降。

(《大明太祖高皇帝实录》卷之二十六)

吴元年十一月辛巳,征南将军汤和克庆元。先是,和兵自绍兴渡曹娥江,进次余姚,降其知州李枢及上虞县尹沈煜,遂进兵庆元城下,攻其四门,府判徐善等率官属耆老自西门出降。方国珍驱部下乘海舟遁去,和率兵追。之国珍以众逆战,我师击败之,斩首及溺死者甚众,擒其伪副枢方惟益、元帅戴廷芳等,获海舟二十五艘,马四十一匹。国珍率余众入海,和还师庆元,徇下定海、慈溪等县。得军士二千人,战舰六十三艘,马二百余匹,银印三,铜印十六,金牌二钱六千九百余锭,粮三十五万四千六百石。

己丑,汤和等既下温、台、庆元,方国珍遁入海岛。上乃命中书平章廖永忠为征南副将军,帅师自海道会和讨之,祭海上诸神曰:"近命御史大夫汤和为征南将军,领兵取庆元、温、台等郡,今复遣中书平章廖永忠为之副,往庆元招抚军民,惟兹军士未尝涉海,兹经海上,惟神鉴之。"

方国瑛遣经历郭春及其子文信诣朱亮祖纳款。

壬辰,方国珍部将徐元帅、李佥院等率所部诣汤和降。国珍见诸将皆叛,不得已,于是亦遣郎中承广员外郎陈永奉书于和乞降。已而又遣其子明完、明则、从子明巩等,纳其省院及诸司银印、铜印二十六并银一万两、钱二千缗于和。

丙申,朱亮祖兵至黄岩南监,方国瑛及其兄子明善来见,送之建康。

(《大明太祖高皇帝实录》卷之二十七)

吴元年十二月丁未,方国珍遣子明完奉表谢罪乞降,曰:"臣闻天无所不覆,地无所不载。王者体天法地,于人无所不容。臣荷主上覆载之恩久矣,不敢自绝于天地。故一陈愚衷,知必有以容臣者。臣本庸才,昧于学术,遭时多故,起身海岛,非有父兄相藉之势,与众驰逐,又非有图成望大之心,不过欲得汤武之君,为之依附而已。向者王师之渡江左,霆击电挥,至于婺城,远近震惊,是以遣子拜师,归心效顺,惟时固已知主上有今日矣,所以依日月之末光,望雨露之余泽者也。而主上推诚布公,赐手书,归质子,俾守城邑,如钱镠故事,奉遵约束,不敢有违,岂意从子明善不戒,擅构衅端,得罪实深,固不可解。今者守强之吏,驰书飞报,言天兵远临,闻之不胜骇愕,惶惑失措,遂俾守者奉迎王师,然而未免浮海,何也?昔有孝子于其亲,遇小杖则受,大杖则走,适与相类。窃自咎十年之间,非主上无以至今日,一旦堕坠,天下后世必有以议臣者。敢冒斧钺之诛,遣子入侍,伏望复全覆育之恩,更加生成之赐,容归老死,使子侄辈得全余生,以听驱策,实臣万幸。"上始怒其反覆,览表怜之,乃赐书曰:"昔汝外示归诚,中怀谲诈,吾姑容之,待汝自效。岂意汝行小智,愈肆奸宄,竟背前盟,致劳我师。汝尚不即敛手归命,乃逃于海上,犹欲观望成败。今势穷来归,辞甚哀恳,吾当以汝此诚为诚,不以前过为过。汝勿自疑,率众来附,悉从原宥。"

辛亥,方国珍及其弟国珉率所部谒见汤和于军门,得其步卒九千二百人,水军一万四千三百人,官吏六百五十人,马一百九十匹,海舟四百二十艘,粮一十五万一千九百石,他物称是。继而元昌国州达鲁花赤阔里吉思亦来降,得粮六万九千石,马五十匹,船四百八十二艘,送国珍等赴京师。初,国珍之降,非其本意,故往往多变,虽纳款效质,而通元如故,元亦赖其海运之力,累加国珍官太尉、江浙行省左丞相,赐爵衢国公;国章(璋)行枢密副使;国瑛、国珉、胡善俱累官行省平章。蒋瑛刘震之叛,将由台走福建,国章(璋)与战于仙居,国章(璋)兵败被杀。

乙卯,改庆元路为明州府。

丁巳,徙方国珍所署伪官左右丞元帅刘庸等,居于濠州。

(《大明太祖高皇帝实录》卷之二十八)

洪武元年春正月乙亥,上祀天地于南郊,即皇帝位,定有天下之号曰大明,建元洪武。上服衮冕,先期告祭,设昊天上帝位于坛之第一成,居东,皇地祇居西,皆南向,各用玉一、币一、犊一、笾豆各十有二、簠簋各二。设大明夜明位于坛之第二成,星辰、社稷、太岁、岳镇、海渎、山川、城隍位于墙内之东西,各用犊一、币一、笾豆各十、簠簋各二。其仪,迎神,燔柴,奠玉帛,进俎三,献饮福,受胙,彻豆;送神,望燎瘗,各行,再拜礼,乐舞如制。祝曰:"惟我中国人民之君,自宋运告终,帝命真人于沙漠入中国为天下主,其君父子及孙百有余年,今运亦终,其天下土地、人民、豪杰分争。惟臣帝赐英贤为臣之辅,遂戡定采石水寨蛮子海牙、方山陆寨陈野先、袁州欧普祥、江州陈友谅、潭州王忠信、新淦邓克明、龙泉彭时中、荆州姜珏、濠州孙德崖、庐州左君弼、安丰刘福通、赣州熊天瑞、永新周安、萍乡易华、平江王世明、沅州李胜、苏州张士诚、庆元方国珍、沂州王宣、益都老保等,偃兵息民于田里。今地幅员二万余里,诸臣下皆曰:'生民无主,必欲推尊帝号。'臣不敢辞,是用以今年正月四日于钟山之阳,设坛备仪,昭告上帝皇祇,定有天下之号曰大明,建元洪武,简在帝心,尚享。"先是,自壬戌以来,连日雨雪阴沍,至正月朔旦,雪霁,粤三日,省牲,云阴悉敛,日光皎然。暨行礼,天宇廓清,星纬明朗,众皆欣悦。礼成,遂即位于郊坛南,备仪卫法从,丞相率百官北面行礼,呼万岁者三。礼毕,上率世子暨诸子奉神主,诣太庙,追尊四代祖考妣为皇帝皇后,奉上玉宝、玉册。册曰:"孝玄孙嗣皇帝元璋稽首顿首,上言:尊敬先世,人之至情。祖父有天下,传之于子孙;子孙有天下者,追尊于祖考,此古今之通义也。元璋遇天下兵起,躬擐甲胄,调度师旅,戡定四方,以安人民，土地日广，皆祖宗深仁厚德所致也。诸臣庶推尊元璋为皇帝，先世考妣未有称号，谨上皇高祖考尊号曰玄皇帝，庙号德祖；皇高祖妣曰玄皇后；皇曾祖考尊号曰恒皇帝，庙号懿祖；皇曾祖妣曰恒皇后；皇祖考尊号曰裕皇帝，庙号熙祖；皇祖妣王氏曰裕皇后；皇考尊号曰淳皇帝，庙号仁祖；皇妣陈氏曰淳皇后。伏惟神明在上，鉴此孝思，每庙牲币、祭器及礼仪、乐舞同郊坛，惟不用玉，不燔柴。"祭讫退，上顾谓李善长曰："朕荷先世积累之勤，庆及于躬，抚临亿兆，今遵行令典，尊崇先代，斋肃一心，对越神灵，所谓焄蒿凄怆，若或见之？"善长对曰："陛下诚孝，感通达于幽显。"上曰："奉先思孝，祭神如在，诚敬无间，神灵其依。苟或有间，非奉先思孝之道也。"遂命世子先至社稷坛，立石主，上至，设位于两坛之间，诣各神位，前行礼，其礼如宗庙仪。毕事，上还御奉天殿，尚宝司、拱卫司、金吾卫陈设如仪，中书省左相国、宣国公李善长等率文武百官上表贺曰："天生圣智，宏开基创业之功；运际亨嘉，仰济世安民之主。万方欣戴，四海更新。恭惟皇帝陛下，禀聪明睿智之资，备圣神文武之德，首出庶物，卓冠群伦，初无尺地一人之阶，而致溥天率土之会。东征西怨，犹大旱之望云霓；外攘内安，措颠连而置衽席。兵威所向，靡坚不摧；德意所加，无远不服。平群雄而僭乱息，扫六合而烟尘清。拯其涂炭之氓，布以宽仁之政。四维张而风俗美，三纲正而伦理明。天命攸归，实茂膺于历数；人心所属，咸鼓舞于讴歌。冕旒端拱于宸居，华夏统承于正朔。乃继天而立极，爰定鼎而建都。臣等幸际亨嘉，获叨任使，忝居鹓列，上祝鸿图。偃武修文，开太平于万世；制礼作乐，妙化育于两间。"上受群臣朝贺毕，命左相国宣国公李善长奉册，宝立妃马氏为皇后，立世子标为皇太子。皇后册曰："天眷我启运兴王，出自衡门，奄有四海，为君为后，可不慎欤！君以仁政，慎于在位，抚黎庶而统万邦；后以懿德，慎于治内，表六宫而母天下，长久之道也。咨尔马氏，同勤劳于开创之时，由家成国，内助良多。今以金册、金宝，立尔为皇后，其敬乃职，耿光后世。于戏，慎戒之。"皇太子册曰："国家建储，礼从长嫡，天下之本在焉。朕起自田野，与群雄角逐，戡定祸乱，就功于多难之际。今基业已成，命尔标为皇太子。于戏，尔生王宫，为首嗣，天意所属，兹正位东宫，其敬天惟谨，且抚军监国，尔之职也。六师兆民，宜以仁信恩威，怀服其心，用永固于邦家，尚慎戒之。"

戊寅，方国珍至京师入见。上谕之曰："汝献款已久，何为反侧，复劳征伐？"国珍顿首曰："臣遭时多艰，逃死海上，终期归附圣明，以全首领。不意又劳王师，然此非出臣心，实群小所误，是以至此。惟陛下哀其愚昧，赦其死罪。"上曰："草昧之时，英雄角逐，人孰不欲有为，亦谁能识帝王之有真者？其为去就，不能无所龃龉，尔之所为，亦何足责？朕惟赤心待人，汝其自安，勿用怀疑。"国珍顿首谢，遂赐第居京师。

（《大明太祖高皇帝实录》卷之二十九）

洪武元年五月，昌国州兰秀山盗入象山县作乱，县民蒋公直等集乡兵击破之。初，方国珍遁入海岛，亡其所受行枢密院印，兰秀山民得之，因聚众为盗。至是，入象山县执县官，劫掠居民，公直与王刚甫率县民数百人欲击之，适知县孔立自府计事还，公直等走告立，遂驻兵东禅山。盗来攻，公直乃先伏兵两山间，自领数十人迎战，佯败走，盗追之，伏发，尽禽杀之。事闻，遣大理卿周祯至县赏其功，赐公直、刚甫白金，人百二十两。

（《大明太祖高皇帝实录》卷之三十二）

洪武二年冬十月壬戌朔，以方国珍为广西行省左丞，李思齐为江西行省左丞，俱不之官，食禄于京师。

（《大明太祖高皇帝实录》卷之四十六）

（洪武二年十二月）己丑，上御奉天门，大赏平定中原及征南将士之功，以大将军、右丞相、信国公徐达攻取山东、河南、燕、冀、秦、晋等处州郡，克敌制胜，振扬国威，抚绥军民，得大将体，赏白金五百两、文币五十表里。开平王常遇春副大将军总兵攻取山东、河南、燕、冀、秦、晋等处州郡，及自率师由陕西攻取开平等处，以疾薨于军中，验其存日功劳与大将军一体，赏白金五百两、文币五十表里。右副将军、都督同知冯宗异泽州之役与平章杨璟妄分彼此，失陷士卒，及代大将军总制大军，时当隆寒，擅自班师，致士卒冻馁，不在赏列。念其初与大将军平定山东、河南、陕西诸郡，量与白金二百两、文币十五表里。御史大夫汤和总兵征南，先有浙江参政朱亮祖克取温、台诸郡，方国珍已闻风胆落，比师抵明州，国珍逃遁，及再调取福建，姑息太过放，散陈友定山寨余党，致八郡复叛，重劳师旅，及班师，又不申明号令，以致兰秀山贼窥伺而叛，失陷指挥徐琇、张俊等官军，功过相折，量与白金二百五十两、文币十五表里。平章廖永忠先充征南副将军，克平福建后，自总兵取广东，比至南澳，何真已降，克平三山邵宗愚等山寨，又能调遣副将军朱亮祖平定海南，招谕两江溪洞，念其功劳，宜与全赏，然在福建，不能赞助大夫汤和，以致陈友定余党复叛入山，功过相折，量与白金二百五十两、文币二十表里。都督金事吴祯，先充征南副将军，与大夫汤和克取明州，复平定福建，航海回还，军容整肃，又能剿捕兰秀山余党，全师回京，赏白金二百五十两、文币二十表里。左丞赵庸从大将军克平山东、河南、燕、冀、秦、晋等处州郡，又从开平王自陕西复取上都等处，后充副将军，同平章李文忠总兵山西，应接大将军，乘胜剿捕，生擒脱列伯，验其功劳，赏白金二百两、文币十九表里。平章曹良臣等从大将军克平山东、河南、燕、冀、秦、晋等处州郡，皆屡有战功，良臣赏白金二百五十两、文币二十表里；右丞薛显、参政傅友德各赏白金二百两、文币十九表里；平章韩正赏白金二百五十两、文币十七表里；平章俞通源、右丞梅思祖、参政陆聚、都督副使顾时各赏白金一百五十两、文币十五表里；左丞王溥文币七表里；参政陆仲亨文币二表里；各卫指挥七表里；千户卫镇抚各六表里；百户所镇抚各五表里；各旗军总旗米三石、白金三两三钱；小旗米三石、白金三两二钱；军人米三石、白金三两。其守御各处城池有功官员，平章杨璟、胡廷美各赏白金二百五十两、文币二十表里；左丞周德兴白金二百五十两、文币十七表里；参政朱亮祖、张彬、戴德白金人二百两、文币十五表里；都督同知张兴祖、康茂才各白金二百五十两、文币十七表里；都督副使孙兴祖白金二百两、文币十七表里；都督金事郭子兴、陈德各白金二百两、文币十五表里；都督金事华云龙白金一百两、文币十表里；各卫指挥、千百户镇抚等官赏与从征同。其驾船公差、患病伤故官军赏各有差。时赏物等第，各称其功过，诸将士皆悦服。

（《大明太祖高皇帝实录》卷之四十七）

洪武三年秋七月丙辰，以中书省右丞杨宪为左丞，寻以罪伏诛。宪，字希武，赐名毕，太原阳曲人，少从父宦寓江南。丙申岁，上克金陵，宪上谒，上与语，悦之，令居幕府。宪美资仪，通经史，有才辨。尝使苏州张士诚还，称旨，除博士厅咨议，擢江南行省都事。时军国多事，征调日发，文书常委积，宪裁决明敏，人称其能。然为人深刻意忌，有不足于己者，辄以计中伤之。久之，出为浙东行省郎中，复往谕方国珍于四明，还升按察使，迁中书省参议。又出为江西行省参政，召入为司农卿。未几，参政中书省，寻改河南行省参政。洪武二年，调山西。是年，召为中书省右丞，至是，迁左丞。宪在上左右既久，熟于典故，而市权要宠，轻视同列，人莫敢与抗。上未即位时，尝上书颂功德，因劝行督责之政，以求亲幸，上曰："是欲使我失人心也。"不听。宪与张昶同在中书，忌昶才出己右，欲构害之。时东南尚未定，元都号令犹行于西北，昶尝闲暇与宪言："吾故元臣也，勉留于此，意不能忘故君，而吾妻子又皆在北方，存亡不可知。"宪因钩摘其言，谓昶谋叛，且出昶手书讦之，昶遂坐诛。宪自是益无所惮，专恣日盛，下视僚辈，以为莫己。及又喜人佞己徇利者，多出其门下。宪为司农卿时，浙西初平，宪以其民富实，欲厚敛以资国，因留其赋，亩加为二亩，倍征其税。民不堪其苦，皆怨之。上初不之知，有陈敦礼者，扬州人，善滑稽，号宪加赋为榾田。其自山西入中书也，欲尽变易省中事：凡旧吏，一切罢去，更用己所亲信。阴欲持权，乃创为一统山河，花押示僚吏，以观其从违。附己者即不次超擢，否者逐去之，人莫解其意。一日，翰林编修陈桱入谒，宪以押字示之，桱即贺曰："押字大贵，所谓只有天在上，更无山与齐者也。"宪大喜。后数日，即奏除桱为翰林待制，其专恣不法多类此。既又刺求丞相汪广洋阴事，令侍御史刘炳、鄁某等劾奏之，广洋因免官还乡里。宪犹不以为慊，使炳奏徙之海南，上不从。又教炳诬奏刑部侍郎左安善入人罪，上始觉其诬，下炳狱。炳不能隐，尽吐其实。太史令刘基并发其奸状及诸阴事，上大怒，令群臣按问，宪辞伏，遂与炳等皆伏诛。

（《大明太祖高皇帝实录》卷之五十四）

　　洪武三年十二月辛巳，以右丞王溥为河南行省平章，潘原明为江浙行省平章，子孙皆世袭指挥同知。李伯昇为中书平章左丞，李思齐升中书平章，方国珍为广西行省左丞，江西行省右丞张麟升本省左丞，子孙皆世袭指挥佥事。溥等皆起兵降附之臣，上欲优待之，故俱令食禄而不视事。

（《大明太祖高皇帝实录》卷之五十九）

　　洪武四年十二月丙戌，诏吴王左相靖海侯吴祯籍方国珍所部温、台、庆元三府军士及兰秀山无田粮之民尝充船户者，凡十一万一千七百三十人，隶各卫为军，仍禁濒海民不得私出海。

（《大明太祖高皇帝实录》卷之七十）

　　洪武七年春正月癸巳，以广西行省左丞方国珍长子礼为广洋卫指挥佥事。

（《大明太祖高皇帝实录》卷之八十七）

　　洪武七年壬辰，广西行中书省左丞方国珍卒。（传见"碑铭志传"，此略）

（《大明太祖高皇帝实录》卷之八十八）

三

编
年
事
迹

079

　　洪武三十年五月庚寅，晋王，今上统军行边，出开平数百里。上闻之，遣人赍敕往谕之曰："近者人自塞上来，知尔兄弟统军深入。古人论兵，贵乎知己知彼。若能知彼又能知己，虽不能胜，亦无凶危；不知己又不知彼，猝与敌遇，凶莫甚焉……噫！吾起寒微，因天下乱，不得已入行伍中。不二年从者如云，犹且听命于雄者。又二年，帅将士东渡大江，秣马厉兵于建业，以观天下之变。其诸雄皆放肆无籍之徒，虽曰无籍，而元亦不能驭，乃命中山武宁王、开平忠武王总兵四征，与群雄并驱。又不数十年，群雄殄灭，偃兵息民。当并驱之时，张士诚称王于姑苏，陈友定扼险于八闽，方国珍擅命于甄越，杜遵道、刘太保僭乱于中原，徐贞一、陈友谅相继僭号，称尊于江汉，兵无纪律，同类相夷。元义兵李察罕辈奋起河洛，刘太保莫能与敌，梁地遂平。察罕之兵径入齐鲁，灭乱雄毛氏之类，渠帅虽能婴城固守，及与察罕拒战，所在败北。察罕兵骄气盈，心诈志狂，所以卒殒于敌手。未久，察罕之甥王保保帅兵，一切作为，蹈舅之谋，不能服众，以致部下声言效忠朝廷，请命加诛王保保。自是元内外衅生，首将擅兵于外，大臣弄权于内。朕观是机，发兵讨之。自洪武元年，兵渡江淮，长驱齐鲁，席卷河南，遂入潼关，复遣大将由邺下趋真定，移营通州。元君弃城北归，而幽蓟之区悉定矣。西入晋冀，晋冀乃平。兵渡河西，关中亦定。不三年而天下一统。噫！吾用兵一世，指挥诸将，未尝败北，致伤军士，正欲养锐以观胡变。夫何诸将日请深入沙漠，不免疲兵于和林，此盖轻信无谋，以致伤生数万。今尔等又入旷塞，提兵远行，设若遇敌，岂免凶危？自古及今，胡虏为中国患久矣。历代守边之要，未尝不以先谋为急。故朕于北鄙之虑，尤加慎密。尔能听朕之训，明于事势，机无少懈，虽不能胜，彼亦不能为我边患，是良策也。善胜敌者，胜于无形，尔其慎哉。"

（《大明太祖高皇帝实录》卷之二百五十三）

明史·太祖本纪

　　至正四年，旱蝗，大饥疫。太祖时年十七，父母兄相继殁，贫不克葬。里人刘继祖与之地，乃克葬，即凤阳陵也。太祖孤无所依，乃入皇觉寺为僧。逾月，游食合肥。道病，二紫衣人与俱，护视甚至。病已，失所在。凡历光、固、汝、颍诸州三年，复还寺。当是时，元政不纲，盗贼四起。刘福通奉韩山童假宋后起颍，徐寿辉僭帝号起蕲，李二、彭大、赵均用起徐，众各数万，并置将帅，杀吏，侵略郡县，而方国珍已先起海上。他盗拥兵据地，寇掠甚众。天下大乱。

　　（十八年）冬十二月，胡大海攻婺州，久不下，太祖自将往击之。石抹宜孙遣将率车师由松溪来援，太祖曰："道狭，车战适取败耳。"命胡德济迎战于梅花门，大破之，婺州降，执厚孙。先一日，城中人望见城西五色云如车盖，以为异，及是乃知为太祖驻兵地。入城，发粟振贫民，改州为宁越府。辟范祖干、叶仪、许元等十三人，分直讲经史。戊子，遣使招谕方国珍。

　　十九年春正月乙巳，太祖谋取浙东未下诸路。戒诸将曰："克城以武，戡乱以仁。吾比入集庆，秋毫无犯，故一举而定。每闻诸将得一城不妄杀，辄喜不自胜。夫师行如火，不戢将燎原。为将能以不杀为武，岂惟国家之利，子孙实受其福。"庚申，胡大海克诸暨。是月，命宁越知府王宗显立郡学。三月甲午，赦大逆以下。丁巳，方国珍以温、台、庆元来献，遣其子关为质，不受。

（十九年）冬十月，遣夏煜授方国珍行省平章，国珍以疾辞。十一月壬寅，胡大海克处州，石抹宜孙遁。时元守兵单弱，且闻中原乱，人心离散，以故江左、浙右诸郡，兵至皆下，遂西与友谅邻。

（二十七年）夏四月，方国珍阴遣人通扩廓及陈友定，移书责之。五月己亥，初置翰林院。是月，以旱减膳素食，复徐、宿、濠、泗、寿、邳、东海、安东、襄阳、安陆及新附地田租三年。六月戊辰，大雨，群臣请复膳。太祖曰："虽雨，伤禾已多，其赐民今年田租。"癸酉，命朝贺罢女乐。

（二十七年）秋七月丙子，给府州县官之任费，赐绮帛及其父母妻长子有差，著为令。己丑，雷震宫门兽吻，赦罪囚。庚寅，遣使责方国珍贡粮。八月癸丑，圜丘、方丘、社稷坛成。九月甲戌，太庙成。朱亮祖帅师讨国珍。戊寅，诏曰："先王之政，罪不及孥。自今除大逆不道，毋连坐。"辛巳，徐达克平江，执士诚，吴地平。

（二十七年）冬十月甲子，徐达为征虏大将军，常遇春为副将军，帅师二十五万，由淮入河，北取中原。胡廷瑞为征南将军，何文辉为副将军，取福建。湖广行省平章杨璟、左丞周德兴、参政张彬取广西。己巳，朱亮祖克温州。

（二十七年）十一月辛巳，汤和克庆元，方国珍遁入海。壬午，徐达克沂州，斩王宣。己丑，廖永忠为征南副将军，自海道会和讨国珍。乙未，颁《大统历》。辛丑，徐达克益都。十二月甲辰，颁律令。丁未，方国珍降，浙东平。张兴祖下东平，兖东州县相继降。己酉，徐达下济南。胡建瑞下邵武。癸丑，李善长帅百官劝进，表三上，乃许。甲子，告于上帝。庚午，汤和、廖永忠由海道克福州。

（《明史》卷一）

大明太祖高皇帝宝训

经 国

壬寅六月戊寅，元中书平章察罕帖木儿遣使前来致书。太祖谓左右曰："予观察罕书，词婉而媚，是欲啖我，我岂可以甘言诱哉？况徒以书来，而不返我使者，其情伪可见。吾观天下事势，若天未厌元，而彼之所为有以厌服人心，则事未可知。今其所为违天悖理，岂能有成？且人谋不如天从。天与人，人不得违；人贪天，天必不与。我之所行，一听于天耳。夫天下犹器也，众人争之必裂，一人持之则完。今张士诚据浙西，陈友谅据江汉，方国珍、陈友定又梗于东南，天下纷纷，未有定日。予方有事之秋，未暇与较，姑置不答。

（《大明太祖高皇帝宝训》卷之一）

却贡献

辛丑三月戊寅，方国珍遣检校燕敬以金玉、饰马、鞍辔来献。太祖曰："吾方有事，四方所需者，文武材；所用者，谷粟布帛，其他宝玩非所好也。"却其献。

（《大明太祖高皇帝宝训》卷之三）

恩　泽

己丑三月丁巳，方国珍遣郎中张本仁以温、台、庆元三郡来献，且以其子关为质。太祖曰："古者虑人不从，则为盟誓，盟誓变而为交质子，此衰世之事，岂可蹈之？凡人之盟誓、交质者，皆由未能相信故也。今既诚心来归，便当推诚相与，当如青天白日，何自怀疑而以质子为哉？"乃厚赐关而遣之。关后改名明完。

主上忧念

洪武元年正月戊寅，方国珍至京师。太祖谕之曰："汝献款已久，何为反侧，复劳征伐？"国珍顿首曰："臣遭时多艰，逃死海上，终期归附圣明，以全首领。不意又劳王师，然此非出臣心，实为群小所误，是以至此。惟陛下哀其愚昧，赦其死罪。"

太祖曰："草昧之时，英雄角逐，人孰不欲有为，亦谁能识帝王之有真者，其为去就，不能无所龃龉。尔之所为，亦何足责。朕推赤心待人，汝其自安，勿用怀疑。"国珍顿首谢，遂赐第居京师。

谕将士

吴元年九月甲戌，命参政朱亮祖帅浙江衢州、金华等卫马步舟师方国珍。

太祖曰："方国珍鱼盐负贩，呰窳偷生，观望从违，志怀首鼠。今出师讨之，势当必克。彼无长策，惟有泛海遁耳。三州之民，疲困已甚，城下之日，毋杀一人。"于是亮祖顿首受命而行。

（《大明太祖高皇帝宝训》卷之五）

国　榷

戊子　至正八年

十一月,黄岩方谷珍作乱,谷珍修七尺,走及奔马。父伯奇,柔谨,生谷珍、谷瑛,并豪勇。里佃事田主甚卑,毋敢揖,心愧之。伯奇没,竟醉田主醢之。致讼,格杀巡检,叛入海。旬日,得数千人。守臣朵儿只班讨之,引而东,追之福州五虎门。势蹙,将焚舟遁,而元兵忽自惊扰。因执朵儿只班,迫其招抚,元主从之,授定海尉。虽受命,终不自安。谷珍避庙讳,更名真,见宋濂《神道碑》,止名珍。

庚寅　至正十年

十二月己酉,方谷珍寇温州。

辛卯　至正十一年

三月庚戌朔,元浙东副元帅董抟霄以舟师讨方谷珍,战败。

六月戊寅朔,方谷珍攻黄岩。江浙左丞孛罗帖木儿击之,谷珍夜率劲卒火之,执孛罗帖木儿于大间洋,迫求招抚,元授千户(一曰万户),及其兄弟官爵有差。

壬辰　至正十二年

三月乙巳朔,元人讨徐州盗募,舟师北守大江,方谷珍疑其图己,复入海,突犯马鞍诸山寨,元将泰不华败死。

五月癸酉朔,方谷珍攻台州,不克。

癸巳　至正十三年

三月,元江浙左丞帖里帖木儿复招方谷珍,行省都事刘基议谷珍首乱当诛,余党当招安。省院不听,编管基于绍兴。授谷珍徽州路治中,谷瑛信州路治中,谷璋广德路治中,而谷珍犹疑惧,拥众千艘阻漕运,复遣江浙右丞阿儿温沙击之。

甲午　至正十四年

九月,方谷珍突入台州,据之。先是,元设浙江元帅于庆元,备谷珍,以纳麟哈喇为之,复败,遂授谷珍海道巡防万户,谷璋衢州总管兼防海运。

乙未　元至正十五年　宋龙凤元年

三月,方谷珍入据庆元,斥地至上虞。

七月壬辰,方谷珍陷温州,黄岩章元善好从横之术,说谷珍曰:"夷狄无百年之运,元数将极,不待智者而后知。今豪杰并起,有分裂之势,足下奋袂一呼,千百之舟、数十万之众,可立而待;沂江而上,则南北中绝,擅馈运之粟,舟师四出,则青徐、辽海、闽广、瓯粤可传檄而定,审能行此,人心有所属,而霸业可成也。"谷珍不能用。

丁酉　元至正十七年　宋龙凤三年

八月乙丑,元授方谷珍江浙行省参知政事海道运粮万户如故。

戊戌　元至正十八年　宋龙凤四年

三月,元进方谷珍江浙行省参政,寻击张士诚于昆山海上,大败之。因屡进太尉、江浙左丞,赐卫国印,弟子宾客皆拜大官。

十二月,吴国公遣儒士陈显道招方谷珍。

己亥　元至正十九年　宋龙凤五年

正月乙卯,方谷珍来款,书曰:"谷珍鱼盐负贩,生长海滨,向者因怨家构诬,逃死海岛,遂有三郡,非敢称乱,迫于自救而已。惟公起义濠梁,东渡江左,奋扬威武,以制四方,谷珍向风慕义,欲归命之日久矣。道路壅遏,不能自达,今猥加训谕,俾见天日,此谷珍之素愿也。谨上陈恳款,或有指挥,愿效奔走,因请以三郡内附如钱镠故事,岁贡白金赡军。遂遣镇抚孙养浩报之,献黄金五十斤,银百斤,金织文绮百端。"

三月,方谷珍遣郎中张本仁献温、台、庆元图籍,约事定,即纳土。且质其次子开(当为"关")。吴国公曰:"凡质疑也,不疑胡质。"厚赐遣之,开(关)后改名明完。

九月甲寅,遣博士夏煜授方谷珍福建行中书省平章政事,谷璋右丞,谷瑛参政,谷珉枢密分院佥院,各给符印。谷珍称疾受之不用,惟谷珉开枢密分院署事。时闽未属我公,示之必有,而谷珍事元输粟如故。

庚子　元至正二十年　宋龙凤六年

正月己亥,夏煜还,言方谷珍谲状,遣都事杨宪、傅仲彰谕之。书曰:"汝地蕞尔,忽事大之礼,吾宁不能遣一偏裨,将十万众,直穷海岛以取汝耶?第汝率先来归,姑忍须臾,待汝自改,谷珍不省。

十二月甲申朔,复遣博士夏煜、陈显道谕方谷珍,始谢罪。

辛丑　元至正二十一年　宋龙凤七年　汉大义二年

三月戊寅,方谷珍遣检校入谢,且金玉饰马鞍辔上之。吴国公曰:"吾方急才贤需,粟帛何玩好为?"却其献。

壬寅　元至正二十二年　宋龙凤八年　汉大义三年　夏天统元年

十二月,元户部尚书张昶航海至庆元,欲款我,方谷珍遣检校燕敬来告。初,我遣千户王华以三千金附方氏通燕,故有是命。公闻察罕帖木儿没,叹曰:"中原无人矣。"遂不答。昶走福建,左丞王溥中道招致之。公临问,俛首不一语,送客馆。

癸卯　元至正二十三年　宋龙凤九年　汉大义四年　夏天统二年

二月丁酉,命王时赍三千金,令方谷珍市马。

六月壬戌,方谷珍遣经历陈惟敬贡马。

甲辰　元至正二十四年　宋龙凤十年　夏天统三年

九月,方明善攻平阳,参军胡深击败之。下瑞安,趋温州,明善惧,谋输二万金,命班师。

乙巳　元至正二十五年　宋龙凤十一年　夏天统四年

四月癸巳,遣赵好赐方谷珍纱绮鞍辔。

六月壬子,胡深克乐清,擒方谷珍。镇抚周清、万户张汉臣、总管朱善等俱戍常州。

丙午　元至正二十六年　宋龙凤十二年　夏天统五年

四月戊辰,方谷珍贡二万金。

七月,遣宋迪赐方谷珍纱绮鞍辔。

丁未　元至正二十七年　吴元年　夏开熙元年

四月己未,方谷珍屡假贡献觇我,而阴通扩廓帖木儿、陈友定,吴王恶其反复,赐书数其十二罪,谷珍不报。

七月,初,方谷珍纳款,我欲征之,报曰:"三郡界元吴间,明公未便守之,若克杭撤吴之蔽,三郡归公,是我代公守也。"至是观望,持两端。吴王怒使征粟二十三万石,曰:"克杭有日矣,公何负成约如故? 张士诚与公接壤,取公振落耳,所不敢者谁在耶? 吾旦暮下姑苏,奄至公境,背城一战,亦丈夫矣;不然,去之入海,亦一策也。然自古未有久海上者,公审思之。"谷珍惧,与子弟将佐谋,郎中张本仁曰:"江左方图张氏,胜负未卜,计不能越境而致于人。"刘席曰:"江左多步骑,平地用耳,奈吾海舟何?"丘楠曰:"二者皆非主所自福也,惟智可以决事,唯信可以守国,唯直可以用兵。昔者江淮之间,豪杰并起,人人莫不欲帝,然分鼎足者,汉与二吴耳。汉人敢战不怯,尚死九江;张吴区区如窦中鼠,败可知也。江左之吴,法严而军威,诸将所过,秋毫无犯,所得府库还封识之,以奉其主。吊伐之心,此必有天下,且势已并汉,势有张氏之二。公经营浙东十余年矣,不能越三郡,不以此时早决,不可谓智;自居钱镠,抑又背焉,不可谓信,我之不信彼征师焉,不可谓直,莫若与也。"谷珍不能用。

九月甲戌朔,命参政朱亮祖攻方谷珍于台州,谕之曰:"谷珍呰窳偷生,往则必下,第其民困甚,下之日,毋杀一人。"癸巳,朱亮祖兵至天台,县尹汤盘降。丁酉,攻台州,方谷瑛出战,败之。指挥严德战死。辛丑,朱亮祖克台州,方谷瑛夜走黄岩。入之,遂徇下仙居诸县。

十月,御史大夫汤和为征南将军,吴祯副之,征方谷珍于庆元。吴王曰:"毋杀当如徐达下姑苏。"己巳,朱亮祖兵自黄岩至温州,败方明善于城南,奔入城,攻克之,获员外郎刘本。明善挈家先遁,亮祖分兵徇瑞安,枢密同金谢伯通降。

十一月癸酉朔,朱亮祖以舟师袭败方明善于乐清之盘屿,追至楚门,遣百户李德招之。辛巳,征南将军汤和克庆元。初,和渡浙江,夜入曹娥江夷坝通道,直抵车厩,逼庆元。方谷珍封府库,具民数,使院判徐善等出降。自航海追败之,斩溺甚众。擒副枢方维一、元帅戴廷芳等,还师徇下温、台诸县。己丑,中书平章廖永忠为征南副将军,自海会汤和,征方谷珍,祭海上诸神。方谷瑛遣子文信、经历郭春降于朱亮祖。壬辰,方氏诸将多降于汤和。谷珍乃使谷珉遣子明完,明则籍所部吏士船马资粮以降。谷珍与子明善出降朱亮祖于黄岩。上表曰:"天无所不覆,地无所不载者,体天法地,于人无所不容。臣荷陛下覆载生成之德久矣,安敢自绝于天地,窃念臣本庸才,处于季世,保境安民,非具黄屋左纛之念。曩者陛下霆轰雷掣至于婺州,臣愚以为天命有在,遣子入侍,于时固知陛下有今日矣。日月中天,幸依末造,而陛下开诚布公,赐以手书,归其质子,俾守郡县如钱镠故事。十年之间,与中吴角立,皆陛下之赐也。迨天兵发临吴会,臣尝上书,谓朝定杭越,暮归田里。不意今年以来,老病交攻,顿成昏昧,而兄弟子侄,志意不齐,致烦陛下兴问罪之师,方怀忧惧,未能自明,而大军已至台、温。令臣计无所出,虽遣使再三,而承诏之师势不容已,是以封府库、开城郭以俟王师之至。然犹未免为泛海计者,昔孝子于其亲也,小杖则受,大杖则走,今臣之事,适与相类。虽然,臣一介草莽,安敢自绝于天地,故每欲面缚待罪阙廷,复恐陛下万一震怒,天下后世不谓臣得罪之深,将谓陛下不能容臣,岂不累天地之大德哉!臣谨昧死奉表,伏俟严诛。"盖宁海詹鼎所草也,吴王读之曰:"孰谓方氏无人哉!"趣谷珍入。

张溥曰:"秦传二世,吴广起兵于蕲,刘邦起兵于沛,项梁起兵于吴。元灭金宋,传至正而方谷珍起兵于台州,刘福通起兵于颍川,徐寿辉起兵于罗田,郭子兴起兵于定远,张士诚起兵于泰州,二代之兴,尝自西北,其亡也,祸则发于东南,东南为国咽吭,岂不谅哉。"

谈迁曰:"方氏举事最早,割温、台、庆元而限之,叛服不常,狙元之德,移色于金陵,黠技易穷,狙诈取败,彼乱世之祸首也,其能免乎?虽然,汉靡其颅,吴组其颈,方氏虽后,至获保牖下,呜呼!千古所以贵窦融也。"

戊申　洪武元年　元至正二十八年　是秋,元亡　夏开熙二年

正月,方谷珍入朝,上曰:"公胡反复阴阳,劳我戎师耶?实公左右舞小智误公,公不能自裁耳。"遂赐第京师。

己酉　洪武二年　夏开熙三年

十月,方谷珍、李思齐为广西、江西行省左丞,并居京师,食禄。

庚戌　洪武三年　夏开熙四年

谈迁曰："终元之历,殆百余年,台省禁近,非瀚海贵臣,则柳林右族也。释剑而修仁义,弯弧而享神祇。下至庚申君,斡难之牧犹蓄;上都之甲未减,而刑威日替。方谷珍、韩林儿,其人最微末,不足污三尺,遂荡裂而莫之支者,何也? 人主宰割宇内,偶诿其柄,赖股肱大臣,同心一力。今伯颜擅于前,孛罗悖于后,台衡素度,盗贼遍于天下。将星未殒,赐以杜邮之剑;曲沃不徙,临以皋落之师。又察罕无禄,扩廓重谪,欲以图存长治计之左也,自来亡主,多有才艺,以佐其荒淫,不轨不物,自底于丧败,然覆国踣氏,何代蔑有? 子婴衔璧,孙皓舆榇,幽兰之灰,崖门之溺,言之怆人,帝独窜免,不其幸乎? 或曰:彼实有爽德,出自宋裔,神明之后,厥罚未酷,虽其说未有明据,安知苍苍之表,不速其乱,而宽其遣也。"

十二月辛巳,右丞王溥为河南行省平章,潘原明为江浙行省平章,俱世指挥。同知李伯升、李思齐为中书平章。方谷珍为广西行省左丞,江西行省右丞张麟为行省左丞,俱世指挥佥事,食禄,不视事。

甲寅　洪武七年

正月癸巳,方谷珍长子礼为广洋卫指挥佥事。

三月壬辰,广西行省左丞方谷珍卒,年五十六。谷珍自始起至降凡十八年,本无学术,所用书佐参谋由胥吏进,皆苟利无远略,一时政令租税,任意为轻重,首鼠辕驹,穷而归命,竟厚遇之。子礼,广洋卫指挥佥事;完,虎贲所镇抚,从子明谦,太仓卫指挥佥事,后以骄不法,举家受僇。

续资治通鉴

是岁(至正八年),设分元帅府于沂州,以迈博齐为元帅,备山东寇。

礼部郎中成遵,奉使山东、淮北,察守令贤否,得循良者九人,贪懦者二十一人,奏之。九人者赐上尊、币帛,仍加显擢;其二十一人悉黜之。

台州黄岩民方国珍,入海为乱。国珍世以贩盐浮海为业,时有蔡乱头者,行剽海上,有司发兵捕之。国珍怨家告其通寇,国珍杀怨家,遂与兄国璋、弟国瑛、国珉亡入海,聚众数千人。劫掠漕运,执海道千户德流于实。事闻,诏江浙参政多尔济巴勒总舟师捕之。追至福州五虎门,国珍知事危,焚舟将遁,官军自相惊溃,多尔济巴勒遂被执;国珍迫其上招降之状。朝议授国珍定海尉,将治多尔济巴勒之罪,枢密参议归旸曰:"将臣失利,罪之固当;然所部皆北方步骑,不习水战,是驱之死地耳,宜募海滨之民习水利者擒之。今国珍遣人请降,决不可许;国珍已败我王师,又拘我王臣,力屈而来,非真降也,必讨之以示四方。"朝廷方事姑息,卒从其请。国珍竟不肯赴,势益猖獗。帝遣礼部尚书台哈布哈察实以闻。台哈布哈既得其状,遂上招捕之策,不听。

监察御史张桢言:"明埒栋阿、额尔佳、伊噜布哈,皆陛下不共戴天之仇;巴延贼杀宗室嘉王、郯王一十六口,法当族诛,而其子孙兄弟尚皆仕于朝,宜急行诛窜。右丞相博尔济布哈,阿附权奸,亦宜远贬。今灾异迭见,盗贼蜂起,海寇敢于要君,阃帅敢于玩寇,若不振举,恐有唐末藩镇噬脐之祸。"奏上,徽政院使高陇布力为博尔济布哈解,帝乃出御史大夫额琳沁巴勒为江浙左丞相中丞,余皆辞职。诏复加博尔济布哈太保,于是两台各道言章交至,博尔济布哈益不自安,寻谪居渤海县。

(《续资治通鉴》卷第二百九)

(至正九年十二月)方国珍复叛,己酉,寇温州。

至正十一年春,正月,庚申,命江浙行省左丞博啰特穆尔讨方国珍。

(至正十一年六月)方国珍兄弟入海,烧掠沿海州郡。博啰特穆尔兵至大闾洋,国珍夜率劲卒,纵火鼓噪,官军不战皆溃,赴水死者过半。博啰特穆尔被执,反为国珍饰辞上闻。朝廷复命大司农达实特穆尔、江浙参政樊执敬、浙东廉访使董守悫同招谕国珍,至黄岩,国珍兄弟皆登岸罗拜,退,止民间小楼。绍兴总官台哈布哈欲命壮士袭杀之,达实特穆尔曰:"我受诏招降,公欲擅命耶?"乃止。仍檄台哈布哈亲至海滨,散其徒众,授国珍兄弟官有差。

(是岁)方国珍兵起,江浙行省檄前沿海上副万户舒穆噜宜逊守温州,宜逊即起任其事。已而闽寇犯处州,复檄宜逊以兵平之,以功升浙东宣慰使,复分府于台州。顷之,处之属县,山寇并起,宜逊复奉省檄往讨之,至则筑处州城为御敌计。宜逊,其先辽人也。

(至正十二年三月),方国珍复劫其党下海,浙东道宣慰使都元帅台哈布哈发兵扼黄岩之澄江,而遣义士王大用抵国珍示约信,使之来归。国珍拘大用不遣,以小舸二百突海门,入州港,犯马鞍诸山,台哈布哈语众曰:"吾以书生登显要,诚虑负所学。今守海隅,贼甫招徕,又复为变。君辈助我击之,其克,则汝众功也,不克,则我尽死以报国耳。"众皆踊跃愿行。时国珍戚党陈仲达,往来计议,陈其可降伏,台哈布哈率部众张受降旗乘潮,而船触沙不能行。垂与国珍遇,呼仲达申前议,仲达目动气索,台哈布哈觉其心异,手斩之。即前抟贼船,射死五人,贼跃入船,复斫死一人,贼举桨来刺,辄斫折之。贼群至,欲抱持过国珍船,台哈布哈瞞目叱之脱，起夺贼刀，又杀二人，贼攒槊刺之，中颈死，犹植立不仆，投其尸海中，年四十九。僮名抱琴，及临海尉李辅德，千户赤盏，义士张君璧，皆死之。后追赠江浙行省平章政事，封魏国公，谥忠介，立庙台州，赐额曰崇节。台哈布哈尚气节，不随俗浮沉。泰费音为台臣劾去相位，台哈布哈独饯送都门外，泰费音曰："公且止，勿以我累公！"台哈布哈曰："士为知己者死，宁畏祸耶！"

（至正十二年）五月，戊寅，命龙虎山张嗣德为三十九代天师，给印章。命江南行台御史大夫纳琳给宣敕与台州民陈子由、杨恕卿、赵士正、戴甲，令其集民丁夹攻方国珍。

（《续资治通鉴》卷第二百十）

（至正十二年）八月，癸卯，方国珍率其众攻台州，浙东元帅页特密实、福建元帅赫迪尔击退之。

十一月癸未，命江浙行省左丞特里特穆尔总兵讨方国珍。

（至正十三年）三月，命江浙行省左丞特里特穆尔、江南行台侍御史遵达实哩招谕方国珍。

（至正十三年）冬，十月，庚戌，诏授方国珍徽州路治中，国璋广德路治中，国瑛信州路治中，皆遣之任。国珍等疑惧，不受命，仍拥船千艘据海道，阻绝粮运，复遣江浙右丞阿尔珲锡等率兵讨之。

先是江浙左丞特里特穆尔议招抚，浙东元帅府都事刘基持不可，曰："国珍首乱，赦之无以惩后。"左丞称善，进基行省都事，闻之朝。而国珍使人浮海至京，贿用事者，许国珍官，听其降。坐其擅持威福，夺职羁管绍兴，并罢左丞特里特穆尔。国珍遂不可制。

基，青田人，初举进士，揭傒斯深爱重之，曰："子，魏元成流也。"尝入行省幕府，与其长抗议不合，投劾去。寻补浙江儒学副提举，上言御史失职数事，受台枰归，至是又被谪，遂放浪山水间。

（《续资治通鉴》卷第二百十一）

是月（至正十四年九月），方国珍执元帅页特密实、黄岩州达噜噶齐宋巴延布哈、知州赵宜浩，以俟诏命。

（《续资治通鉴》卷第二百十二）

（至正十六年三月）戊申，方国珍复降，以为海道漕运万户，其兄国璋为衢州路总管，并兼防御海道事。

（《续资治通鉴》卷第二百十三）

至正十八年戊戌，五月，戊戌朔，以方国珍为江浙行省左丞兼海道运粮万户。

（六月甲午）自江南行台移治绍兴，即檄达噜噶齐迈尔石斯为行台镇抚。迈尔古斯大募民兵为守御计，与舒穆噜宜逊夹攻处州山贼，遂平之，擢江东廉访司经历，仍留绍兴，以兵卫台治。时浙东、西郡县多残破，独迈尔古斯保障绍兴，境内晏然，民爱之如父母。达实特穆尔承制授行枢密院判官，分院治绍兴。

及方国珍遣兵侵据绍兴属县，迈尔古斯曰："国珍本海贼，今既降，为大官，而复来害吾民，可乎！"欲率兵问罪，先遣部将黄中取上虞。朝议方倚重国珍，资其舟以运粮，而御史大夫拜珠格，与国珍素通贿赂，情好甚厚，愤迈尔古斯擅举兵，且恐生事，即使人召至私第计事，至则命左右以铁锤挝杀之，断其头，掷厕溷中。民闻之，无不恸哭。迈尔古斯，宁夏人也。黄中率其众复仇，尽杀拜珠格家人及台府官员、掾吏，独留拜珠格不杀，以告于张士诚，士诚乃遣其将吕珍以兵守绍兴。

（九月）癸卯，诏以福建行省平章政事庆图为江南行台御史大夫。时行台治绍兴，所辖诸道，多为吴所有，而明、台则制于方国珍，杭、苏则制于张士诚，宪台纲纪，不复可振，徒存空名而已。

（《续资治通鉴》卷第二百十四）

至正十九年己亥春正月乙卯，方国珍遣使奉书献金带于吴。

先是吴国公遣典签刘辰招谕国珍，国珍与其下谋曰："方今元运将终，豪杰并起，惟江左号令严明，所向无敌。今又东下婺州，恐不能与抗。况与我为敌者，西有张士诚，南有陈友谅，莫若姑示顺从，藉为声援，以观其变。"遂遣使奉书随辰来献金绮，于是复遣使报之。然国珍虽纳款，其实阴持两端也。

三月丁巳，方国珍遣郎中张本仁以温、台、庆元三路献于吴，且以其次子关为质。吴国公曰："古者虑人不从，则为盟誓，明誓不信，变而为质子。此衰世之事，岂可蹈之！凡人之盟誓、交质者，皆由未能相信故也。今既诚心来归，便当推诚相与，如青天白日，何自怀疑而以质子为哉！"乃厚赐关而遣之。关后改名明完。

（九月）甲寅，吴遣博士夏煜授方国珍福建行省平章，其弟国瑛参政，国珉金枢密分院事，各给符印，仍以所部兵马城守，候命征讨。煜至庆元，国珍欲不受，业已降；欲受之，又恐见制；乃诈称疾，但受平章印，告老，不任职，遇使者亦颇倨。惟国珉开院署事。

自中原丧乱，江南漕久不通，至是河南始平，乃遣兵部尚书巴延特穆尔、户部尚书曹履享，以御酒、龙衣赐张士诚，征海运粮。巴延等至杭州，传诏令方国珍具舟以运，而达实特穆尔总督其事。既而士诚虑国珍载粟不入京，国珍又恐士诚掣其舟，乘虚袭己，互相猜疑。巴延往来开谕，二人乃奉诏。

冬，十月，庚申朔，诏京师十一门皆筑瓮城，造吊桥。

以方国珍为江浙行省平章政事。

（至正二十年庚子正月）己亥，夏煜自庆元还建康，言方国珍奸诈状，非兵威无以服之。吴国公曰："吾方致力姑苏，未暇与校。"乃遣都事杨宪、傅仲章往谕之曰："及今能涤心改过，不负初心，则三郡之地，庶几可保。不然，吾恐汝兄弟败亡，妻子为修，徒为人所指笑也。"国珍不省。

（《续资治通鉴》卷第二百十五）

至正二十年庚子十二月，辛卯，广平路陷。吴国公复遣夏煜以书谕方国珍。

至正二十二年壬寅六月，戊寅，中书平章政事察罕特穆尔遣使报书于吴，言已奏朝廷，授以行省平章事，吴国公不答，因谓左右曰："察罕书辞婉媚，是欲啖我，我岂可以甘言诱哉！况徒以书来而不反我使者，其情伪可见也。今张士诚据浙西，陈友谅据江汉，方国珍、陈友定又梗于东南，天下纷纷，未有定日，予方有事之秋，未暇与校也。"

宁海布衣叶兑，以经济自负，献书吴国公，列一纲三目，言天下大计。

其略曰："愚闻取天下者，必有一定之规模，韩信初见高祖，画楚、汉成败，孔明卧草庐，与先主论天下三分形势者是也。今之规模，宜北绝李察罕，南并张九四，抚温、台，取闽、越，定都建康，拓地江、广，进则越两淮以规中原，退则画长江而自守。

"夫长江天堑，所以限南北也。金陵古称龙蟠虎踞，帝王之都，诚宜建都于此，守淮以为藩屏，守江以为门户，如高祖之关中，光武之河内。以此为基，藉其兵力资财，以攻则克，以守则固，百察罕能如我何哉！

"且江之所备，莫急上流。吴、魏所争在蕲春与皖，即今江州之境。今义师已克江州，足蔽全吴；况自滁、和至广陵皆吾有，又足以遮蔽建康，襟带江州，匪直守江，兼可守淮矣。张氏倾覆，可坐而待，淮东诸军，亦将来归，北略中原，李氏可并，孙权不足为也。

"今闻察罕妄自尊大，致书明公，如曹操之招孙权。窃以元运将终，人心不属，而察罕欲效操所为，事势不侔。宜如鲁肃计，鼎足江东，以观天下之衅。"此其大纲也。

至其目有三："张九四之地，南包杭、越，北跨通、泰，而以平江为巢穴。昔田丰说袁绍袭许以制曹公，李泌欲先取范阳以倾禄山，殷羡说陶侃急攻石头以制苏峻，皆先倾敌巢穴。今欲攻张氏，莫若声言掩取杭、嘉、湖、越，而大兵直捣平江。平江城固，难以骤拔，则以锁城法困之。锁城者，于城外矢石不到之地，别筑长围，环绕其城，长围之外，分命将卒，四面立营，屯田固守，断其出入之路，分兵略定属邑，收其税粮以赡军中。彼坐守空城，安和不困！平江既下，巢穴已倾，杭、越必归，余郡解体，此上计也。

"张氏重镇在绍兴，悬隔江海，所以数攻而不克者，以彼粮道在三江斗门也。若一军攻平江，断其粮道，一军攻杭州，绝其援兵，绍兴必拔。所攻在苏、杭，所取在绍兴，所谓多方以误之者也。绍兴既拔，杭城势孤，湖、秀风靡。然后进攻平江，犁其心腹，江北余孽，随而瓦解，此次计也。

"方国珍狼子野心，不可驯狎。往年大兵取婺州，彼即奉书纳款，后遣夏煜、陈显道招谕，彼复狐疑不从。顾遣使从海道报元，谓江东委之纳款，诱令张昶赍诏而来，且遣韩叔义为说客，欲说明公奉诏。彼既降我，而反欲招我降元，其反覆狡狯如是，宜兴师问罪。然彼以水为命，一闻兵至，挈家航海，中原步骑，无如之何。彼则寇掠东西，捕之不得，招之不可。夫上兵攻心，彼言杭、越一平，即当纳土，不过欲款我师耳。攻之之术，宜限以日期，责其归顺。彼自方国璋之殁，自知兵不可用，又叔义还，称我师之盛，气已先挫，今因陈显道以自通，正可胁之而从也。事宜速，不宜缓。宣谕之后，更置官吏，拘集舟舰，潜收其兵权，以消未然之变，三郡可不劳而定。

"福建本浙江一道，倚山濒海，兵脆城陋，两浙既平，彼心计浙江四道，三道既已归附，吾孤守一道安归哉！下之，一辩士力耳。如复稽送款，则大兵自温、处入，奇兵自海道入，福州必不支。福州下，帝郡迎刃解矣。威声已震，然后进取两广，犹反掌耳。"

吴国公奇其言，欲留用之，力辞，赐银币、袭衣以归。

（至正二十二年十二月壬辰），先是帝遣户部尚书张昶等，赍龙衣、御酒、八宝顶帽，荣禄大夫、江西行省平章政事宣命诏书，航海至庆元，欲因以通吴，方国珍遣检校燕敬以告吴国公，公不之答。敬还，国珍惧，乃送昶于福建平章雅克布哈所。时左丞王溥在建昌，闻之，遣人报公，公命溥招之来，且命符玺郎刘绍先候之于广信。溥招昶至，遂偕绍先赴建康。昶见公不拜，公怒曰：“元朝不达世变，尚敢遣人扇惑我民！”昶俯首无一言。公不欲穷诘，命中书馆之，时召问以事，知其才可用，遂留之。

（《续资治通鉴》卷第二百十六）

至正二十四年甲辰九月乙酉，方明善攻平阳，吴参军胡深遣兵击败之。

先是温州土豪周宗道据平阳县，屡为明善所逼，遂降于深。明善怒，益率兵攻之，宗道求援于深，深击败明善，并下瑞安，进兵温州。明善惧，与方国珍谋，输岁贡银二万两充军费，请守乡郡如钱镠故事，吴王许之，命深班师。

吴徐达帅兵至潭州。湘乡土酋易华，集少壮据黄牛峰十余年，至是达使人招之，华率其部众以降。

（至正二十五年乙巳六月）壬子，吴参军胡深克温之乐清，擒方国珍镇抚周清、万户张汉臣、总管朱善等，械送建康。

是月（九月），以方国珍为淮南行省左丞相、衢国公，分省庆元。

（《续资治通鉴》卷第二百十八）

（至正二十六年丙午夏四月）戊辰，方国珍遣经历刘庸等贡金绮于吴。

（九月）丙戌，以方国珍为江浙行省左丞相，弟国瑛、国珉，侄明善，并为江浙行省平章政事。

（至正二十七年丁未四月）己未，方国珍既入贡于吴，复阴泛海，北通库库特穆尔，南交陈友定。吴师伐苏州，国珍拥兵觇胜败为叛服计。王以国珍反复，以书数其十二过，且谕之曰：“尔能深烛成败，高览远虑，自求多福，尚可图也。”国珍得书不报。

（《续资治通鉴》卷第二百十九）

（至正二十七年戊申秋七月）己丑方国珍之初降吴也，约杭州下即入朝，已而据地自若，且使通于闽，图为犄角。吴王闻之怒，遣使责国珍贡粮二十三万石，仍以书谕之曰：“尔早改过效顺，犹可保其富贵。不然，为偷生之计，窜入海岛，吾恐子女玉帛反为尔累，舟中自生敌国，徒为豪杰所笑也。"

书至，国珍大惧，集弟、侄及将佐决去就，其郎中张本仁曰："苏州未下，彼安能越千里而取我！"刘庸曰："江左兵多步骑，其如吾海舟何！"国珍弟、侄多以为然，唯丘楠争曰："二人所言，非公福也，唯智可以决事，唯信可以守国，唯直可以用兵，公经营浙东，十余年矣，迁延犹豫，计不早定，不可谓智。既许之降，抑又倍焉，不可谓信。彼之征师，则有词矣，我实负彼，不可谓直。幸而扶服听命，庶几可视钱俶乎！"国珍素戆暗，不能决，唯日夜运珍宝，集巨舰，为泛海计。

（八月己巳）吴王命参政朱亮祖讨方国珍，戒之曰："三州之民，疲困已甚，城下之日，毋杀一人。"

（九月）丁酉，吴朱亮祖进攻台州，方国珍出师拒战，亮祖击败之，指挥严德中矢死。德，采石人也。

（十月）甲寅，吴命汤和为征南将军，吴祯为副，讨方国珍于庆元。

十一月辛巳，吴征南将军汤和克庆元。

先是和兵自绍兴渡曹娥江，进次余姚，降其知州李密及上虞县尹沈温[①]，遂进兵庆元城下，攻其西门，府判徐善等率属官耆老自西门出降。方国珍驱所部乘海舟遁去，和率兵追之。国珍以众迎战，和击败之，擒其将方惟益等，国珍率余众入海。和还师庆无，徇下定海、慈溪诸县。

（十一月）乙酉，吴定大都督府及盐运司、起居注、给事中官制。

方国珍遁入海岛。己丑，吴王命平章廖永忠为征南副将军，自海道会汤和讨之，国珍遣经历郭春及其子文信诣朱亮祖纳款。

（十一月）庚寅，方国珍部将多降于吴，汤和复遣人持书招之。壬辰，国珍遣郎中承广、员外郎陈永诣和乞降，又遣其子明善、明则、从子明巩等纳首院诸印。

（十二月）戊申，方国珍遣其子明完奉表谢罪于吴，吴王始怒其反覆，及览表，怜之。表出其臣詹鼎所草，词辩而恭，王曰："孰谓方氏无人耶！"赐国珍书曰："吾当以投诚为诚，不以前过为过。"

---

① 沈温，《大明太祖高皇帝实录》及《明史纪事本末》均作"沈煜"。

（十二月）辛亥,方国珍及其弟国珉,率所部谒见汤和于军门,得士马舟粮甚多。已而昌国州达噜噶齐库哩吉斯亦来降,与国珍等并送建康。吴王悉召其臣,以邱楠为韶州同知;又以表草出詹鼎手,命官之,其余悉徙濠州。浙东悉平。

（《续资治通鉴》卷第二百二十）

明史纪事本末
方国珍降

元顺帝至正八年,浙东台州黄岩人方国珍起兵,劫掠沿海州县,元兵屡讨不克。

十三年十月,时青田刘基为浙东行省都事,建议谓方氏首乱,宜捕而斩之。执政多受国珍金者,辄罪基擅作威福,羁管于绍兴,竟受国珍降。国珍虽受元官,实拥兵自固,不受元调发,元亦以四方多故,羁縻之不问。国珍寻叛,据温、台、庆元等路。

十八年十二月,太祖既下婺州,遣典签刘辰使方国珍招谕之。国珍与其弟谋曰:"今元运将终,群雄并起,惟江左号令严明,所向无敌,今又东下婺州,恐难与争锋。况与我为敌者,西有张士诚,南有陈友定,莫若姑示顺从,藉为声援,以观其变。"

十九年春三月丁巳,方国珍遣使因刘辰来奉书,献黄金五十斤、白金百斤、金织文绮百端,愿合力攻士诚。许之。以次子关为质。太祖曰:"凡质,疑也;不疑,何质?"厚赐关而遣之。改关名为明完。国珍复纳温、台、庆元三郡籍,愿输金助军守土,如钱镠故事,事定即以献。

二十一年三月戊寅,方国珍遣使以金玉饰马鞍献。先是,太祖遣使以书谕国珍曰:"福基于至诚,祸生于反复。隗嚣、公孙述可鉴也。"国珍惶惧,至是遣其检校燕敬来献。太祖曰:"吾方有事,四方所需者,文武才能;所用者,谷粟布帛。其他珍玩非所好也。"却之。

二十四年九月乙酉,方明善攻平阳,元帅胡深击败之,遂下瑞安。先是,温州土豪周宗道以平阳来附,明善率兵攻之。宗道求援于深,深击明善,败之,下瑞安,进兵温州。明善惧,与国珍谋,岁贡银二万两充军资,太祖许之,命深班师。

二十五年六月壬子,参军胡海攻乐清,下之,擒方国珍镇抚周清等送建康。九月,元复以方国珍为淮南行省左丞相,分省庆元。

二十六年九月,元改方国珍为江浙行省左丞相,国璋、国瑛、国珉及国璋子明善俱平章政事。初,国珍虽以三郡来献,实未纳土,特欲阳假借声援以拒元,及元屡加命,国珍益骄横,遂据有濒海诸郡县,不肯奉正朔。时太祖方连兵张、陈,不暇往讨,累遣博士夏煜、杨宪往谕之。国珍心持两端,太祖闻之,笑曰:"姑置之,待我克苏州后,欲奉正朔,晚矣。"

太祖吴元年,元至正二十七年也。九月甲戌,命参政朱亮祖讨方国珍。初,国珍怀诈反复,云:"俟克杭州,即纳土。"及大兵克杭州,犹自据如故,乃累假贡献来觇虚实,为叛服计。又北通库库特穆尔,南交陈友定,图为犄角。太祖遗书数其十二过,且征贡粮二十万石,曰:"克杭有日矣,公何负约如故?张士诚与公接壤,取公振落耳。所不敢者,以谁在耶?吾旦暮下姑苏,奄至公境,背城一战,亦丈夫矣。不然,去之入海,亦一策也。然自古未有老海上者,公审思之。"国珍惧,与其弟侄将佐谋。郎中张本仁曰:"江左方图张氏,胜负未可知,计不能越境而致于人。"刘庠曰:"江左多步骑,平地用耳,奈吾海舟何?"丘楠曰:"皆非主福也。惟智可以决事,惟信可以守国,惟直可以用兵。昔者江淮之间,豪杰并起,人人莫不欲帝,然分鼎足者,汉与二吴耳。汉人敢战不怯,尚死九江,张吴区区,如窦中鼠,败可知也。江左法严而军威,诸将所过,秋毫无犯,所得府库,还封识之,以奉其主,此乃吊伐之心,必有天下。且业已并汉,势复兼张,公经营浙东十余年矣,不能越三郡,不以此时早决,不可谓智;自居钱镠,抑又背焉,不可谓信;我之不信,彼征师焉,不可谓直,莫若与也。"国珍不能用。至是,命亮祖率马步舟师讨之。初,台州为国珍弟国瑛窃据。己丑,亮祖驻师新昌,遣部将严德攻关岭山寨,平之。辛卯,至天台,守将汤盘以城降。进攻台州,国瑛以兵拒战,击败之。严德战死,遂至台州。国瑛闻亮祖至,即欲遁去,会国珍入庆元治兵,为城守计,使人谓国瑛坚守勿去,国瑛始约束将士,乘城拒守。然士卒多怀惧亡去者,亮祖等急攻之。辛丑,国瑛度力不能支,以巨舰载妻子,乘夜出兴善门,走黄岩。亮祖入城抚定。十月进兵黄岩,瑛复遁海上,留其党哈喇娄守黄岩。哈喇娄即以城降,亮祖分兵下仙居等县,国珍闻之气沮。

癸丑,命汤和为征南将军,吴祯为副将军,率常州、长兴、宜兴、江淮诸军讨方国珍于庆元,谕之曰:"尔等奉辞伐罪,毋纵杀戮。当如徐达下姑苏,平定安集,乃吾所愿也。"

十一月,吴祯引舟师乘潮夜入曹娥江,夷坝通道,出其不意,抵军厩。会降卒言国珍已遁入海,祯勒兵追之。汤和兵自绍兴渡曹娥江,进次余姚,降其知州李枢及上虞县令沈煜,遂进兵庆元城下。攻其西门,院判徐善等率父老迎降,国珍乘海舟遁。和率兵追败之,国珍率余众入海。和分徇定海、慈溪等县,得军士三千人,战船六十艘,马二百余匹,银六千九百余锭,粮三十五万四千六百石。朱亮祖自黄岩进兵温州,陈于城南七里。国珍令其子明善引兵拒战,亮祖击败之,破其太平寨,追至城下,余兵溃奔入城,亮祖遣部将汤克明攻西门,徐秀攻东门,柴虎将游兵策应。晡时克其城,获员外郎刘本善,国瑛等遁去。亮祖抚其民,分兵徇瑞安,守将同金喻伯通降。遂帅舟师会吴祯袭明善于乐清之盘屿岛。夜三鼓克之,大获其战舰士马。国珍既遁入海岛,己丑,太祖复命廖永忠为征南副将军,率师自海道会汤和等兵讨之。其部将多来降,诸郡县相继下。国珍惶惑失措,和等复遣人持书招之,谕以朝廷威德及陈天命所在。国珍不得已,遣郎中承广、员外郎陈永乞降,又遣其子明克、明则,从子明巩等纳省院及诸银印、铜印二十六,银一万两,钱二千缗于和。丙申,朱亮祖兵至黄岩,方国珍及其兄子明善率家来降,于是国珍遣其子明完奉表谢罪。太祖始怒其反复,及览表,怜之。表出其臣詹鼎所草,词辩而恭,太祖读表曰:"孰谓方氏无人耶?"赐书曰:"吾当以投诚为诚,不以前过为过。"辛亥,国珍及其弟国珉率部属谒见汤和于军门,得士马舟楫数万计。和送国珍等于京师,太祖让之曰:"公胡反复阴阳,劳我戎师耶? 顾实公左右舞小智教公,公不能自裁耳?"乃悉召其臣,以丘楠为韶州同知。又知草表出鼎手,命官之。其余尽徙濠州。浙东悉平。后太祖即位,厚遇国珍,赐第京师,宴位功臣次。未几,授广西行省左丞,奉朝请。一日侍宴,坐不能兴,舁归。太祖官其二子,曰令国珍见云。国珍以善终。

谷应泰曰:元至正八年,方国珍以黄岩黔赤,首弄潢池,揭竿倡乱,西据括苍,南兼瓯越。元兵屡讨,卒不能平,以致五年之内,太祖起濠城,士诚起高邮,友谅起蕲黄,莫不南面称雄,坐拥据郡。则国珍者,虽圣王之驱除,亦群雄之首祸也。然而国珍地小力少,不足以张国,饷匮援绝,不足以待敌。此惟识略过人,真知天命。若陈婴以兵属汉高,冯异以地归光武,则功垂刑马,名在云台,岂不善始善终哉? 而国珍者,市井之徒,斗筲之器,宜其无定见也。夫国珍智昏择木,心怀首鼠,惧明之侵轶,则受抚于元,以壮其虚声。惧元之穷追,则纳款于明,以资其外卫。其效忠于陈友定也,岂非河朔之刘琨,西凉之张氏。而侍子于明太祖也,又岂非下江之王常,吴越之钱俶。正所谓猗牙摇尾,荒忽无常,毋论明室鼎兴,贻羞鬼蜮,就令元兵晚振,亦斩鲸鲵,盖首尾衡决,无一而可者。而彼终恃狡谋,依违两堕,则以摄乎大国之间,迁延岁月之命耳。然究竟友谅凶强,士诚给富,无不先期殄灭,而国珍以弹丸之地,乃更支离后亡者,非国珍之善守御,而太祖之善用兵也。太祖之意,以用兵如攻木,先其坚者,后其节目。故先平吴、汉,后议国珍。缓急之势所不得绲也。而中间允其纳币者一,遣使招谕者再,又且推还质子,姑置后失。盖吴、汉者,门庭之寇,赴之宜速;而国珍者,樊笼之鸟,取之如寄,毋亦米成山谷,尽天水于目中,岂真兵白头须,置陇蜀于度外也。卒之六师既加,窜奔海岛,计穷归命,传送京师。语云:"不为祸始。"又云:"无始乱。"国珍之窃据非分,适足为新主资矣。

(《明史纪事本末》卷五)

皇明通纪集要

（至正十九年）三月，方国珍遣使以温、台、庆元三郡附。王师克金华，上遣使往庆元今宁波府招谕之。国珍与其下谋曰："方今元运将终，豪杰并起，惟江左号令严明，所向莫敌，今又东下婺州，恐不能与抗。况与我为敌者，西有张士诚，南有陈友谅，宜莫若姑示顺从，藉为声援，以观其变。"遂遣使奉书币，以三郡来附，且以其次子关为质。上曰："古人虑人不从，则为盟誓，盟誓变而为交质，皆由未能相信故也。今既诚信来归，便当推诚相与，如青天白日，何自怀疑而以质子为哉？"乃厚赐关而遣之。

（《皇明通纪集要·卷二·己亥》）

（至正二十年）七月，上第五子生。遣千户王时赍白金往，方国珍附搭海舟至燕京，体察元朝及察罕帖木儿李思齐等军马事情。方国珍既献温、台、庆元三郡，不欲奉正朔。上知其心持两端，曰："且置之候，我克苏州，彼虽欲奉正朔，迟矣。"

（《皇明通纪集要·卷二·庚子》）

（至正二十一年）五月戊寅，方国珍遣使以金玉饰马鞍辔来献，却之。先是，上遣博士夏煜、陈显道谕方国珍曰："福基于至诚，祸生于反复。大军一出，不可以甘言释也，尔宜深思之。"国珍始惶惧，对使者谢曰："鄙人无状，致烦训谕。"使者归，国遂遣人谢过，至是遣其检校燕敬来谢，且以金玉饰马鞍辔来献。上却之，曰："吾方有事，四方所需者，文武材能；所用者，布帛菽粟，宝玩非所好也。"

（《皇明通纪集要·卷二·辛丑》）

（至正二十七年）遣御史大夫汤和督诸军讨方国珍。国珍之初降也，约云杭城下，即纳地来朝。及克杭州，国珍据境自若，乃累假贡献砚我虚实，为叛服计。又北通扩廓帖木儿，南交陈友谅，图为犄角。上累书责其怀奸挟诈，阳降阴叛，且征其贡粮二十万石。国珍不报，上遂遣汤和，总兵吴祯为副，率诸循军讨之。谕之曰："汝等奉词讨罪，毋纵杀戮，当如徐达下姑苏，平定安辑，乃吾所愿也。"和等兵至庆元，国珍惧，遂遁入海岛。国瑛引舟师，乘潮夜入曹娥江。夷坝通道，追至盘屿，与合战败之。尽获其战船、人马、辎重而还，复命。朱亮祖率马步舟师讨方国珍弟国瑛于台州。兵至天台县，县尹汤盘以城降。进台州，国瑛出兵拒战，击败之，遂攻城。国瑛乘城拒守，士卒无斗志，往往逃溃。国瑛度不能御，以巨舰载妻子夜奔黄岩。亮祖入其城,遂徇下仙居诸县,进兵温州,阵于城南七里。方国珍子明善将兵拒战,我师败之,追至城下,分兵攻其四门,明善遂挈妻子遁去。亮祖入城,抚谕其民,分兵徇瑞安,守将喻伯通亦降。

时方国珍遁出海岛,上复命廖永忠为征南副将军,率师自海道会汤和等兵讨之。其部将多来降,诸郡县相继皆下。国珍乃遣子明善奉表乞降,既而亲率昆弟子侄并所部将士待罪军门,汤和送国珍于建康,浙东悉平。

(《皇明通纪集要·卷三·丁未吴元年》)

皇明通纪法传全录

(至正十二年)三月,方国珍为乱海隅,元屡讨不克,出翰林学士泰不花为台州路达鲁花赤,招谕之,国珍降。未几,复劫其众下海,入黄岩港以叛。不花发兵扼黄岩之澄江,遣义士王大用往谕,使之来归。国珍疑虑,拘留不遣,以小舸二百突入海门港,犯马鞍诸山。不华语众曰:“吾以书生登显要,今守海隅,贼反复不能制,诸君助我讨之,克则众之灵,不克以死报国。”国珍使其戚党陈仲达伪降,不花具舟,张受降旗,乘潮而下,垂与珍遇,呼仲达语。仲达目动气索,不华觉其心异,手斩之。前缚贼船,格杀五六人。贼群至,欲拥不花,过国珍船,不华瞑目叱之,复夺刀杀贼二人。贼攒槊刺焉,中颈死,犹植立不仆,贼投其尸于海。事闻,又遣左丞帖里帖木儿、南台侍御史左答里失里招降,官其兄弟各治中督,令之官,国珍疑惧,拥船阻绝海道,因执元帅也忒迷失等入海,以要诏命。复以国珍为海道漕万可兼总管,虽授元官,实拥兵据温、台、庆元等路。

国珍,黄岩人。其风俗贵贱等分甚严,若农家种富室田,名曰佃户,见田主不敢施揖,伺其过而后行。谷珍父为佃户,过于恭主,谷珍兄弟四人谓父曰:“田主亦人耳尔,何恭如此?”父曰:“我养赡汝等,由其田也,何可不恭?”及父卒,兄弟复酿酒,以伺田主之索租。时主仆至,盛馔宴之,先醉其仆而主继之,乃醢其尸于酒瓮。越数日,主家不见还,来询,诡以既去为复。及事露,诉于官,遣人捕治,拒而杀之。官亲往,亦被杀。兄弟遂亡命于海者十余年。乃拉漳州贼船寇漳州,维时文恬武嬉,入寇即陷。自太不华堕其计而死,势日猖獗。窃据温、台、明十二郡,计十有八年。太祖龙兴,潜逃于海,既而其下,诱之内附焉。袁柳庄相其貌,出语人曰:“南人胡相,每衰服见人则可观,若正其衣冠则鄙俗矣,终难成事。”后果验云。

(《皇明通纪法传全录》卷一)

庚子元至正二十年、宋龙凤六年正月,元福建行省参政袁天禄以福宁州来归。天禄见王师下浙东诸郡,方国珍归附,知天命有在,遂遣古田县尹林文广来纳款。上赐书褒嘉之。

三月，刘基、宋濂、章溢、叶琛至建康入见，上喜甚，曰："我为天下屈四先生。"赐坐，从容与论经史及咨以时事，甚见尊礼。命有司创礼贤馆以处之。刘基自幼聪明绝人，凡天文、兵法、性理诸书，过目洞识其要。至正初，以春秋举进士，授江西高安县丞，累官江浙儒学副提举。每以刚方不合投劾去。尝游西湖，有异云起西北，光映湖水。时鲁道原字文公与诸同游者皆以为庆云，将分韵赋诗。基独纵饮不顾，大言曰："此天子气也，应在金陵。十年后有王者兴，我当辅之。"时杭城犹全盛，诸老大骇，以为狂，悉去之。时无知基者，惟西蜀赵天泽奇之，以为诸葛孔明之流，尝作文以奇之。方国珍反海上，宪省复举某为行省都事。时基建议以为方氏首乱，宜捕斩之。有劾其擅作威福者，乃羁管于绍兴。未几复起，以时不可为，弃官归里，著《郁离子》。客说基曰："今天下扰扰，以公才略，下括苍，并金华，明越可折简而定，因画江守之，此勾践之业也。舍此不为，欲悠悠安之？"基曰："吾平生忿方国珍、张士诚辈所为，今用子计，与彼何殊耶？且天命将有归，子姑待之。"会上下金华，定括苍，即处州府。基乃指干象谓所亲曰："此天命也，岂人力耶？"适总制官孙炎以上命遣使来聘，基遂决计，趋金陵，陈时务十八策。上嘉纳之。

（七月）遣千户王时赍白金往，方国珍附搭海舟至燕京，体察元朝及察罕帖木儿李思齐等军马事情。

方国珍既献温、台、庆元三郡，不奉正朔。上遣博士夏煜、杨宪等往谕之。国珍答曰："当初献三郡时，尝请天朝发军马来守，交还城池。今不见至，若奉正朔，则张士诚、陈友谅定必来攻，为之奈何？"杨宪曰："福基于至诚，祸生于反复。不奉正朔，大军必至，不可以甘言释也，宜深思之。"国珍曰："若要从命，必须以军马来守，即以三郡交还。"使者还，上知其心怀两端，曰："且置之，候我克苏州后，欲奉正朔，迟矣。"国珍闻之惧，遂遣其简校燕敬来谢过，且以金玉饰马鞍辔来献。上却之曰："吾方有事，四方所需者，文武材能；所用者，布帛菽粟，宝玩非所好也。"

（《皇明通纪法传全录》卷二）

张士诚所据郡县，南至绍兴，与方国珍接境，北有通、泰、高邮、安、徐、宿、濠、泗，又北至济宁，与山东相距。上欲先取通、泰、高邮，诚剪其羽翼，然后专取浙西，亦易易也。

方国珍既入贡，复阴泛海，北通元扩廓帖木儿，南交陈友定。王师讨姑苏，国珍拥兵坐视，实假贡献，觇胜败为叛服计。上以国珍反复，赍书数其十二过。国珍得书不报，复以书谕之，乃惧，为泛海计，上命朱亮祖率兵讨之。

姑苏捷至，无锡莫天佑以城降。初，天佑附张士诚，大将军徐达累遣使谕降，天佑俱杀之。至是,胡廷瑞等率兵攻其城,州人张翼知事急,率父老往见天佑曰:"吾民不见天日十二年,张氏已就缚,固守将谁为?况未必能守。一城生民,存亡皆在今夕,愿熟思之。"至是降朱亮祖。师至,天台县尹汤盘以城降,亮祖进攻台州。方国瑛出兵拒战,我师击败之。指挥严德战死。初,国瑛闻王师至,即欲遁去。会其都事马克让自庆元还,言国珍方治兵为城守计,劝国瑛勿去,国瑛始约束将士,乘城拒守。然士卒怀惧,往往有逃溃者。我师攻之急,国瑛度力不能御,以巨舻载妻子,夜出兴善门走黄岩。亮祖入城,遂下仙居诸县。进兵温州,阵于城南七里。方国珍之子明善将兵拒战,我师败之。追至城下,分兵攻其四门,明善遂挈妻子遁去。亮祖入城,抚谕其民,分兵瑞安,守将同金喻伯通降。

时方国珍遁入海岛,上复命廖永忠为征南副将军,率师自海道会汤和等兵讨之。其部将多来降,诸郡县相继皆下。国珍惶惑失措。和等复遣人招谕之。国珍乃遣子明善奉表乞降。上始怒其反复,及览表,怜之,乃赐书曰:"昔汝外示归诚,中怀诡诈,吾姑容之,待汝自效。岂汝行小智,愈肆奸宄,竟背前盟,致劳我师,汝尚不即自稽首归命,逃于海上,犹观望成败。今势穷来归,词甚哀恳。吾当以此诚为诚,不以前过为过。汝勿自疑,率众来归,悉从原宥。"国珍亲率其昆弟子侄并所部将士待罪军门,汤和送赴京师入见。上曰:"汝献款已久,何为反侧,复劳征伐?"国珍顿首曰:"臣遭时多艰,逃死海上,终期归附圣明,以全首领。不意又劳王师。此非出臣心,实群小所误,是以至此。惟升下哀其愚,特赦其死。"上曰:"草昧之时,英雄角逐,人孰不欲有为,亦谁能识帝王之有真者?其为去就,安能无所龃龉?尔之所为,亦何足责?朕推赤心待汝,汝其自安,勿用怀疑。"国珍顿首谢,以为广西行省左丞。不之官,食禄居京师。

(《皇明通纪法传全录》卷三)

(洪武七年)广西中书行省左丞方国珍卒。

(《皇明通纪法传全录》卷六)

名山藏

五年己亥正月,谕诸将曰:"今虽得婺,浙东诸郡尚多未下。吾破建康,秋毫不犯,遂以大定。克城以武,安民以仁,诸将勉之。"平章邵荣破周,余杭方国珍奉书献金缯,愿比而攻周,许之。

(吴元年)九月,命参政朱亮祖讨方国珍于台州,谕之曰:"国珍龀窳偷生,往讨必下，顾其民疲困已甚，下之日毋杀一人。太庙成命，民有犯，毋连坐。"大将军徐达克姑苏，执张士诚，通州狼山降。朱亮祖进攻台州，方国瑛出拒战，击败之。

（《名山藏》卷一）

国初群雄事略

壬寅十二月，元遣户部尚书张昶航海至庆元，欲通好于我。方国珍遣检校燕敬来告，上不之答。敬还，国珍惧，乃送昶于福建平章燕只不花所。时右丞王溥在建昌，闻之，遣人报上，上命溥招之来，且命符玺郎刘绍先候之于广信。溥招昶，果至，遂偕绍先赴建康。昶见上，问其所以来，昶俯首无一言。上不欲穷诘，命中书馆之，时召问以事，知其才可用，遂留之。（《太祖实录》）

太祖闻李察罕帖木儿下山东，江南震动，遣使通好。时陈友谅据上江，双刀赵扼安庆，张士诚据平江，故有北方之好。元朝遣户部尚书张昶、郎中马合谋、奏差张琏赍龙衣、御酒、八宝顶帽、荣禄大夫江西等处行中书省平章政事宣命诏书，昶等航海至方国珍处及一年，国珍两遣人来告，太祖不答。国珍遂令昶等往福建平章燕只不花；遣人往建昌，告平章王溥。溥欣然遣儒士饶某到京，奏昶等在铅山界首等候。太祖命符玺郎刘宗启于广信迎之。昶等果至，宗启伴至衢州，械昶等到京城外，裸其体，入城，至省前，太祖赐各人衣冠。入见，不拜。太祖怒曰："元朝不达世变，尚敢遣人煽惑我民！"将出斩之。昶无一言，马合谋抗对不逊，太祖命壮士缚之。至暮，留昶一人，以死囚代之，与马合谋、张琏出聚宝门诛之。以三人首发与福建界首示众。监刑官都事韩留亦诛之。数日后，谓刘基、宋濂曰："元朝送一大贤人与我，尔等可与议论。"及出，乃昶也。除行中书省都事，不久，升参政。自是政多合上意，赏赐甚多，权势震动。

（《国初群雄事略》卷一）

昆山数为方国珍海军攻击，士诚托丁氏往来说合，结为婚姻，昆山之民，幸遂苏息。湖之长兴与武康、广德相界，花枪军出没之地，虽互有胜负，然亦不胜其苦。所跨三州，皆邻勍敌可畏者，特集庆一军最盛。陆路则无锡、宜兴、长兴，水路则太湖，士马震耀，舳舻相衔。自后长兴陷，常州又陷，士德战败被擒，俘致集庆，俾其作书劝士诚归附，士德以身殉之，终无降意。士诚势穷力迫，愿就丞相招安，使者往返，迄莫成就。周仁亲诣江浙省堂，具陈自愿休兵息民之意，议始定，时十七年八月也。朝廷诏赦其罪，后授士诚太尉，开府平江。士诚以下，授爵有

差。立江淮分省江浙分枢密院于平江，以设其官属。（《辍耕录》）

（《国初群雄事略》卷六）

元自中原既乱，江南漕久不通，京师屡苦饥。至是，河南始平，乃遣伯颜帖木儿等来征漕贡。伯颜等至杭州传诏，命方国珍具舟以运，而达识总督其事。既而士诚虑国珍载粟不入京师；国珍又恐士诚掣其舟乘虚袭己，互相猜疑。伯颜往来开谕，粮得入京者仅十一万石，自是岁以为常。二十年五月，张士诚海运粮十一万石至京师。二十一年五月如之。九月，命兵部尚书彻彻不花、侍郎韩祺来征海运粮。二十二年五月，海运粮至京师如前数。（《平吴录》、《元史》）

（《国初群雄事略》卷七）

时士诚所据郡县，南至绍兴，与方国珍接境；北有通、泰、高邮、淮安、徐、宿、濠、泗；又北至于济宁，与山东相距。上欲先取通、泰诸郡县，剪其羽翼，然后专取浙西，故命达总兵取之。（《太祖实录》）

（《国初群雄事略》卷八》）

至正八年戊子十一月，台州方国珍为乱，聚众海上，命江浙行省参知政事朵儿只班讨之。

台州黄岩民方国珍为蔡乱头、王伏之仇逼，遂入海为乱，劫掠漕运粮，执海道千户德流于实。事闻，诏江浙参政朵儿只班总舟师捕之，追至福州五虎门，国珍知事危，焚舟将遁，官军自相惊溃，朵儿只班遂被执。国珍迫其上招降之状，朝廷从之，国珍兄弟皆授之以官，国珍不肯赴，势益暴横。（《元史·泰不华传》）

国珍名珍，以字行，世以贩盐浮海为业，长身黑面，颇沉勇。至正中，同里蔡乱头啸聚恶少年行劫海上，有司发兵捕逐。国珍怨家陈氏诬构国珍与寇通，国珍怒杀陈氏，陈氏属诉于官。官发兵捕之急，国珍遂与兄国璋、弟国瑛、国珉及邻里之惧祸逃难者亡入海中。旬月间，得数千人，劫掠漕粮，执海道千户。事闻，诏行省参政朵儿只班总舟师捕之，兵败，反为所执。国珍因迫使请于朝，下招安之诏，元主从之，遂授庆元定海尉。国珍虽受官还故里，而兵聚不解。（《太祖实录·方国珍本传》）

至正十年庚寅十二月己酉，方国珍攻温州。

至正十一年辛卯正月庚申,命江浙行省左丞孛罗帖木儿讨方国珍。六月,孛罗帖木儿为国珍所败。

朝廷命参政孛罗讨方国珍,兵未交,先溃,郝万户为所获,方拘置舟中,使求招安。郝故出高丽后位下,请托得行,遂特旨释之,进爵免拜参矣。呜呼!边方贪官既失之于始,中宫宠后又失之于终,刑赏无章,纪纲大坏,而中原之寇起矣。(《草木子》)

至正十二年壬辰三月,方国珍复劫其党下海,入黄岩港,台州路达鲁花赤泰不华率官军与战,死之。

五月,命江南行台御史大夫纳麟给宣敕与台州民陈子由、杨恕卿、赵士正、戴甲,令其集民丁夹攻方国珍。

十二年五月,方国珍寇台州,自中津桥直上登楼,骑屋山,内薄临城,城中人方拒击,楼忽自坏,登者尽压死。贼遂纵火焚郭外民舍,楼并毁。(刘基台州《天妃庙碑》)

八月,方国珍率其众攻台州城,浙东元帅也忒迷失、福建元帅黑的儿击退之。

至正十三年癸巳正月丙子,方国珍复降。

三月,命江浙行省左丞帖里帖木儿、江南行台侍御史左答纳失里抚谕方国珍。

十月庚戌,授方国珍徽州路治中,国璋广德路治中,国瑛信州路治中。

至正十四年甲午四月,以阿儿温沙为江浙行省右丞,恩宁普为本省参知政事,总兵讨方国珍。

九月,方国珍拘执元帅也忒迷失、黄岩州达鲁花赤宋伯颜不花、知州赵宜浩以俟诏命。

至正十五年乙未,方国珍剽掠温州、庆元等路,朝廷招谕不下。

至正十六年丙申三月戊申,方国珍复降,以为海道运粮漕运万户,兼防御海道运粮万户。其兄国璋为衢州路总管,兼防御海道事。

至正十七年丁酉,方国珍据温、台、庆元等处。

八月乙丑,升左丞方国珍为江浙行省参知政事,海道运粮万户如故。

伪周张士诚据姑苏、常、湖等郡,元患之,且欲藉国珍收士诚,因授江浙行省参知政事,兄弟转官有差。令其将兵讨士诚,国珍遂率兄弟诸侄以舟师五万,进击昆山州,七战七捷。会士诚亦送降款于元,元从其请,遂命国珍罢兵。国珍还,开治于庆元,而兼领温、台,全有三郡之地。遂以兄国璋、弟国瑛居台,侄明善居温,而留弟国珉自副。(《太祖实录·方国珍本传》)

士诚屡为我军所败,又南与杨完者接境,方国珍乘隙,又以海滨攻击昆山。乃托丁氏往来说合,结为婚姻,于是两境之民稍息。(《秘阁元龟政要》)

方国珍遣兵侵据绍兴属县,枢密院判官迈里古思曰:"国珍本海贼,今既降,为大官,而复来害我民,可乎!"欲率兵往问罪。先遣部将黄中取上虞,中还,请益兵。朝廷方倚重国珍,资其舟以运粮,而御史大夫拜住哥与国珍素通贿赂,愤迈里古思擅举兵,且恐生事,即召迈里古思至其私第,与计事,命左右以铁锤挝死之,断其头,掷厕溷中。黄中乃率其众复仇,尽杀拜住哥家人及台府官员掾史,独留拜住哥不杀,以告于张士诚,士诚乃遣其将以兵守绍兴。(《元史·迈里古思传》)

十二月,大明太祖皇帝遣主簿蔡元刚、儒士陈显道往庆元招谕方国珍。

至正十九年己亥正月乙卯,方国珍遣使奉书来献黄金五十斤,白金百斤,金织文绮百端。

三月丁巳,方国珍遣郎中张本仁以温、台、庆元三郡来献,且以其次子关(关,后改名明完,一作亚关)为质。上厚赐而遣之。

九月甲寅,太祖遣博士夏煜授方国珍兄弟行省平章等官有差。

十月,元以方国珍为江浙行省平章政事。

十一月甲寅，太祖复遣博士夏煜、陈显道往谕方国珍。

方国珍既献三郡，不奉正朔，太祖累遣夏煜、李谦、孙养浩、杨宪、傅仲彰、程明善往谕之，国珍答曰："当初献三郡，为保百姓，请上国多发军马来守，交还城池。倘遽奉正朔，张士诚、陈友定来攻，援若不及，则危矣。姑以至正为名，彼则无名罪我。果欲从命，必须多发军马，即当以三郡交还，国珍愿领弟侄赴京听命，止乞一身不仕，以报元之恩德。"上曰："姑置之，俟我克苏州，彼虽欲奉正朔则迟矣！"（《国初事迹》）

至正二十一年辛丑三月戊寅，方国珍遣检校燕敬来谢夏煜之命，且以金五饰马鞍辔来献。太祖却之。

降将蒋英、李福既叛，将由台州走福建，方国璋率兵邀击于仙居，为所败，被杀。（《太祖实录·方国珍本传》）

至正二十五年乙巳十月，元以方国珍为淮南行省左丞相，开省庆元。

至正二十六年丙午四月，方国珍遣经历刘庸等来贡白金二万两。

十月，元以方国珍为江浙行省左丞相，弟国瑛、国珉、侄明善并为江浙行省平章政事。

吴元年丁未四月己未，太祖以方国珍反覆，以书数其十二过。

九月甲戌，太祖命参政朱亮祖帅浙江衢州、金华等卫马步舟师讨方国珍。

癸丑，太祖命御史大夫汤和为征南将军，金大都督府事吴祯为副将军，帅常州、长兴、宜兴、江阴诸军讨方国珍于庆元。

汤和兵至绍兴，渡曹娥江，进次余杭，降其知州李枢、上虞县尹沈煜，遂进兵庆元，府判徐善等出降。方国珍驱部下乘海舟遁去，和率兵追之，国珍以众力战，我师击败之，擒其伪副枢方惟益、元帅戴廷芳等。国珍率余众入海，和还师庆元，徇下定海、慈溪等县。丁酉，和等兵至车厩，会降者言方氏已挈家入海，祯即引师追至盘屿，及之，国珍还师来拒，合战至夜三鼓，败之。国珍复挈妻子，弃其师而遁,尽获其战船辎重而还。遂下庆元,分兵戍之。乙未,和等进兵温州。

己丑,方国珍入海岛,太祖命中书平章廖永忠为征南副将军,帅师自海道会和讨之。

时方国瑛遣经历郭春及其子文信诣朱亮祖纳款。壬辰,方国珍部将徐元帅、李金院等率所部诣汤和降。国珍见诸将皆叛,不得已,亦遣郎中陈广、员外郎陈永奉书于和乞降,又遣其子明完、明则、从子明巩等纳其省院及诸司银印、铜印二十六并银一万两、钱二千缗于和。(《太祖实录》)

十二月,方国珍归于大明。

辛亥,方国珍率其弟国珉见汤和于军门,和乃送国珍等赴京师。

戊午,徙方国珍所署伪官左右丞、元帅刘庸等居于濠州。

洪武二年己酉十月,以方国珍为广西行省左丞,李思齐为江西行省左丞,俱不之官,食禄于京师。

洪武三年庚戌十二月,命方国珍子孙世袭指挥佥事。

洪武七年甲寅三月壬辰,广西行省中书左丞方国珍卒。

(《国初群雄事略》卷九)

十月,以方国珍为广西行省左丞,李思齐为江西行省左丞,俱不之官,食禄于京师。

(《国初群雄事略》卷十)

九月,大明太祖高皇帝命参政朱亮祖等帅师讨方国珍。

(《国初群雄事略》卷十三)

高丽史

(戊戌,七年)五月庚子,台州方国珍遣人来献方物。

（己亥，八年）戊辰，方国珍遣使献方物。

（《高丽史·世家》卷三十九《恭愍王二》）

（甲辰，十三年）乙卯，明州司徒方国珍遣照磨胡若海偕田禄生来献沉香、弓矢及《玉海通志》等书。

（《高丽史·世家》卷四十《恭愍王三》）

（十四年）八月庚寅，明州司徒方国珍遣使来聘。
（十四年）冬十月癸巳，方国珍遣使来聘。

（《高丽史·世家》卷四十一《恭愍王四》）

台州府志

明太祖洪武二年，日本掠台州旁海民。（《明史·外国日本传》）

日本古倭奴国，唐咸亨初改日本，以近东海日出而名也。地环海，惟在北限大山，有五畿七道三岛，共一百十五州，统五百八十七郡，宋以前皆通中国，朝贡不绝。惟元世，未相通。明太祖即位，方国珍、张士诚相继诛服，诸豪亡命，往往纠岛人入寇山东滨海州县。是年三月，帝遣行人杨载诏谕其国，且诘以入寇之故，日本王良怀不奉命，复寇山东，转掠温、台、明州旁海民，遂寇福建沿海郡。三年三月，又遣莱州同知赵秩责让之，始遣其僧祖来奉表称臣，贡马及方物，且送还明、台二郡被掠人口七十余。（《日本传》）

夏四月癸巳台州献瑞麦。（《明实录》）

四年十二月，诏靖海侯吴祯籍方国珍所部温、台、庆元三府军士，（《明史·兵志》）及船户凡十一万一千七百余人。（《明史纪事本末》）隶各卫为军，且禁沿海民私出海。（《明史·兵志》）

时国珍余党多入海剽掠，故命祯往籍之。（《明史纪事本末》）祯奉命收方氏故卒，无赖子诬引平民，台、温骚然。宁海知县王士弘曰（《明史·卢照附传》）："吾宁获死罪，不可诬良民为兵。"即上封事。（《纪事本末》）辞极恳切，诏罢之，民赖以安。

（《（民国）台州府志》卷一百三十四）

方国珍史料集

上编

《(光绪)黄岩县志》

大德十一年(丁未),大饥,民采草根树皮食。

至大元年(戊申),大疫,复饥。

至治三年(癸亥)三月,黄岩州饥,赈粮两月。

至正元年(辛巳)闰七月,大水,方国珍微时,盛暑治田,乡人见有朵云屡覆其上。

二年(壬午),自春不雨,至秋八月。

四年(甲申)秋,海满上平陆二三十里。

八年(戊子)十一月,方国珍兵起,命参政朵儿只班讨之,追至福州,被执。(见《元史·泰不华传》)

十一年(辛卯)六月,孛罗贴木儿击方国珍,兵败被执。七月,遣大司农达识贴木儿降之。(见《续纲目》)

十二年(壬辰)三月,方国珍复叛,入黄岩港,泰不华与战,死之。八月,攻台州。(见《元史·顺帝纪》)

十三年(癸巳)正月,方国珍复降。十月,授治中,不受。

十四年(甲午)九月,方国珍执黄岩州达鲁花赤宋伯颜不花,知州赵宜浩俟命,遂据台州。(《顺帝纪》)大饥。(见《元史·五行志》)

十五年(乙未)春,方国珍陷庆元,七月,袭温州,克之。

十六年(丙申)三月,方国珍复降,以为海道万户。(《顺帝纪》)

十八年(戊戌)五月,以国珍为江浙左丞,进太尉、衢国公。

十九年(己亥)三月,方国珍以温、台、庆元献于明。(见《明史》)

二十二年(壬寅)二月,蒋英自台州奔福建,方国璋击之,为所败,国璋中流矢殁。(见《明史·方国珍传》)

二十七年(丁未)九月,朱亮祖克台州,方国瑛走黄岩。十月,哈儿鲁以城降。十一月,汤和克庆元。十二月丁未,方国珍降,浙东平。(《明史·太祖纪》)

(《(光绪)黄岩县志》卷三十八《杂志》)

《(乾隆)鄞县志》

案国珍之据庆元,元明二史无明文,故据此补之。

十九年十月，以方国珍为江浙行省平章政事。（《元史·顺帝纪》）

二十五年九月，以方国珍为淮南行省左丞相，分省庆元。（《元史·顺帝纪》）

二十六年九月，以方国珍为江浙行省左丞相，弟国瑛、国珉、侄明善并为江浙行省平章政事。（《元史·顺帝纪》）

二十七年九月，明兵取台州路。时台州、温州、庆元三路皆方国珍所据。十月，明兵取温州。十一月，明兵取庆元路。十二月，方国珍归于明。（《元史·顺帝纪》）

（《(乾隆)鄞县志》卷二十六）

《黄岩新志》

至正元年闰七月，大水。（《康熙府志》）

二年，自春不雨，至秋八月。（《康熙府志》）十月甲子，台州等路立检校批验盐引所。（《顺帝纪》）

与杭州、嘉兴、绍兴、温州等路同时立，权免两浙额盐十万引。（《顺帝纪》）

四年秋，海啸上平陆二三十里。（《康熙志》）

七年五月庚戌，海滨无雪而雷。（《五行志》）

八年十一月，方国珍为乱，聚众海上，命江浙行省参知政事朵儿只班讨之。（《顺帝纪》）追至福州五虎门，军溃，朵儿只班被执。（《泰不华传》）

国珍，黄岩人。（《明史》本传）世居洋屿。（旧志）尝有童谣曰："洋屿青，出海精。"洋屿者，海中童山也。延祐六年，忽草木郁然。是岁，国珍出。（《续弘简录》）兄弟五人：国馨、国璋、国瑛、国珉，咸有膂力，国珍行第三。（旧志）长身黑面，体白如瓠，力逐奔马。世以贩盐浮海为业。（本传）父伯奇，素柔良，屡为人所侵。笑曰："吾诸子当由兴者，毋久苦我。"（宋濂撰《神道碑》）至正八年，有蔡乱头者，行剽海上，有司发兵捕之，国珍怨家告其通寇。（本传）逮系甚急，国珍大恐，屡倾资贿吏，寻捕如初。国珍度不能继，且无以自白，谋于家曰："朝廷失政，统兵者玩寇，区区小丑，不能平天下，乱自此始。今酷吏藉藉为奸，谋戮及良民，吾若束手就毙，一家枉作泉下鬼，不若入海为得计。"咸欣然从之。（《神道碑》）杀怨家。与兄国璋、弟国瑛、国珉亡入海。（本传）郡县无以塞命，妄械齐民以为功。民亡国珍所者，旬日得数千。（《神道碑》）劫掠漕运粮，执海道千户德流于实，争闻，诏江浙参政朵儿只班总舟师捕之。（《元史·泰不华传》）至则，将尽屠边海之民。黄岩潘伯修挺身率父老诸军前力争之，曰："倡乱者，独国珍耳，吾民无罪也。"乃得免。（《宏治赤城新志》）追至福州五虎门，国珍知事危，焚舟将遁。官军自相惊溃，朵儿只班遂被执。国珍迫其上招降状。（《泰不华传》）遣人从之。走京师，参议枢密院事归旸曰："国珍败我王师，拘我王臣，力屈而来非，真降也，讨之以令四方，宜募海滨之民习水利者擒之。"时朝廷方事,姑息,卒从其请(《元史·归旸传》)授国珍定海尉。(本传)兄弟皆授以官。国珍不肯赴,势益横。

九年,诏泰不华察实以闻。及得其实,遂上招捕之策,不听。(《泰不华传》)

十年十二月己酉,方国珍攻温州。(《顺帝纪》)

十一月,国珍率水军千艘泊松门港借粮,居民罔敢不与。

十二月,攻温州及沿海诸县。(旧志)温州城中守备严出兵接战,乃掠城外而去。(《嘉靖宁波志》)朝廷以海寇起于温、台、庆元等路,立水军万户镇之,众论纷纭,莫定。礼部员外郎郭嘉乘驿至庆元,与江浙行省会议可否。嘉首询父老,知其弗便,请罢之。(《元史·郭嘉传》)

十一年正月庚申,命江浙行省左丞孛罗帖木儿讨方国珍。(《顺帝纪》)

二月,以泰不华为浙东道都元帅,分兵温州,使夹攻之。(《泰不华传》)

> 孛罗帖木儿总兵至庆元,以泰不华谂志贼情,迁为浙东道都元帅,分兵温州,使夹攻之。未几,国珍寇温,泰不华纵火筏焚之。一旦遁云。(《泰不华传》)

三月,浙东副元帅董抟霄与方国珍战,败。(《嘉靖宁波志》)

> 抟霄率舟师至温,与国珍兵遇,元兵惊溃,争赴水死。抟霄号令不能施,仅以身免,舟为所夺者数百艘。(《宁波志》)

六月,方国珍攻黄岩,沿海翼百户尹宗泽战死。(《宁波志》)孛罗帖木儿及郝万户皆被执。(《乾隆志》)

> 初,孛罗帖木儿密与泰不华约,以六月乙未合兵进讨,孛罗帖木儿乃以壬辰先期至大闾洋,国珍夜率劲卒纵火鼓噪,官军不能战,皆溃,赴水死者过半。孛罗帖木儿(《泰不华传》)及郝万户皆被执。(《光绪志》)

> 按:《嘉靖宁波志》作尹宗泽,《康熙府志》引《黄岩志》作尹山猪,《乾隆黄岩志》作尹三珠,当是一人而文各不同,未知孰是。

七月,命大司农达识帖木迭及江浙行省参知政事樊执敬、浙东廉访使董守悫同招谕之。(《顺帝纪》)

> 孛罗帖木儿及郝万户既被执,(《光绪志》)反为饰辞上闻,(《泰不华传》)以求招安。郝故出高丽后位下,请托得行。遂议立巡防千户所,设长贰。参授其三兄弟及党与数十人官。(《光绪志》)泰不华闻之,痛愤辍食数日。朝廷弗之知。复遣大司农达识帖睦迭等至黄岩招之,国珍兄弟皆登岸罗拜,退止民间小楼。是月中秋,月明,泰不华欲命壮士袭杀之。达识帖睦迭夜遇泰不华,密以事白之,达识帖睦迭曰:"我受诏招降,公欲擅命耶?"事乃止。檄泰不华亲坐海滨,散其徒众,拘其海舟兵器。国珍兄弟复授官有差。(《泰不华传》)

十二月,大雨震雷。(《五行志》)

是年,有百户尹三珠者守黄岩,率百余人出与国珍战,死之。(《光绪志》)

十二年三月,方国珍复劫其党下海,入黄岩港。台州路达鲁花赤泰不华率官军与战,死之。(《顺帝纪》)

汝颍兵起,(《明史·方国珍传》)朝廷征徐州,命江浙省臣募舟师守大江,国珍怀疑,复入海以叛。泰不华发兵扼黄岩之澄江,遣义士王大用抵国珍,示约信使之来。归国珍益疑,拘大用,不遣。以小舸二百突海门入州港,犯马鞍诸山,国珍戚党陈仲达往来计议,陈其可降状。泰不华率部众张受降旗,乘潮而前,船触沙不能行,垂与国珍遇,呼仲达申前议。仲达目动气索,泰不华心觉其异,手斩之。即前抟贼船,射死五人。贼群至,欲抱持,遇国珍船,泰不华嗔目叱之。突起夺贼刀,又杀二人。贼攒矟刺之,中头死,犹植立不仆,投其宛海中。僮岳抱琴及临海尉李辅德、千户赤盖、义士张君璧皆死之。(《泰不华传》)

闰三月,命江浙左丞答纳失里讨方国珍。五月,命江南行台御史大夫纳麟给宣赦,令集民丁夹攻。(《顺帝纪》)

时台州氏陈子由、杨恕卿、赵士正、戴甲(《顺帝纪》)皆倾家募士,为国收捕。(《嘉靖宁波志》)命宣赦与之,令其集民丁夹攻。(《顺帝纪》)

六月,方国珍遣兵入黄岩。(《康熙府志》)

时国珍坐定光观,遣悍兵入黄岩,恶毁官亭民舍。(《乾隆志》)

自四月不雨,至于七月(《五行志》)

八月,方国珍攻台州城,浙东元帅也忒迷失、福建元帅黑的儿击退之。(《顺帝纪》)

贼自中津桥直上登楼,骑屋山内薄临城,城中人方拒击,楼忽自坏,登者尽压死,贼遂纵火焚郭外民舍。(《刘基天妃庙碑》)

十一月癸未,命江浙行省右丞帖里帖木儿总兵讨方国珍。(《顺帝纪》)

十三年正月丙子,方国珍复降。三月,命江浙左丞帖里帖木儿、江南行台侍御史左答纳失里招谕国珍。十月庚戌,授国珍徽州路治中,国璋广德路治中,国瑛信州路治中,督遣之任。国珍疑惧,不受命。(《顺帝纪》)

帖里帖木儿议招抚国珍,浙东元帅府都事刘基曰:"方氏兄弟首乱不诛,无以惩后。"国珍惧,厚赂基,基不受。国珍乃使人浮海至京,贿用事者,遂诏抚国珍,授以官。责基擅威福,羁管绍兴。方氏遂愈横,(《明史·刘基传》)不听命。(《国珍传》)

十四年春,大饥,人相食。(《五行志》)

四月,以江浙行省参政阿儿温沙升本省右丞,浙东宣慰使恩宁普为浙江行省参政,总兵讨国珍。(《顺帝纪》)

先是,左丞帖里帖木儿与侍御史左答纳失里报国珍已降,乞立巡防千户所,朝廷授以五品流官。会纳其船,散遣徒众,国珍不从。拥船一千三百余艘,仍据海道,阻绝粮运,御史台臣纠二人罪。(《顺帝纪》)乃复道右丞阿儿温沙击之。阿儿温沙命诸县令以军货入海,而不与之兵。遇国珍兵,皆溃而归,失亡不可胜计。(《宁波志》)

九月,方国珍执元帅也忒迷失,黄岩州达鲁花赤宋伯颜不花、知州赵宜浩以俟诏命。(《顺帝纪》)

国珍攻台州,久不下。有渔者九人,常夜从水关入城,渔毕则出。乃就国珍献计。一夕,国珍兵至西门,渔者使数人于西门大噪放火,官军尽趋救之。又数人密从东门斩关出,纳外兵,遂陷台州。(《月山丛谈》)黄岩潘伯修为国珍所劫,屡以大义折之,国珍不从。其党郭仁本谮之,乃使盗杀诸隘。(《嘉靖宁波志》)

是月,前御史喜山起兵袭黄岩,不成而遁。《嘉靖宁波志》

是年,妖人黄草堂复煽动黄岩民以报仇为名,聚众构乱,副都元帅石抹宜孙以计收渠酋六人斩之,余党皆散为民。台州平。(刘基《石抹公德政碑记》)

十五年春,方国珍临庆元。《光绪志》

国珍以舟师奄至庆元,浙东都元帅纳麟哈喇不能御,开门纳之。慈溪令陈文昭不附,囚之岱山。又攻昌国,州达鲁花赤高昌帖木儿力战死。复乘胜取余姚,州同知秃坚见而责之,国珍构以罪死。(《嘉靖宁波志》)

七月,方国珍使其将李得孙袭温州,破之。《嘉靖宁波志》

温城守兵出战,多捷。戍将骄不为备,国珍使李得孙袭破之。用其任明善为镇抚,以守温,屯兵千佛寺。温之岷冈有王子清者,不附方氏,寻被执,磔之。楠溪刘公宽者,积御盗功,官至都事,亦不附方氏,闻子清死,不胜愤恨。九月夜半,率众袭镇海门,入千佛寺,明善脱身走。公宽退,明善复入城,筑垒天宁寺以居。国璋闻变,至温,使方文举立岩于净居寺以助防守。(《嘉靖宁波志》)次年,明善部下陈珙杀公宽。(《敬止录》)

十六年三月戊申,方国珍复降,以为海道运粮漕军万户,兼防御海道运粮万户,其兄国璋为衢州路总管,兼防御海道事。《顺帝纪》

国珍之初作乱也,元出空名宣敕数十道,募人击贼,海滨壮士多应募立功,所司邀重赂,而不辄与。有一家数人死事,卒不得官者。国珍之徒,一再招谕,皆至大官,由是民慕为盗,从国珍者益众。国珍既授官,据有庆元、温、台之地,益强不可制。元既失江淮,资国珍舟以通海道,重以官爵,羁縻之而无以难也。(《国珍传》)

十七年八月乙丑,以方国珍为江浙行省参知政事,海道运粮万户如故。《顺帝纪》

是年春,国珍造舟益多,或问之。国珍曰:"倘有兵来,吾即乘舟浮海去耳。"于是,闻者叹曰:"若但为走计,非英雄也。"明年春,(《嘉靖宁波志》)有黄岩章子善者,好纵横术,走说国珍曰:"元数将极,不待知者而后知。今豪杰并起,有分裂之势,足下奋袂一呼,千百之舟、数十万之众可立而待;沂江而上,则南北中绝,擅馈运之粟,舟师四出,则青徐、辽海、闽海、瓯越可传檄而定,审能行此,人心有所属,而伯业可成也。"国珍曰:"君言诚是,然智谋之士,不为祸始,不为福先,朝廷虽无道,犹可延岁月。豪杰虽并起,智均力敌,莫适为主,保境安民,以俟真人之出,斯吾忠也,愿君勿复言。"子善谢去。(《神道碑》)

按:章子善,《明史·方国珍传》作"张子善"。(《府志·大事略考异》)

十月,(《辍耕录》)方国珍遣兵侵绍兴。(《元史·石抹宜孙传》)

时迈里古思以行枢密院判官分治绍兴,会国珍遣兵侵据绍兴,属县迈里古思曰:"国

珍本海贼,今既为大官,而复来害吾民,可乎?"欲率兵径问罪。先遣部将黄中取上虞,中
还。将益兵。御史大夫拜住哥与国珍素通贿赂,愤迈里古思擅举兵,恐生事,使人召迈
里古思至其私第计事,至,则命左右以铁锤挝死之,城中老幼男女无不恸哭。黄中乃率
其众复仇,尽杀拜住哥家人及台府官员掾史,独留拜住哥不杀,以告于张士诚。士诚遣
其将守绍兴。(《石抹宜孙传》)

十八年,方国珍以兵攻张士诚。(《明史稿·方国珍传》)

会有诏征兵讨张士诚,国珍遂出师。士诚遣其将史文炳、吕真统十将军、兵七万御
于昆山。昆山去士诚姑苏伪都七十里。文炳、真陈兵城外,仍以步骑夹岸为障,游兵往
来,旌旗数十里不绝,势甚盛。国珍曰:"滨海之地,非四达之衢,乃复参用步骑兵,虽盛
不足畏也。"国珍舟师仅五万,身率壮士数百,趋乔子桥。文炳、真使十将军薄战,矢石如
雨,国珍戒其众,持苇席涂泥,冒矢石急奋,夹岸军士以火箭乱射,国珍燎及须鬓,横刀大
呼而入,杀两将军,及十余人,军大溃。国珍与壮士追击,趋其中坚,所向披靡,桥左右步
骑,讫不得成列。文炳、真弃马走。亡七将军,溺死者万计。明日,又战,七战七捷,直至
城下。士诚得报,遣使送款,请奉元正朔,国珍还。(《神道碑》)国珍子明敏,从克太仓,
授分省参政。(《古今识鉴》)士诚军屡为明军所败,惧国珍,乘隙托丁氏往来说合,结为
婚姻,两境之民稍息。(《秘阁元龟政要》)

五月戊戌,以方国珍为江浙行省左丞,兼海道运粮万户。(《顺帝纪》)

国珍以节钺镇浙东,开治于鄞。(《神道碑》)以兄国璋、弟国瑛居台,侄明善属温,而
留弟国珉自副。政刑租赋,任意为较重。明善颇循法度,而国璋、国瑛惟以买田造舟殖
货为富家计。(《明太祖实录》)

十二月戊子,明太祖遣使招谕方国珍。(《明太祖实录》)

太祖已取婺州,使主簿祭元刚使庆元,国珍谋于其下曰:"江左号令严明,恐不能与
抗,况为我敌者,西有吴,南有闽,莫若姑示顺从,藉为声援以观变。"众以为然。(《国珍
传》)

十九年三月丁巳,方国珍以温、台、庆元献于明太祖,遣其子关为质,不受。
(《太祖纪》)

国珍遣使奉书,进黄金五十斤,白金百斤,文绮百匹。(《国珍传》)其书曰:"国珍生
长海滨,鱼盐负贩,无闻于时,向者因怒构诬,逃死无所,迫于自救而已。惟明公倡义濠
梁,东渡江左,据有形势,以制四方,奋扬威武,国珍向风慕义,欲归命之日久矣。道路壅
塞,不能自通,今闻亲下婺州,抚安浙左,威德所被,人心景从。不幸犷愚,猥加训谕,开
其昏瞆,俾见天日,此国珍所深愿也。谨遣使奉书,上陈恳款,或有指挥,愿效奔走。"
(《七修类稿》)太祖复遣镇抚孙养浩报之。国珍请以温、台、庆元三郡献,且遣次子关为
质。(《国珍传》)太祖曰:"自古英雄以义气相许,当如青天白日,何以质子为?"(《神道
碑》)却其质,厚赐而遣之。(《国珍传》)

十月,元以方国珍为江浙行省平章政事。(《顺帝纪》)

国珍兄弟、子侄、宾客皆至大官,虽奴仆亦滥名器。每遇朝,今紫杂沓。永嘉丞达海
及乡进士赵惟恒皆不与方氏。国珍恶之,并沉之于江。士有誉功德以媚之者,辄跻显

贵。溪山啸聚之徒，荷戈来从，授以州县佐者甚众。又时以粟至燕，交通权要，凡宣敕封赠，恣其所欲，三路士民，忘其为盗，惟知有方氏，更翕然附之。（《嘉靖宁波志》）国珍招延士大夫，折节好文，与中吴争胜。文人遗老如林彬、萨都剌辈，咸往依焉。（《列朝诗集》）刘仁本、詹鼎，则亲近用事。（《明诗综》）

明太祖遣夏煜授方国珍行省平章，国珍以疾辞。（《太祖纪》）

太祖遣博士夏煜往拜国珍福建行省平章事，（《国珍传》）国瑛行省右丞，（《嘉靖宁波志》）国瑛参知政事，国珉枢密分院佥事。国珍明献三郡，实阴持两端。煜既至，乃诈称疾，自言老不任职，惟受平章印诰而已。（《国珍传》）惟国珉开院署事。（《续通鉴》）

二十年正月，明太祖复遣杨宪等往谕方国珍。（《明史稿·太祖纪》）

夏煜自庆元还，具言国珍怀诈状。（《明史稿·太祖纪》）时杨宪为浙东行省郎中，命往谕之。（《明史稿·杨宪传》）太祖书曰："吾始以汝豪杰识时务，故命汝专制一方，汝顾中怀叵测，欲觇我虚实，则遣侍子；欲却我官爵，则称老病，夫智者，转败为功；贤者因祸为福，汝审图之。"国珍无内附意，得所谕书，竟不省。（《国珍传》）

方国珍治海舟，为元漕张士诚粟十余万于京师。（《国珍传》）

方国珍、张士诚窃据浙东西之地，难縻以好爵，资为藩屏，而贡赋不供，剥民自奉，海运之舟，不至京师者积年矣。至十九年，朝廷遣兵部尚书伯颜帖木儿、户部尚书齐履亨征海运于江浙。由庆元抵杭州，时达识帖睦迩为行省丞相，张士诚为太尉，方国珍为平章政事，故命士诚输粟，国珍具舟。达识帖睦迩总督之。而方、张互相猜疑，士诚虑方氏载其粟而不输于京，国珍恐。张氏掣其舟而乘虚袭己，伯颜帖木儿白于丞相，正辞以责，巽言以谕，乃释两家疑。先率海舟俟于嘉兴之澉浦，而平江之粟辗转以达。乃载于舟，为石十有一万，是年五月，赴京，明年五月运粮如之。二十二年五月，加二万。二十三年五月，仍运粮十三万石。（《元史·食货志》）

十二月，明太祖复遣夏煜以书谕方国珍。（《太祖纪》）

书曰："福基于至诚，祸生于反覆。隗嚣、公孙述，故辄可鉴。大军一出，不可虚辞也。"国珍诈穷，阳为惶惧谢罪。（《国珍传》）

二十一年三月戊寅，方国珍遣使于明太祖，饰金玉马鞍以献，太祖却之。（《太祖纪》）

太祖曰："今有事，四方所需者人材，所用者粟帛，宝玩非所好也。"（《太祖纪》）

二十二年二月辛未（《明太祖纪》）苗帅蒋英等杀胡大海。持首奔国珍，国珍不受，自台州奔福建，方国璋守台，邀击之，为蒋英所败，被杀。（《国珍传》）

苗军刘震、蒋英等叛婺州，杀首帅胡大海，持其首来曰："愿隶麾下，众皆贺，国珍不许，曰："吾昔遣使效钱镠，言犹在耳。今纳其叛人，是见小利忘大信也。且人叛主而归我，即他日叛我，又安可必耶？遂帅师击之。国璋中流失没。太祖遣使临祭，且慰抚其遗孤。（《神道碑》）自国璋亡没，国珍知其兵不可用，惟北通察罕父子，南通陈友谅，以观成败。始察罕平定山东，江南震动。太祖遣千户王华挟三千金附国珍，海舟至燕通好，元遣尚书张昶等来谕。俄而察罕死，太祖遂与元绝。国珍以昶等闻，太祖不答。国珍惧见让，会昶等至闽。已而太祖悉召元使诛之。又遣杨宪谕国珍，使奉正朔。国珍对曰：

"昔献三郡，为保民计也。未至遽奉正朔，张士诚、陈友定倘来见攻，若援兵不及，则国珍危矣。姑以至正为号，彼则无辞以罪我，况我元之首乱，不得已而授我兄弟以官，使我稍不振，彼安能容我耶？必欲我从命，须多发兵来守三郡。即当以三郡付上国。国珍率弟侄听命于京，止乞国珍一身不仕，以报元恩足矣。"宪还以告，太祖曰："姑置之，俟我克苏州，虽欲奉正朔，亦晚矣。"时国珍方睦于士诚，倚为唇齿，故不即降。(《嘉靖宁波志》)

二十四年九月，方明善攻平阳。(《续通鉴》)明参军胡深击败之，遂下端安。(《国珍传》)

        温州土豪周宗道聚众据平阳，数为明善所逼，以城归胡深。明善怒，攻之。深遣兵击走明善，遂下端安，进兵温州。(《明史·胡深传》)国珍恐，请岁输白金三万两给军，俟杭州下，即纳土来归，太祖诏深班师。(《国珍传》)

是年，黄岩州海溢，飓风拔木，禾尽偃。(《五行志》)

二十五年六月壬子，胡深克温之乐清，擒方国珍镇抚周清、万户张汉臣、总管朱善等械送建康。(《续通鉴》)

九月，以方国珍为淮南行省左丞相、(《顺帝纪》)衢国公。(《续通鉴》)分省庆元。(《顺帝纪》)

二十六年九月丙戌，以方国珍为江浙行省左丞相，弟国瑛、国珉、侄明善并为江浙行省平章事。(《顺帝纪》)

元数加国珍爵赏，俄至太尉、江浙行省左丞相，赐衢国公印章，昆弟、子侄、宾客皆至大官。(《神道碑》)

        按《元史·顺帝纪》载此事于二十六年。《神道碑》载"俄至太尉，江浙行省左丞相，赐衢国公印章"于遣子入侍前。《明史·方国珍传》载于"太祖复以书谕国珍"前。案《明太祖纪》，国珍遣子关为质在至正十九年三月，复遣夏煜以书谕国珍在二十年十二月，是时国珍尚未为江浙行省左丞相也。盖碑文总序其前后所历官，《明史·方国珍传》仍之，当以《元史》为正。(《府志·大事略考异》)

二十七年夏四月，方国珍阴遣人通扩郭及陈友定，明太祖移书责之。(《明太祖纪》)

        先是，十一月，李文忠下余杭。(《太祖纪》)国珍据境自如，(《国珍传》)徐达等攻平江，张士诚拒守。(《张士诚传》)国珍遣间谍假贡献名觇胜负。又数通好于扩廓帖木儿及陈友定，图为犄角。太祖闻之，怒贻书数其十二罪。(《国珍传》)其略曰：尔起事时，元尚承平，倡乱海隅，遂陷三州之地，扼海道之冲，窃据山岛二十余年，朝送款于西，暮送款于北，此岂大丈夫之所为，一也；吾下婺时，勍敌甚多，岂暇与尔较胜，尔遣子纳降，吾不逆诈。数年之间，迭生兵衅，二也；浙之东西诸郡渐下，而阴蓄异志，觇我虚实，三也；未有衅端，先自猜忌，四也；易交轻侮，五也；扩廓帖木儿以曹操之奸，旋为人败，吾中原已得其半，尔泛海远交，声言击我以速怨尤，六也；彼若有事，尔远难救彼，若无事，交疏礼属，祸乱由生，七也；尔兄弟无功于元，坐要名爵，跋扈万端，今归我又不能保，八也；尔兵数出，上帝好生，违天虐民，九也；尔能尽驱温、台、庆元之民与决胜负，丈夫事也，今遣数舟,狗偷鼠窃,十也;吾遣兵入浙,张士诚将士尽皆降附,尔诱我海上土豪作乱,近来匿其首恶,十一也;福建陈友定奸谋稔恶,尔乃阴扇潜结,遥为声援,以诈交诈,反自疑吾,十二也;尔乃择交大国,有一无二,尚可以保全矣,不报。(《七修类稿》)

七月庚寅,明太祖遣使责方国珍贡粮。(《明太祖纪》)

太祖责国珍贡粮二十万石,仍以书谕,其略曰:汝初献款,谓杭城破即来归,岂意挟诈。张士诚按境,取尔甚易,不敢加兵者,吾力制之,故尔安享三州,尔却遣奸觇我,潜结陈友定。今明告尔:师下姑苏,即取温台,水陆并进,尔早改过,以小事大,尚可保富贵也。不然,与我较一胜负,亦丈夫之所为也。不然,扬帆窜入海岛,吾恐子女玉帛,反为尔累,舟中皆敌国也,宜慎思之。(吴国伦《方国珍本末略》)书至,国珍大惧,集弟侄及将佐决去就。其郎中张本仁曰:"苏州未下,彼安能越千里而取我!"刘庸曰:"江左多步骑,如吾海舟何?"国珍弟侄多以为然。(《续通鉴》)有邱楠者,独争曰:"彼所言,均非公福也,惟智可以决事,惟信可以守国,惟直可以用兵,公经营浙东十余年矣,迁延犹豫,计不早定,不可谓智;既许之降,抑又倍焉,不可谓信,彼之征师则有词矣,我实负彼,不可谓直,幸而扶服请命,庶几可视钱淑矣,国珍不听,惟日夜运珍宝治舟楫为航海计。"《国珍传》。

九月辛丑,明参政朱亮祖克台州。(《顺帝纪》)方国瑛败走。(《国珍传》)

九月甲戌,朱亮祖帅师讨国珍。(《明太祖纪》)太祖戒之曰:"三州之民,疲困已甚,城下之人,毋杀一人。"(《续通鉴》)台州为国珍弟国瑛窃据,(《明史纪事本末》)亮祖率马步舟师数万讨国瑛。(《明史·朱亮祖传》)己丑,亮祖驻军新昌,遣指挥严德攻关岭山寨,平之。甲午,兵至天台,县尹汤盘降。丁酉,进攻台州,国瑛出师拒战,亮祖击败之。指挥严德中矢死。辛丑,克台州。初,国瑛闻师至,即欲遁,会都事马克让自庆元还,言国珍方治兵守城,劝国瑛勿去,国瑛始得约束将士拒守。然士卒怀惧,往往有逃溃者。亮祖攻之急,国瑛以巨舰载妻子(《续通鉴》)乘夜出兴善门,(《明史纪事本末》)走黄岩。亮祖入其城,(《续通鉴》)判官王缠死之。(《徽州台志》)国瑛挟总管赵琬至黄岩,琬潜登白龙岙,舍于民家,绝粒不食,七日而死。(《元史·忠义传》)十月,(《续通鉴》)亮祖追国瑛至黄岩。(《朱亮祖传》)国瑛烧廥宇民居遁海上。(齐召南《明鉴前纪》)亮祖守将哈儿鲁徇下仙居诸县。(《朱亮祖传》)进趋温州。(明鉴前纪)

十月己巳,朱亮祖克温州。(《明太祖纪》)方国瑛及方明善降。(《朱亮祖传》)

亮祖总兵取温州,指挥何世明以军从。(宋濂撰《章溢碑》)自永嘉楠溪过江到太平岭。(《温州府志》)破其寨,遣指挥张浚、汤克明攻西门,徐秀攻东门,柴虎将游兵应接。(《明太祖实录》)明善海舟数百艘泊江次为泛海计,遣其党夏狗、郑不花、车英出西门拒敌。明兵夹击,尽歼之。狗、英仅以身免。明善惧,集父老数十人欲纳款,迁延至申时,明善弃城登舟。(《温州志》)亮祖获员外郎刘仁本,分兵循瑞安,枢密周金、谢伯通以城降。(《太祖实录》)十一月癸酉,(《续通鉴》)亮祖复败明善于盘屿,追至楚门。(《亮祖传》)遣百户李德招谕之。(《续通鉴》)国瑛及明善诣军降。(《亮祖传》)

十一月辛巳,明征南将军汤和克庆元,方国珍遁入海。己丑,明征南将军廖永忠自海道会和讨国珍。(《明太祖纪》)

先是,十月癸酉,太祖命汤和为征南将军、吴祯副之。(《明太祖纪》)帅常州、兴与江阴诸军讨国珍。(《汤和传》)谕之曰:"尔等奉辞伐罪,毋纵杀戮。当如徐达下姑苏,平定安集,乃吾所愿也。"十一月,和自绍兴渡曹娥江,进次余姚,降其知州李枢及上虞县尹沈煜,遂进兵庆元城下,攻其西门。院判徐善等率父老迎降,国珍乘海舟遁,和率兵追之。(《明史纪事本末》)祯乘潮入曹娥江,毁霸通道,出不意直抵军厩,国珍亡入海,追及之盘屿,合战自申至戌,败之。(《吴祯传》)擒其副枢方惟益,元帅戴廷芳等。(《实录》)斩馘无算,获海舟二十五艘,(《汤和传》)及士卒辎重。(《吴祯传》)和还定诸属城。(《汤和传》)

十二月丁未,方国珍降,浙东平。(《明太祖纪》)

国珍登大舶,欲扬帆远引,以避兵锋,而辄不利,窘迫,不知所为。和、亮祖各遣人谕使早降。(《嘉靖宁波志》)国珍遣经历郭春及其子文信诣亮祖纳款。国珍部将徐元帅、李金院等率所部降,国珍见诸将皆叛,(《实录》)诸郡县相继下,惶恐失措,汤和等又遣人持书招之,谕以朝廷威德及陈天命所在,国珍不得已,遣郎中承广,员外郎陈永乞降。又遣其子纳省院及诸银印二十六、银一万两、钱二千缗于和。(《明史纪事本末》)十二月,(《续通鉴》)遣子关奉表曰(《国珍传》):"臣闻天无所不覆,地无所不载,王者体天法地,于人无所不容,臣欲荷主上覆载之德久矣,安敢自绝于天地,故敢一陈愚衷,惟陛下裁察。臣本庸材,处乎季世,保境安民,非有黄屋左纛之念,曩者陛下霆击电掣之师至于婺州,臣愚即以为天命有在,遣子入侍,于时固已知陛下有今日矣。所谓依日月之光,望雨露之余泽者也。而陛下开诚布公,赐手书,归质子,俾守郡县如钱镠故事。十年之间,与中吴角立,皆陛下之赐戢也。逮天兵下临吴会,臣尝上书谓朝定括越,则暮归田里,不意今年以来,老病交攻,顿成昏昧,而弟兄子侄,志虑不齐,致烦陛下兴问罪之师,方怀忧惧,未能自明,而大军已至台、温。今臣计无所出,虽遣使再三,而承诏之师势不容己,是以封府库,开城郭以俟王师之至,然犹未免为泛海之计者,昔有孝子于其亲也,遇小杖则受,大杖则走。臣之事,适与相类,虽然臣一介草莽,亦安敢自绝于天地,故每自思欲面缚待罪阙廷,复恐陛下万一震雷霆之怒,天下后世议者不谓臣得罪之深,将谓陛下不能容臣,岂不累天地之大德哉!谨昧死奉表以闻,俯伏俟命。"(《神道碑》)太祖始怒其反复,及览奏,怜之。(《事略》)表为幕下士詹鼎词。(《国珍传》)太祖曰:"孰谓方氏无人耶?"(《明史纪事本末》)赐书曰:"汝违吾谕,不即敛手归命,次且海外,负恩实多,今者穷蹙无聊,情词哀恳,吾当以汝此诚为诚,不以前过为过,汝勿自疑。"遂促国珍入朝。(《国珍传》)辛亥,国珍及其弟珉率部属谒见汤和于军内。(《明史纪事本末》)得卒二万四千,海舟四百余艘,浙东悉定。(《汤和传》)和送国珍于京师,太祖让之曰:"公胡反复阴阳,劳我戎师耶? 顾实公左舞右舞小智教公,公不能自裁耳。"乃悉召其臣,以丘楠为韶州同知,又知草表出鼎手,命官之,其余从徙濠州。后太祖即位,厚遇国珍,赐第京师。(《明史纪事本末》)授广西行省左丞,食禄。不之官,数岁,卒于京师。(《国珍传》)年五十六。太祖为文祭之,葬于京城东二十里玉山,时洪武七年三月也。(《神道碑》)子礼,官广洋卫指挥佥事;关,虎贲卫十户所镇抚。(《国珍传》)

按:国珍遣子关奉表,《神道碑》作"完",《事略》及《七修类稿》、《续纲目》、《续通鉴》

皆作"明完",《明史·方国珍传》作"关",今从《明史》。又碑及《事略》、《明史》传所载表文字句详略异,今从碑文。

又按:以邱楠为韶州同知,其余尽从濠州。《明史·方国珍传》作皆徙滁州,赦丘楠为韶州知府,与《纪事本末》不同,潜庵《明史稿》亦作濠州,今从之。均见《府志·大事略考异》

明太祖洪武二年三月,复为县。(《明史·地理志》)

二年,日本掠台州旁海民。(《明史·外国·日本传》)

日本,古倭奴国。唐咸亨初,改"日本",以近东海日出而名也。地环海,惟在北限,大山有五畿七道三岛,共一百十五州,统五百八十七郡,宋以前皆通中国,朝贡不绝,惟元世未相通。明太祖即位,方国珍、张士诚相继诛服,诸豪亡命,往往纠岛人入寇山东滨海州县。是年三月,帝遣行人杨载诏谕其国,且诘以入寇之故,日本王良怀不奉命,复寇山东,转掠温、台、明州旁海民,遂寇福建沿海郡。三年三月,又遣莱州同知赵秩责让之。始道其僧祖来奉表称臣,贡马及方物,且送还明、台二郡被掠入口七十余。(《日本传》)

四年十二月,诏靖海侯吴祯藉方国珍所部温、台、庆元三府军士。(《明史·兵志》)及船户凡十一万一十七百余人。(《明史纪事本末》)隶各卫为军,且禁沿海民私出海。(《明史·兵志》)

时国珍余党多入海剽掠,故命祯往籍之。(《明史纪事本末》)祯奉命攻方氏故卒,无赖子诬引平民,台、温骚然。宁海知县王士弘曰(《明史·虚照附传》):"吾宁获死罪,不可诬良民为兵,即上封事。"(《纪事本末》)辞极恳切诏罢之,民赖以安。(《明史传》)

十一年秋七月,台州海溢,人多溺死。(《五行志》)遣官存恤。(《太祖纪》)

十七年正月壬戌,(《太祖纪》)命信国公汤和巡视海上,筑浙东西沿海诸城。(《兵志》)

倭寇海上,帝谓汤和曰:"卿虽老,强为朕一行。"和请与方鸣谦俱。鸣谦,国珍从子也。习海事,常访以御倭策。鸣谦曰:"倭海上来,则海上御之耳。请量地远近,置卫所,陆聚步兵,水具战舰,则倭不得入,入亦不得傅岸。近海民四丁籍一以为军戍,守之可无烦客兵也。"帝以为然,和乃度地浙西东,并海设卫所城五十有九,选丁壮三万五千人筑之,尽发州县钱及籍罪人赀给役,役夫往往过望,而民不能无扰,浙人颇苦之。或谓和曰:"民谤矣,奈何?"和曰:"成远算者,不恤近怨;任大事者,不愿细谨。"复有谤者,齿吾剑。逾年而城成,稽军次,定考格,立赏罚,令浙东民四丁以上者户取一丁戍之,凡得五万八十七百余人。嘉靖间,东南苦倭,惠和所筑沿海城,戍皆坚致,久且不圮,浙人赖以自保,多歌思之。巡按御史请于朝,立庙以祀。和,字鼎臣,濠人,追封东瓯王,谥襄武。(《明史本传》)

十九年十二月置松门、新河千户所。(《明史·地理志》)

二十年二月,置海门卫隘头、楚门千户所。六月,升松门千户所为卫。九月,置桃渚、健跳千户所。(《明史·地理志》)

(《黄岩新志》第三十六册《大事略》)

至正八年戊子冬十一月,方国珍作乱。十五年乙未春,方国珍陷台州。十六年丙申,方国珍陷宁海,括民为兵。相传方氏兵稍,即故籍兵也。《同治志稿》云:《台州外书》:洪武三年十一月,诏靖海侯吴祯籍方国珍所部三府军士及船户凡十一万余人隶各卫为军,所谓方氏兵稍者,疑此。二十七年丁未九月,朱亮祖克台州,方国瑛走黄岩。十一月,汤和克庆元,方国珍遁入海,追败之盘屿。十二月丁未,方国珍降,本《黄岩志》。降表,詹鼎草,见《艺文》。

　　　　　　　　　　　　　(《(光绪)宁海县志》卷二十三《古今记事年表》)

四、杂载泛论

八年，台州方国珍兵起，继而颍州刘福通、萧县李兴、罗田徐寿辉等兵皆起。有韩山童者，栾城人。以白莲会烧香惑众，倡言天下大乱，弥勒佛下生。河南、江淮愚民翕然信之。福通等复诡言山童实宋徽宗八世孙，当为中国主。乃刑白马黑牛，誓告天地，以红巾为号。十三年，泰州张士诚兵起，据高邮。

（《藏书》卷八《世纪·圣主推戴》）

至正庚寅，江浙乡试贡院中惊喧，以为见大蛇，或言见怪兽，莫测所在。或言旧在武库中之大蛇，故赋场以角端为题。至冬方国珍作乱，江浙始用兵。

（《农田余话》卷上）

宋韩林儿（父山童以白莲教惑众，颍州刘福通倡言当王天下，以红巾为号，事觉就擒，林儿走武安，福通遂反，迎为帝，都亳，徙安丰，入建康卒）；天完徐真一（名寿辉，与赵胜等陷黄州，据蕲水僭号，其将陈友谅陷太平，挟寿辉以行杀之）；吴张士诚（泰州白驹场牙侩，与弟士德、士信举兵陷泰州，国号周，自称吴王，明下姑苏执之自缢）；汉陈友谅（沔阳渔家子，会徐寿辉、倪文俊等称乱往从之，袭杀文俊，以江州为都，迎寿辉居之，自称汉王，随杀寿辉称帝，降明，封归德侯）；夏明玉珍（随州人，从倪文俊陷川蜀，令珍守之，遂据成都称帝，国号夏，子昇嗣，太祖讨降，封归义侯）；金朱光卿（增城人，与石昆山、钟大明聚众称帝，国号大金，凡七月，元兵灭之）；庆元方国珍（黄岩人，贩盐为业，张士诚据姑苏，元授珍浙江行省，令击士诚，士诚纳款，明下婺州，奉表乞降，食禄终身）。

（《读书纪数略》卷十五《人部》）

史称国珍兄弟，目不知书。余永麟《北窗琐语》记其对明太祖曰：臣天下无道，"乘桴浮于海；天下有道，束带立于朝。"岂不读书者所能耶？方氏据三郡时，用刘左司仁本之言，于黄岩羽山建文献书院，在明州颇收物望，一时名人如萨都剌、赵淑、朱右皆往依焉，故其子侄虽生长兵间，类彬彬风雅。朱竹垞有言，淮张之兄弟,庆元之父子,皆右文好士,志胜国群雄者,何得尽没之哉?

(《(光绪)黄岩县志》卷三十九《杂志·国珍知书》)

编者按:《黄岩新志》第三十六册《杂事》也载,此略。

《风雅遗闻》云:史称国珍兄弟目不知书。余永麟《北窗琐语》记其对明太祖曰:"臣天下无道,乘桴浮于海;天下有道,束带立于朝。"岂不读书者所能耶? 方氏据三郡时,用左司刘仁本之言,于黄岩羽山建文献书院,在明州颇收物望,一时名人如萨都剌、赵俶、朱右辈皆往依之。故其子侄虽生长兵间,颇彬彬风雅。朱竹垞有言,淮张之兄弟,庆元之父子,皆右文好士,志胜国群雄者,何得尽没之哉?

(《民国四修石曲方氏宗谱》)卷八)

国珍与兄弟俱不知书,时佐其谋议者,同邑刘仁本、张本仁、郑永思、永嘉丘楠辈,惟丘楠颇廉慎,余皆由州县胥吏进用,贪贿营私,无深虑远略。其兄弟子侄分治二郡,政刑租赋,率任意为轻重。侄明善居温,颇循法度。而兄国璋、弟国瑛居台,惟以买田、造舟、殖货,为富家计。及国珍降,其参佐皆被杖死,惟赦楠,仕为韶州知府。(《太祖实录·方国珍本传》)

(《国初群雄事略》卷九)

《台州外书》云:国珍据温、台,朝廷授以节钺,招延诸郡士大夫。刘仁本入其幕,劝国珍海运资京师,在鄞凡建桥及修上虞、石塘诸善政,国珍皆用其言,故一时名士依以避乱者甚众。

(《民国四修石曲方氏宗谱》)卷八)

昔元末任非其人,酷刑横敛,台、温、处之民树旗村落曰:"天高皇帝远,民少相公多。一日三遍打,不反待如何?"由是,黄岩方谷珍因而肇乱,江淮红巾遍四方矣。今欲救民水火,可不慎择而久任乎?

(《春明梦余录》卷三十四)

时察罕帖木儿用兵山东,招降东平田丰、乐安俞宝等,其势颇盛。太祖尝曰:河南李察罕帖木儿兵威甚振,先遣杨宪往彼通好。及是,察罕帖木儿下山东,又遣汪河往彼结援。不意未几田丰、张士诚刺杀察罕帖木儿,太祖遣千户王时等赍银三千两往方谷真,附海船到大都体探元朝及李察罕、李思齐等军马事情。谷真差吴都事同去。既回,带到马十匹。(刘辰《国初事迹》。《实录》载在癸卯三月,但云令谷真市马。)

(《国初群雄事略》卷一)

戊戌十月二十二日，迈里古思出兵与方谷真部下冯万户斗，不利，驻军东关，单骑驰归。二十三日迟明，拜住哥召君私第议事，至中门左右，以铁锤挝杀之。部将黄中率众为复仇，入拜家，举其尸，无元，大索三日，得于溺池中。（《辍耕录》）

（《国初群雄事略》卷九）

景阳居松江北郭，结坛于家，行召鬼法。至正十一年，官兵下海剿捕方国珍，传云贼中有人能呼召风雨，必得破其法者，乃可擒讨。千户也先等遂以谢荐，总兵官给传致请。省札有云："参裁军事，必访异人既达天时，其为世用。"时知府王克敏廉介端严，有声于时，不得已亲造其庐。起赴军前，其术一无所验，自后全军败衄。吁！宰臣统大兵数十万，剿除草窃，如拉朽耳。而乃延一方土，则其机略安在哉？

（《南村辍耕录》卷二十八）

又有毛贵、陈友谅辈，不可枚数，分据各处。方国珍弟兄啸聚台州。海上朱定一、陈贤五、江宗三作乱江阴。

（《南村辍耕录》卷二十九）

初，方国珍据温、台、处，张士诚据宁、绍、杭、嘉、苏、松、通、泰诸郡，皆在海上。方、张既降灭，诸贼强豪者悉航海纠岛倭入寇，以故洪武中，倭数掠海上。

（《辍耰述》卷四）

方谷珍，宁海人。长身巨目，力能制虎。适蔡乱头倡乱，劫掠村落。珍鸠集家众，聚兵千余，遂执乱头。时元政不纲，台州路兵官受贿，奏免乱头。珍怒曰："得贼者无功，为贼者获免。赏罚如此，彼能为贼，我不能为贼耶？"遂作乱，元不能制。赤鲁不花者，为其所杀。不得已降诏抚之，授江浙行省平章政事。遂据台、温、明三府，而明州为其巢穴，东连张士诚，南结陈友定，为东南一巨镇。我太祖号令江左，婺州既下之后，珍惧，不敢敌，遣使奉书求降，太祖受之。然恶其反复，后遣信国公汤和讨焉，珍遂入海。和督舟师追之，获送建康。太祖问曰："谷珍你一向在那里？"珍曰："臣天下无道，乘桴浮于海；天下有道，束带立于朝。"太祖喜其言，授以都督金事。卒于建康。后台、温、明三府民心未靖，太祖以其从子明敏、明彻为总管，以统理，冀其向化。而彼二竖者，反生煽惑，潜谋不轨，遂族之。

（《北窗琐语》）

己亥元至正十九年春,定金华、婺、处诸州。方国珍以温、台、庆元三郡内附,以子关为质。上曰:"昔人虞敌国之反复也,故歃血为盟已,又有交质子,则未信故也。今诚信来归,当诚信而待之,何以质为?"厚赐关而遣之。国珍又以金玉饰马来献,上曰:"吾方有事,四方所需者,文武才能;所用者,菽粟布帛,他非所赖也。"谢不受。

(《皇明书》卷一)

太祖为吴王时,方国珍以金玉饰马鞍来献。太祖曰:"吾方有事四方,所需者文武材能,所用者谷粟布帛,其他宝玩非所好也。"却其献。

(《皇明典故纪闻》卷一)

《北窗琐语》曰:明太祖既下婺州,方谷珍遣使,奉书求降。太祖受之。然恶其反复,后遣信国公汤和讨焉,珍遂入海。和督舟师追之,获送建康。太祖问曰:"谷珍你一向在那里?"对曰:"臣天下无道,乘桴浮于海;天下有道,束带立于朝。"太祖喜其言,授都督佥事,卒于建康。后台、温、明三府民心未靖,太祖以其从子明敏、明彻为总管,彼二竖者反生煽惑,潜谋不轨,遂族之。

(《(乾隆)鄞县志》卷二十六)

南唐时,金陵人康国辅娶司马氏,一产三男,唐主以为人瑞,皆封将军,其后蕃衍,号千秋康氏。宋会川伊氏伯仲以嘉熙三年正月朔日孪生,至元泰定丁卯,享年九十,皆聪明强健。方国珍之妇一产一男二女。

(《涌幢小品》卷二十一)

上既定都建康,以南土弗靖,未可遽北伐。陈友谅、张士诚各据土宇,方谷珍、陈友定亦假元名号拒守城邑,皆次第别图规取。……丁未九月,上以张士诚既平,别遣将伐方谷珍、陈友定。乃以胡美为征南将军,何文辉为副将军,率吉安、宁国、南昌等兵回江西征福建,以湖广参政戴德从征。上谕美曰:"汝以陈氏丞相来归,忠实无过,故命尔总兵,何文辉、戴德皆吾亲近之人,然勿以此故废法,征战一以军法从事。吾微时在行伍见将帅统驭无法,心窃鄙之。及后握兵,一日,驱所领新附之士,野战有二人犯令即斩以徇,众皆股栗,莫敢违节制。人能立志,何事不成。闻汝往年尝攻闽中,必深知其地理险易,攻围城邑,择便利进退,勿失机宜尔,其勉之。"十一月,美等引兵度杉关,闽之西镇。既度关,闽中大震,遂下光泽县。会汤和吴祯擒方谷珍,上遂命和等率舟师自明州由海道攻福州。

(《昭代武功编》卷二《诸将定东南》)

二月，友谅既败归，士诚乃引兵据分水、新城之三溪。李文忠遣何世明击之，斩其将陆元帅、花将军等及士卒千余人，焚其营。元以中原乱，江南漕运不至，燕京大窘乏，遣兵部尚书伯颜帖木儿以御酒、龙衣赐士诚，征其粮自海道运入京，仍别诏方谷珍具舟。士诚恐谷珍掠取其粮谷，珍又恐士诚制其舟以袭己，不即奉诏。达识帖睦迩往来谕说之，士诚乃运粮一十一万石至燕京。

（《昭代武功编》卷二《徐中山常开平削平伪吴》）

时中原扰乱，江南漕运年久不通，京师大窘。及是，河南稍平，乃遣兵部尚书伯颜帖木儿等以御酒龙衣赐士诚，征海运粮。帖木儿至杭州传诏，命令士诚输粟，方谷珍具舟，丞相达识帖睦迩总督之。既而士诚虑谷珍不入京师，谷珍又恐士诚制其舟船，乘虚袭己，互相猜疑。帖睦迩往来开谕，乃运粟一十一万石至京师。臣闻胡元盛时岁运，东南米五百万石，至直沽。王懋德诗曰："极目沧溟浸碧天，蓬莱楼阁远相连。东吴转海输秔稻，一汐潮回集万船。"今因盗贼之梗，假宠士诚，其所得止十一万石。

（《秘阁元龟政要》卷二《元遣使征粮于张士诚及方谷珍》）

元守漳州左丞罗良遣将运粮，由海道给行在军，诏进良为光禄大夫，赐爵晋国公，疏封其三代。良遂设南绍屯田万户府。方谷珍、张士诚之乱，江南五省粮米不至京师，虽加官赐袭上樽于谷珍、士诚，所得粟仅十万石。及是，良具舟遣僚佐出太武山港，由海道运粮抵辽东，以给行在官军，仍贡方物，以资国用，举朝叹异。元主嘉其忠贞，解衣以赐于良，自荣禄大夫持授光禄大夫、柱国、进封晋国公，疏封其三代。父显仕赠参政，祖圆峰赠右丞，曾祖天麟赠晋国公。良祖圆峰尝以作及为官军所杀，至是赠右丞。良既封公，仍守漳州。以漳浦县三郡南诏场，至元大德间，肇置屯田，不设府，置分泉、漳二郡，镇将戍兵，参错屯守。比岁终，则更伐，民以为病。良乃疏请于朝，设屯田万户府，置千百夫长。……

（《秘阁元龟政要》卷三）

丁未十月，上既克陈友谅、张士诚，别遣将讨方谷珍、陈友定。大将军徐达等奉命北伐。乃命杨璟为征南将军，周德兴张彬为副将军，率武昌、荆州、潭岳等卫军，由湖广取广西，与徐达、胡美等同日受命，陛辞出，璟以兵向永州。

（《昭代武功编》卷二《杨菅阳朱永嘉定岭南》）

至正戊子间，海寇方国珍始为乱。先是蔡乱头剽劫海商，始悬格命捕之。方为台之杨屿人，慕赏功官爵，募众至数千人。时台州总管焦鼎等纳蔡之赂，薄其罪而不加诛，玩忽岁月。方遂入海为寇，官兵皆不战而败。朝廷恐为海运之梗，招安之，即啖之以海运千户。及既定，濒海之民莫不愤之，与万户萧载之谋袭杀之，不果。又叛，朝廷命参政孛罗、元帅董抟霄率兵加讨，兵未交，皆先溃。郝万户为所获，方拘置舟中，使求招安。郝故出高丽后位下，请托得行，遂特旨释之，进爵已拜参矣。呜呼！边方贪官既失之于始，中宫宠后又失之于终，当赏而不赏，当刑而不刑，刑赏之柄既失，纪纲于是乎大坏，而中原之寇起矣。

（《草木子》卷三上《克谨篇》）

方国珍反海上，浙省宪辟行省都事基议方氏首唱乱，宜剿不宜抚。行省抚国珍，授官，而劾基擅威福以信之。基恚甚，欲自裁。门人曰："今是非方淆，先生即自经沟渎，岂有白哉？且太夫人在，安得死？"共抱持，得不死。羁管绍兴。已而方氏益横行，省悔，上基军功，以为行枢密院经历，奏授处州，总管府判。

（《皇明书》卷十四）

是岁元大饥，征士诚漕粟，赐之御酒龙衣，使方国珍具漕船。士诚欲背之，参军俞思齐曰："向时作贼犹可，今称臣，尚可乎？"士诚怒抵几仆地。是时也，方国珍虑士诚擎其船，士诚亦虑国珍赚其粟，然卒输元。

（《名山藏》卷四十四）

胡粹中曰：古大将兵伐叛，有因其来降而受之者矣，未闻身往议降者也。夫来降有二，心服为上，力屈为次。方国珍阻兵五年，官军讨之不能胜，则其力未屈也。山东、江淮、湖湘群盗并起，朝廷皆无如之何，则其心未服也。力未屈，心未服，其往议降者，特缓兵之计耳。而泰不华轻身虎口往受其降，轻敌寡谋，丧身辱国，忠虽有余而智弗足称矣。

（《昭代典则》卷一）

蒙古以方国珍为徽州路治中，国珍不受命。先是，遣江浙左丞帖里帖木儿南、台侍御史左答纳失里复招谕国珍，既而二人报国珍已降，乞授以五品流官。令纳其船，散遣徒众，遂以国珍为徽州路治中，国璋广德路，国瑛信州路治中。国珍等疑惧不受命，仍拥船千艘，据海道，阻绝粮运。复遣右丞阿儿温沙等率兵伐之。

（《昭代典则》卷一）

中原既乱，江南海漕久不通，京师屡苦饥，至是，因河南始平，乃遣伯颜帖木儿等以御酒龙衣赐士诚,征海运粮。伯颜帖木儿等至杭州传诏,命士诚输粟,方国珍具舟。丞相达识帖睦迩总督之。既而士诚虑国珍载粟不入京,国珍又恐士诚掣其舟乘虚袭己,互相猜疑,伯颜帖木儿往来开谕,乃运粟十一万石至京师。

(《昭代典则》卷二)

浙之宁、绍、温、处、台、金、衢、严八府,俱有丐户,一名堕民,俗呼大贫。盖国初不治生理,游手游食之人,著于版籍,至今不齿于庶民。民间吉凶事,率夫妇服役,鼓吹歌唱,以至舁轿、篦头、修足,一切下贱之事,皆丐户为之。嘉靖初,会稽董大贫,家巨富,有女甚美,欲嫁良民,良民虽贫彻骨,不与为婚,婚即闾里不叙矣。吾乡长老传言,国初里人有一二姓,被籍破落户,出入三尺窦,戴狗皮帽,不齿于众。想此法处处行之,即如浙江杭、嘉、湖必俱有,顾彼八府特严,故至今不落籍耳。又或吴王初,方国珍伪降,张士诚割据,法令不同,而沿袭因异也。余乡人吴成器为会稽典史,值海寇乱,籍丐户三百人为义勇,乘其素不平之气而厚遇之,尝得其死力,超升府通判。吴去官,复散如故矣。

(《贤博编》)

秋九月,克平江,执张士诚,籍其兵二十五万,南通州、无锡皆下。乘势克台、温,方国瑛赴海,方国珍以庆元降。继而国瑛等收诣京师。就令廖永忠、朱亮祖等南征闽、广,中山王等北伐。

(《天潢玉牒》)

至正八年十月,台州民方国珍兵起。十七年,就命为浙江行省平章。十八年,入居庆元城,并据温、台二州及绍兴之余姚、上虞二县,岁丁未二月归附。洪武元年,改庆元路为明州府,罢录事司入鄞县,别立明州卫以镇之。复奉化、昌国为县。十四年,改府卫曰宁波。二十年,言昌国县悬居海岛,徙其民内地,仍以二千户所守其城,今本府领鄞县、慈溪、奉化、定海、象山五县,余迹见各志。

(《(成化)宁波府简要志》)

故夏之著者,在会稽。今吴郡夏氏,当方谷珍之乱,其家歼焉。亮方孩,母抱以逃,后适海虞双凤里朱氏,因冒其姓,夏氏之老姑自滇南来寻访其家,获亮,告以其故,亮始知其先居昆山之太仓。

(《震川集》卷二十八《夏氏世谱》)

某等少闻长老言,昔时方谷珍之乱,神有显应,遥见山之草木皆兵,贼以畏惧而遁。然无文字可考,独以民间每岁四月十五日为赛会,奉神以王者之仪。

(《震川集》卷三十《告祭昆山县山神文》)

　　自胡元入主中国,天下沦胥左衽矣。及方谷珍据海上,温又被其荼毒,斯民之不幸,一至此哉! 我太祖高皇帝再造华夏,重整冠裳,驱元主于沙漠,降方氏于海隅,夫然后温之旧染污习,一切除去。维新善俗,油然奋兴,式克至于今日。神功圣德,昭揭宇宙,高三王而过五帝矣。

(《温州府志序》,《(万历)温州府志》卷十五)

　　论曰:东北称乱者,莫强于张士诚,其次则方谷珍、陈友定。此外皆元臣,为其君守耳。虽昧于天命所在,而桀犬之吠,情则可矜。如石抹宜孙、帖木儿不花、僧住、朵耳迭里弥实数辈,尤可谓杰出者。以我圣祖礼葬福寿之意推之,皆宜在所褒录,此与谷珍、友谅假名号而怀异图者不同,未可以其为胜国之党,异类之人而弃之也。

(《新刻明政统宗》卷二)

　　戊午秋,予泛舟黄邑之石曲,乐其山川之秀,人物之美,徘徊不忍去。因获与方氏族中人士游,若州同知液泉、卫千总郁堂、上舍以堂、紫斋,皆德望隆一方。其子弟若楚峰、庆三、西园诸秀才亦英英后来之杰出者,时以堂方手辑宗谱,已有成编,邀予重襄其事。予取而阅之,开卷首篇源流载元季国珍事甚详,草泽英雄,保全三郡,归命真人,功不在钱肃武王下。其先本石曲人,方氏谱必举肇基君为第一世祖,不及国珍,其数典何慎也。

(《再修石曲方氏宗谱序》,《民国四修石曲方氏宗谱》)

　　元末年,方谷珍、张士诚辈竞起为寇,海运不通,至求运士诚不可得。京师米价踊贵,女子佩金玉自售于市而无从,卒以狼狈。此在今日,尤不可不深长虑者,此论海运之险必不可测也。

(《续问奇类林》卷四)

　　至正初,伯颜变乱旧章,遂有江西朱光卿、广东罗天麟、陈积万、湖广吴天保、浙东方国珍,相继煽动。又贾鲁开河,生民嗷嗷,石人之事兴,则韩林儿、徐寿辉、芝麻李,三枝起而蔓延天下。若福建陈友定、怀庆周全、临川邓忠、安陆俞君正、浙西张士诚、陕西金花娘子、江西欧道人、襄阳莽张、岳州泼张、安庆双刀赵、濠州孙德崖,纷纷不一,皆东南之贼也。长淮以北,则山东又有王信、陕西李思齐、陇西李思道、太原王保保、汴梁元太子,此多元之将臣,亦各据地,互相杀戮;天兵临之,或降或遁矣。今以所知者,略述其本末事情,书之于左,不知者待博识者又补之焉,庶或可以参考于国史也。

(《七修类稿》卷八《国事类》)

野史载,至正戊子年,永嘉大风,海舟吹上高坡十余里,水溢数十丈,死者数千,谓之海啸也。其后方国珍据海为盗,屡犯永嘉,兵刃之下者无算。正德七年七月秋,余姚大风,海溢平陆数十里,沿海多死者。前数夜时,人见海中多红灯往来,予以此亦可谓海啸也。后倭夷争杀,余姚亦当其害,夫水阴物,兵阴象也,其所以兆之者,宜然。

(《七修类稿》卷二《天地类·海啸》)

至正戊子,永嘉大风,海舟吹上平陆高坡上三二十里,死者千数,世人谓之"海啸"。其后海寇方国珍据海为盗,攻剽濒海数州,朝廷终莫能制。

(《草木子》卷三上《克谨篇》)

元海运自朱清、张瑄始,岁运江淮米三百余万石,以给元京。四五月南风至起运,得便风十数日即抵直沽交卸。朝廷以二人之功,立海运万户府以官之,赐钞印,听其自印,钞色比官造加黑,印朱加红。富既埒国,虑其为变,以法诛之。而海运自后岁以为常。及张九四据有浙西,而海道又有方国珍,运道遂梗,而国已不国矣。

(《草木子》卷三下《杂制篇》)

先是,朝廷以张士诚内附,封为太尉,且以岁饥,遣使督海运粮储于京师。时张士诚据浙江有粮,方国珍据浙东有船,二家攻战不和,粮竟不至。赖福建滨海,尚为王土,独能运粮至京师,由是京师民始再活。当元统至元间,国家承平之时,一岁粮入京师一千三百五十万八千八百八十四石,而江浙四分强,河南二分强,江西一分强,腹里一分强,湖广、陕西、辽阳总二分强,通十分也。金入凡三百余锭,银入凡千余锭,钞本入一千余万锭,丝入凡一百余万斤,绵入凡七万余斤,布帛入凡四十八万余匹,而江浙常居其半。及张士诚有浙西,方国珍有浙东,而京师索然。识者以为,元之气数,不推可知也。

(《庚申外史》卷下)

太祖克婺州,遣儒士陈显道招方国镇,以次子亚关为质,令郎中张本贲降书,献温、台、庆三郡。太祖发其子回,授国珍江南行省平章、福建行省右丞,国瑛福建行省参政,国珉江南行枢密院佥院,降以银印。遣博士夏煜赍往庆元开衙门。止是国珉行用行枢院印,其余印留而不用。心持两端,觇伺成败,太祖姑容之。后国珍使点校燕敬进金鞍玉辔,太祖正克江西,李善良遣其使就往进献。太祖谓其使燕敬曰:"我取天下用的是马,奚用此物!"次国珍又进大西马四匹,太祖曰:"此马可路街。"随赐将官。克苏州,太祖命御史大夫汤和取庆元,国珍俱十年不改正朔,下海避之。继又请降,惟侄方明善拒敌,后亦降。太祖以国珍既降,不念旧恶,授国珍广西行省参政,起造千步廊一百间报功,其次子亚关献三郡海船水手数万,及建言沿海筑城防倭,太祖从之。

(《国初事迹》)

八年,台州民方国珍为乱,聚众海上,寇温州。十一年,命江浙左丞博啰特穆尔讨之。十二年,复叛,杀台布哈,寻命纳琳讨之。十三年,从特呼特穆尔请,授国珍以徽州路治中,不受命。十六年,国珍复降,以为海道漕运万户,未几,以为江浙行省参政。

臣按,先正有言,元之失天下,招安之说误之也,何则?人君所以立国者,以其有纪纲也;所以振纪纲者,以其有赏罚也。赏必加于善,刑必施诸恶,使天下之人知所劝惩焉,则治本立矣。方国珍者,当天下无事之时,一旦敢为乱首,以为天下先。为元人计,宜痛诛剿之,以惩夫民之不逞者,可也。乃听人言,行招安之策,不徒不加之以罪,而又授之以官,是以赏善之具以劝恶也。由是群不逞之徒纷然相仿效,相诱胁,事幸成,或得以为王为伯;不成,亦不失州县之官,用是盗贼蜂起,而元因是亡矣。

(《大学衍义补》卷一百三十八)

至正末,方国珍据台、庆、温,用名士以收人心。凡士居其地者,不为所用,则为所祸。而其于公也,不得而用之,亦不得而祸之,四方之士闻而莫不高其风。

(《苏平仲集》卷十三《故元温州路同知平阳州事孔公墓志铭》)

国珍,贼中之小家也。观其受元官爵,伺衅自固,藉我声援,三郡来归,盖游移两可。窃据海隅,无远志者也。追汤和、朱亮祖等提兵深入,国珍不能一矢相加,潜身出走,计穷而降,亦可羞矣。此无他,向来邀游于元明之间,羁縻勿绝,恃有士诚为之蔽耳。吴克而国珍随之起事,在壬辰癸巳之间,犹在汝、颍、蕲、黄群兵未起之际,而成就止此,既不能称号问鼎,如陈、张之两雄,复不能纳土早归,烦天兵之猝至,志小而情悲矣。使当时元浙东当事能用都事刘基之言,方氏首乱早为扑灭,则江淮观望诸公或者有所惩创,不至横行耶? 抑天命有归,刘基之生为明非为元也。

(《明史断略·平方国珍(洪武)》)

九月,方国珍陷平阳。元浙东行枢密院判官周诚德死之。国珍遂执参知政事嗣德归元庆。国珍被诏大怒,调庆元、温、台之兵围平阳,相持阅六月。阴陷嗣德怅下林淳以厚利,使为应,于是三郡之兵攻其外,林应自怅应于内,至是城陷,执嗣德、识德、绍德以去。诚德谩骂明善,遂遇害,剐其皮,至死骂不绝口。绍德则缒以石沉诏海。惟送嗣德至国珍。国珍甚礼之,好语谓曰:"省台贵臣,皆听吾命,公独敢我抗,真豪杰士。诚自今与公释憾,其仍为参政我所。"嗣德曰:"我尔有不共国之仇,顾与共事乎?"国珍默然,终不敢害。

(《秘阁元龟政要》卷三)

乐平儒士许瑷走婺州,谒帝曰:"方今元祚垂尽,四□□沸豪杰士势不独安。夫有勇略者乃可驭雄才,有奇识然后能知奇士。阁下今欲扫除僭乱,平定天下,非收揽英雄难与成功。"帝曰:"予方饥渴公等。"授瑷博士,已而曰:"太平吾股肱郡。"命为知府。己亥正月,取诸诸暨,使儒士陈显道往招方国珍。国珍私与其下谋,欲勿与我,不能与我争衡;与我,四方之变未可知。乃奉三郡来款,使一子入质,提空名乡我,而北通扩廓,南交陈友定,以厚自托。帝亦知其诈也,礼其子遣还。时方戒心淮汉,弗问也。

(《皇明史窃》卷一)

宋袁质甫曰:"余曾祖与苏东坡《赋祈雨》诗云:'白日青天沛然下,皂盖青旗犹未还。'"元方国珍以温、台、庆元三郡附于明太祖,以次子关为质,太祖曰:"今诚信来归,当推诚相与,青天白日,何以质子为哉?"

(《窦存》卷四《语窦》)

至正十七年丁酉春正月,筑昆山太仓城,御方国珍。初,国珍起台州,劫掠海上,焚苏之太仓。后降元,元欲藉其力以攻士诚。乃数以海军犯昆山,七战七捷。昆山州治自宋时迁太仓,至是复迁马鞍山下,筑土城以御寇。太仓去木城,改筑砖石,为海滨积贮之所。既而士诚遣人说方国珍,结为婚姻,昆山太仓始得宁息。

(《隆平纪事》)

洪武元所戊申春正月乙亥,太祖祀天地于南郊,即皇帝位,定有天下之号曰大明,建元洪武,告祭昊天上帝皇祇,祝曰:"惟我中国人民之君,自宋运告终,帝命真人于沙漠,入中国为天下主,其君臣父子及孙百有余年,今运亦终;其天下土地人民,豪杰纷争,惟臣帝赐英贤,为臣之辅,遂戡定采石水寨蛮子海牙、方山陆寨陈也先、袁州欧普祥、江州陈友谅、泽州王信、新淦邓克明、龙泉彭时中、荆州姜珏、濠州孙德崖、庐州左君弼、安丰刘福通、颍州熊天瑞、福建陈友定、平江王世明、洗州李胜、苏州张士诚、庆元方国珍、沂州王宣、益州老保等,偃兵息民,各归田里,今地幅员二万余里。诸臣下皆曰:'生民无主,必欲推尊帝号。'臣不敢辞,是用以今年正月四日,于钟山之阳,设坛备仪,昭告上帝皇祇,定有天下之号曰大明,建元洪武,简在帝心,尚享。"

(《七修类稿》卷十一《国事类》)

方国珍窃据温、台,元至正壬辰之春,率海岛贫民千余艘突入刘家河,烧海运船无算,遂抵太仓大肆焚掠。浙省参政宝哥樊执敬以兵数千来援,遣平江奕十字军为前锋,溃于张泾。贼大获金帛而归。十四年,国珍复率兰秀山贼来寇,水军副万户董抟霄御之于刘家河及半泾,斩首数百级,贼遂遁去。十六年,张士诚据平江,国珍已归元,为海道防御万户,以温台明三州之兵来称克复,张氏遣其将吕珍守畜子,有漕户倪蓬头者为国珍内应,潜袭吕珍,珍仅以身免。后士诚因中丞蛮子海牙以归元,国珍仍集三州兵来寇,士诚复遣吕珍迎之,大破三州,兵浮尸蔽江,江水为之不流,自是方氏不敢复为寇。

(《(万历)嘉定县志》卷十五《海寇》)

我明洪武初,倭奴数掠海上,寇山东、直隶、浙东、福建沿海郡邑,以伪吴张士诚据宁、绍、杭、苏、松、通、泰,暨方国珍据温、台等处,皆在海上。张、方既灭,诸贼强豪者悉航海,纠岛倭入寇。时倭王虽遣使入贡,高皇以其虽朝实诈,坐宰相胡惟庸罪,竟绝倭使。乃遣信国公汤和筑登、莱至浙沿海五十九城,调民戍兵;江夏侯周德兴筑福建漳、泉等十六城,亦募戍卫所。又命南雄侯赵庸招蜑户、岛人、渔丁、贾竖,自淮、浙至闽、广几万人,尽籍为兵,分十千户所,于是群不逞皆得衣食于县官。海中逋贼壮者老,老者死,郡县稍得休息。

(《松窗梦语》卷三)

十一月壬辰,方国珍封府库籍民数,率其子弟将校降,上察其辞气诚悫,无他肠,特厚遇之。每赐宴,皆与功臣列坐。未几,授广西行省左丞,俾奏朝请。后寝疾,上数遣中使赐问。官其二子,礼,广洋卫指挥金事;完,虎贲卫千户口所镇抚。

(《圣典》卷十六)

元失其政,闾巷小夫,非有过人之才,皆得乘时草窃各据一方。及乎真人在位,王师一临,风驱席卷乞降恐后,日月出而爝火息,岂不然哉?玉珍治蜀,制度文仪彬彬有可观者,亦一时之隽也。何真越在岭海,归命中朝,庶几明哲之士。国珍叛服不常,首鼠前却,得逭刑僇幸矣。

(《遂初堂集·文集》卷十一)

己酉,方国珍攻温州。是冬温暖,霹雳暴雨时行,衢、饶、处等处雨黑黍,内白如粉,草木皆萌芽吐花,大雪而雷电。是岁,京师丽正门楼上忽有人妄言灾祸,鞫问之,自称蓟州人,已而不知所往。

(《资治通鉴后编》卷一百七十四)

《陈张本末略》一卷,附《方国珍本末略》一卷编修程晋
芳家藏本

明吴国伦撰。国伦字明卿,兴国人。嘉靖庚戌进士,官至河南布政司参政。《明史·文苑传》附见《李攀龙传》中。是书于陈友谅得姓为吏诸事,张士诚与李伯升等起事之由。方国珍弟国瑛、国珉诸人俱未胪叙。所载明初攻战诸事更为疏漏。前有国伦自序曰:"每闻祖父言国初陈友谅、张士诚事甚悉,因志其始末大略,而以方国珍附焉。后阅《洪武日录》及诸野史所记载,往往不符,尚冀熟于掌故者为我正之。"则国伦先不自信矣。

(《四库全书总目》卷六十六)

《韩氏事迹》一卷、《方氏事迹》一卷
两淮盐政采进本

明刘文进撰。文进爵里未详,所记乃韩林儿、方国珍二家事迹,分年编载,略如纪事本末体例。而引吴朴、张时泰、邵相、周德恭诸人论断,系之各条之下。凡诏檄奏疏之文,皆跳行另书,如坊间所行演义之式,盖明人陋习如此。又以明太祖奉韩林儿年号,比之事殷之德,取喻亦病其不伦。

(《四库全书总目》卷六十六)

《羽庭集六卷》
永乐大典本

元刘仁本撰。仁本字德,天台人。以进士乙科历官温州路总管、江浙行省左右司郎中。时方国珍据有温、台,招延诸郡士大夫,仁本入其幕中,参预谋议。国珍岁治海舟,输江淮之粟于大都,仁本实司其事。其所署省郎官,盖即元所授,故

集中诸作,大都咸慨阽危,眷怀王室。其从国珍,盖欲借其力以有为,徐图兴复,亦如罗隐之仕吴越,实心不忘唐。观其《赠李员外自集庆回河南》诗云:"汉兵早已定中华,孙述犹鸣井底蛙。"于明祖显然指斥,其志可知。厥后国珍兵败,仁本就擒,抗节不挠,至鞭背溃烂而死。则仁本终始元人,未尝一日入明。《永乐大典》题曰"国朝刘仁本",非其实也。仁本学问淹雅,工于吟咏,多与赵俶、谢理、朱右等唱和,尝治兵余姚,作雩咏亭于龙泉左麓,仿佛兰亭景物。集一时文士,修禊赋诗,自为之序。其文虽不见于集中,而石刻今日犹存。文采风流,可以想见。故所作皆清隽绝俗,不染尘氛。其序记诸篇,述方国珍与察罕通使,及岁漕大都诸事,多记传所不载,亦可补史阙。原本久佚,谨就《永乐大典》所载,以类编次,厘为诗四卷、文二卷,仍改题曰"元刘仁本",以存其真焉。

(《四库全书总目》卷一百六十八)

国珍所据之地,濒于海隅,三面受敌,张士诚、陈友谅皆不足虑,惟明祖战胜攻克,必取浙东,以张金陵之势。国珍揣得其情,不得不伪为降附,一如降元故事,徐观其变耳。若使推诚来归,如窦融之献河西,他日报功,岂在徐常之后哉。

(《读通鉴纲目札记》卷二十《方国珍附太祖》)

太祖曰:"金华是吾亲征之地,乃浙东江南之重镇,密迩江西、福建、浙江敌境,必得重望之臣镇之。"改分枢密院为江南分省,升金院胡大海为本省参政。未久,留军元帅蒋瑛等谋叛,杀大海。至夜半,杀都事王恺、掾史张诚。次日早,逼勒一城男女数万出南门。经台州仙居县,杀左丞方国璋。赴绍兴,张士诚降。

(《国初事迹》)

初,丁酉岁,福建义兵万尸赛甫丁阿里迷丁据泉州,陈友谅兵入杉关,攻陷邵武汀州延平诸郡县,群盗乘势窃发,闽地骚动。天禄辈知元国势不振,故遣文广来纳款。文广以其年六月由海道出温,为方国珉所邀留。至是脱身得达。时福清州同知张希伯亦遣其属张景仁、李世忠来请降,高皇帝皆厚赏之,遣还招谕。

(《昭代典则》卷二)

元自世祖用伯颜之言,岁漕东南粟,由海道以给京师,始自至元二十年,至于天历、至顺,由四万石以上增而为三百万以上,其所以为国计者大矣。历岁既久,弊日以生,水旱相仍,公私俱困,疲三省之民力,以充岁运之恒数,而押运监临之官,与夫司出纳之吏,恣为贪黩,脚价不以时给,收支不得其平,船户贫乏,耗损益甚。兼以风涛不测,盗贼出没,剽劫覆亡之患,自仍改至元之后,有不可胜言者矣。由是岁运之数，渐不如旧。至正元年，益以河南之粟，通计江南三省所运，止得二百八十万石。二年，又令江浙行省及中正院财赋总管府，拨赐诸人寺观之粮，尽数起运，仅得二百六十万石而已。及汝、颍倡乱，湖广、江右相继陷没，而方国珍、张士诚窃据浙东、西之地，虽縻以好爵，资为藩屏，而贡赋不供，剥民以自奉，于是海运之舟不至京师者积年矣。

（《元史》卷九十七）

（至正）十九年，遣兵部尚书伯颜帖木儿、户部尚书齐履亨征海运于江浙行省，命张士诚输米，方国珍具舟运米十有一万石至京师。

（《新元史》卷七十五）

十八年八月，朝廷使尚书伯颜帖木儿以龙衣御酒赐士诚，且征漕。士诚与方国珍互相猜忌，莫肯先发。伯颜帖木儿往来开谕，士诚乃运十万石粮于京师，岁以为常。

（《新元史》卷二百二十五）

吴元年用浙江行省平章李文忠言，嘉兴、海盐、海宁皆设兵戍守。洪武四年十二月命靖海侯吴祯籍方国珍所部温、台、庆元三府军士及兰秀山无田粮之民，凡十一万余人，隶各卫为军。且禁沿海民私出海。时国珍及张士诚余众多窜岛屿间，勾倭为寇。

（《明史》卷九十一）

是时张士诚据浙西，方国珍据浙东，名为附元，岁漕粟大都辄不至。而友定岁输粟数十万石，海道辽远，至者尝十三四。顺帝嘉之，下诏褒美。

……太祖既平方国珍，即发兵伐友定。

（《明史》卷一百二十四）

万历四十三年三月己未时，建镇海寺于普陀山，内监曹奉实董其事。礼部复浙江抚按刘一焜、李邦华奏言：此山远眺日本，俯瞰黑洋，高皇帝以胜国末年，方国珍据此煽乱，遂籍其人而火其居。肃皇帝以嘉靖年间倭奴闯入，闽浙荡摇，遂迁佛像于招宝山，禁耕贩于海岛外。年来法令渐弛，募建繁兴，游手游食亡命无赖皆藉此为生涯，奈何以奉佛之虚文酿封疆之实祸，乞罢之。不报。

（《大明神宗显皇帝实录》卷五百三十）

嘉靖四十四年(乙丑)

论曰:方明之兴也,方国珍、张士诚辈相继诛夷,余党入海,辄纠倭剽掠山东、浙江、福建沿海各地。太祖迭命汤和、周德兴于海上筑城堡,置卫所,专务防御,而海警渐息。

(《海滨大事记》)

倭远处东海中,号日本国;所统五畿、七道、五百七十三郡。自汉以来,不通中国。虽元世祖征倭师败,亦非倭始衅。迨元末,张士诚、方国珍余党遁入海,始往往引为患。

(《海寇记》)

方国珍,黄岩人,据浙东,后归太祖。《明史》传云:"国珍又名谷真,盖降后避明讳云。"何乔远《名山藏》云:"本名珍,字国珍,以字行。后避明祖御讳,改名贞,字谷贞。"汪钝翁琬集《方谷真传》云:"谷珍本名国珍,一名珍。称谷真者,避明讳。"广业案,贞、真字避仁祖讳,谷字则兼避太祖御字也。宋文宪濂撰《资善大夫广西等处行中书省右丞方公神道碑》:"公讳珍,避国讳,更名真,因字国贞。"本集无改国为谷之说,则所谓谷真者,特明臣称之为然耳。故王祎《造邦勋贤录》及《明良》《垄起杂录》等书俱作谷珍。《草木子》仍作国珍,郑晓撰《廖永忠等传》作国珍,《刘基传》又作谷珍,其字或珍或珍或珍,盖本无定例,史家随便改易也。

(《经史避名汇考·方国珍》卷二十三)

方谷珍,台之杨氏山人。尝有童谣云:"杨氏青,出贼精。"其亦欲向功为国宣力,后失赏,遂叛。

(《尧山堂外纪》卷七十四)

元制,任胡族为正官,中华人官佐贰。至正间,任非其人,酷刑横敛。台、温、处之民树旗村落,曰:"天高皇帝远,民少相公多。"方谷珍因而肇乱,江淮红巾遂相继而起。

(《尧山堂外纪》卷七十四)

元制,任胡族为正官,中华人官佐贰。至正间,任非其人,酷刑横敛,台、温、处之民树旗村落,曰:"天高皇帝远,民少相公多。"方谷珍因而肇乱,江淮红巾遂相继而起。

(《靳史》卷二十五)

抚海盗失策，未有如元之于方谷珍者。谷珍起事在戊子，汝颍俱未起也。元不能讨，反加之官，盖执政得其贿故，反恶青田之言而罪之。然泰不华死后，浙东元帅也忒迷失、福建元帅黑的儿合曾合兵击走之，而始谕降。今郑芝龙之起，曾无一矢加之，而即受其重贿，加之以官。元加谷珍治中而已，今闻札加至将领矣。

（《掌记》卷四）

方谷珍当天下无事之时，敢于作乱，顺帝当明赏罚，讨其叛逆之罪，以剿灭之。乃不惟不诛之，又行招安之策，畀之以爵，岂非劝人为逆耶？由是乱民蜂起效尤，而元随之亡矣。乱民不讨而反招安，所谓姑息之政，最足酿乱。南宋时民谣云：要得官，杀人放火；受招安，岂不可笑？东汉黄巾之乱，朱俊必不肯受降，此汉所以不亡于黄巾也。明招降张献忠，未几复叛，遂不可制，可为千古炯戒。元始招方谷珍，时刘伯温力争之，不听，反羁管于绍兴，其亡不亦宜乎？

（《鉴古斋日记》卷四）

昔年乡宦，凡进士出身者称"老爷"；以一榜得官者，称"老爷"。若明经如黄仁所（名廷凤，字孟威）官至云南大理太守，仅称老爷而已。近自援纳之例大开，而腰缠五百金，从长安市上归，则乘舆张盖，竟称某爷。其有一门鹊起，则以行次分别之。且授州同衔者，则曰："同知。"授州判衔者，则曰："通判"。不知何年履任，而先已自为加级矣。因思前朝童生府录进院，必须廪生保结，其状内必书"并非娼优隶卒"字样。盖隶卒之不列衣冠者，圣王所以培士气也。今皂隶之子，以资得官无论已。而其父遂称"老太爷"，此岂真白屋公卿哉！何其骤贵一至此也。元末方国珍倡乱温台，造"天高皇帝远，民少相公多"之谣，以相煽动，今日世界，亦"相公少而老爷多"矣，识者有隐忧焉。

（《说梦》卷二《老爷之乱》）

五、家族人物

方天成

据宋濂撰《左丞方公神道碑》云,其系分自莆田,再迁再迁台之仙居,三迁于黄岩,遂占籍焉。元季赠荣禄大夫、湖广等处行中书省平章政事,勋柱国、追封越国公。配陶氏,封越国夫人。

方　宙

天成公之子。貤赠光禄大夫、福建等处行中书省平章政事,勋柱国、追封越国公。配潘氏,封越国夫人。子一。

方奇伯

宙公之子。公性柔良,犯而不校,貤赠荣禄大夫、淮南等处行中书省左丞相、上柱国、追封越国公。配周氏,封越国夫人。子五。

方国馨

伯奇公长子,元授卫千户,赐五品级,配失考。

(《民国四修石曲方氏宗谱》卷一)

方国璋

大元赠银青荣禄大夫江浙等处行中书省平章政事上柱国追封
越国公谥荣愍方公神道碑铭
有序至正二十四年
元　张　羽

至正二十二年二月二十一日,荣禄大夫浙江等处行中书省右丞方公没于师。其年六月,江浙行省以事闻于朝,赠银青荣禄大夫、江浙等处行中书省平章政事、上柱国、追越国公、谥荣愍。其幕僚萧德吉状公行事,越海来请为碑表于神道。

惟方氏其先家台之仙居,后徙黄岩灵山乡塘下里。曾祖天成,赠资善大夫、江浙等处行中书省左丞、上护军、追封河南郡公。祖宙,赠荣禄大夫、江西等处行中书省平章政事、柱国、追封越国公。考伯奇赠银青荣禄大夫、福建等处行中书省平章政事、上柱国、追封越国公。越公通阴阳历数之说,乐善好施,家隶尝以小斗出米以予人,公闻,立剖而谴之。人以贫投者,必周之。尝道遇群龟,蹒跚秽坎中,延颈仰望,公亟以版度之出。是夕,梦玄衣人来谢,其潜德多类此。

有五子,公其次也。讳国璋①,字国璋。生而颖异,越国每拊之语人曰:"是儿必兴吾宗。"既长,状貌魁伟,力学强记,有才识。时公上征,须繁且急,越公春秋高,不能任劳事,黄岩为望州,有司饕沓,苟弗及,苛责不旋踵。公酬应趣办,未尝使越公闻也。家素约,乃致力著逐,生业日厚,中外族党济其乏,存其孤。岁饥,振其乡里,而媢公者,多嗛之。有王复囚逻卒夜帅其徒斧阋入,尽掠公赀而入海,边海运舟遇②,复掠之。千户德流于实,见执公之弟,今江浙行省平章国珍,乃合族人乡丁数百人,敛兵治械,逐而击之,王就禽。奉德流于实归。参政朵儿只班以闻,授公仙居丞,人赏各有差。公夙负其才,又官乡邑,民间利病所素习,剖牒谳狱,听决精审,民悦吏服。里有赀家失物,疑其宗人,诬告之。公廉得其情,抵告者罪。俗多讼讦,或杀其子指仇家,累岁不能结其案,公博以耳目,得佐谋者一二人,痛治之,严示教条,风以衰息。部使省岁再至,诿公录囚,援律评事,咸适厥宜,人莫敢谒以私。公既官守,诸得服田,里业益富,仇公者憾益深,公躬往谕抚之。比至,则谋者势益逼,度不容居,举宗入海避之。仇者得计,遂挤公益力,有司来逐公,公得其逐者,辄礼而归之,因以状吁冤。朝廷遣左丞帖里铁木尔慰安,公公帅诸弟谢罪。自陈愿毕力海漕,报朝廷,乃为立巡防千户所,即授公兄弟千户,赐五品服。至正十五年公护漕抵直沽,号令严明,粮舶悉集。有旨升千户所为万户府,授亚中大夫、上万户,佩金符,赐金系带一,宴劳以遣之。仍下诏禁止人无得造赏□漕事。十六年,平江陷,丞相达识帖睦尔檄公总舟师往讨之,届昆山,接战数十,杀获甚众。既而平江来归款,乃罢兵还,录其功,升万户府为防御运粮义兵都元帅府,即进公通奉大夫为都元帅。十七年,有旨锡公袭衣、宝刀、御马,公倍感谢,乃分兵扼温、台、庆元三郡,以保障海隅。明年江东畔,兵陷建德,瞰绍兴,势殊鸱张,时南台移置绍兴,内外震动,省台驰檄旁午,公挥御多方,寇莫能犯。中原道闭,使臣之往来,海以为陆,公每具资粮送迎无阙,凡海舟唯公号是视。前此海道中断,公遣官从浙省,计未决,而户部尚书伯颜帖木儿来,

---

① 璋,民国杨晨《路桥志略》作"章"。

② 边,民国杨晨《路桥志略》作"适"。

命公帅诸弟发船装粮于平江,公罄力董其役,朝廷赏公升福建行省参知政事。十八年,升资善大夫、同知行枢密院事,明年升荣禄大夫、江浙行者右丞。朱元璋侵衢、婺,公计可使招来之,二年始得其情,于是朝廷遣尚书张昶等来与公会议。至台,将由婺以趋集庆,时苗军据婺州,其将王保等杀渠帅出奔,过仙居所□纵剽,昶急与公谋,公曰:今招安之事垂成,而苗军忽变,必入吾境,则吾民必见害,而彼闻之,将疑我怀去就,我请往谕保等,庶乱可弭。乃引百余骑至仙居,遣属僚馈保等酒牢金币,保阳诺,诸约束其军,□纵剽目如,公重遣人往戒之。是夜二月二十一日也,迫四鼓,保军围公营数匝,矢石如雨,公不意其变,帅麾下起力斗,手杀十数人,而矛中折,遂遇害。同死者若干人。

公子明巩、明敏闻难,起兵来,未至而保等间道出新昌,竟遁免。我军追弗及,事闻,赠谥褒崇,优于常典。卜以至正二十三年十月二十一日,葬公涌泉之原。娶同邑於氏,封越国夫人。子三人:长明巩,今资善大夫、江浙等处行中书省参知政事,好读书,通兵法,恭以下士。次明敏,今奉政大夫、江浙等处行枢密院判官,知学有勇力,善骑射。次明伟,今奉议大夫、浙东道宣慰副使、签都元帅。女三人。庶男二人,德忠、德庆。庶女三人。孙男二人,麟、凤。公性□□而虑事缜密,拊士卒皆得其欢心。每论议,必俟群言毕乃择可否从之,虽贵登三事,于乡间谦抑无矜志,仇者有悔罪来谢,待之如初。此功名之士所以为公惜也。乃志以铭曰:

方古受氏,爱自姬周。辅宣中兴,方叔壮猷。叔也流泽,覃及后裔。代为名人,□美厥世。章安之胤,旷坠罔容。肇自越公,实大以茂。笃生荣懋,恢弘英发。鳄拔山耸,鹏抟风烈。大舰千艘,公董漕输。声威奋扬,扫迹天吴。皇嘉锡之,重主叠爵。暨于诸弟,犀联玉错。新定陷逆,公护海邦。诏使协谋,致其来降。祅氛忽惊,变作于婺。公仁弗揣,往以善谕。畴谓狡媛,□□我师。仓猝抟战,身以殉之。功虽不卒,名则不没。公有令子,克继其伐。涌泉之原,灵归孔安。峛若隧碑,过者轼旖。

(《全元文》第 48 册)

国璋,伯奇公次子。仕元,官至银青荣禄大夫、江浙等处行中书省右丞相。至正二十二年二月廿一日卒于军,追封越国公,谥荣愍。葬临邑涌泉之原,事实详见张翥撰《神道碑铭》。配路桥后於氏,封越国夫人。子三,女二。箧室□氏,子二,女三。

(《民国四修石曲方氏宗谱》卷一)

国璋,国珍兄,与弟国瑛、国珉同国珍作乱。至正十三年,元招降,授璋广德路治中,不受命。十六年,以珍复降,升璋为衢州路总管兼防御海道事。既而珍据有三州之地,遂令国璋出镇台州。十九年九月,明祖遣博士夏煜授璋行中书省右丞。二十二年,珍已纳款于明,明苗军降将蒋英、李福等叛,杀首帅胡大海,持其首来,曰愿隶麾下。众皆贺,珍独不许,曰:"吾昔遣使效钱镠,言犹在耳,今纳其叛人,是见小利而忘大信也。"乃命璋率师邀击于仙居,璋中流矢而殁。明祖遣使临祭,慰抚其遗孤。

(《元季伏莽志》卷七《盗臣传》)

方国璋,国珍兄,衢州路总管。

(《(光绪)黄岩县志》卷十五《选举》)

方国璋,国珍兄,封赵国公。

(《(光绪)黄岩县志》卷十六)

方国瑛

国瑛,珍弟也。初从兄为乱,至正十三年,元授信州路治中,不受命。珍既据温、台、庆元三郡,令国瑛随国璋居台,后附明,明授瑛行中书省参政。至正二十六年十月,元又以国瑛为江浙行省平章政事。吴元年,明将朱亮祖兵至台州,瑛欲遁去。会都事马克让自庆元还,言国珍方治兵为城守计,劝国瑛勿去,始乘城拒守,士卒往往溃散。明兵攻之急,瑛以巨舰载妻子夜出兴善门,奔黄岩。亮祖入其城,狗下仙居诸县。十月兵至黄岩州,国珍烧廨宇民居,遁海上。守将哈儿鲁降于明。十一月己丑,国瑛遣经历郭春及其子文信诣朱亮祖纳款。丙申,亮祖兵至黄岩南槛,国瑛及其兄子明善来见,送之建康。

(《元季伏莽志》卷七《盗臣传》)

方国瑛,国珍弟,江浙行省平章政事。

国瑛,伯奇四公子。明授江浙等处平章政事。生卒配葬,俱失考。子一。

(《民国四修石曲方氏宗谱》卷一)

方国珉

国珉,珍幼弟也,初从乱,附于元,惟珉未授官。及国珍开治庆元,留珉以自副。至正十九年,纳款于明。九月甲寅,明遣博士夏煜至庆元,授方氏兄弟官,国珉拜江南行枢密院金院,兄弟各给符印,皆不用,独珉开枢密分院着事。吴元年十二月癸未,明兵既取庆元路,珉随珍见明将汤和于军门,和送之建康。

(《元季伏莽志》卷七《盗臣传》)

方国珉,国珍弟,江浙行省平章政事。

(《(光绪)黄岩县志》卷十五《选举》)

国珉,伯奇五公子。明授江浙等处平章政事。生卒配葬俱失考。子二。

(《民国四修石曲方氏宗谱》卷一)

国珍诸子

宋濂《方国珍神道碑》:国珍其裔分自莆田,由仙居迁黄岩,祖宙,祖妣潘氏,父伯奇,妣周氏。国珍长七尺,状貌魁伟,身白如瓠,后改名贞,卒年五十六,葬玉山之原。妻两董氏,子五。礼,宣武将军。金,广洋卫亲军指挥使司事。完,忠显校尉,虎贲卫千户所镇抚。三本四则五安。孙六人。《洪武实录》曰关、曰元、曰明完、曰明则。《明史》本传曰关、曰礼。《万历志》方明礼,名德庭,国珍子。好学有文,尤善吟咏,世所传方小指挥诗是也。方明谦名德让,国珉子,有宿卫劳,赐五花名马者也。又明善、明蛮,则国珍兄弟之子耳。《列朝诗集》据袁珙《古今识鉴》,柳庄相方明敏事,谓方行字明敏,国珍子,此《实录》、史传所未见者。袁氏不知何本。又《九峰志》,方礼字文谦,国珍子,合明礼、明谦为一人,又误以明谦为文谦。昔人谓国珍内附,诸子先后名字改窜更互,史家缺讹,不可考核,信哉。袁珙谓洪武戊午,国珍已殁,明谦受剥肤之刑,举族受祸,故明敏戍濠,复成滇耳。今郡志误以明谦为明敏,并改戍滇诗为戍濠,则又不可解矣。

(《(光绪)黄岩县志》卷三十九《杂志》)

方明善

明善,国珍从子,小字亚初,始作乱即与焉。及珍既据三州,分明善居温州。时璋与瑛居台,政刑租赋,率意为轻重,惟以买田造舟殖货为富家儿计,而明善居温,颇遵法度。至正二十四年甲辰九月,温州土豪周宗道据温之平阳,犬羊相错。明善以兵蹙之,宗道即降明。明善怒,益兵攻之。宗道复求救于明金华守将胡深,出师击败明善,遂攻下瑞安。明善惧,进兵温州,与珍谋请岁输银二万两充军费,守乡郡,如钱镠故事,明帝诏深班师。二十六年十月,元授方氏兄弟官,明善与从父瑛、珉等并为江浙行省平章政事。吴元年九月甲戌,明命参政朱亮祖讨国珍。己巳,亮祖自黄岩进兵,阵于温州城南七里,其将黄宗云、朱景达来降,亮祖纳之,授以元帅。时明将李文忠遣耿天璧复将苏州兵抵温州太平岭,明善遣卫兵拒战,明师失利,宗云等旋叛去。明日,天璧复引兵攻之,明善来御,奋击大败之,遂北至生娄门外下,破其太平寨。亮祖分兵急攻,遣指挥张俊、汤克明攻其西门,徐秀攻东门,柴虎将游兵应援。晡时克其城,获其员外郎刘仁本。明善先已挈妻子遁去。亮祖分兵狥瑞安,枢密同金喻伯通以城降。十一月癸酉朔,亮祖率舟师袭取方明善于乐清之盘屿岛,追至楚门海口,遣百户李德招谕之。既而亮祖屯兵黄岩之南槛,明善偕其从父国瑛来见,亮祖送至建康。

(《元季伏莽志》卷七《盗臣传》)

方明善帅舟师围元同金枢密院周嗣德于平阳瑞安。

明善知嗣德得元主所降分院印,遂以三千余舟列营平阳瑞安,嗣德四面受敌,因激诸军以忠义,人皆感奋,屡挫明善军锋。又遣设人断其钉缆,乃解去,追获其舟二百。会集贤院都事兴童持诏来贺,嗣德乃遣本枢都事萧天瑞从诏使入贡谢恩,且进地图,表言方国珍屡行侵轶,乞即注官代职。元主揽表,为下诏责让国珍,仍又赐嗣德以袭衣御酒,超拜中奉大夫、江浙等处行中书省参知政事,割分省印使佩之,以承德郎行枢密院判官官诚德,同知平阳州事。

(《秘阁元龟政要》卷三)

青田之芦茨,地接闽徼,人素犷悍,叶仲贤恃其险,屡服屡叛,乘我师在外,复来寇。公怒,还军深入,擒其渠魁,少壮者皆籍为兵。二十年逋诛之盗,一旦就平。温州方明善攻我平阳,公出偏师复之,并复瑞安所侵地,而亲统正军攻温州。明善势蹙,与其仲父国珍议纳岁币。诏公还师,明善继以盐若干来贡。上命处州易银以入内藏,上怒银色恶,责守令使偿。公曰:"此吾过也,守令禄薄,何能偿?"乃售龙泉田,以银九百两代输。公寻入觐,上欲留公,且柄用之。以边事未辑,愿还守外。上时已即王位,乃擢王府参军,仍总制处州等翼。陛辞,上喻之曰:"俟闽、浙尽平,当还汝中书矣。"

(宋濂《大明故王府参军追封缙云郡伯胡公神道碑铭》,《宋濂
全集》第 1 册)

方明善,国珍从子,江浙行省平章政事。

(《(光绪)黄岩县志》卷十五《选举》)

方明完

明完,国珍次子,初名关,小字亚关。至正十九年,为质于明。明帝遣之回,降以银印,温旨慰国珍甚优厚。后又献船水手数万,立言建治海筑城立卫所防倭,明帝从之。授官虎贲卫千户所镇抚。

（《元季伏莽志》卷七《盗臣传》）

方关,一名完,国珍子。忠显校尉虎贲卫千户所镇抚。

（《（光绪）黄岩县志》卷十五《选举》）

明完,国珍公次子,讳完,小字亚关。明授忠显校尉、虎贲卫千户所镇抚。子一。

（《民国四修石曲方氏宗谱》卷一）

方明谦

方明谦,国珍从子也。袁柳庄曰:"君容仪整肃,颧骨插鬓,但目三角而陷,终当败家。"后洪武初归款,授太仓卫指挥佥事,经略明、台、温三府,起方氏军。稍从军访民疾苦,遂致骄横。洪武戊午年,时国珍已殁,明谦受剥肤之刑,举行族累祸。

（《古今识鉴》卷八）

方明谦,名德义,以字行,黄岩人,国珉子。洪武初,授明威将军、广洋卫亲军指挥佥事。有宿卫劳,帝出内厩五花马赐之,廷臣相率赋诗,宣侈上恩,方孝孺为之序。倭寇海上,帝患之,命汤和行。和请与明谦俱,明谦习海事,帝常访以御倭策,明谦曰:"倭海上来,则海上御之耳。请量地远近,置卫所,陆聚步兵,水具战舰,则倭不得入,人亦不得傅岸,近海民四丁籍一以为军戍,守之可无烦客兵也。"帝以为然。和乃度地浙西东并海设卫所城五十有九。逾年而城成,浙东民四丁以上者,户取一丁戍之,凡得五万八千七百余人。御史奏凯,有《和方指挥海上筑城歌》,今沿海海门、松门、新河等城,皆和督建而明谦所营度者。

（《（民国）台州府志》卷一百二十三《人物传》）

方明谦,字德让,国珉子。洪武初,授明威将军广洋卫指挥佥事。有宿卫劳,上出内厩五花名马赐之,廷臣相率咏诗以纪恩,方孝孺为序。尝偕汤和筑城海上防倭,籍浙东民守之。（台州卫田始此）

（《路桥志略》）

方鸣谦,字德让,国珉子。洪武初,授明威将军、广洋卫亲军指挥佥事。

（《（光绪）黄岩县志》卷十五《选举》）

东瓯王汤和,字鼎臣,濠人。……寻谕和曰:日本小夷,屡扰东海,上卿虽老,强为朕行视要地,筑城增戍,以固守备,使指挥方鸣谦辅行。鸣谦方谷珍从子,□以方氏世家东海,识倭防,故谍之。上从鸣谦画,令和自登莱沿海,东抵浙,凡筑五十九城,取民于四之一戍之。

(《皇明史窃》卷十九)

明谦,字德让,国瑛公长子。为人敦硕畏慎。洪武初,授明威将军、广洋卫亲军指挥佥事。洪武十八年,有宿卫劳,上出内厩五花名马赐之,廷臣相率赋诗,以彰殊恩,方孝孺为序,有传。

(《民国四修石曲方氏宗谱》卷一)

公讳谦,字德让,国珉公子。洪武初,授明威将军、广洋卫亲军指挥佥事。有宿卫劳,上出内厩五花名马赐之,廷臣相率赋诗以彰殊恩,方孝孺为序。倭寇上海,帝患之,谓汤和曰:"卿虽老,强为朕一行。"和请与明谦俱,明谦习海事。帝尝访以御倭策,明谦曰:"倭海上来,则海上御之耳。能量地远近,置卫所,陆聚兵,水具战舰,错置其间,倭不得入,入亦无所得。若纵之登岸,则难制矣。"帝曰:"善,安所得戍卒?"对曰:"兵兴以来,民甚畏卒。而募为之,若四民籍一以为兵,固无所苦也。"帝以为然。遣和董其事,和乃度地于浙西东并海设卫所城五十九,逾年而城成。浙东民四丁以上户取一丁,凡得五万八千七百余人。秦御史凯有《和方指挥海上筑城歌》,今沿海海门、松门、新河等城,皆襄武督建而明谦所营度也。

(《民国四修石曲方氏宗谱》卷七)

方 礼

方明则。明则亦国珍子。国珍疾革,明帝官其子礼为广洋卫指挥佥事,礼即明则也。

(《元季伏莽志》卷七《盗臣传》)

方礼,字德庭,国珍子。明授宣武将军广洋卫亲军指挥使。好学有文,善吟咏,世所传方指挥诗是也,今不传。

(《路桥志略》)

方明礼,字德庭,国珍子。宣武将军广洋卫亲军指挥使,好学有文,尤善吟咏,世所传为小指挥诗,皆明礼作也。旧志:尝奉命筑城迁海,乃鸣谦事,今削之。

(《(光绪)黄岩县志》卷十五《选举》)

明礼，国珍公长子。讳礼，字德庭。明授宣武将军、金广洋卫亲军指挥司事。好学能文，善吟咏，世所传方小指挥诗是也。配南塘戴氏。子二。

（《民国四修石曲方氏宗谱》卷一）

方行（明敏）

方明敏。明敏亦国珍子，相士袁柳庄尝相之曰："君边庭赤气如刀剑纹，二九日有升进。"随从父克太仓，授分省参政，调江西。明敏不知珍第几子，以克太仓升官，则亦年长矣，志此备考。

（《元季伏莽志》卷七《盗臣传》）

方行，字明敏，旧载昱关战守时，行拒明师，不利，退守札溪。题怪石落花一联于石壁，自刎矣。而其后又载其徙濠有诗，戍滇有诗，则明敏固凿凿未曾死也。然则自刎于札溪者，谁哉？

（《元季伏莽志》卷十）

方明敏，国珍子也。袁柳庄曰："君边地赤气如刀剑纹，二九日内有升进。"随从父克太仓有功，升分省参政，调江西。

（《古今识鉴》卷八）

方参政行。行字明敏，黄岩人，国珍子。至正间，授江浙行中书省参知政事，调江西，未详所终。所著《东轩集》其弟明则缮写成帙。宋学士濂评之曰："古诗俊逸超群，如王子晋鹤背吹笙，随风抑扬，声在云外；律诗清丽婉切，譬犹长安少年饮酒，百华场中，莺歌蝶拍，春风煦然扑人，终日传杯，而醉色不起。诗人之趣至是，亦可谓之不凡矣。"按，孔从善《续龙爪石壁题句》谓："行以义兵万户守昱关，再战不利，退守札溪，题诗石壁，自刭。"而《方参政行别传》云："宋濂序曰，明敏仕于元，尝参知政事于江浙行中书。"按，方国珍据庆元，侄明善据温，授江浙行省平章，又有明巩、明谦者，明敏或其群从也。复见心《蒲庵集·夜宿东轩简方明敏大参诗》云："重来濠上得盘桓，翦烛东轩坐夜阑。"国初，元臣例安置濠，见心奉诏住凤阳，与明敏数倡酬，知明敏亦徙濠也。沐景颙《沧海遗珠》多载国初戍濠之诗，而明敏与焉，知徙濠后又谪滇也。余之初考如此，及观袁忠彻《古今识鉴》云："方明敏，国珍子也。柳庄相之曰：'君边庭赤气如刀剑纹，二九日有升进。'随从父克太仓，授分省参政，调江西。"乃知明敏为国珍之子，前元之升授，实以国珍弇子之役，而余初考为未详也。袁记又云："洪武戊午，国珍已没，明谦受剥肤之刑，举族累祸，则明敏或于此时得以从轻典戍滇也。"《洪武实录》载："国珍质子曰关，曰元,后与其子明完、明则俱降。"完小名亚关,关即完也。宋濂神道碑载子男五人,其二则礼与完。国珍病亟时,授官以慰之者;其三曰本则、安则。未知此五人者孰为明敏者也。国珍诸子侄内附,前后名字窜改更互,不可考核,史家阙误若此者多矣,岂独杞宋无征为可叹哉。国珍窃据时,招延文士,萨天锡、朱右辈咸往依之,刘仁本、詹鼎则亲近用事,潜溪盛称明敏襟度潇洒,善谈名理,于书无所不读,则明敏于国初居然胜流,未可以杨山遗种而消之也。庆元之父子,淮张之兄弟,右文好士,皆有可书,志胜国群雄者,无抑没焉。别传之所载如此,姑两存之,以俟他日更考云。

(《元诗选·三集》卷十)

方行,字明敏,以字行,号东轩,国璋子。自少喜读书,襟度潇洒,善谈名理,尤好为诗。国珍开府庆元,名流赵俶、谢理、萨都剌等依以避兵。明敏与往来,业益精。一日,边地有赤气,如刀剑纹,袁珙相之,谓二十九日内当进爵,可二品,果以从克太仓功授江浙行省参政,调江西。内附后,安置濠上,与复见心数唱和,所著《东轩集》,宋濂为叙,称其于书无所不读。古诗俊逸超群,律诗婉丽清切,极风人之致,不欲以庆元子弟没之云。

(《(光绪)黄岩县志》卷二十《人物》)

方行,字明敏,国璋子(《三台诗录》作国珍子,误。据张耆撰《国璋碑》改正)。尝从父克太仓,授行省参政,调江。归明后,徙濠上,又徙滇,有《东轩集》。宋文宪濂序称其为人襟度潇洒,善谈名理,于书无不读,古诗俊逸超群,律诗清切婉丽。《御选元诗》采之。(碑云,璋子长明巩,江浙行省参知政事,读书通兵法,恭以下士。次明敏,今江浙行枢密院判官,知学有勇力,善射。次明伟,浙东道宣慰副使,签都元帅。孙二人,麟、凤。县志:世袭方政,国璋孙,从征麓川死事,追封南和伯,世袭侯考。)

(《路桥志略》)

方行,字明敏,国珍子。江浙行省参政,明洪武中,谪戍濠,戍滇卒戍所。

(《(光绪)黄岩县志》卷十五《选举》)

明敏,国璋公次子。讳行,号东轩。明授奉政大夫、江浙等处行枢密院判官,知学,有勇力。善谈名理,尤好为诗。著有《东轩集》,宋濂为序,子一。

(《民国四修石曲方氏宗谱》卷一)

公讳行,字明敏,以字行,号东轩。国璋公次子。自少喜读书,襟度潇洒,善谈名理,尤好为诗。国珍公开府庆元,名流赵俶、谢理、萨都剌等依以避兵,明敏与往来,业益精。一日,边地有赤气,如刀剑纹痕,袁珙相之,谓二十九日内当进爵,可二品。果以从太仓功,授江浙行省参政,调江西。归明后,安置濠上,与复见心数唱和,又徙滇。所著《东轩集》,宋濂为序,称其于书无所不读。古诗俊逸超群,律诗婉丽清切,极风人之致。《御选元诗》多采之。

(《民国四修石曲方氏宗谱》卷七)

方明巩

明巩,亦国珍从子。

(《元季伏莽志》卷七《盗臣传》)

方明巩,国珍从子。袁柳庄曰:"君眼长而眉太重,额广而日角不莹,非丧父官不显也。"后父死于兵,荫袭浙江行省左丞,果如其言。

(《古今识鉴》卷八)

明巩,国璋公长子。字德□,明授资善大夫江浙等处行中书省参知政事。好读书,通兵法,恭以下士,子一。

(《民国四修石曲方氏宗谱》卷一)

方明锡

明锡,字德□,国瑛公次子。方孝孺称其好学有文,生卒配葬俱失考。

(《民国四修石曲方氏宗谱》卷一)

方文信

文信,亦国珍从子,国瑛子也,随父居台。亮祖兵至,瑛即遣文信通款,后随国珍入京师。

(《元季伏莽志》卷七《盗臣传》)

方 政

方政,国璋孙,从征麓川死事,追封南和伯,世袭。旧志:仕进。

(《(光绪)黄岩县志》卷十六)

方惟益

惟益,方氏族子,伪官副枢密。珍率惟益等与汤和战,为和所擒。

论曰:方谷真猾贼也,首鼠两端,始而事元,旋又附明,既已归命,犹怀二心,而幸逃显僇,卒以功名终,诸盗臣中,此其妾妇也欤?

(《元季伏莽志》卷七《盗臣传》)

董 氏

董氏,珍妻。珍两娶于董,元封越国夫人。

(《元季伏莽志》卷七《盗臣传》)

范秋蟾

秋蟾,方国珍妻。

《尊卿录》:达普化(泰不华)死难,戴氏妇范秋蟾哭以诗曰:"江头沙碛正交舟,江上人怀百战忧。力屈呆卿生骂贼,功成诸葛死封侯。波涛汹汹鲸横海,天地寥寥鹤怨秋。若使临危图苟免,读书端为丈夫羞。"

按,普化为方国珍所害,故秋蟾以诗吊之。予初闻秋蟾与张士诚伎唱和,谓不过才妇人耳。今观此诗,则邪正分明,其不满于国珍多矣。

文藻按,《三台诗话·国珍子妇》,南塘戴氏有婢范秋蟾,能吟而知义。方氏所为,心勿善也。唐门山既杀台忠介,秋蟾作诗吊之,江头沙碛云云,白野忠义见知于女子,地下可以无恨。乃秋蟾竟指主人为贼,亦一奇女子也。他书有谓国珍妻婢者,又有作戴氏妇者,此语较《尊卿录》不同,附录俟考。

(《全浙诗话》卷二十六)

秋蟾,台州人。方国珍妻戴氏妇也。能诗,与张士诚伎唱和。泰不华死难,秋蟾以诗哭之。

哭泰不华元帅

江头沙碛正交舟,江上人怀百战忧。
力屈呆卿生骂贼,功成诸葛死封侯。
波涛汹汹鲸横海,天地寥寥鹤怨秋。
若使临危图苟且,读书端为丈夫羞。

(《元诗选·癸集下》)

范秋蟾,黄岩人,南塘戴氏妇,方国珍戚也。琴棋书画,靡所不精,尤工音律。张士诚遣能诗女伎十余来觇国珍虚实,国珍送至戴与秋蟾角艺,无所轩轾。及其行,秋蟾又制一新词被之管弦送之,凡十章。张伎大服。更以国情输之。秋蟾虽方氏姻,雅不喜国珍所为。初泰不华为国珍所害,秋蟾作诗吊之曰:"江头沙碛正交舟,江上人怀百战忧。力屈呆卿生骂贼,功成诸葛死封侯。波涛汹汹鲸横海,天地寥寥鹤怨秋。若使临危图苟免,读书端为丈大羞。"

(《(民国)台州府志》卷一百三十一《人物传》)

范秋蟾,南塘戴氏妇,方国珍之戚也。张士诚遣伎女之能诗者来觇方氏虚实,国珍遣送至南塘秋蟾与酬对,伎服其才,更以国情输之秋蟾,虽方氏姻,雅不喜国珍所为。达普化(泰不华)为国珍所害,秋蟾作诗吊之。其志可知矣。

(《(光绪)黄岩县志》卷二十四)

黑龙绕柱旧志:国珍微时,晨诣戴氏,假大桅木,主人卧未起,梦厅事,有黑龙绕柱,屋为震撼,惊寤。视之,则国珍也。遂以女妻其子。又戴有妇曰范秋蟾,美而能诗。国珍据庆元,张士诚遣能诗伎女十余,来觇富盛,国珍送至南塘,以夸戚里之富丽,并使与范唱和。范制新诗,被之管弦几十章以送别,张伎甚感服。然则戴氏女,固国珍子妇也,范秋蟾则戴氏妇也,两事耳。郡志合而一之,以为国珍妻,殊失考据。

(《(光绪)黄岩县志》卷三十九《杂志》)

范秋蟾,南塘戴氏妇,方国珍戚。(《旧县志》)琴棋书画,靡所不精,尤工音律。张士诚遣能诗女伎十余来觇国珍虚实,国珍送至戴与秋蟾角艺,无所轩轾。及其行,秋蟾又制一新词被之管弦送之,凡十章。张伎大服。(《涌幢小品》)更以国情输之。秋蟾虽方氏姻,雅不喜国珍所为。初泰不华为国珍所害,秋蟾作诗吊之曰(《旧县志》):"江头沙碛正交舟,江上人怀百战忧。力屈呆卿生骂贼,功成诸葛死封侯。波涛汹汹鲸横海,天地寥寥鹤怨秋。若使临危图苟免,读书端为丈夫羞。"(《全浙诗话》引《尊乡录》)

　　按:《全浙诗话》引《尊乡录》作戴氏妇范秋蟾,又引《三台诗话》谓方国珍子妇戴氏有婢范秋蟾。又谓它书有作方国珍妻婢者,有作戴氏妇者。今案旧府县志均作戴氏妇,国珍之戚,《元诗选》、《三台诗话》均同,今从之。(《府志考异》)

(《黄岩新志》第三十三册《人物》)

秋蟾诗

　　范秋蟾者,台州塘下戴氏妻也。琴棋书画,靡不所精,尤工音律。一日,其夫与客同赋诗吊泰不华,未就,秋蟾出一律曰:江头沙碛正交舟,江上人怀百战忧。力屈呆卿生骂贼,功成诸葛死封侯。波涛汹汹鲸横海,天地寥寥鹤怨秋。若使临危图苟免,读书端为丈夫羞。时戴与方谷珍婚,张士诚遣能诗伎女十余来觇。谷珍送至戴与秋蟾角艺，无所轩轾。及其行也，秋蟾又制一新词，被之管弦送之，凡十章，张伎大服。后，戴将败，妇女皆淫泆为桑间之音。一日，忽童谣曰：塘下戴，好种菜。菜开花，好种茶。茶结子，好种柿。柿蒂乌，摘个大姑，摘个小姑。已而，洪武末年，戴之家竟籍没，惟出嫁二女在，此其先谶云。

（《涌幢小品》卷二十二）

  《康熙府志》载：太平南塘戴氏，宋元时最盛。方国珍微时，至其家借桅木，戴氏先夕梦柱上有黑龙蟠绕，晨起见国珍，异之，因妻以女。后国珍既据三府，戴氏为国戚，有妇范秋蟾，美而能诗，张士诚在姑苏，遣能诗伎女十余，来觇国珍富盛。国珍送至南塘，与秋蟾唱和，无所轩轾。其行也，秋蟾制新调，被之管弦，凡十章以送别，张伎甚感服。

（《民国四修石曲方氏宗谱》卷八）

  戴氏被抄在洪武非永乐间事 南塘戴氏被抄，林之松集载元末明初，戴宗方汰，相率为谕制非度。永乐三年，门客胡应中、叶得中投通政司，奏其不法不道事，下浙江巡按御史，发卒收捕。狱成，族诛戴氏。诸奏首及，知证人各赏所没地，蠲其赋。据《征献录》，石屏六世孙松石诗，自序"洪武壬戌春，吾族颠沛，避地方还，见景伤怀"云云。则戴之抄实洪武之十六年，非永乐间事。是太祖惩元政之媮，用法严峻，郡邑吏阿旨诛求，邑内江氏及白山蔡氏，皆无故被抄，况戴系方氏之姻。国珍内附后，熊鼎按部，尽籍其亲戚寄顿，戴富盛累世，日处危地，门客乘机告讦，法司深文周内，遂至赤族，岂真有不法不道之事哉？袁忠彻记方鸣谦受剥肤之刑，举族罹祸，在洪武戊午，隔壬戌数年，正与戴氏之抄相先后。《凤池叶氏谱》载洪武二十六年正月初一抄南塘戴氏，次日抄叶义恭家，尽诛其二十八子。二十六年或十六年之误，其抄断在洪武而非永乐。然林说出于李考功茂宏，又永乐间人亲见之事，岂先抄止数家，后乃及举族耶？相传先未抄时，童谣云："老鸦叫，相公到。到何方，到南塘。塘下戴，好种菜。菜开花，好种瓜。瓜抽藤，好种菱。菱壳乌，摘个大姑，摘个小姑。"郡邑志载此有详略，总为戴宗将亡之谶。又闻石屏庙中，先日降乩，有句云："五桥明月深秋夜，冷雁一声叫断肠"。五桥皆戴筑家之，兴亡其殆有数欤？（《光绪台州府志》）

（《黄岩新志》第三十六册《杂事》）

方国珍女

  国珍女适黔国公子为室。

（《元季伏莽志》卷七《盗臣传》）

六、诗文歌谣

九峰绝顶

方　礼

东风吹我上崔嵬，回首尘寰图画开。九朵峰峦连寺塔，一弓江水护楼台。鲁桥车马随花柳，彭冢麒麟卧草莱。说起兴亡吟不了，特敲松屋问寒梅。

（《路桥志略》卷六）

题吴彦嘉所藏张秋蟠龙图

方　行

张公画龙人不识，笔法远自僧由得，挂向高堂神鬼惊，恍惚电光来破壁。夜当渤澥开笔力，元气淋漓浸无极。吞吐日月天地昏，摩荡云烟太阴黑。江翻石转杳莫测（一作穷）。云涛卷空铜柱侧。洞庭扶桑非而谁，颠倒沧溟为窟宅。乃知前图只数尺，坐令万里起（一作生）古色。何当置我君山湖上之高峰，听此老翁吹铁笛（第五句"夜"，《明诗综》作"想"）。

东归青谣送贝仲琚回吴中

方　行

天目青逾蓝，上有危峰横空插汉高，巉岩沧海深莫测，下有六鳌迭负蓬壶方丈于其侧。山峻极兮水波澜，千盘万折行路难。愁看浑沌开凿处，尚有斧迹留人间。爰山仙翁发如雪，胸蟠太和吐日月。手中炼石轻女娲，五色曾将补天裂。忆闻羽客从之游，青霞光乱云锦裘。金鸡叫海白日惨，桂树四落空山愁。昔年寒月照樽俎，明珠百斛轻于土。君山铁笛悲向人，羞杀堂前柳枝舞。君归东吴怀旧庐，明星古宅非吾居。会稽泱漭浙江险，谁探千载太史禹穴之遗书。兴因东归发，遂作东归谣。他年相忆五情热，应知泪湿双龙绡。

怀丁鹤年居士

方 行

白云生虚堂,沧江夜来雨。念子抱素清,守道由处女。离别月几圆,流光欻如许。佳期怅芳岁,缅怀在知己。

清丽曲

方 行

青素绕琼阙,绿水带朱楼。开宴坐清夜,飞觞凌素秋。美人明月珮,仙客紫云裘。生世真飘忽,应当秉烛游。

登秦驻山

方 行

此地曾经驻跸来,秦皇遗迹尚崔巍。采穷沧海无灵药,归道骊山有劫灰。万里黑风迷鬼国,一杯弱水隔蓬莱。诗人吊古应多思落,日高邱首重回。

送贾彦临训导霍邱

方 行

中都会面得从容,两载同听长乐钟。天近君门严虎豹,地宽人海混鱼龙。承恩自合归宣室,论道安能老辟雍。江柳春花增别恨,白头何日更相逢。

登子胥庙因观钱塘江潮

方 行

吴越中分两岸开,怒涛千古响奔雷。子胥不作忠臣死,勾践终非霸主才。岁月消磨人自老,江山壮丽我重来。鸱夷铁箭俱安在,目断洪波万里回。

送应文学之闽中

方 行

博士才名成老翁,又随声教向关中。百年礼乐今重见,万里车书喜会同。泰华云开仙掌出,昆明水冷劫灰空。他时太史瞻星地,应说奎光聚井东。

题美人图

方 行

白玉帘开露气浮,芙蓉花近紫金钩。阳春一曲无人识,空拂银笔下翠楼。

《路桥志略》卷六

壬辰三月二十六日海寇再作七哀诗二首

李禹鼎

曲学昧大方，小智乃妄作。
摇摇鼓顽矿，忍复铸此错。
包藏祸机深，销沮民气薄。
始焉仅滥觞，终乃不可药。
何当脔若肉，持以戒元恶。

帅君问世英，早魁天下士。
历历涉世故，有才备文武。
当官独持廉，许国恒以死。
平生疾恶心，晚节志逾苦。
深期海气静，忠义极许与。
天胡不悔祸，赍恨遂终古。
悲来抚箜篌，有痛彻肝腑。

按至正十二年三月，方国珍复叛入黄岩港，泰不华战死，诗为是作。（绍翰附注）

（《路桥志略》卷六）

方国珍未乱时台州童谣

《续宏简录》(卷四十一元杂行类)方国珍传台州黄岩人(《七修类稿》卷八《国事类》黄岩作宁海)，世业农。父伯奇素柔懦，为乡人所侮。生五子，皆有膂力，善驰跳骤马，国珍其次也，身长黑面，体白如瓠。时童谣云云，云洋屿者，台州海中童山也(《七修类稿》云："其居有山在中，曰杨氏")。仁宗延祐六年，忽草木郁然。是岁，国珍生贩盐海滨，同里蔡乱头入海行劫，国珍捕应格而赏不及。伯奇为陈氏佃，事陈甚恭，而数被侵辱。父殁，陈索租益急，稍不足，则扬言国珍等通盗。国珍戕杀之格杀捕者，遂与兄国璋、弟国瑛、国珉、从子明善等入海。旬月间，得数千人，劫掠漕粮，为海运苦，时至正八年戊子十一月也。

（《古谣谚》卷十六）

太平县童谣

《明诗综》：台州太平县塘下戴某与方国珍婚，戴氏将败，童谣云："塘下戴，好种菜。菜开花，好种茶。茶结子，好种柿。柿蒂乌，摘了大姑摘小姑。"

《三台诗话》：塘下即古南塘戴氏。自宋元来世居之，因与方国珍缔姻，遂至蔓钞。先是，童谣云云，后仅二女得免。洋山歌而方氏兴，塘下谣而戴宗覆，祸福有先征哉？按，宋濂《熊鼎墓志》，国珍降后，其金玉藏姻戚家累万计，鼎行部至台，尽藉而归之官，是时戴氏必不免。然洪武初，国珍二子方授官，继明敏等亦仅例徙濠，不过藉其寄顿财帛而已。袁忠彻记，戊午岁，明谦受剥肤之刑，举族罹祸，刑及亲党，意在此时。然则黑龙绕柱，非庆元之休祥，直屏山之妖梦耳。

（《全浙诗话》卷三十九）

台州塘下童谣

《涌幢小品》卷二十二：范秋蟾者，台州《明诗综》卷一百下有"太平县"三字塘下戴氏妻也。琴棋书画靡所不精，尤工音律。一日，其夫与客赋诗，吊泰不华未就，秋蟾出一律。时戴与方谷珍婚，张士诚遣能诗妓女十余来觇谷珍，送至戴与秋蟾角艺，无所轩轾，及其行也，秋蟾又制一新词被之管弦送之，凡十章，张妓大服。后戴将败，妇女皆淫泆为桑间之音。一日忽童谣曰云云。已而洪武末年，戴之家竟籍没，惟出嫁二女在此，其先谶云。

塘下戴，好种菜。菜开花，好种茶。茶结子，好种柿。柿蒂乌，摘个大姑，摘个小姑。《明诗综》卷一百末句作"摘了大姑摘小姑"。

（《古谣谚》卷六十五）

方国珍未乱时，台州童谣。《续弘简录》
杨屿青。出海精。

（《古谣谚》卷十六《师旷为周太子晋歌汲周书》）

方国珍，台之黄岩人，其居山中曰洋屿，尝有童谣云："洋屿青，出贼精。"国珍后果叛。

（《续文献通考》卷二百二十四）

方国珍，台之宁海人，其居有山，在中曰杨氏。尝有童谣云："杨氏青，出贼精。"其初亦欲向功，为国宣力，后失望，遂出忿言曰："蔡能为盗，我岂不能耶？"遂叛。生平力能走及奔马，与弟国彰、国英、侄亚初同为乱，朝廷屡招，国珍为司徒，弟侄皆平章院判矣。

（《草木子》卷三上《克谨篇》）

台温处树旗谣

天高皇帝远，民少相公多。一日三遍打，不反待如何。

《闲中今古录》：元到末年，数当乱，任非其人，酷刑横敛，台温处之民树旗村落云云，由是谋反者各起，黄岩方谷珍因而肇乱，江淮红巾遍四方矣。

（《元诗纪事》卷二十四）

方国珍谣

杨氏青，出贼精。

《草木子》：方国珍，台之宁海人，其居有山，在中曰杨氏。尝有童谣云云。其初亦欲立功为国宣力，后失赏，遂出忿言曰：蔡能为盗，我岂不能耶？遂叛。

（《元诗纪事》卷二十四）

七、地理遗迹

浙海有玉环山，自台及温，横亘海中数百余里，地极饶险。国初，方国珍窃据称强，诚恐海寇巢穴其中，若宁、定之金塘、大榭，嘉、湖之洋汻、陈钱，皆为海寇出没之所。且海寇非自海止也，素有山贼结通海贼，自广而闽而浙之温、处，万山绵亘，奸民实繁。有徒乘海之乱，而水陆交作，则防御之兵似亦有限。夫亦严戒舟师，以剿海上已形之寇，密行访缉，豫防陆路未发之奸。

（《陈太史无梦园初集·漫集二·纪海防》）

余姚县城始筑于吴，将朱然围一里二百五十步，高一丈，厚倍之，莫详何时堕。元至正十九年秋，方国珍复城之，凡一千四百六十五丈，延袤九里，高一丈八尺，基广二丈，陆门五，东通德西、龙泉，南齐政北、武胜、后清水门二四面，引江为壕，可通舟楫。

（《（万历）绍兴府志》卷二《城池志》）

方国珍故宅，在石曲方家堤。父伯奇，卖盐为业，有子五人，长国馨、次国璋、国珍、国瑛、国珉、受元官职，各据一方。有庆元、台、温三路，视钱氏十四州虽不如，亦称霸一世。尝于羽山建文献书院（见《羽庭集》），一时名士多从之游。子弟亦有才名迥，非陈友谅辈所能及。其西南有四衙桥，又南有三衙桥（属太平），皆方氏兄弟所作。又有走马冈（在新渎，戚象标有诗）亦其遗迹也。全祖望言，国珍在鄞，自居都元帅府，别建二府以居，国璋三府以居，国瑛四府以居，国珉今洋屿，亦有四府桥，三衙、四衙，犹言三府四府而已。

（《路桥志略》卷一）

陈銮《错庵诗存》：洪洋西北有水通方家堤，蟠曲如龙，因作《水龙吟》诗曰："天龙不在水，水龙不在天，上天而勿用，不如仍在田。真龙矫矫去不返，水底有龙未开眼。龙兮龙兮果有灵，何必作此蜿蜒形。"

（《路桥志略》卷一）

方家垾龙头颈有古墓一土丘，相传为方氏发祥之地。盖得水龙秀气而生异人，理或然也。陈错庵鉴有《水龙吟》一首以纪其事，诗曰："天龙不在水，水龙不在天，上天而勿用，不如仍在田。真龙矫矫去不返，水底蛟龙未开眼。龙兮龙兮果有灵，何必作此蜿蜒形。"

（《民国四修石曲方氏宗谱》）卷八）

元至正间，方国珍起事，里人陈仲广恢率族人御之，战于白枫河，兵败，忧愤而死。明谢铎有《白枫河赞》，见《尊乡录》。赞曰："白枫河，河水满地流红波，波声入海争荡摩，蛟龙夜泣愁鼋鼍。於乎壮士可奈何，白骨两岸高峩峩。君不见河水深不极，至今下有衔冤石。"

（《民国四修石曲方氏宗谱》）卷八）

新渼有走马冈，相传方国珍兄弟尝走马于此。明黄伦、胡璞，清戚学标，俱有走马冈怀古诗。

黄汝彝诗云："冈脊昔年尝走马，陇头今日但眠牛。金鞭坠地豪华尽，铁笛横烟草树秋。"

胡符叔诗云："冈头谁划平如砥，坦坦松阴十余里。马迹曾留芳草间，蝉声今送斜阳里。揽衣吊古思攸哉，一笑披云去复来。太息英雄渺何许，春风流水桃花开。"

戚鹤泉诗云："高天凝望秋烟紫，渼山迤逦平如砥。忆昔金鞭逞豪武，争骋骅骝驰骎骈。旌旗掩蔽林日黄，星流电掣势莫当。乱蹄迸落如喷霜，俯身捷下千仞冈。陟挽青丝更一上，疾于鸷鸟摩穿苍。有时据鞭示从容，顾盼自信人中龙。宾从赋诗石镜坞，日宴高会烹驼峰。君不见项羽筑台彭城中，公孙跃马亦称雄。烟云攸忽事已变，徒令顾影嘶长风。甫闻楼船下扬仆，立见土地收窦融。骊洋功成竟何有，苍莽溪山重回首。海泊如云不可恃，温台三郡为谁守。玉山原头吹暮笳，子弟犹闻赐五花。欲胜齐云楼上火，夜夜风雨叫鬼车。"

（《民国四修石曲方氏宗谱》）卷八）

金祖望云，国珍在鄞居都元帅府，别开二府以居国璋，三府以居国瑛，四府以居国珉。今石曲有四衙桥，泽国有三衙桥，犹言三府四府也。明胡璞有《方衙怀古诗》云："元统闻乌呼换帝，方氏兄弟相窃据。叠桥之势如投鞭，叱咤风云此虎踞。谁料雄图变野花,行人空自悲豪华。一自鹿入明天子,留得三衙与四衙。"

(《民国四修石曲方氏宗谱》)卷八)

太平万恩禅院,桥南人家古井,往往夜发光,若赤练状,相传国珍兄弟藏宝剑兵书处。掘之,其人立毙。见林之松《古井行诗叙》。

(《民国四修石曲方氏宗谱》)卷八)

《明史·汤和传》:洪武二十三年,倭上海,帝患之,顾谓和曰:"卿虽老,强为朕一行。"和请与方明谦俱,度地于浙西东,沿海设卫所城五十有九。邑东海门卫及松门、新河诸城,皆其所筑也。秦御史凯有《和方指挥海上筑城韵》。

(《民国四修石曲方氏宗谱》)卷八)

健跳所城,在南一百一十里凤凰山麓,去海五里,明洪武二十年信国公汤和奏设千户尚膺筑城,高二丈三尺,围三里二十七步,门二,西曰登明,北曰崇武。

越溪巡司城,在东三十里,明洪武二十年汤和奏设,高一丈八尺,围二百四十丈。门一,正统四年藩臬会奏,县丞刘昌修筑。国朝顺治十八年迁,康熙九年复。

长亭巡司城,又名枫湾城,在东一百里。

曼墺巡司城,在南七十里。

窦墺巡司城,在南八十里。

铁场巡司城,在北六十里团墺村,右下有沙堤,名铁岸,村人藉以捍潮。

以上四城始设规制迁复,并同越溪。同治稿钱鸿轩曰:御撰《资治通鉴纲目三编》:洪武二十年冬十一月,命汤和濒海城备倭。因日本屡入寇,帝患之,谓和曰:"卿虽老,强为朕一行。"和请与方鸣谦俱。鸣谦,国珍从子也,习海事。帝访以御倭策,鸣谦曰:"倭海上来,则海上御之耳。请量地远近,置卫所。陆聚步兵,水具战舰,岩垒错置其间,则倭不得入,入亦不得薄岸。近海民四丁籍一为兵,无烦客兵也。"帝以为然。和乃度地浙东西,置卫所。并海筑城五十有九,选于壮五万八千余人戍之。《明史·太祖本纪》:凡筑宁海、临山等五十九城,缢城漫钞。其时黄岩亦有松门、新河等城,三丁役一,民受其病。《逊国传》载方孝复以汤和海上加赋,宁海民赴阙求减,谪宁夏,此其证矣。

(《(光绪)宁海县志》卷三)

唐门山,在县东北五里。中有将军岩,甚巨。元泰不华与方国珍战死于此,因葬焉。

邑南塘戴氏妇范秋蟾诗吊之云:江头沙碛正交舟,江上人怀百战忧。力屈呆卿犹骂贼,死先诸葛未封侯。波涛汹汹鲸横海,天地寥寥鹤怨秋。若使临危图苟免,读书端为丈夫羞。

国朝牟澶《唐门行同赵襄云孙范堂作》：赵孙两生皆好事，邀我同作唐门行。唐门之行为谁作，怀贤梓里心怦怦。白野山人起元代，射策丁年冠廷对。入为言官直声彰，出任民牧仁膏沛。独怜国运遭阳九，忠诚空抱尊亲戴。竭来殉节仍故乡，埋玉此间五百载。唐门之山广而幽，唐门之水清且浏。生不能若东坡学士赤壁游，洞箫呜呜吹清秋。又不能若士雅渡江手击楫，誓吞胡羯复神州。登高望远心凄绝，洋山青青海精出。海精入海成鲸鲵，海堧从此多白骨。山人奉诏屡督师，能文能武世莫窥。儒将风流古来少，神勇况慑千熊罴。已焚火筏落奸胆，畏威就抚夫何疑。讵料渝盟同结赞，国士乃受贼民欺。夺槊猛气干星纪，阴云缭绕蚩尤旗。奎光忽进碎，槊枪掩其辉。散落山水窟，化作青磷飞。抱琴偕赤盏，誓死甘追随。同仇张与李，捐躯亦不辞。到今忠魂毅魄应相依，荒冢年年啼子规。子规啼彻行人耳，枨触往事犹涕欷。我闻元季廷议罢，科举巴延凶悍慑。当□救正虽有许有任，过桥圻桥亦何取。未几石人谶起举朝愁，一局残棋委莫收。成仁取义上法文，信国乃在江州台州两状头。当世始识科名重，科名重在兼忠勇。惜哉表章古无闻，两生怀古吟肩耸。感我老人聆清歌，婆娑起舞神为和。以人传地地增色，诗传人地更如何。行见英风健笔共，不磨直与江头双塔争嵯峨。

（《（光绪）黄岩县志》卷二）

方平章国珍墓，在江宁府上元县，国珍既卒，求葬京城外地，遂葬城东二十里玉山之原，宋濂为作神道碑。

（《（光绪）黄岩县志》卷四）

黄山桥，《嘉靖余姚县志》：莫详其始建岁月。其毁而再建者，在宋绍熙间。元至顺间尝修之。（韩性《修黄山桥记》：余姚州之东，距理所二里有善政桥，桥旁有大小黄山土人，因谓为黄山桥。尝毁于火，绍兴间，僧觉因合众力重建，三年而后成。逮宝佑间，桥之建六十年，浸及于圮，邑人樊晖率众修葺而桥完。又七十余年，当至顺年，晋宁李恭知州事来视桥梁，欷石泐过者懔懔，则与寮案议曰："桥百年不修则坏，坏而更为不可以猝成，吾捐俸以为之倡。"于是监州某、同知州事贾策、判官某是其议，协力而成之。州人踊跃讴谣，西过山阴泽中，俾性为之记。）至正间复坏。十九年，僧自悦重建，潮汐奔溃，不可置一石。自悦祝天，愿少却潮。忽竟日不至，乃并力基之，桥始克成。时方国珉镇邑，谀珉者更桥之名曰福星。初为二洞，高危易败。明正统三年，改为三洞。《万历绍兴府志》：嘉靖三十四年，倭寇猝自海上来，居民计无所出，遂毁。明年，城东士大夫各以义捐金复建桥石柱，而木梁寻复屋其上。

（《（雍正）浙江通志·卷三十六》）

新昌宁波府,元末方国珍据其地,今属县鄞、慈溪、奉化、定海、象山。

(《戎事类占》卷五《星野类一》)

东津浮桥:《名胜志》:旧名灵桥,跨鄞江上,唐长庆三年,刺史应彪置。凡十六舟,亘板其上,长五十五丈,阔一丈四尺,初置东渡门外,江阔水驶不克成,乃徙今地方。经始时,云中有虹映其上,众咸异之,名桥曰灵。现又曰灵,建今东城门,以灵桥名,盖谓此。《(成化)四明郡志》:太和三年,刺史李文儒,僖昭间刺史黄晟,宋开宝中守钱亿,乾道中守张津,庆元中守林太中,嘉泰元年守陈杞,嘉定四年守程准,十六年守赵师嵒,宝庆二年守胡榘,皆新之。元至元二十八年,廉访使陈祥造船十有四,始冶铁联贯为巨缆。《鄞县志》:至正二十年,江浙省平章方谷珍再造。明洪武二十七年,郡人黄功廓建言增设船二只。

(《(雍正)浙江通志》卷三十五)

按全祖望云,国珍在鄞自居都元帅府,别建二府以居国璋,三府以居国瑛,四府以居国珉。今石曲之有四衙,即四府也。旧谱略而不举,谅以洪武末,明谦受剥肤之刑。举族罹祸。明敏戍濠,复戍滇(袁洪云)。故虽然有后嗣如小指挥之还台(方孝孺云),亦皆隐忍而不敢言,至内纪之托始肇基殆,如作《易》者之有忧患乎?

(《民国四修石曲方氏宗谱》)卷一)

宁宗在藩邸,尝领明州观察使。及即位,改元,庆元因升州为庆元府。元改府为路,寻宁波府。升昌国、奉化为州,分治于庆元。凡州二,邑四。(昌国,世祖至元中升;奉化,成宗元贞初升。)顺帝至正八年,方国珍倡乱于黄岩,至十八年,入据庆元,南兼台、温、北尽姚、虞,讫元亡不能制。明太祖吴元年,平国珍,改路为明州府,复奉化、昌国为县。洪武十四年,以名同国号,改宁波府。(以郡有定海县,海定则波宁,故名。二十年,废昌国县。府领鄞、慈溪、奉化、定海、象山五县,隶浙江布政使司。永乐十六年,改慈溪为慈谿。

(《(雍正)宁波府志》卷二《建置》)

枢密周侯庙,《平阳县志》:在证真寺西隅,祀元周诚德。至正间,侯守平有功,后为方明善所执,不屈而死,州人思其功德,立祠祀之。

(《浙江通志》卷二百二十五)

下

编

一、有关人物

程 文

前礼部员外郎程公,名文,字以文,号黔南生,吾邑人也。孝友纯至,奖励后进不倦。蚤游燕,文章行义,为诸阁老所推许,然安分恬退,不务进取。中岁始为郡博士,任怀庆满考来京师,适贺相当国,人有荐公于贺者,乃求公文,余廷心、贡泰甫就公索之,坚拒不与。二人者索之朋友,得数篇以进,贺相焚香拱读,称叹不已,遂有翰林编修之命,选除御史,转任礼部,赏赍天台方氏还,寓会稽之钱清僧舍,道阻,不克一归。一日,张氏遣使迨绍兴路官以厚礼来馈公,坚卧不顾。既而兵四集,乃往杭,主贡泰甫,晨谒丞相达识帖木儿。还,卧疾。张氏之为平章者就谒,公拥衾面内卧不回视,遂移卧西山僧寺。一日疾果笃,召泰甫而谕之曰:"吾以死累子,埋我兹土,勿为冢,可也。"泰甫为主其丧,葬后,大军至,墓皆被发,惟公葬所以不冢免。丁未夏,仲鲁与邑人汪炯之杭,往西山求公墓,弗得,还西湖书院,求所刊文集读之,不胜悲怆,遂哀之以辞。其辞曰⋯⋯

（《程礼部》,《全元文》第 56 册第 416 页）

达识帖睦迩

达识帖睦迩,字九成。与其兄铁木儿塔识俱肄业太学,通经史文义,尤善书。由太府监提点,擢治书侍御史,以言事罢。除同知枢密院事,擢中书右丞、翰林学士承旨,迁大司农卿。至正七年,出为江浙行省平章政事。初达识帖睦迩父脱脱,浚杭州运河以通舟楫,大为民利。至是,达识帖睦迩复浚之,父老思脱脱遗爱,为之感泣。明年,又入为大司农。九年,除湖广行省平章政事。沅、靖、柳、桂等路徭贼就抚,达识帖睦迩以贼反覆不可料,奏请置三分省:一治静江,一治沅、靖,一治柳、桂,以左右丞、参政分驻其地,罢靖州路总管府,改立靖州军民安抚司,设万户府,益以戍兵。从之。俄召还,复为大司农。

十一年,命与浙东宣慰使泰不华招谕方国珍。

（《新元史》卷二百）

泰不华

泰不华，字兼善，伯牙吾台氏。初名达普化，文宗赐以今名。世居白野山。父塔不台，入直宿卫，历仕台州录事判官，遂居于台。家贫，好读书，能记问。集贤待制周仁荣养而教之。年十七，江浙乡试第一。明年，对策大廷，赐进士及第，授集贤修撰，转秘书监著作郎，拜江南行台监察御史。时御史大夫脱欢怙势贪暴，泰不华劾罢之。文宗建奎章阁学士院，擢为典签。拜中台监察御史。

顺帝即位，加文宗后太皇太后之号。大臣燕铁木儿、伯颜皆列地封王。泰不华率同更上章言："婶母不宜加徽称，相臣不当受王土。"太后怒，欲杀言者。泰不华语众曰："此事自我发之，甘受诛戮，决不敢累诸公也。"已而太后怒解曰："风宪有臣如此，岂不能守祖宗之法乎。"赐金币二，以旌其直。出佥河南廉访司事，俄移淮西。继迁江南行御史台经历，辞不赴，转江浙行省左右司郎中。浙西大水害稼，会泰不华入朝，力言于中书，免其租。擢秘书监，改礼部侍郎。

至正元年，除绍兴路总管。革吏弊，除没官牛租，令民自实田以均赋役。行乡饮酒礼，教民兴让，越俗大化。召入史馆，与修辽、宋、金三史。书成，授秘书卿。升礼部尚书兼会同馆事。黄河决，奉诏以珪玉白马致祭河神。竣事，上言："淮安以东，河入海处，宜仿宋置撩清夫，用辊江龙铁扫，撼荡沙泥，随潮入海。"朝廷从其言。会用夫屯田，其事中废。

八年，台州黄岩民方国珍为蔡乱头、王伏之仇逼，遂入海为乱，劫掠漕运粮，执海道千户德流于实。事闻，诏江浙参政朵儿只班总舟师捕之，追至福州五虎门。国珍知事危，焚舟将遁。官军自相惊溃，朵儿只班遂被执。国珍迫其上招降之状，朝廷从之。国珍兄弟皆授之以官，国珍不肯赴，势益暴横。九年，诏泰不华察实以闻。既得其状，遂上招捕之策，不听。寻除江东廉访使，改翰林侍读学士、知制诰，同修国史。已而出为都水庸田使。

十年十二月，国珍复入海，烧掠沿海州郡。十一年二月，诏孛罗帖木儿为江浙行省左丞，总兵至庆元。以泰不华谂知贼情状，迁浙东道宣慰使都元帅，分兵于温州，使夹攻之。未几，国珍寇温，泰不华纵火筏焚之，一夕遁去。既而孛罗帖木儿密与泰不华约以六月乙未合兵进讨。孛罗帖木儿乃以壬辰先期至大闾洋，国珍夜率劲卒纵火鼓噪，官军不战皆溃，赴水死者过半。孛罗帖木儿被执，反为国珍饰辞上闻。泰不华闻之痛愤，辍食数日。朝廷弗之知，复遣大司农达识帖木迩等至黄岩招之。国珍兄弟皆登岸罗拜，退止民间小楼。是夕，中秋月明，泰不华欲命壮士袭杀之。达识帖木迩适夜过，泰不华密以事白之。达识帖木迩曰："我受诏招降耳，公欲擅命耶？"事乃止。檄泰不华亲至海滨，散其徒众，拘其海舟兵器，国珍兄弟复授官有差。既而迁泰不华台州路达鲁花赤。

十二年，朝廷征徐州，命江浙省臣募舟师守大江。国珍怀疑，复入海以叛。泰不华自分以死报国，发兵扼黄岩之澄江，而遣义士王大用抵国珍，示约信，使之来归。国珍益疑，拘大用不遣，以小舸二百突海门，入州港，犯马鞍诸山。泰不华语众曰："吾以书生登显要，诚虑负所学。今守海隅，贼甫招徕又复为变，君辈助我击之。其克则汝众功也，不克则我尽死以报国耳。"众皆踊跃愿行。时国珍戚党陈仲达往来计议，陈其可降状。泰不华率部众，张受降旗乘潮而前，船触沙不能行。垂与国珍遇，呼仲达申前议。仲达目动气索，泰不华觉其心异，手斩之。即前抟贼船，射死五人。贼跃入船，复斫死二人。贼举槊来刺，辄斫折之。贼群至，欲抱持过国珍船。泰不华瞋目叱之，脱起，夺贼刀，又杀二人。贼攒槊刺之，中颈死，犹植立不仆，投其尸海中。年四十九年，时十二年三月庚子也。僮名抱琴，及临海尉李辅德、千户赤盏、义士张君璧皆死之。泰不华既没，除江浙行省参知政事，行台州路达鲁花赤事，不及闻命。已后三年，追赠荣禄大夫、江浙行省平章政事、柱国，封魏国公，谥忠介。立庙台州，赐额崇节。

泰不华尚气节，不随俗浮沉。太平为台臣劾去相位，泰不华独饯送都门外。太平曰："公且止，勿以我累公。"泰不华曰："士为知己死，宁畏祸耶。"后难为时相摈斥，人莫不题之。善录隶，温润遒劲。尝重类《复古编》十卷，改正讹字，于经史多有据云。

（《元史》卷一百四十三）

泰不华，字兼善，伯牙吾台氏。初名达普化，文宗赐以今名。世居白野山。父塔不台，入直宿卫，历仕台州录事判官，遂家台州。

家贫，好读书，集贤待制周仁荣养而教之。登进士第，授集贤修撰，转秘书监著作郎。拜江南行台监察御史。时御史大夫脱欢贪暴，泰不华劾罢之。文宗建奎章阁学士院，擢为典签。改中台监察御史。

惠宗即位，加文宗皇后太皇太后之号，泰不华率同列上疏争之。太后怒，欲杀言者，泰不华语众曰："此事我自发之，不敢累诸公。"已而，太后怒解，赐金币以旌其直。出佥河南廉访司事，俄移淮西，又迁江南行御史台经历，辞不赴。转江浙行省左右司郎中。浙西大水，言于中书省，免其租。擢秘书监，改礼部侍郎。

至正元年，授绍兴路总管。除没官牛租，令民自实田以均赋役。行乡饮酒礼，教民兴让。民德之。召入史馆，与修辽、金、宋三史，书成，授秘书卿，改礼部尚书，兼会同馆事。

八年，台州黄岩民方国珍作乱，劫掠漕运，诏江浙参政朵儿只班总舟师捕之。官军自相惊溃，朵儿只班被执，为所逼，奏国珍乞降。朝廷从之，国珍兄弟皆授官，国珍仍不肯赴，势益横。九年，诏泰不华察其事。泰不华上招捕之策，不听。

寻除江东道廉访使，改侍讲学士，知制诰，同修国史，出为都水庸田使。

十年十二月，国珍寇沿海诸路。十一年二月，诏孛罗帖木儿为江浙行省左丞，总兵至庆元。迁泰不华浙东道宣慰使都元帅，分兵温州，夹攻贼师。未发，贼寇温州，泰不华纵火筏焚之，遁去。孛罗帖木儿与泰不华约，以六月乙未合兵进讨。壬辰，孛罗帖木儿先期至大闾洋，兵败被执，国珍饰词上闻，泰不华闻之痛愤，数日不食。帝复遣大司农达识帖木儿等至黄岩招之，国珍兄弟皆登岸罗拜。是夕，泰不华欲命壮士袭杀之，密白于达识帖木儿，达识帖木儿曰："我奉诏招降国珍，君欲擅杀乎？"乃檄泰不华至海滨，散其部众，授国珍兄弟官。寻迁台州路达鲁花赤。

十二年，国珍兄弟复入海叛，泰不华发兵扼澄江，遣义士王大用至贼所示约信，使其来归。国珍留大用，以小舸二百突入舟港，泰不华语众曰："吾以书生致位显贵，诚恐负所学。汝辈助我讨贼，克则汝功，不克则我死以报国。"众皆踊跃请行。时贼将陈仲达往来计议，伪言贼可降。泰不华率众，张受降旗，乘潮而至，与贼船遇，呼仲达申前议，仲达色变。泰不华知有异，即手斩之，直前攻贼船，射死五人，杀登船贼二人。贼欲拥泰不华过船，泰不华瞋目叱之，夺其刀，复杀二人。贼攒槊刺之，中颈死，犹植立不仆。贼投其尸于海，年四十九。时十二年三月庚子也。

其家僮抱琴及临海尉李辅德，千户赤盏、义士张君璧皆死之。泰不华死后，除江浙行省参知政事，行台州路达鲁花赤事，不及闻命。后三年，追赠荣禄大夫、江浙行省平章政事、柱国，封魏国公，谥忠介。立庙台州，赐额崇烈。

泰不华为人尚气节。初太平为台臣劾贬，泰不华独钱送都门外。太平曰："公且止，无以我故累公。"泰不华毅然不从。后虽为时相所摈斥，人皆义之。篆书温润遒劲，师徐铉、张有，稍变其法，自成一家。著《重订复古编》十卷，行于世。

（《新元史》卷二百十七）

泰不华，字兼善，伯牙吾台氏，初名达普化，文宗赐以今名。《太平志》云：今奉文改台哈布哈。世居白野山。父塔不台，历仕台州录事判官，遂居于台。家贫好读书，集贤待制周仁荣养而教之。年十七，江浙乡试第一，明年赐进士及第，历官礼部尚书。至正八年，黄岩民方国珍为蔡乱头王伏之进逼，遂入海为乱，劫掠漕运粮，执海道千户德流于实。事闻，诏江浙参政朵儿只班总舟师捕之，追至福州五虎门，国珍知事危，焚舟将遁。官军自相惊溃，朵儿只班遂被执，国珍迫其上招降之状，朝廷从之。国珍兄弟皆授之以官。国珍不肯赴，势益暴横。九年诏泰不华察实以闻，既得其状，遂上招捕之。策不听。十年十二月，国珍复入海烧掠沿海州郡。十一年二月诏孛罗帖木儿，为江浙行省左丞，总兵至庆元，以泰不华稔知贼情状,迁浙东道宣慰使都元帅,分兵于温州,使夹攻之。未几,国珍寇温,泰不华纵火筏焚之,一夕遁去。既而孛罗贴木儿密与泰不华约以六月乙未合兵进讨,方国珍至正中,历官定海尉,海道万户行枢密院判官。

(《(光绪)黄岩县志》卷十三)

至正末,达兼善为台州路达鲁花赤,与方国珍战死平江一驿舟中,有《题吊四状元》诗曰:"四榜状元逢此日,他年公论定难逃。空令太守提三尺,不见元戎用六韬。元举何如兼善死,公平争似子威高。世间多少偷生者,黄甲由来出俊髦。"(元举,王宗哲字也。至正戊子科三元进士,时为湖广宪佥。公平,李齐字也,时为高邮府知府。子威,李黼字也,时为江州路总管。此四公者,或大亏臣节,或尽忠王事,或遇难而亡,故云。)

(《尧山堂外纪》卷七十五)

元王宗哲,字元举,不知何地人。至正戊子科三元进士。官湖、广宪佥,不知所终。(《元史》无传,见《本纪》及《辍耕录》。余案王宗哲名,见于《元顺帝纪》。其详具于陶宗仪《辍耕录》第十五卷中,今备难之。《录》曰:"平江一驿舟中,有题《吊四状元诗》者,'四榜状元逢此日,他年公论定难逃。空令太守提三尺,不见元戎用六韬。元举何如兼善死,公平争似子威高。世间多少偷生者,黄甲由来出俊髦。'元举,王宗哲字也,至正戊子科三元进士,时为湖、广宪佥。兼善,台哈布哈字也,时为台州路达噜噶齐。公平,李齐字也,时为高邮府知府。子威,李黼字也,时为江州路总管。此四公者,或大亏臣节,或尽忠王事,或遇难而亡。若论其优劣,则江州第一,台州次之,高邮又次之,宪佥不足道也。"考《元史本纪》,李黼死于徐寿辉,台哈布哈死于方国珍,李齐死于张士诚。《忠义传》云:"三大魁无愧科名。"则王宗哲之事可知也。)

(《读书偶记》卷六)

泰不花,字达兼善,伯牙吾台氏,由礼部尚书、翰林学士出为台州路达鲁花赤,以招安方国珍升浙东宣慰司都元帅。会国珍复叛,不花将讨之。先遣义士王大用往示约信,国珍拘大用,突入海门,犯马鞍等山。不花率众追击,国珍复遣其党陈仲达请降。将受降,船乘潮而前,胶沙不进。与国珍弟国英船遇,不花呼仲达与语,仲达目动,觉其诈,手斩之。直前拚战,射死五人。跃入船,复砍二人。贼大至,欲抱持过船,不花瞋目叱之,夺贼刃,又杀二人。贼攒槊刺中头死。犹僵立不仆,投尸海中,年四十九。

(《(雍正)宁波府志》卷十八《名宦》)

归旸

归旸,字彦温,汴梁人。将生,其母杨氏梦朝日出东山上,有轻云来掩之,故名旸。学无师传，而精敏过人。登至顺元年进士第，授同知颍州事，锄奸击强，人不敢以年少易之。……

八年，升左司员外郎。中书用旸言，损河间余盐五万引以裕民。楮币壅不行，廷议出楮币五百万锭易银实内藏，旸复持不可曰："富商大贾，尽易其钞于私家，小民何利哉！"六月，迁参议枢密院事。时方国珍未附，诏江浙省参知政事朵儿只班讨之，一军皆没，而朵儿只班被执，将罪之。旸曰："将之失利，其罪固当。然所部皆北方步骑，不习水战，是驱之死地耳。宜募海滨之民习水利者擒之。"既而国珍遣人从朵儿只班走京师请降，旸曰："国珍已败我王师，又拘我王臣，力屈而来，非真降也。必讨之以令四方。"时朝廷方事姑息，卒从其请，后果屡叛，如旸言。迁御史台都事，俄复参议枢密院事，十二月，升枢密院判官。

（《元史》卷一百八十六）

归旸，字彦温，汴梁开封人。将生，其母杨氏梦日出东山，上有轻云掩之，故名旸。登至顺元年进士第，授同知颍州事，有能名。山东盐司遣奏差至颍，恃势为不法，旸执以下狱。时州县事盐司甚谨，旸独不为屈。转大都路儒学提举，未上。

……

八年，迁左司员外郎。六月，迁参议枢密院事。时方国珍未附，诏江浙行省参知政事朵儿只丹讨之，一军皆没，朵儿只丹被执，将罪之。旸曰："将失利，罪固当诛。然所部皆北方步骑，不习水战，是驱之死地也。宜募海滨之民习水者讨之。"既而国珍遣人从朵儿只丹走京师，请降。旸曰："国珍已败我王师，又拘我王臣，力屈而来，非真降也。必讨之以令四方。"时朝廷方事姑息，卒从其请。后果屡叛，如旸言。迁御史台都事，俄复参议枢密院事。十二月，擢枢密院判官。

（《新元史》卷二百十二）

石抹宜孙

石抹宜孙，字申之。其先辽之迪烈纠人。五世祖曰也先，事太祖为御史大夫，自有传。也先之曾孙曰继祖，字伯善，袭父职，为沿海上副万户。初以沿海军分镇台州，皇庆元年，又移镇婺、处两州。驭军严肃，平宁都寇，有战功；且明达政事，讲究盐策，多合时宜。为学本于经术，而兼通名法、纵横、天文、地理、术数、方技、释老之说，见称荐绅间。

宜孙其子也，宜孙性警敏，嗜学问，于书务博览，而长于诗歌。……至正十一年，方国珍起海上，江浙行省檄宜孙守温州，宜孙即起任其事。其年闽寇犯处州，复檄宜孙以兵平之。以功，升浙东宣慰副使，分府于台州。顷之，处之属县山寇并起,宜孙复奉省檄往讨之。至则筑处州城,为御敌计。

（《元史》卷一百八十七）

石抹宜孙,字申之,契丹人。祖良辅、父继祖,俱为沿海上副万户。

宜孙性警敏,嗜学,袭世职,及嫡母弟厚孙长,即让之。至正十一年,方国珍起海上,江浙行省檄宜孙守温州。是年,蕲、黄贼自闽犯龙泉,复檄宜孙御之。贼退,处州判官欲尽诛平民讹误者,龙泉人章溢说宜孙曰:"贫民迫于冻馁,故从贼,诚得一循吏抚之,皆良民。今不出此,而肆行杀戮,是扬汤以止沸也。"宜孙曰:"善。"即檄判官勿擅杀。以功擢浙东道宣慰使,守台州。海贼起黄岩,宁海乱民应之,围台州。宜孙檄章溢以民兵赴援,溢得檄即起曰:"吾乡非石抹公,人当尽死。此报德之时也。"率精锐数百人抵城下,内外夹击,贼溃走。顷之,处州属县贼并起,宜孙复率所部讨之。

（《新元史》卷二百十九）

迈里古思　董　旭

迈里古思者,宁夏人也,字善卿。至正十四年进士,授绍兴路录事司达鲁花赤。苗军主将杨完者在杭,纵其军钞掠,莫敢谁何,民甚苦之。俄有至绍兴城中强夺人马者,迈里古思擒斩数人,苗军乃惧,不敢复至其境。迈里古思名声遂大振。

会江南行台移治绍兴,檄迈里古思为行台镇抚,乃大募民兵,为守御计。处州山贼焚掠婺之永康、东阳,迈里古思提兵往击之,与石抹宜孙约期夹攻其巢穴,山贼以平。擢江东廉访司经历,仍留绍兴,以兵卫台治。时浙东、西郡县多残破,独迈里古思保障绍兴,境内晏然,民爱之如父母。江浙省臣乃承制授行枢密院判官,分院治绍兴。

会方国珍遣兵侵据绍兴属县,迈里古思曰:"国珍本海贼,今既降,为大官,而复来害吾民,可乎!"欲率兵往问罪。先遣部将黄中取上虞,中还,请益兵。是时朝廷方倚重国珍,资其舟以运粮,而御史大夫拜住哥,与国珍素通贿赂,情好甚厚,愤迈里古思擅举兵,恐且生事,即使人召迈里古思至其私第与计事。至则命左右以铁锤挝死之,断其头,掷厕溷中。城中民闻之,不问男女老幼,无不恸哭者。

黄中乃率其众复仇,尽杀拜住哥家人及台府官员掾史,独留拜住哥不杀,以告于张士诚,士诚乃遣其将以兵守绍兴。拜住哥寻迁行宣政院使,监察御史真童纠言:"拜住哥阴害帅臣,几致激变,不法不忠,莫斯为甚。宜稽诸彝典,置于严刑。"于是诏削拜住哥官职,安置潮州,而迈里古思之冤始白。

（《元史》卷一百八十八）

迈里古思，字善卿，宁夏人。至正十四年进士，授绍兴路录事司达鲁花赤。抚字凋瘵，民爱之如父母。杨完者部将持露布至绍兴，无故劫照磨陈修家。迈里古思怒，率吏捕之，民欢呼。从事擒斩数人，苗军惧，不敢复至。

江南行台移治绍兴，檄迈里古思为行台镇抚，募民二千余人，号曰果毅军。处州山贼陷永康，掠东阳，迈里古思率所部讨之，命部将黄中等以奇计绐贼，擒贼首六人，斩六百余级。贼复空寨出战，迈里古思简精兵，截其冲，贼大溃，遂复永康以功除江南浙西道廉，访司知事又迁江东建康道经历行省丞相达识帖木儿承制授行枢密院判官，分院治绍兴。

时御史大夫拜住哥统军三千，号台军，纪律不严，民受其扰害者，诉于迈里古思，辄以法绳之，台军怨怒。拜住哥黩货，不为迈里古思所礼。或谏，迈里古思曰："吾知上有君，下有民，遑问其他！"拜住哥衔之。会方国珍遣兵侵绍兴属县，据上虞，迈里古思曰："国珍本海贼，今既降，又为大官，而害吾民，可乎！"乃先遣黄中取上虞，自率亲军与国珍将冯万户战，不利。是时朝廷方倚重国珍，资其粮运，拜住哥素与国珍通贿赂，情好甚笃，遂决意杀迈里古思。使人召至私第，与计事，既至，左右以铁锤挝杀之。民闻其死，皆痛哭，持服设位祭之，私谥曰越民考。

黄中率众复仇，尽杀拜住哥家人及行台官吏，独留拜住哥不杀。拜住哥自劾，纳印绶去，寻迁宣政院使。御史真童劾其阴害帅臣，几激大变，不法不忠，莫斯为甚，宜寘之严刑。诏削拜住哥官职，安置湖州。迈里古思之冤始白，追封西夏郡侯，赠中奉大夫、江浙枢密院佥事，谥忠勇。

迈里古思友董旭，钱塘人，字太初，方国珍欲用之，不肯屈，为国珍所杀。

（《新元史》卷二百十九）

迈里古思，字善卿，西夏人，侨居松江。家贫，授徒以养母。性至孝，然落落不羁。善谐谑，名人士多与之游。至正甲午，进士及第，授绍兴路录事司达鲁花赤。比视篆，天下云扰，所在悉痟瘵。君抚字周至，民爱之如父母。乙未秋，杭破，遄即克复。浙省左丞杨完者，以本部苗将持露布至，统洞蛮甚众，意实觇视虚实，又将流毒于我民也，纵虐恣暴，民皆束手，惴惴不敢与争。故劫府架阁照磨陈修家，妻妾几被污。君激怒填膺，指挥吏兵收之。郡民欢呼从事，苗遂尽死。后完者闻越民结义且固，终不敢调兵渡浙江。方集庆陷时，江南行台官流避　庆元，奉旨置治所于越。遂檄君总督义民护城池。君更募得勇悍者二千余人，以"果毅"二字为号，曰"果毅军"，练习武事，分拨守要害。乃日与常所往来者，击鲜饮醑，酣咏叫啸，以为娱乐。虽户外上官垒至，不少延纳。武康寇起，据有县境。君收复，朝廷旌其功。除江南浙西道廉访司知事。未上，又除江东建康道经历。浙省丞相塔失帖木儿，便宜除行枢密院判官。君即自署诸参谋为幕官，曰经历，曰都事者,不可枚举。时御史大夫拜住哥,任情祸吏为爪牙,又自统军三千,曰"台军",纪律不严,民横被扰害,有诉于君。君辄抑之。众军皆怨怒。然拜委琐龌龊,惟以钩距致财为务,君不礼之。或以谏君曰:"吾知上有君,下有民耳,安问其它?"拜闻,颇衔之。遂与台军元帅列占、永安张某、万户阎塔思不花、王哈剌帖木儿等谋杀之,未得间。戊戌十月廿二日,首事,出兵逾曹娥江,与平章方国珍部下万后冯某斗。既不利,驻军东关,单骑驰归。拜意决矣。廿三日迟明,召君私第议事。入至中门,左右以铁槌挝杀之。初甚秘,守阍军自相谓:"无已杀总督官,我辈幸也。"民始有闻之者,走白君部将浙东金元帅黄中。诸参谋闻变,奔避不顾,至有坠城以出行四五十里者。初夜二鼓,中提军入城,危戒珠山,拜未及知。中卧病,方饮药,得少汗,尚昏溃困顿。左右扶翼,擐甲上马,遇台军于江桥,斗十数合。破阵陷坚,身当矢石。郡民老幼皆号泣曰:"杀我总督官,我尚何生为!"壮者助中军殊死战,台军一败涂地。屠其二营,入拜家,姬侍奴隶死者相枕藉,一女为队官陈某所掠,举君尸,无元。大索三日,得于溺池中。拜与二子匿梵宇幽隐处,民搜见之,齐唾其面,且骂曰:"瞎贼!我总督官何罪,而令致于此耶?"不自杀,执以归中,冀中杀之。中解其缚,率诸军罗拜之,曰:"总督官忠肝义胆,照映天地,人神所共知,公信任奸邪,使国家之柱石陨于无辜。我之复仇,明大义也,杀我主将者,既已斩之,公幸毋罪。"拜执中以泣曰:"我之罪尚何言?尚何言?"继而军民为君持服为位以祭私。谥曰"越民考"。越六日,拜自刭,纳印绶去。其印是夜遗失,中以白金百两购得于一卒以还行台者。君未死先三日。有星大如杯碗,红光烛天,坠镇粤门,化为石。及君出师,识者已卜君之有死兆矣。至是,果验云。南村野史曰:兵,凶器也。战,逆德也。圣人不得已而用之。故吾夫子必以临事而惧,好谋而成。答子路行三军之问,夫迈里古思受任之初,殊有古贤县令之风。一握兵柄,志满意得,酣觞废事,轻谋首乱,不旋踵而身首异处,盖亦平昔越己之过有以酿成此祸与?微中,则老母稚子亦皆几上之肉耳!原其忠君爱民之心,欣然与日星相昭明者,则无可议也。拜住为国大臣,坐镇四省,百官庶司,孰不听令?迈之不奉台檄,擅兴师旅,明问其罪,黜之可也,斩之可也,而乃阴结小丑,作为此态,是盗杀之,非公论矣。民心之所以不服,良以是也。噫!享有尊爵重禄,而当国步艰难之日,既不思涓埃补报之道,又不责自己贪饕之非,反以谋害忠良为先务,谓之无罪,得乎?故其妻妾子女遭罹戮辱,实自取之,尚复可怜哉?

(《南村辍耕录》卷十《越民考》)

董旭字泰初,新昌人。少负英气,博通群书,与迈里古思最友善。古思欲兴师讨方国珍,台臣怒其不禀,命杀之,旭作诗伤悼,辞极哀楚。遂归隐山中。已而国珍据台庆,欲罗致幕下,旭拒不受,乃作诗曰:"郁郁芒砀云,未辨蛟龙形。荧荧祥星光,未烛夹马营。君子慎其微,草露不可行。"国珍复强之,终不屈,遂遇害。泰初善画山水,尝作《长江伟观图》,题咏者数十人。

(《元诗选·癸集下》)

庆 童

十八年,迁福建行省平章政事,未行,拜江南行台御史大夫,赐以御衣、上尊。时南行台治绍兴,所辖诸道皆阻绝不通。绍兴之东,明、台诸郡则制于方国珍;其西杭、苏诸郡则据于张士诚,宪台纲纪不复可振,徒存空名而已。

(《元史》卷一百四十二)

庆童,字明德。早以勋臣子孙受知仁宗,给事内廷,掌宿卫。累迁判大宗正府,兼上都留守,江西、河南二行省平章政事。入为太府卿,复为上都留守,又为辽阳行省平章政事。………

二十五年,起为陕西行省左丞相。庆童在江南,逼于张士诚、方国珍,在陕西,逼于李思齐,不能有所表见,但拥台、省虚位而已。

……

史臣曰:元季群盗蜂起,受抚于官则号为义军。然大者据郡县,小亦贼良民,以恣抟噬。而朝廷又以官爵宠之,故凭藉王命益无忌惮,此奖乱之道也。使元之君相能如庆童之待方家奴,则降贼慑于威令,虽张士诚、方国珍可使之驯服,况其余之小丑! 惜乎其不知出此也。

(《新元史》卷一百九十九)

滕德懋

滕德懋字思勉,吴县人。元季,为浙江行省掾,参政朵耳只班讨方国珍,辟为参谋。渡海飓风大作,舟且覆,德懋神色自若。国珍降,留抚台州三年,台人德之。

(《兵部尚书滕德懋传》,《献征录》卷三十八)

刘 鹗

刘鹗,字楚奇,吉安永丰人。少力学,吴澄爱重之。皇庆初,为扬州学录。

至正元年,擢湖广儒学提举。学田为有力者所据垂三十年,鹗至,白于台省而复之。未几,入为秘书郎,擢翰林修撰,丁忧归。

十二年,除江州路总管。红巾贼起,江西瓦解,鹗练兵为恢复计,威声甚著。

十七年,迁广东廉访副使。上书论江西、广东事宜曰:

伏以比岁逆贼啸聚,并合丑类,多方告警,焚我蕲、黄,陷我江州,诸路守臣皆弃城逃遁。总管李黼,以无援而战死。臣履任之日,浚治城池,缮修器械,召募丁壮,分守要害,偕诸将士百计捍御。数年之内,强寇稍却,民得安居。

......

臣窃虑,今日大势,亦岌岌矣。自红巾贼起汝、颍,大为心腹之患,是不独江西一省也。方国珍焚掠沿海诸郡,是又不独广东一省也。天下之敝,大抵起于因循而成于蒙蔽。臣愿陛下严简擢之法,省参督之制,核功赏之实,奋刑威之断。举一将,则众论必孚;任一人,则群疑莫夺。赏一功则疏远不弃;罚一罪则贵近不贷。如是,则盗贼可平,区区江、广又何足虑哉。

疏入,不报。

史臣曰:刘向有言:"士有杀身以成仁,触害以立义,非勇断孰能行之?"李黼、褚不华等,城孤援绝,甘以身殉。汪泽民无守土之责,郊死而弗去。泰不华讨方国珍,普化帖木儿抗张士诚。义烈言言,皆以勇断行之者也。呜呼! 向可谓知言之君子矣。

(《新元史》卷二百十七)

邱 楠

邱楠,字彦材,永嘉人。至正中,以户部主事从征方国珍。既孝顺,留楠。自辅国珍,为请于朝,历仕江浙分省理问、行枢密院副使、庆元路总管,竭诚赞画,保障地方。明兵临城,国珍窜入海,楠告以天命有归,国珍遂降。楠在俘馘,高帝素闻其名,特命原之。已,召除工部员外郎,改知韶州府,坐事戍西凉。既耄得代归省,道经四明,卒于定水寺,即葬寺旁。

(《(雍正)宁波府志》卷十八《名宦》)

金道玄

金道玄,字仲旻,吴县人。少孤,父友长桥万户府镇抚陈某养为子。至正间,方国珍起兵海上,江浙行省参政朵耳质班督师与战。时陈已进宫都镇抚统军,以道玄从。初并师期,集建宁之补门关,国珍以书诈降,陈受之,意稍解。道玄曰:"贼志未可知也,不如严备之。"陈不听。国珍以艨艟数百艘,驭风以赤布,蔽日而下,势渐迫,官军犹晏然。国珍乘风纵火,矢石交注,陈战死,不知所在。道玄求之不得,乃从舵楼跃赴海,祝曰:"吾父有灵,幸使我不为贼所得也。"已而恒若有人抱持之,自旦及晡,随波上下。忽觉身在石上,登沙濑数百步,得小径。行里许,乃知温之峞山水也。迨归,张士诚已据吴。或荐其名于伪司徒李伯升,道玄闻之,挈妻孥去,隐具区,卖卜终身。子问,礼部侍郎。

(《涌幢小品》卷二十六)

丁鹤年

又有丁鹤年者,回回人。曾祖阿老丁与弟乌马儿皆巨商。元世祖征西域,军乏饷,老丁杖策军门,尽以赀献。论功,赐田宅京师,奉朝请。乌马儿累官甘肃行省左丞。父职马禄丁,以世荫为武昌县达鲁花赤,有惠政,解官,留葬其地。

至正壬辰,武昌被兵,鹤年年十八,奉母走镇江。母殁,盐酪不入口者五年。避地四明。方国珍据浙东,最忌色目人,鹤年转徙逃匿,为童子师,或寄僧舍,卖浆自给。及海内大定,牒请还武昌,而生母已道阻前死,瘗东村废宅中,鹤年恸哭行求,母告以梦,乃啮血沁骨,敛而葬焉。乌斯道为作《丁孝子传》。鹤年自以家世仕元,不忘故国,顺帝北遁后,饮泣赋诗,情词凄恻。晚学浮屠法,庐居父墓,以永乐中卒。

(《明史》卷二百八十五)

丁鹤年,西域人。父职马禄丁,徙居武昌。鹤年甫十岁,屹然如成人。其族素短丧,鹤年独服斩衰三年。年十七,通《诗》、《书》、《礼》三经。元至正间,淮兵渡江,袭武昌。鹤年奉母以行,备历艰阻。从兄吉雅谟丁,为定海令,徒步往依焉。荐章凡九上,皆辞不受。既而兵戈四起,鹤年匿翁洲海岛。隆冬,衣不掩胫,有馈遗者,虽饘粥费,无所受。守约自甘,不乐仕进。凡夏愤欢愉,皆发之于诗。古体短行,浑厚清丽,尤工七言律。

(《(雍正)宁波府志》卷三十《流寓》)

时兵戈四起,鹤年益逃匿海岛,绝其迹。已而海上多盗,鹤年转徙无常,大抵皆明之境内。明当方氏之盛,幕府颇待士,士之至者踵接,鹤年独逡巡远避,门无一迹。慈溪县尹陈麟号称贤令,四方士大夫多依之,鹤年居是邑数载,未尝睹其面。

(《九灵山房集》卷二十九《高士传》)

吉雅谟丁

吉雅谟丁,至正十七年进士,为定令。时方氏僭据,军卒骄横,剽掠村落,丁不避豪势,获其渠魁,格杀之。余众敛迹,民赖以安。政赋烦苛,一以公平。科办,民无重扰。升奉化州知州,寻调昌国,卒于官。

(《(雍正)宁波府志》卷十八《名宦》)

赵观光

赵观光,鄞人。幼多智识,稍长,好读书,通达时务,以郡博士弟子员得推择,试吏奉化州,寻迁昌国。至正十年冬,黄岩寇起,昌国孤县海中,势甚棘,州侯贴木儿不花问计观光,对曰:"州兵寡弱,且不谙水战,惟兰、秀二山,居民悍勇善斗,素习海事,若募以厚赏,示以重赏,用之擒贼,无难矣。"不花善其言,即以事委之。观光招谕有方,不扰而事集。明年正月,从不花引兵出海,阃帅总军民兵口,会海门洋。俄而贼船百余猝至,众皆懦缩,莫敢前口,观光部兵与之奋战,至晚无大胜负。明日,观光分口兵饷,巡隄上,贼复大至,即说不花速进敌。贼众数倍,我军莫支,观光提短兵接战,矢石交下,我军与贼不可辨,且无援者,遂死之。

(《(雍正)宁波府志》卷二十三《忠节》)

周友常

周友常,字景贤,齐之青州人,至正乙酉进士。初授余姚州学正,课士有条,与朱公迁齐名。以荐升庆元路提举。定民弭盗,绰有成绩。如裁十二海艘,以苏渔户之困;宽五家保甲,以均军民之徭,公私俱利赖之。未几,因方国珍扰内地,陈救援之策,勿用,遂挂冠隐定海大浃江之南,子孙世为定人云。

(《(雍正)宁波府志》卷三十《流寓》)

汪伯正

汪伯正,字以德,乐平人。少通《春秋》大义,尚节气。至正戊子冬,方谷珍聚众海上,伯正谒辕门,备陈御贼方略。充参谋军事,督摄海上,左翼部伍,与贼对垒大小七战。谷珍败北,录功授婺源州判官。壬辰,徐寿辉遣伪将项普寿略陷饶、信、新安,诏伯正拒之。五月,红巾周伯颜来陷饶、徽,伯正引兵自五岭,与平章萨木丹巴勒合平南兵剿之,平南兵多北人,不便险阻,为红巾所邀,萨木丹巴勒仅以身免,贼乘胜长驱入州,伯正力战死。

(《(康熙)江西通志》卷八十八)

左答纳失里

左答纳失里,高昌人。至正十年至郡,性宽弘,吏民悦服。是岁,方国珍寇城,官民逃散,遂独与千户吴世显黑的儿等击却之,贼退,命亟治城郭,缮甲兵,为守御计。贼复至,不敢近城。升浙东阃使。及去,老幼遮泣,立祠通衢。

(《(万历)温州府志》卷九)

高　明

高明,字则诚,永嘉人。至正五年进士,授处州录事,辟行省掾。方国珍叛,省臣以明谙海滨事,择以自从,与论事不合。及国珍就抚,欲留置幕下,即日解官,旅寓鄞之栎社。太祖闻其名,召之,以老疾辞,还卒于家。

(《明史》卷二百八十五)

高明字则诚,瑞安人。少以博学称。尝曰:"人不明一经取第,虽博奚为?"乃以春秋登至正乙酉第,授处州录事。时监郡马僧家奴贪残,明委曲调护,民赖以安。去任,民为立碑。青田刘基为文,改调浙东阃幕都事。四明狱囚多冤,明平反允当,人称神明。转江南行台掾,数忤权势,又除福建行省都事。道经庆元,方国珍强留置幕下,力辞不从,旅寓鄞之栎社。沈氏以词曲自娱,因感刘后村"死后是非谁管得,满村争唱蔡中郎"之句,乃作《琵琶记》传于世。太祖御极,闻其名,召之,以疾辞。使者以《琵琶记》上,上览毕曰:五经四书,在民间譬之五谷,不可无。此记乃珍羞之属,俎豆间亦不可少也。后抱病还乡卒。陆德旸有诗哭之云:"乱离遭世变,出处叹才难。坠地文将丧,忧天寝不安。名题前进士,爵署旧郎官。一代儒林传,真堪入史刊。"所著有诗文若干卷。弟高诚字则明,亦有文名。

(《(万历)温州府志》卷十二)

高明,字则诚,温州瑞安人。少以博学称。尝言:"人不明一经取第,虽博奚为?"乃以《春秋》登至正乙酉第,授处州录事,有能声。后改调浙东阃幕都事。四明狱囚多冤,明平反允当,人称神明。转江南行台掾,数忤权势。又转福建行省都事,道经庆元,方国珍强留置幕下。不从,旅寓鄞栎社沈氏,以词曲自娱,因感刘后村"死后是非谁管得,满村争唱蔡中郎"之句,乃作《琵琶记》传于世。明太祖闻其名,召之,以疾辞。使者以《琵琶记》上,览毕曰:"五经四书在民间,譬之五谷,不可无。此记乃珍羞之属,俎豆间亦不可少也。"后抱病还乡,卒于宁海。

(《(雍正)宁波府志》卷三十《流寓》)

案高明,温州瑞安人,以《春秋》中至正乙酉第,其字则诚,非则成也。或曰二人同时同郡,字又同音,遂误耳。以上皆蒋氏说。王元美《艺苑卮言》,亦云南曲高拭则诚,遂掩前后。朱竹垞《静志居诗话》,于高明条下,引《外纪》之说,复云"涵虚子曲谱,有高拭而无高明,则蒋氏之言,或有所据"云云。余案元刊本张小山《北曲联乐府》,前有海粟冯子振、燕山高拭题词,此即涵虚子曲谱中之高拭。《琵琶》乃南曲戏文,则其作者自当为永嘉之高明,而非燕山之高拭。况明人中如姚福《青溪暇笔》、田艺衡《留青日札》,皆以作《琵琶》者为高明,当不谬也。既为高明,则其字自当为则诚,而非则成。至其作《琵琶记》之时代,则据《青溪暇笔》及《留青日札》,均谓在寓居栎社之后。其寓居栎社,据《留青日札》及《列朝诗集》,又在方国珍降元之后。按:国珍降元者再,其初降时,尚未据庆元,其再降则在至正十六年;则此记之作,亦在至正十六年以后矣。然《留青日札》,又谓高皇帝微时,尝奇此戏。案明太祖起兵在至正十二年闰三月,若微时已有此戏,则当成于十二年以前。又《日札》引一说,谓:"初东嘉以伯喈为不忠不孝,梦伯喈谓之曰:'公能易我为全忠全孝,当有以报公。'遂以全忠全孝易之,东嘉后果发解。"案则诚中进士第,在至正五年,则成书又当在五年以前。然明人小说所载,大抵无稽之说,宁从《青溪暇笔》及《留青日札》前说,谓成书于避地栎社之后,为较妥也。

(《宋元戏曲史》第十四章)

张士诚

张士诚弟兄四,淮南泰州白驹场人。泰州地滨海,海上盐场三十有六,隶两淮运盐使司。士诚与弟士义、士德、士信,并驾运盐纲船,兼业私贩,初无异于人。先是,中书省右丞相脱脱在任,灾异叠见,黄河变迁。至正十一年,遣工部尚书贾鲁,役民夫一十五万,军二万,决河故道,民不聊生。河南韩山童首事作乱,以"弥勒佛出世"为名,诱集无赖恶少,烧香结会,渐致滋蔓,陷淮西诸郡,继而湖广、江西、荆襄等处皆沦贼境。

山东杜遵道,以李氏子为主,起汝宁萧县。李二、老彭、张君用攻陷徐州。李二号芝麻李。邹普胜、徐寿辉即真一,据蕲黄,镇南班据江东。又有毛贵、陈友谅辈,不可枚数,分据各处。方国珍弟兄啸聚台州海上。朱定一、陈贤五、江宗三作乱江阴。初,王克柔者,亦泰州人,家富好施,多结游侠,将为不轨,高邮知府李齐收捕于狱。李华甫与猱张四素感克柔恩,谋聚众劫狱。齐以克柔解发扬州,后招安华甫为泰州判,四为千夫长。

十三年五月,士诚又与华甫同谋起事。未几,士诚党与十有八人,共杀华甫,遂并其众,焚掠村落,驱民为盗,陷通、泰、高邮,自号诚王,改元天祐,设官分职,把截要冲,南北梗塞。立淮南中书省于扬州,以厄其势。既而亦招安之,立义兵元帅府以官其党。然狙诈百出,卒不就降,杀知府李齐。十五年五月,攻破扬州路,杀淮南行省参政赵琏。士义被获,伏诛。既而退还高邮。至九月二十五日,又攻破扬州,适湖广行省右丞阿鲁恢引苗军来,十月初一日,复退。丞相脱脱亲总大军以擒之,众号百万,旌旗辎重,首尾千里,以为高邮刻日可平。然脱脱与弟御史大夫也先帖木儿专权日久,及出师,遂有议其后者,诏脱脱安置淮安路,也先帖木儿安置宁夏路,别选相臣统其兵。诏未下时,部将董抟霄每对脱脱言:"天兵南下，势如破竹。今老师费财，何面目归报天子？不若先攻其易。"脱脱从其言，分兵破天长、六合，贼皆溃散，所杀者悉良民。及攻高邮，堕其外城，城中震恐。自分亡在旦夕。忽闻诏解其权，勇气百倍，出城拒敌。诸卫铁甲军抱不平者，尽皆散去，或相聚山林为盗，高邮不可得而复矣。江阴群寇互相吞啖，江宗三、朱英分党戕杀。宗三将入城杀英，州之僚佐无如之何，遂申白江浙行省，云朱英谋反，省差元帅观孙压境。观孙利其货赂，逗遛不进。英因乘间挈家逸去，过江求救于士诚。仍质妻子，借兵复雠。士诚初亦疑惑，弗听。英盛陈江南土地之广，钱粮之多，子女玉帛之富，以动其中。于是先遣士德，率高邮贼众，击横坍，渡福山。十六年正月朔，攻破常熟州。

江南自兵兴以来，官军死锋镝，郡县荐罹饥馑，乡村农夫，离父母，弃妻子，投充壮丁，生不习兵，而驱之死地，以故乌合瓦解，卒无成功。江浙行省丞相达识帖木儿，有旨得便宜行事，升漕运万户。脱因为参政，统领官军民义，捍御境上。平江达鲁花赤六十病亡，升松江府达鲁花赤哈散沙为平江达鲁花赤，领兵出战。除都水庸田使贡师泰为平江总管，巡守城池。吴江境上，止有元帅王与敬。官军一战而败，死者过半。残兵千余，欲走入城，城中闭门不纳。退屯嘉兴，旋抵松江。士诚贼众才三四千人，长驱而前，直造北门，弓不发矢，剑不接刃。明旦，缘城而上，遂据有平江路，二月壬子朔也。劫掠奸杀，惨不忍言。脱因匿俞家园，自刎不死，游兵杀之。哈散沙在境外，闻城破，自溺死。既而昆山、嘉定、崇明州人相继来降。维扬苏昌龄，比先避乱居吴门，士德用为参谋，称曰苏学士。毁承天寺佛像为王宫，易平江路为隆平郡，立省院六部百司。凡有寺观庵院，豪门巨室，将士争夺，分占而居，了无虚者。几月，进攻嘉兴，全师覆没。与敬据松江叛，以城降。常州豪侠黄贵甫，间道归款，许为内应，不战而城破，易为毗陵郡。分兵入湖州，一鼓而得，易为吴兴郡。隆平太守周仁，家本锻工，稍习吏事，性资深刻，与士德同心僇力，躬亲细故。

三月癸巳，士诚来自高邮，服御器用，皆假乘舆，改至正十六年为天祐三年，国号大周，历曰明时。设学士员，开弘文馆，以阴阳术人李行素为丞相，弟士德为平章，提调各郡兵马，蒋辉为右丞，居内省，理庶务，潘元明为左丞，镇吴兴，史文炳为枢密院同知，镇松江。郡州县正官，郡称太守，州称通守，县仍曰尹，郡同知称府丞，知事曰从事，余则损益而已。南向欲取嘉兴。嘉兴则有参政杨完者，统领苗獠猓獐，名曰答剌罕，守御甚坚，屡攻不克。秋八月，文炳大举兵临其东门，悉为所歼，文炳仅以身免。士德又与与敬提兵入杭州，军器甚锐，杭州大军敛锋不敌，丞相退避萧山，士德军检刮房掠。罗木营万户普贤奴，乃庆元路万户金驹儿之子，年未弱冠，智勇过人，率兵先出，完者部领苗军继进，民亦挺身巷战。士德大溃，收拾残兵，十丧八九。及攻海盐，又为乍浦钟氏所挠。后得马道骁勇，擒获苗军无算,西南接境,赖此无虞。不然,松江非士诚有矣。昆山数为方国珍海军攻击,托丁氏往来说合,结为婚姻。昆山之民,幸遂苏息。

湖之长兴、武康,与广德相界,花枪军出没之地,虽互为胜负,然亦不胜其苦,所跨三州,皆邻劲敌。可畏者特集庆一军盛。陆路则无锡、宜兴、长兴,水路则太湖,士马震耀,舳舻相衔。自后长兴陷,常州又陷,士德战败被擒,缚致集庆。俾其作书劝士诚归附,士德以身徇之,终无降意。士诚势穷力迫,愿就丞相招安,使者往返,讫莫成就。仁亲诣江浙省堂,具陈自愿休兵息民之意,议始定,时十八年秋八月也。朝廷诏赦其罪。后授士诚太尉,开封平江。士诚以下,授爵有差,立江淮分省江浙分枢密院于平江,以设其官属。

(《南村辍耕录》卷二十九《纪隆平》)

吕　珍

吕珍,字国宝,泰州人,骁勇敢战,与朱暹同为士诚亲信宿将。以同金出守绍兴,屡败方国珍兵,要其饷糈。后援湖州,屯旧馆。尝廓革囊兵,宵济以袭明师。每战辄为歌,令其帐下儿及城中人歌以噪,敌兵称以为虎将。常遇春亦畏其锋,为之徙营。卒败,与朱暹俱降。

(《隆平纪事》)

王与敬

王与敬字可权,淮西人,少倜傥,因乱,以军功得官,官至元帅,以善射得名。至正丙申春,淮寇江浙,以所部御于常熟。兵溃退,欲入保姑苏。时参政脱因纳城不纳,乃抵嘉兴。杨参政完哲欲杀之,遂驻兵松江,谋结水寨于淀山湖等处,令上户供给其军,首鼠两端,为自全之计。杨参政遣裨将铁木练思阴图之,王知其谋,其属官戴万户,嗾其异图,意遂决,乃焚劫松江以叛,时二月十九日也。铁木及守令以下皆遁。数日,完哲调裨将萧谅击走之,夺其妇女陷于叛中者数百人,与敬脱走,由上海投淮张,伪命为威虏将军,偕伪元帅史文炳寇松江,松江遂陷。次年,淮张纳款,除与敬同签书行枢密事。初淮寇入据姑苏,丞相达公,命杨完哲以苗獠由嘉兴,方国珍以海舟由太仓,水陆并进,为征讨恢复计。值与敬叛松江,遂沮其兵。杨参政完哲统领入番,思番苗獠猺獞,兼江湘湖广之人从之,慓悍劲疾,轻捷如飞,惨酷不情所至杀掠无遗,如遣萧谅复松江,贼既去,所遗残民,非割耳,即杀之,兵至上海,一路妇女尽虏之,男子捉令担负,至营门亦杀之,号为克复,惨于劫盗,是以重失人心,岂王师吊伐之意。

(《农田余话》卷上)

王与敬,淮西人,以军功得官至元帅。丙申春,淮寇渡江,与敬以所部系于常熟,兵溃,欲退保姑苏。参政脱因闭城不纳,乃抵嘉兴,杨参政完者欲杀之,遂屯兵松江,谋结水寨于淀山诸湖,令上户供给其军,为自保之计。杨参政遣裨将铁木炼思阴图之。与敬知其谋,其属官戴万户嗾其异图,乃焚劫松江以叛,时二月十九日也。铁木及守令以下皆遁。数日,完者裨将萧谅袭击之,夺其妇女数百人,与敬败走,由上海投淮张,伪命为威虏将军,偕伪元帅史文炳复陷松江。次年,淮张纳款,除同金书行枢密院事。初淮寇入姑苏,丞相命完者以苗獠由嘉、湖,方谷真以海舟由太仓,水陆并进,为恢复计。值与敬叛,其事遂沮。《农田余话》

（《国初群雄事略》卷六）

周诚德

周诚德,《(万历)温州府志》:平阳人,方明善据温州城,屡侵平阳,诚德时为枢密判官,败之香山,又败之徐洋,累官浙东道副都元帅。明善深畏之。乃赂遗麾下使伺于内,遂被执,大骂不屈,明善趣左右刳其皮,诚德曰:"虽蘁粉,我犹愈从尔苟活,况刳皮乎?"寻遇害。既死,犹屹立。兄嗣德,由浙东帅府同知,屡以平寇功,升中奉大夫江浙行省参知政事。亦为明善所执,囚于鄞。

（《浙江通志》卷一百六十六）

公姓周氏,讳诚德,字守仁。元太中大夫、同知浙东道宣慰使司事、副都元帅致仕。赠同金太常礼仪院事,封汝南郡康惠侯应奎之第七子。中奉大夫、江浙等处行中书省参知政事嗣德之异母弟也。生母王氏,以公贵,封汝南郡君。方至正末,嗣德分镇平阳,总制瑞安。幙府之中,非无材智;与之共事,又有僚佐布列左右。求其临机决谋之际,以其可否为违从;行师制敌之间,以其前却为安危。求之他人,固不能矣。是以数十年间,军旅之事,公独身任焉。

公之为人也,明敏而果毅,沈雄而庄重,大敌临之而不慑,小寇尝之而亦慎。失利而气不变,得胜而色不喜。其纪律严,其号令明,其赏罚必,其威惠洽。其于士卒,战阵则先之,次舍则后之,其苦则同之,绰乎有古名将之风。寇之所在,穷诛力讨,而险阻艰难,未尝惮也。故二州四境之外,以至闽括之区,无不至焉。概计其大小战,无虑数百,刬径口、小龙、南山,掇四隅、三魁、马屿,荡三港、四溪,夷百丈、莒冈诸砦,缚金安三、吴邦大,磔李师、金翁瑞,降张仲卿、吴叔宁,歼金龙十,擒程景安,斩葛兆,俘吴悌五诸酋,而分北其徒党,复松山、崇政,洋望、方山、三尖五巡检司。内奠二州,而外帖闽定括。遂披棘荆,拾瓦砾,树城堙濠,招集流散,存恤困穷,远近之民,皆安于田里,而无杀掠转徙之苦。又岁漕粮储,上供京师,皆公之力也。以功授温州路录事,寻转忠显校尉,同知平阳州事,兼行军镇抚。又擢昭信校尉、温州路总管府判官,依旧兼行军镇抚。嗣德拜同金江浙行枢密院事,而公拜承直郎、浙东道宣慰司副使,金都元帅。及嗣德参政命下,而公遂以承德郎为行枢密判官。

公尤为方明善所惮。方之据温也,屡以舟师来侵。公败之香山,又败之徐洋。癸卯春,合庆、温之兵,悉发以捣平阳、瑞安,自以为谈笑取之,而又再败。其秋,乃赂遗公麾下林淳,林子中,使狙伺于内。林淳以九月十八日执嗣德以送方。越十二日,林子中亦执公送之。明善让公不下已,公大骂曰:"贼奴,贼奴,尔诸父行劫海上,朝廷贷尔死,又畀尔节钺,恩莫大焉。尔等不思报效,而分据郡县,真大憝也,我奈何下尔。且张士诚在吴,尔不知为国家剿除之,顾日夜加兵于我,我受天子命守二州之地,奈何而下尔也。"明善忌讳,趣左右剐公皮,公曰:"虽虀粉,我犹愈从尔苟活,况剐皮乎?"竟以十月一日遇害,得年四十有二,至死骂不绝。既死。屹立自如,虽明善亦啧啧曰:"豪杰! 豪杰!"

夫人,同邑陈氏,讳贞一,封汝南郡君。父,衢州路龙游县学教谕,太和母蔡氏。嗣德被执以去,夫人曰:"事急矣,今日死生,犹在我,稍缓,不惟欲生不获,虽欲死不获矣。我命妇,可辱身以羞夫主乎?"以嗣德被执,又明日自经死,得年四十有五。公收之,未及葬而见执矣。无子,一女曰礼。嗣德归自南京,以其幼子泰为之后,而延邵奎为赘婿。泰夭死,礼夫妇独任养祖母,祖母年八十,洪武乙卯十一月四日终,遂以己未十二月十日葬睦原之东溪,而具公衣冠与夫人骨殖附焉。以为邑人虽祠公证真寺,而墓上宜有刻来谒文。

伯衡窃惟公奋乡间,以民兵靖一分,及临患难,则杀身殉义,其功烈亦既足以暴白于天下。夫人从容就死以全其节,其贞何以加诸。而礼以一女子能尽生事死葬之礼,其孝又何如哉? 为臣若公,为妇若夫人,为子若礼,此皆无愧于人纪,而有补于风教者也。虽欲不书,得乎? 故摭状为表,使刻以揭于墓,以彰周氏之盛,以为斯世之劝。

（《苏平仲文集》卷十三《故元承德郎江浙等处行枢密院判官周公墓表》）

陈　高

先生讳高,字子上,世为永嘉平阳著姓。先生幼读书,日记千言,所请问即出人意表。擢至正十四年进士第,授庆元路录事。明敏刚决,吏不能易,民不敢欺,声名赫赫。一旦忽移去,及方氏至,欲招致之而无从得矣。再授慈溪县尹,亦不起。方明善与平阳周宗道构兵,尝一出,而解两家之难。平阳陷,弃妻子,往来闽、浙间,盖欲人不知其所在。二十六年冬,东西浙陷。明年春,先生浮海过山东,谒河南王、太傅、中书右丞相于怀庆,论江南之虚实,陈天下之安危,当何以弭已至之祸,何以消未来之忧。适关陕多故,未之用。士大夫闻其至,皆愿与友。

丞相亦喜,即欲官之,知非其志,亦不强。数月而疾,以八月十八日卒于邸,以是月二十日。葬于怀庆城南。

(《陈子上先生墓志铭》,《全元文》第 52 册第 80 页)

王嘉闾

翁姓王氏,名嘉闾,字景善,晚乃别号竹梅翁,越之余姚人也。考讳文荣,以翁贵,赠朝列大夫、同知杭州路总管府事、骑都尉,追封太原郡伯。妣张氏,封太原郡太君。翁自为儿童,强记捷见,已超其长者。稍壮,益卓越自放不羁,然有高志慷慨之才识。年近强仕,遂北走齐、鲁、燕、赵,以达辇毂之下,遨游两京者数载。一时智勇隽杰之士,皆与之交际,以其故誉闻日著。重纪至正六年,中政院荐翁才行卓卓,授敦武校尉、松江等处财赋提举。……至正二十年,擢武略将军、同知绍兴路总管府事,以亲老不赴。二十三年,改武德将军、广东道宣慰副使、金都元帅。于时乡县已隶方国珍,方闻翁将之官,即议改调。翁闻而笑曰:"吾为天子命吏,非奉天子诏,吾职不改也。"然度时不可为,年未六十,即黄冠野服,逍遥物外,植竹与梅,日哦其间。曰:吾与二友俱老岁寒矣。……

(《竹梅翁传》,《九灵山房集》卷二十七)

赵师闾

赵师闾,字彦冲,号疏斋,乌根人。祖文藻,进士。父赍孙,筑延绿书院,延曹新山、潘省中主讲席,世称东坞先生。师闾,大家子,有才略,方氏起海上,欲招致,不从,为什伍法,团乡兵,保境自固。窥敌渐炽,走杭州谒马总制,为画收捕策,马荐为海道万户。其弟嗣翁,数获寇,授折墟巡检,调永嘉县尉,为贼所惮。为人锋锷峭厉,师闾尝戒之,卒为人倾陷,罢归。师闾家亦旋遭寇毁。国珍既降明,始归理旧业,筑西庄。复为丁氏讼事词连,被逮,行至天台而卒,年八十余矣。墓在隘岭之原,乐清赵布政新为志铭。

(《(嘉庆)太平县志》卷二《仕进》)

三宝柱

三宝柱字廷珪,畏吾儿人。知瑞安州,锄剔强梗,抚安羸弱,均赋平狱,州无壅政。迁兵部员外郎,寻复为监郡兼分阃温州。时值前政贪虐之后,劳来安辑,备尽其道。前御史喜山约宝柱夹攻方国珍,喜山败,宝柱与民别,出西门乃被执,劫以兵,不屈,遂释之。后历任诸省宪使阃帅,所至有声。

(《(万历)温州府志》卷九)

杜　和

杜和字彦谦,历山人。至正庚寅,知瑞安州。明敏介洁,为政不尚虚名,不畏强御,惩吏弊,苏民瘼,均徭役,崇学校,皆井井有条。至正辛卯,方国珍入寇,和躬率民格战,贼遂退。州民德之,既代人有以海错馈者,和阅其奁有楮币焉,怒曰:"汝何污我耶?"命击之,其人惭而退。

(《(万历)温州府志》卷九)

陈麟(陈文昭)

陈麟,字文昭,永嘉人。少贫窭为吏。年三十始刻志读书,登至正第,授慈溪尹。抚摩穷困,斥抑豪强,民被其惠。时迈里古思在越,秃坚帖木儿在余姚,皆以能名,与麟号浙东三杰。会方国珍据庆元,威势日炽,麟在慈独与之抗,然寡不能胜。国珍执之,羁縻于岱山海岛,朝廷屡迁秩,自承事郎超至中顺大夫秘书监丞,不能赴,卒。

(《(万历)温州府志》卷十一)

元有循吏曰陈君文昭,而今亡矣……台省亦欲倚君为重,权升浙东副元帅,领慈溪县事如故。君以所在州县多陷没,方欲与民相保障,以俟天下之定。俄而方左丞驻兵郡城,单骑往谒,方忌君,留之不遣。或说君潜归,为自守计。君不忍危其民,即尽散其兵为农。方以君既势失,陈兵胁之。君正色曰:"吾先朝廷,不可以两虎斗,故只身以至,杀我非勇也。"方愧悟谢过,然卒置君海上之岱山。比行,父老送之出境。遣去,不可,皆泣曰:"奈何舍父母乎?"君至岱山,即着道士衣冠,而舍其宫,治田葺园种牧以为食,无纤毫芥蒂意。后仍给以足疾,倚杖蹒跚出迎客。方使人觇之,益不疑君。以海乡僻陋,为兴岱山书院,严师弟子之职。暇日,复与其里人聚石为台,陈簠簋、爵斝盛,升降揖让,如乡饮酒礼。父老见而荣之,争令子弟为学,变其习俗,且名其台曰"陈公台"。久之,益亲信君。事有不平,俟君一言而解,顽民亦知敬惮。诸山酋长,掠财物于外,辄戒其众曰,勿登此山,有陈公在也。已而,朝廷起君户部主事,佐尚书贡师泰往理福建盐赋,寻改温州路瑞安知州。君度不能行,俱以疾辞。丞相河南王总戎太原,承制授君中顺大夫秘书监丞,亦不赴。君留海上十载,移郡城又三载,而版图内附,于是南游闽中。未几,竟卒闽之寓舍。

(《九灵山房集》卷二十三《元中顺大夫秘书监丞陈君墓志铭并序》)

会稽陈思可(睿)云:至正丙申,御史大夫纳璘开行台于绍兴。于时,庆元慈溪则有县尹陈文昭，本路余姚则有同知秃坚，在城则有录事达鲁花赤迈里古思，皆总制团结民义者。纳璘之子安安，以三人为不易制，思有以去之。乃先绐召秃坚至，拘留宝林寺。夜半，率台军擒杀之。从而言国珍亦执陈文昭，沉之海。独存迈里古思一人耳。人皆以秃坚之死，归罪于迈里古思不能力救，殊不知当时之执秃坚，乃所以擒迈里古思也。执秃坚之谋，出于潘子素，子素亦为安安缢诸途。执子素之谋出于辛敬所，敬所艰关投张士诚，客死平江僧舍。及拜住哥代纳璘为大夫，又不能容迈里古思，挝杀于其私第。拜住哥以弟撷思监拜中书右相，诏入朝，既得罪，兄弟诛戮，家无噍类。但未知安安死所耳。静而思之，若有尸于冥冥之中者，不知造物果如何也。

（《南村辍耕录》卷之二十三《造物有报复》）

王子成

　　成初用父荫补征官，历嘉兴之沙渚，吴兴之南浔，由南浔廷广济库。……子成后秩满，遂得庆元路录事判官，时方国珍为行省左丞，分治于庆元，子成自度与左丞决不合，乃不上，更着短布衣以自隐。亡何，国家取浙东郡，将辟子成自佐使者，凡再返，子成送使者曰：为我谢元帅，属时多故，幙府不有异材，不足与共济，我素迁，加以衰老，即强为元帅起，无益万分豪，幸勿复来。郡将知其志，亦不敢屈也。子成今年几七十，虽蔬食不给，而未尝辄有求于人。时时出入里巷，间遇知己，辄留，留辄饮，饮辄醉，醉便拂衣竟去。贤士大夫以此皆延颈慕交之。而镇抚袁仁谭济敬重子成，特至尝用比丈人行，非独以其齿也，童冀作《子成传》，亟称子成，盖安分者，至于其历履，则不暇书，余故得取为后序云。

（《苏平仲集》卷五《王子成传后序》）

周宗道

　　当是时，方国珍侄明善，以枢判制温，公不为之下，而明善忮公，屡轧以舟师，公屡却之。然自念彼不有朝廷，况有邻州乎？且彼据三郡，而吾以区区一州与之抗，终非万全之计，进父老语以故，欲委地去，听民自为去就。父老曰："方，虎狼也。公于我等数年安全之一旦以遗虎狼，忍乎？公若终惠我等，幸与之修睦。公用父老言，遣弟明德往谒，拘留不遣。辛丑夏，遣都事张君锡漕贡如初，天子益嘉之，进朝列大夫、同金行枢密院事，降分院印。明善舟人在直沽者，欲夺印，不克。壬寅春，遂以三千余舟列营平阳、瑞安。公四面受敌，激诸军以忠义。人皆感奋，屡挫其锋。又遣没人断其矴缆，乃解去。追获舟二百。会集贤院都事兴童持诏来劳公，乃遣都事萧天瑞从诏，使入贡谢恩。且进地图表，言国珍侵轶，乞注代天子览表，为下诏让国珍。仍有龙衣御酒之赐。超拜中奉大夫、江浙等处行中书省参知政事，刻分省印，使佩之。以承德郎行枢密判官官诚德。国珍被诏，大怒，调台、庆、温之兵来攻。相持阅六月，阴啗公帐下林淳以厚利，使为应。三郡兵攻其外，淳应于内。九月，平阳陷，执公及诚德、绍德以去。诚德慢骂明善，遂遇害，剥其皮焉。亚死骂不绝口。绍德则缒以石，而沉诸海。送公国珍，国珍甚礼公，好语公曰："省台贵臣皆听吾命，公独敢我，抗豪杰士哉？自今与公释憾，其仍为参政我所。"公曰："我与尔有不共国之仇而与尔共事乎？"然国珍终不敢害公。越三年，王师取台、庆。公与国珍例遣赴南京。后公以诚意伯刘基言，得放还田里。洪武辛亥，大臣行边者复遣赴南京，其秋八月壬寅，卒于南京，享年六十有六。……公讳嗣德，字宗道，姓周氏，平阳人。

（《苏平仲集》卷十二《故元中奉大夫江浙等处行中书省参知政事周公墓志铭》）

郑　礼

公讳礼，字朝美，姓郑氏，世家温之平阳邑。衣冠巨族，尝推为首……又转承事郎闽清县尹，迁征事郎、漳州路总管府经历，遂擢承德郎、浙东道宣慰使司元帅府都事。时方国珍据庆元，公义不与共事，不上。月鲁不花平章开省广东，便宜辟公为其省检校官，而南行台又奏公监察御史，公知大事已去，俱不赴。

（《苏平仲集》卷十二《故元承德郎浙东道宣慰使司都元帅府都事郑公墓志铭》）

顾　圭

顾圭，上虞人，少负奇气。方国珍来寇，集乡兵与战曹娥江，败死。里人瘗尸于江岸，其冢为风涛荡折，而冢独完。越七月，其孤谋反葬，启视，面如生。次日，其地尽为江矣。

（《涌幢小品》卷二十）

谢景旸

谢景旸居松江北郭，结坛于家，行召鬼法。至正十一年，官兵下海剿捕方国珍，传云：贼中有人能呼召风雨，必得破其法者，乃可擒讨。千户也先等遂以谢荐，总兵官给传致请。省札有云："参裁军事，必访异人，既达天时，当为世用。"时知府王克敏廉介端严，有声于时，不得已亲造其庐，起赴军前。其术一无所验，自后全军败衄。吁！宰臣统大兵数十万，剿除草窃，如拉朽耳，而乃延一方士，则其机略安在哉？

（《南村辍耕录》卷二十八《军前请法师》）

叶良器

叶良器,宁海人。慷慨有大节,元扰攘,能保障乡里。岁己亥,总制官胡深荐为千户,剿山寇及征方谷珍。克平阳城,升万户。深入敌境,被获不屈遇害。事闻,诏存恤其家。胡深有诗哭之曰:"黑风吹浪血腥飞,正是将军效死时。耿耿孤忠冰雪凛,昭昭大义日星垂。乡邦安堵人怀惠,总帅旌贤祭有词。愧我兰台曾秉笔,姓名忘逸重嗟咨。"

(《万姓统谱》卷一百二十四)

按:《(光绪)宁海县志》卷十《列传》也载,大同小异。

叶良器,青田人。慷慨有大节,元末扰攘,良器团结义勇,保捍井邑,总制胡深荐授义兵千户,剿山贼及征方谷珍,克平阳城,功具升万户侯。攻瑞安,深入敌境,被获不屈死,事闻,诏存恤其家。胡深为文祭之,哭以诗,哀感三军,无不陨涕。良器弟良殷,子景阳,景阳子孟圭,孟圭子师正,俱以义勇杀贼,有保障功。

(《两浙名贤录》卷三十一)

钱国祚

钱国祚,吴越王镠十三世孙,居台州崇和门美德坊。当元季,高尚不仕。时方国珍据台,授以官,坚辞不赴,遁迹宁海,遂家焉。严取与,不妄交游,今邑钱氏,皆其裔也。《同治采访册》。

(《(光绪)宁海县志》卷十一《流寓》)

曾应孙

曾应孙,字如谷,乐清人。好学,尚气节,与李孝光友善。又知医,常施药,人德之。时方国珍寇温,都帅泰不花延应孙计议,为陈方略,甚见器重。壬辰,泰不花死节,应孙为位哭之。平居以诗书训子孙,善处乡里,虽孩幼皆知慕之,寿八十二。

(《(万历)温州府志》卷十二)

董 旭

旭字太初,新昌人,公健之后。

《绍兴府志》:旭少负英气,博通群书,与迈里古思最友善。古思欲兴师讨方国珍,台臣怒其不禀命,杀之。旭作诗伤悼,辞极哀楚,遂归隐山中。已而国珍据台、庆，欲罗致幕下。旭拒不受，乃作诗曰："郁郁芒砀云，未辨蛟龙形。荧荧祥星光，未烛夹马营。君子慎其微，草露不可行。"国珍复强之，终不屈，遂遇害。

（《全浙诗话》卷二十五）

陈杲

陈杲字孔英，德永子。至正壬辰夏四月，方谷珍寇乱，知州赵宜浩率民兵御之，败贼，遂奔溃四出，德永载书史避难山谷中，遇贼，被执，溺于水，杲力出之。贼抽刃加颈，索金帛，杲抱持泣曰：我父老儒，贫无他赀，愿以身代死。贼砟杀之。弟多逊肉袒趋至，请代兄死，身被数创，死而复生，德永乃得免。知州赵宜浩上其事，一死一生，爱亲敬兄，盖同道云。多逊后为山东运使。

（《(光绪)黄岩县志》卷十九《人物》）

陈杲，字孔英，台州人。两峰先生叔夏之子也。至正壬辰夏四月，方谷珍寇乱，知州赵宜浩率民兵御之，败贼，遂奔溃四出，叔夏被执，抽刃将杀之。杲伏父身上，愿代死，贼砟杀之。弟多逊，肉袒驰至，请代兄死，身被数创，死而复苏，后为山东运使。

（《两浙名贤录》卷六）

程国儒 吕玄英

元末，江西程国儒任余姚州判官，因乱来依方谷珍，与吕玄英为友。国儒有《鹤傍牡丹图》索吕题云："牡丹花畔鹤精神，飞并云林似倚人。万里青霄不归去，洛阳能有几时春？"程得诗，即日促装回番阳。

（《闲中今古录摘抄》）

元末江西程国儒任余姚州判官，因乱来依方谷珍，与吕玄英为友。国儒有《鹤傍牡丹图》，索吕题云："牡丹花畔鹤精神，飞并云林似倚人。万里青霄不归去，浴阳能有几时春？"程得诗，即日促装回鄱阳。

（《蓬窗日录》卷七）

江西程国儒任余姚州判官，因乱，来依方谷珍，与吕玄英为友。国儒有《鹤傍牡丹图》，索吕题云："牡丹花畔鹤精神，飞并云林似倚人。万里青霄不归去，洛阳能有几时春？"程得诗，即日促装回番阳。

（《尧山堂外纪》卷七十四）

元末江西程国儒任余姚州判官，因乱来依方国珍，与吕玄英为交。出《鹤傍牡丹图》求题，玄英题曰："牡丹花畔月精神，飞并云林似倚人。万里青霄不归去，洛阳能有几时春。"程知为讽，即日促装回鄱阳。

（《罪惟录·志》卷三十二）

赵 琬

（赵瑾）弟琬，字仲德，仕至台州路总管，二十七年，方国瑛以舟挟琬至黄岩。琬潜登白龙奥，舍于民家，绝粒不食。人劝之食，辄瞑目却之，七日而死。

（《元史》卷一百九十四）

周士威（兄士行附）

周士威，永嘉人，与兄士行俱幼丧父母，藉外祖母夏氏抚育以至成人。士行业针工以为养，至正戊戌，方明善据郡，居千佛寺，置栅自卫，俾市民守之。九月十日夜，刘公宽率义兵砍栅入寺，明善遂逃三日，方明善后入罪守栅者四家，而士行与焉，遂囚于狱。时士威年十九，诣狱吏请曰："吾兄弟皆孤，藉外祖母以存。今外祖母年八十六矣，幸兄以求食养之，吾无能焉。若兄死，则皆无托矣。愿以身代兄死。"因悲咽不自胜，狱吏怜而易之，士威遂过害。

（《两浙名贤录》卷五）

魏 保

魏保，永嘉人。刘公宽之变，保父忠亦以守门故，为方明善所执，将斩之。保时年二十，至行刑所，以身蔽父，曰："是夕守门者，保也。请自当罪。"伸颈死于刃下，父遂得释。

（《两浙名贤录》卷五）

金 建

金建，瑞安人。有学行，隐居不仕，以《春秋》教授，不为词章记诵之习，而以躬行实践为急人，有善亟称之，有过辄面折不少贷，士大夫翕然尊慕之。至正间，方氏海艘犯境，首献策令，筑城备御，郡赖以安。省府闻其名，灸辟之，征为秘书管勾，不起，优游田里，以居林子自称。及方明善据郡，以礼延致，知其终不为己用，遂不强。未几卒。

（《两浙名贤录》卷四十四）

张端（父君锡附）

张端，涿州人。父君锡，至正末任平阳州判官，因家焉。时周嗣德守平阳，因辟君锡为枢幕都事。方明善攻破平阳,君锡被俘,端随往,日夜涕泣不食。父谓曰:"我分在必死,尔归视尔家,勿以我为念。"端曰:"父辱子死,理之常也。大人万一不讳,端安可独生乎?"既而明善沉君锡于江,端即掷身江中抱父,俱沉而死。父子忠孝,人至今怜之。

(《两浙名贤录》卷五十四)

方 澄

　　方澄字德明,临海人。持身有威仪,不妄言笑。喜延揽贤士,元季以荐授江浙等处儒学副提举,辞不赴。方国珍据海上,澄深自避匿,日与里中故老游山水间,歌吟忘返。自号桧屏翁,年六十卒。

(《(民国)台州府志》卷一百二十一《人物传》)

　　君讳澄,字德明,姓方氏,台之临海人。五代时,有以武显者,居临海仙华山之东,号东山方氏,君其后也。曾大父仲。大父贤。父奎,母韩氏。君少孤,能自拔擢,超出流辈中。诵书不求多解,务见于用。持身有威仪,不妄哗笑。儇薄子过其家,蹐步倾耳,不敢出声。喜延揽贤士,至则沽酒与饮,取其欢忻,不顾惜赀费。人有过弗匿于心,辄面折之,遇流俗则不肯举目视,至门亦不与语,是以所交皆台之有名者。

　　元季或荐名于朝,授江浙等处儒学副提举。不赴。会方左丞据海上,贱儒多倚之求利禄。君独避匿,日与里中故老缘躋山水间,歌吟忘返。庭有巨桧,每醉余,盘旋其下。晚乃别号"桧屏翁"。一旦得疾,正衣冠危坐,抗手与视疾者诀。顷之乃逝,年六十,时至正二十六年二月十日也。娶牟氏,讳巽,事姑孝,宗族称之。年五十有八,以今洪武二年二月二十一日终。五年十二月九日,合葬于仙华山之原。四男子,仁、义、礼、本。礼去为浮屠。本以才荐,擢起居注,迁徽州府通判,改知金坛县事,有政誉。一女,适董宏。孙男六人,组、忠、良、桓、金、瑰。女三人,长适韩载,二尚幼。

　　本为起居注时,与余同朝,屡以铭为请。未果为。及余致政朝京师,本至自金坛,重以为言。退则自状群行,使忠来速铭。其辞文甚,于是知君善教子也。铭曰:

　　　　维蔓方氏,本于方雷。事轩与舜,曰明曰回。
　　　　叔佐周宣,功侔尚父。纮在西汉,始徙南土。
　　　　南土之方,皆祖于纮。派别支繁,维歙为宗。
　　　　台之方氏,始自歙分。或昭或泯,不大有闻。
　　　　君之先人,尝以武显。君隐不仕,乃笃为善。

善积在人,彰善者天。其将炽然,胤子孔贤。

(《临海方府君墓铭》,《宋濂全集》第 1718 页)

谢　雄

谢雄字伯英,黄岩人,今隶太平。至正初,试吏宁海,迁福建延平,再调处州路。六年,授宪府司募方氏踞有庆元,雄谢去,遍游诸名山。郭槐有赠诗。

(《(民国)台州府志》卷一百二十一《人物传》)

毛贞德

毛贞德,黄岩人,今隶太平。方氏起海上,闻其才,请为谋主,劫其子允保为质,允保逃至净应寺为僧。贞德与陈恢率里人拒战于白枫河,恢遇难,贞德挟幼子允泰遁山谷,匿名姓,自号流离翁。

(《(民国)台州府志》卷一百二十一《人物传》)

陈恢　应允中　陈宣

陈恢,字仲广。至正庚寅,方国珍寇海上,境内骚动,恢与方居仅隔一里,聚族人及乡之好义者御之,不克。寇以势利诱之,恢辄骂不从,既而与之战于白枫河,宗族死者八十余人,寇势益盛。恢自揆终不能敌,逃避山中,忧愤成疾而卒。后人感其捍卫乡里功,即其地立庙祀之。同时应允中、陈宣俱与国珍战死。允中字德间,甓下人,与朱㑌、潘义和等潜募勇壮几万人,与国珍战于半野桥,允中堕水遇害。郡将达公闻于朝,赠临海尉,旌其门。宣字钦召,太平乡人。方氏令郭仁本劫宣,不从,遂倡合乡兵御之。仁本遣党纵火焚其庐,宣度势不敌,乃自刭,葬王大田山。州正赵宜浩书其碑曰:独节陈宣之墓。

(《(光绪)黄岩县志》卷十九《人物》)

汤通玄

汤通玄,太仓人,善推阴阳、星历、地理之学。至正辛卯仲秋丁癸,槐上凝水,铮然有声,通玄曰:"此兵兆也。"明年,方国珍突入娄江,杭和卿拒战而败,居民十余万户皆为所屠。

(《吴中人物志》卷十三)

刘　基

刘基,字伯温,青田人。曾祖濠,仕宋为翰林掌书。宋亡,邑子林融倡义旅。事败,元遣使簿录其党,多连染。使道宿濠家,濠醉使者而焚其庐,籍悉毁。使者计无所出,乃为更其籍,连染者皆得免。基幼颖异,其师郑复初谓其父㸁曰:"君祖德厚,此子必大君之门矣。"元至顺间,举进士,除高安丞,有廉直声。行省辟之,谢去。起为江浙儒学副提举,论御史失职,为台臣所阻,再投劾归。基博通经史,于书无不窥,尤精象纬之学。西蜀赵天泽论江左人物,首称基,以为诸葛孔明俦也。

方国珍起海上,掠郡县,有司不能制。行省复辟基为元帅府都事。基议筑庆元诸城以逼贼,国珍气沮。及左丞帖里帖木儿招谕国珍,基言方氏兄弟首乱,不诛无以惩后。国珍惧,厚赂基。基不受。国珍乃使人浮海至京,贿用事者。遂诏抚国珍,授以官,而责基擅威福,羁管绍兴,方氏遂愈横。无何,山寇蜂起,行省复辟基剿捕,与行院判石抹宜孙守处州。经略使李国凤上其功,执政以方氏故抑之,授总管府判,不与兵事。基遂弃官还青田,著《郁离子》以见志。时避方氏者争依基,基稍为部署,寇不敢犯。

及太祖下金华,定括苍,闻基及宋濂等名,以币聘。基未应,总制孙炎再致书固邀之,基始出。既至,陈时务十八策。太祖大喜,筑礼贤馆以处基等,宠礼甚至。初,太祖以韩林儿称宋后,遥奉之。岁首,中书省设御座行礼,基独不拜,曰:"牧竖耳,奉之何为!"因见太祖,陈天命所在。太祖问征取计,基曰:"士诚自守虏,不足虑。友谅劫主胁下,名号不正,地据上流,其心无日忘我,宜先图之。陈氏灭,张氏势孤,一举可定。然后北向中原,王业可成也。"太祖大悦曰:"先生有至计,忽惜尽言。"会陈友谅陷太平,谋东下,势张甚,诸将或议降,或议奔据钟山,基张目不言。太祖召入内,基奋曰:"主降及奔者,可斩也。"太祖曰:"先生计安出?"基曰:"贼骄矣,待其深入,伏兵邀取之,易耳。天道后举者胜,取威制敌以成王业,在此举矣。"太祖用其策,诱友谅至,大破之,以克敌赏赏基。基辞。友谅兵复陷安庆,太祖欲自将讨之,以问基。基力赞,遂出师攻安庆。自旦及暮不下,基请径趋江州,捣友谅巢穴,遂悉军西上。友谅出不意,帅妻子奔武昌,江州降。其龙兴守将胡美遣子通款,请勿散其部曲。太祖有难色。基从后蹴胡床。太祖悟,许之。美降,江西诸郡皆下。

基丧母,值兵事未敢言,至是请还葬。会苗军反,杀金、处守将胡大海、耿再成等,浙东摇动。基至衢,为守将夏毅谕安诸属邑,复与平章邵荣等谋复处州,乱遂定。国珍素畏基,致书啗。基答书,宣示太祖威德,国珍遂入贡。太祖数以书即家访军国事,基条答悉中机宜。寻赴京,太祖方亲援安丰。基曰:"汉、吴伺隙,未可动也。"不听。友谅闻之,乘间围洪都。太祖曰:"不听君言,几失计。"遂自将救洪都,与友谅大战鄱阳湖,一日数十接。太祖坐胡床督战,基侍侧,忽跃起大呼,趣太祖更舟。太祖仓卒徙别舸,坐未定,飞炮击旧所御舟立碎。友谅乘高见之,大喜。而太祖舟更进,汉军皆失色。时湖中相持,三日未决,基请移军湖口扼之，以金木相犯日决胜，友谅走死。其后太祖取士诚，北伐中原，遂成帝业，略如基谋。

吴元年以基为太史令，上《戊申大统历》。荧惑守心，请下诏罪己。大旱，请决滞狱。即命基平反，雨随注。因请立法定制，以止滥杀。太祖方欲刑人，基请其故，太祖语之以梦。基曰："此得土得众之象，宜停刑以待。"后三日，海宁降。太祖喜，悉以囚付基纵之。寻拜御史中丞兼太史令。

太祖即皇帝位，基奏立军卫法。初定处州税粮，视宋制亩加五合，惟青田命毋加，曰："令伯温乡里世世为美谈也。"帝幸汴梁，基与左丞相善长居守。基谓宋、元宽纵失天下，今宜肃纪纲。令御史纠劾无所避，宿卫宦侍有过者，皆启皇太子置之法，人惮其严。中书省都事李彬坐贪纵抵罪，善长素昵之，请缓其狱。基不听，驰奏。报可。方祈雨，即斩之。由是与善长忤。帝归，诉基戮人坛壝下，不敬。诸怨基者亦交谮之。会以旱求言，基奏："士卒物故者，其妻悉处别营，凡数万人，阴气郁结。工匠死，胔骸暴露，吴将吏降者皆编军户，足干和气。"帝纳其言，旬日乃不雨，帝怒。会基有妻丧，遂请告归。时帝方营中都，又锐意灭扩廓。基濒行，奏曰："凤阳虽帝乡，非建都地。王保保未可轻也。"已而定西失利，扩廓竟走沙漠，迄为边患。其冬，帝手诏叙基勋伐，召赴京，赐赉甚厚，追赠基祖、父皆永嘉郡公。累欲进基爵，基固辞不受。

初，太祖以事责丞相李善长，基言："善长勋旧，能调和诸将。"太祖曰："是数欲害君，君乃为之地耶？吾行相君矣。"基顿首曰："是如易柱，须得大木。若束小木为之，且立覆。"及善长罢，帝欲相杨宪，宪素善基，基力言不可，曰："宪有相才无相器。夫宰相者，持心如水，以义理为权衡，而己无与者也，宪则不然。"帝问汪广洋，曰："此褊浅殆甚于宪。"又问胡惟庸，曰："譬之驾，惧其偾辕也。"帝曰："吾之相，诚无逾先生。"基曰："臣疾恶太甚，又不耐繁剧，为之且孤上恩。天下何患无才，惟明主悉心求之，目前诸人诚未见其可也。"后宪、广洋、惟庸皆败。三年授弘文馆学士。十一月大封功臣，授基开国翊运守正文臣、资善大夫、上护军，封诚意伯，禄二百四十石。明年赐归老于乡。

帝尝手书问天象。基条答甚悉而焚其草。大要言霜雪之后，必有阳春，今国威已立，宜稍济以宽大。基佐定天下，料事如神。性刚嫉恶，与物多忤。至是还隐山中，惟饮酒弈棋，口不言功。邑令求见不得，微服为野人谒基。基方濯足，令从子引入茅舍，炊黍饭令。令告曰："某青田知县也。"基惊起称民，谢去，终不复见。其韬迹如此，然究为惟庸所中。

初，基言瓯、括间有隙地曰谈洋，南抵闽界，为盐盗薮，方氏所由乱，请设巡检司守之。奸民不便也。会茗洋逃军反，吏匿不以闻。基令长子琏奏其事，不先白中书省。胡惟庸方以左丞掌省事，挟前憾，使吏讦基，谓谈洋地有王气，基图为墓,民不与,则请立巡检逐民。帝虽不罪基,然颇为所动,遂夺基禄。基惧入谢,乃留京,不敢归。未几,惟庸相,基大戚曰:"使吾言不验,苍生福也。"忧愤疾作。八年三月,帝亲制文赐之,遣使护归。抵家,疾笃,以《天文书》授子琏曰:"亟上之,毋令后人习也。"又谓次子璟曰:"夫为政,宽猛如循环。当今之务在修德省刑,祈天永命。诸形胜要害之地,宜与京师声势联络。我欲为遗表,惟庸在,无益也。惟庸败后,上必思我,有所问,以是密奏之。"居一月而卒,年六十五。基在京病时,惟庸以医来,饮其药,有物积腹中如拳石。其后中丞涂节首惟庸逆谋,并谓其毒基致死云。

基虬髯,貌修伟,慷慨有大节,论天下安危,义形于色。帝察其至诚,任以心膂。每召基,辄屏人密语移时。基亦自谓不世遇,知无不言。遇急难,勇气奋发,计划立定,人莫能测。暇则敷陈王道。帝每恭己以听,常呼为老先生而不名,曰:"吾子房也。"又曰:"数以孔子之言导予。"顾帷幄语秘莫能详,而世所传为神奇,多阴阳风角之说,非其至也。所为文章,气昌而奇,与宋濂并为一代之宗。所著有《覆瓿集》、《犁眉公集》传于世。子琏、璟。

(《明史》卷一百二十八)

刘基字伯温,浙江青田人。元至顺癸酉举进士,授高安丞,揭文安公曼硕一见奇之曰:"此魏征流也,而英特过之,他日其济时之器乎?"初,基游燕京,见书肆有象纬占经,一夕谈诵如流,其人大惊,欲举以授之。基辞曰:"业已习矣。"及丞高安,有进贤邓祥甫者,精于天文术数,乃以其学授基焉。治高安有能声,江西行省辟掾史,基辞去,寻起为江浙儒学提举,又辞去。

尝泛西湖,有异云起西北,祥光掩映,湖波如绮。诸人皆赋诗记之,基独纵饮不顾,徐曰:"此天子气也,应在金陵,十年当有王者起其下,我当辅之。"众骇,以为狂,悉舍之去,基独剧饮湖亭。时无能知者,惟西蜀赵天泽以为隆中诸葛也。

方国珍起兵海上,元帅朵耳只班被其诱胁,省宪遂举公为帅府都事。基募兵平山寇吴成七,改行枢密院经历,与参知政事石抹宜孙守处州以拒国珍。迁行省郎中,经略使李国凤上其功,执政者贪得国珍赂遗,奏入不省,授以判官,基又辞去。归青田山,乃著《郁离子》书。我高皇帝取婺州,遣孙炎聘基,基指干象谓人曰:"此天命也,吾其行乎。"

基至金陵,上时务十八策,上嘉纳之。会陈友谅入寇,谋者不一,或议以城降,或以钟山有王者气,欲趋据之。上问基曰:"先生以为何如?"基曰:"先斩主降议及奔钟山者,乃可破贼尔。"上曰:"先生计将安出?"基曰:"天道,后举者胜。若散府库,开至诚,以固士心,伏兵伺隙挈之,取威制敌在兹一举已。"而友谅至,果大败走。复将讨友谅于九江,基曰:"金星在前,火星在后,克之必矣。"上大喜,即出师攻皖城，自旦至晡不拔。基请径趋江州，遂拔之。友谅走湖广，其洪都守将胡廷美遣子约降，预请禁约数事。上有难色，基自后踢所坐胡床，顿悟许之。廷美以城降。

先是，尝遣都督冯胜出攻，命基授以方略。俾夜半候望青云起，则我兵伏，见黑云则彼寇兵伏也，慎勿妄动。黑云渐薄，与青云接，此寇归也，宜急追之。果如所料。基以母富氏丧奔归，过衢州，值苗军叛杀守将胡大海、耿再成、孙炎等。夏毅时守衢城，惊惧失措，基徐为画计，且谕诸军以祸福，众乃定。遂与平章邵荣擒苗帅贺李等，克复诸城。方国珍素畏基名，遣间致书问，基因宣布威德，讽使归顺，方氏纳款。

（《国朝列卿纪》卷七十）

方国珍反海上，省宪举公为行省都事。国珍知不能抗，乃使人浮海至燕以重赂贿。元用事者下有司招抚，授国珍以官。公言："贼弱易与，今不除，乃厚抚之，益长贼计？"用事者以先入国珍赂，大怒，谓公失天子悯念，元元至意当斩，羁管绍兴路。公感愤恸哭，流血欲自杀，赖门人密理沙等力阻得不死。

（《续藏书》卷二《青田刘文成先生》）

诚意伯刘基，字伯温，青田人也。基虬髯电目。初，年二十举元进士，为高安丞。秘书监揭奚斯过高安，与语，出语人曰：此魏玄成流也，而英特过之。旁县人曾义山尝谨遇异人，授以天文书，秘弗传。死，属其子：后某日，刘基过，授之。是日，基果过，得之，常阅习。

寻投劾去，游武林，有异云起西北，人人以为卿云。基笑而大言曰："是天子气也，应在金陵。十年后，有王者起其下，我当辅之。"客闻大骇，以为狂无知之者。时庆元方谷珍反海上，大张省臣议，欲招之，辟基参谋。基曰："招之在胁从则可，方氏兄弟首乱梯祸法，当捕而尸诸市。"元用事者大怒，谓基失天子悯念元元，至意羁管绍兴。基自是放浪绍兴山水间，而谷珍益横不可制。盗所在蜂起，行省复以都事起基。基出，为讨平群盗，仅从故官稍叙录。基愤，竟弃官归隐青田山中。

叹曰："基闻天之将雨也，穴蚁知之；野之将霜也，草虫知之。知之于将萌，而避之于未至，故或徙焉，或蛰焉，不虚其知也。今天下无可徙之地，可蛰之土矣，是为人而不如虫也。《诗》不云乎'匪鹑匪鸢，翰飞戾天。匪鳣匪鲔，潜逃于渊。'吾将奚往哉？"著书自见，称曰《郁离子》。

《郁离子》之言曰："夫民犹沙也，有天下者，惟能抟而聚之耳。尧、舜之民，犹以膝抟沙，无时而解，故尧崩，百姓如丧考妣。三年，四海遏密八音（非威驱而令肃之也）。三代之民，犹以胶抟沙，有时而融，不涣然离也。子孙传之数百年，必有无道之君而复衰，继而得贤焉则复兴。必有大亡道如桀、纣，而又有贤圣诸侯如商汤周武王者间之而后亡。无道未如桀、纣者不亡；无道如桀、纣，而无贤圣诸侯适丁其时而间之亦不亡。霸者之民，犹以水抟沙，其合也，若不可开。其消而释也，涣然离矣。其下者，以力聚之，犹以手抟沙，拳则合，放则散。故曰，胜天下之道在德，大德胜小德，小德胜无德，大德胜大力。小德敌大力，力生敌，德生力。力生于德，天下无敌。故力者，胜一时者也；德愈久而愈胜者也。夫力非吾力也，人各力其力也，惟大德为能得群力。"

客有说之者曰："今天下其扰扰矣，以公才略据括仓，卷金华，明越可折简而定，方氏将浮海避公，公因画江而守之，此勾践之业也。舍此不为，悠悠安之乎？"基曰："子知蒙人乎，衣猰㺄之皮以适圹，虎见之而走，遂以虎为畏己也。返而矜。明日服而往，虎立而睨之，蒙人也，怒而食之。方谷珍，蒙人耳，而子为我效之乎？夫命将有归，子姑待之。"及太祖定金华，下括苍，基指乾象语客曰："此天命也，岂人力耶？"客亡去。基欲遂诣太祖，而处州总制孙炎复将太祖征命至，基闻命，遂入金陵。见太祖，陈十八策。太祖喜曰："先生，吾子房也。"五月，陈友谅陷太平，欲寇金陵，太祖方深念而众惺扰未知所决，或请且降之，以待后图。或曰：钟山有王气，奔据山便。或曰：决死一战，不胜而走，未晚也。基独张目不言。太祖起入内，召问基。基曰："斩降者，因奔钟山者，贼乃可破尔。"太祖曰："先生计将安出？"基曰："如臣之计，莫若先倾府库，开至诚，以固士心。夫天道后举者胜，且宜伏兵以伺之，取威制敌以成王业，在此时矣。"太祖喜，遂用基策，大破友谅龙湾。太祖以克敌之赏赏基，辞不受。……

（《皇明史窃》卷二十一）

刘诚意初仕元。方国珍兵起，刘疏请勿受其朝，当举兵伐之。国珍纳贿元主及权幸，朝命贳其罪，应僭窃名号仪物，就令有之，且谪刘于绍兴海滨。国珍将甘心焉。刘遽欲自尽，其仆劝止之。无何，遂归皇祖。

（《野记》）

朱亮祖 汤 和

朱亮祖，六安州人，元义兵元帅。乙未，上克宁国，擒亮祖，喜其勇悍，赐金帛，俾仍旧官。居数月，复叛，数战，败我兵七千余人。丙申，下建康。明年，克毗陵，遂遣徐达等讨之。进围亮祖于宁国，常遇春被创而还。上自往督战，亮祖兵败，缚以见上。上曰："尔将何如？"对曰："生则尽力，死则死耳。"上壮其言，鞭而释之，留置麾下，自是从军四征，所向克捷，以功升元帅，至院判。从征友谅，克九江,下南昌、江西诸郡,大战鄱阳湖,平武昌,升广信卫指挥使。会胡深讨陈友定,取浦城,克崇安、建阳等处。乙巳,张士诚兵寇诸全新城,亮祖以兵击之,焚其营落数十。攻桐庐,围余杭,降伪平章潘元明。升江浙行省参知政事,副李将军守杭。吴元年丁未,帅马步舟师讨方国珍。国珍拒战,败衄,夜走黄岩。亮祖入其城,遂狗下仙居诸县。进兵温州,国珍子明善战败,挈妻子遁去。克其城,分兵狗瑞安,还至黄岩。方氏父子来降,送建康。

(《本朝分省人物考》卷三十三)

朱亮祖自黄岩进击方国珍部,将于温州克之。王宣宣子信以沂降。十一月,汤和克庆元,方国珍遁入海。王宣降复叛。徐达进克之。峄、莒、海、沐阳、日照、赣榆诸县皆降,命中书平章廖永忠为征南副将军,帅师自海道会汤和,讨方国珍于海上。国珍降,使谕徐达曰:"闻将军已下沂,未知勒兵何向? 如向益都,当扼黄河之要,断其援兵。若益都未下,宜进取济宁、济南。"

(《名山藏》卷一)

洪武二十八年八月,信国公汤和卒。和字鼎臣,凤阳人……是岁十月,命为征南将军,讨庆元方国珍。国珍乘巨舟出没海岛,和宣谕朝廷威德,国珍率子弟诣军门降,得海舟千余,赀货无算,遂命和由海道取福州,师至而平。

(《大明太祖高皇帝实录》卷之二百四十)

汤和,字鼎臣,濠人,与太祖同里闬。幼有奇志,嬉戏尝习骑射,部勒群儿。及长,身长七尺,倜傥多计略。郭子兴初起,和帅壮士十余人归之,以功授千户。从太祖攻大洪山,克滁州,授管军总管。从取和州。时诸将多太祖等夷,莫肯为下。和长太祖三岁,独奉约束甚谨,太祖甚悦之。从定太平,获马三百。从击陈野先,流矢中左股,拔矢复斗,卒与诸将破擒野先。别下溧水、句容,从定集庆。从徐达取镇江,进统军元帅。徇奔牛、吕城,降陈保二。取金坛、常州,以和为枢密院同金守之。

常与吴接境,张士诚间谍百出,和防御严密,敌莫能窥。再寇,再击却之,俘斩千计。进攻无锡,大破吴军于锡山,走莫天祐,获其妻子,进中书左丞。以舟师徇黄杨山,败吴水军,获千户四十九人,拜平章政事。援长兴,与张士信战城下。城中兵出夹击,大败之,俘卒八千,解围而还。讨平江西诸山寨。永新守将周安叛,进击败之,连破其十七寨,围城三月,克之,执安以献,还守常州。从大军伐士诚,克太湖水寨,下吴江州,围平江,战于闾门,飞炮伤左臂,召还应天,创愈复往,攻克之,论功赐金帛。

初建御史台，以和为左御史大夫兼太子谕德。寻拜征南将军，与副将军吴祯帅常州、长兴、江阴诸军，讨方国珍。渡曹娥江，下余姚、上虞，取庆元。国珍走入海，追击败之，获其大帅二人、海舟二十五艘，斩馘无算，还定诸属城。遣使招国珍，国珍诣军门降，得卒二万四千，海舟四百余艘。浙东悉定。遂与副将军廖永忠伐陈友定，自明州由海道乘风抵福州之五虎门，驻师南台，使人谕降。不应，遂围之。败平章曲出于城下。参政袁仁请降，遂乘城入。分兵徇兴化、漳、泉及福宁诸州县。进拔延平，执友定送京师。时洪武元年正月也。

大军方北伐，命造舟明州，运粮输直沽。海多飓风，输镇江而还。拜偏将军。从大将军西征，与右副将军冯胜自怀庆逾太行，取泽、潞、绛诸州郡。从大将军拔河中。明年渡河入潼关，分兵趋泾州，使部将招降张良臣，既而叛去。会大军围庆阳，执斩之。又明年，复以右副将军从大将军败扩廓于定西，遂定宁夏，逐北至察罕脑儿，擒猛将虎陈，获马牛羊十余万。徇东胜、大同、宣府皆有功。还，授开国辅运推诚宣力武臣、荣禄大夫、柱国，封中山侯，岁禄千五百石，予世券。

四年拜征西将军，与副将军廖永忠帅舟师溯江伐夏。夏人以兵扼险，攻不克。江水暴涨，驻师大溪口，久不进，而傅友德已自秦、陇深入，取汉中。永忠先驱破瞿塘关，入夔州。和乃引军继之，入重庆，降明升。师还，友德、永忠受上赏，而和不及。明年从大将军北伐，遇敌于断头山，战败，亡一指挥，帝不问。寻与李善长营中都宫阙。镇北平，甓彰德城。征察罕脑儿，大捷。九年，伯颜帖木儿为边患，以征西将军防延安。伯颜乞和，乃还。十一年春，进封信国公，岁禄三千石，议军国事。数出中都、临清、北平练军伍，完城郭。十四年以左副将军出塞，征乃儿不花，破敌灰山营，获平章别里哥、枢密使久通而还。十八年，思州蛮叛，以征虏将军从楚王讨平之，俘获四万，擒其酋以归。

和沉敏多智数，颇有酒过。守常州时，尝请事于太祖，不得，醉出怨言曰："吾镇此城，如坐屋脊，左顾则左，右顾则右。"太祖闻而衔之。平中原师还论功，以和征闽时放遣陈友定余孽，八郡复扰，师还，为秀兰山贼所袭，失二指挥，故不得封公。伐蜀还，面数其逗挠罪。顿首谢，乃已。其封信国公也。犹数其常州时过失，镌之券。于时，帝春秋浸高，天下无事，魏国、曹国皆前卒，意不欲诸将久典兵，未有以发也。和以间从容言："臣犬马齿长，不堪复任驱策，愿得归故乡，为容棺之墟，以待骸骨。"帝大悦，立赐钞，治第中都，并为诸公、侯治第。

既而倭寇上海，帝患之，顾谓和曰："卿虽老，强为朕一行。"和请与方鸣谦俱。鸣谦，国珍从子也，习海事，常访以御倭策。鸣谦曰："倭海上来，则海上御之耳。请量地远近，置卫所，陆聚步兵，水具战舰，则倭不得入，入亦不得傅岸。近海民四丁籍一以为军，戍守之，可无烦客兵也。"帝以为然。和乃度地浙西东，并海设卫所城五十有九，选丁壮三万五千人筑之，尽发州县钱及籍罪人赀给役。役夫往往过望,而民不能无扰,浙人颇苦之。或谓和曰:"民讟矣,奈何?"和曰:"成远算者不恤近怨,任大事者不顾细谨,复在讟者,齿吾剑。"逾年而城成。稽军次,定考格,立赏令。浙东民四丁以上者,户取一丁戍之,凡得五万八千七百余人。明年,闽中并海城工竣,和还报命,中都新第亦成。和帅妻子陛辞,赐黄金三百两、白金二千两、钞三千锭、彩币四十有副,夫人胡氏赐亦称是。并降玺书褒谕,诸功臣莫得比焉。自是和岁一朝京师。

二十三年朝正旦,感疾失音。帝即日临视,惋叹久之,遣还里。疾小间,复命其子迎至都,俾以安车入内殿,宴劳备至,赐金帛御膳法酒相属。二十七年,病浸笃不能兴。帝思见之,诏以安车入觐,手拊摩之,与叙里闬故旧及兵兴艰难事甚悉。和不能对,稽首而已。帝为流涕,厚赐金帛为葬费。明年八月卒,年七十,追封东瓯王,谥襄武。

和晚年益为恭慎,入闻国论,一语不敢外泄。媵妾百余,病后悉资遣之。所得赏赐,多分遗乡曲,见布衣时故交遗老,欢如也。当时公、侯诸宿将坐奸党,先后丽法,稀得免者,而和独享寿考,以功名终。嘉靖间,东南苦倭患,和所筑沿海城戍,皆坚致,久且不圮,浙人赖以自保,多歌思之。巡按御史请于朝,立庙以祀。

(《明史》卷一百二十六)

平姑苏,缚士诚以归,三吴悉定。除御史大夫兼太子谕德,阶荣禄大夫。时方谷珍据温、台、庆元三郡,与士诚比境,闻士诚败,固已震恐。王督诸军征之。谷珍惧,乘大舶逃匿海岛中。王遣人持书喻以国家威德,谷珍即率昆弟子侄待罪军门。得兵械舟楫以万计,所至不扰,王之功居多。乘胜下福州。

(《大明左柱国信国公赠东瓯王谥襄武神道碑铭》,《明文衡》卷七十四)

汤和,凤阳人。吴元年,以御史大夫率师征方国珍,师抵绍兴,守将王若毅、龙霖遁,国珍惧。驾舟窜海,余党奔台、温。和先锋至州,老稚相率郊迎。明日入城,出榜抚民。戢兵封仓库,置关钥,市肆不易。已,国珍来降。俘送于朝,命驸马都尉王恭守郡,征和还。洪武二十年,命和以勋臣充总兵,和躬巡海徼,因其冲要,改创诸卫所。巡检司、城濠,皆亲为规画,民不知劳,至今赖之。

(《(雍正)宁波府志》卷十八《名宦》)

汤和,凤阳人。太祖龙兴,公实云从。吴元年,以御史大夫命率师拓地东南。十一月,至曹娥,方国真守将王若毅弃上虞遁。至余姚,守将龙霖亦遁。国真闻风怖慑,遂驾舟窜海。余党悉奔台、温。三日,公先锋至,州民老稚相率迎郊外。明日,公入城,即出榜四达,抚民戢兵,封仓库,置关钥,改庆元路为明州府,市肆不易。士民晏然，无一毫之损。已而国真来降，送于朝。公分遣平章廖永忠南平福建，会驸马都尉王恭来守兹郡，公遂还朝。后以功高，赐爵中山侯，又进封信国公。洪武二十年，朝命公巡行海徼，从其冲要。改创昌国等卫、爵溪等所、岱山等巡检司城壕于州境，皆公亲为指画，兵民不知劳。此特一州所见，其丰功盛烈，详在国史。

（《（成化）宁波郡志》卷七《名宦》）

（洪武二十年）冬十一月，命汤和筑濒海城备倭。先是，帝以倭患，命和巡视浙江、福建沿海诸城，又命江夏侯周德兴于福建滨海福、兴、漳、泉四郡，筑城练兵以备之。德兴相视形势，筑城十有六民，户三丁取一，以充戍卒。是时，和已请老，会倭寇上海。帝召和谓曰：“卿虽老，强为朕一行。”和请与方鸣谦俱。鸣谦，国珍从子也，习海事。帝访以御倭策，鸣谦曰：“倭海上来则海上御之耳。请量地远近，置卫所。陆聚步兵，水具战舰，砦垒错置其间，则倭不得入，入亦不得傅岸。其兵则籍近海民四丁取一以充，无烦客兵也。帝以为然。命和董其事。和乃度地浙东西，置卫所。并海筑城五十有九，选丁壮三万五千人，尽发州县钱及籍罪人赀给役，役夫往往过望而民不能无扰，浙人颇苦之。或谓和曰：“民嚣矣，奈何？”和曰：“成远算者不恤近怨，任大事者不顾细谨。国无备，及于戈铤，井里将墟，余何有焉？复有嚣者，齿吾剑。”逾年而城成，选丁壮五万八千余人戍之，海防大饬。其后嘉靖间，东南苦倭患，和所筑城坚致，久而不圮，民赖以相保，咸歌思之，请于朝，立庙祀焉。

（《御定资治通鉴纲目三编》卷三）

襄武王汤和，凤阳人。骁勇饶智略，始从郭子兴。太祖取和州，遂委心奉之。从渡江，克常州、江阴，平姑苏，谕降方国珍，珍姚大胆，略定闽中诸郡，同中山，宋国北征赵代，复下蜀，讨五开山獠。王临阵决机，有语及兵法，辄笑为泥古，又善缮甓城郛海上，多遗世泽。

（《国琛集》上卷）

廖永忠

廖永忠，巢人，楚国公永安弟也。从永安迎太祖于巢湖，年最少。太祖曰：“汝亦欲富贵乎？”永忠曰：“获事明主，扫除寇乱，垂名竹帛，是所愿耳。”太祖嘉焉。副永安将水军渡江，拔采石、太平，擒陈野先，破蛮子海牙及陈兆先，定集庆，克镇江、常州、池州，讨江阴海寇，皆有功。

永安陷于吴，以永忠袭兄职，为枢密佥院，总其军。攻赵普胜栅江营，复池州。陈友谅犯龙江，大呼突阵，诸军从其后，大败之。从伐友谅，至安庆，破其水寨，遂克安庆。从攻江州，州城临江，守备甚固。永忠度城高下，造桥于船尾，名曰天桥，以船乘风倒行，桥傅于城，遂克之。进中书省右丞。

从下南昌，援安丰，战鄱阳湖，决围殊死战。敌将张定边直犯太祖舟，常遇春射走之。永忠乘飞舸追且射，定边被百余矢，汉卒多死伤。明日，复与俞通海等以七舟载苇荻，乘风纵火，焚敌楼船数百。又以六舟深入挢战，复旋绕而出，敌惊为神。又邀击之泾江口，友谅死。从征陈理，分兵栅四门，于江中连舟为长寨，绝其出入，理降。还京，太祖以漆牌书"功超群将，智迈雄师"八字赐之，悬于门。已，从徐达取淮东，张士诚遣舟师薄海安，太祖令永忠还兵水寨御之，达遂克淮东诸郡。从伐士诚，取德清，进克平江，拜中书平章政事。

寻充征南副将军，帅舟师自海道会汤和，讨降方国珍，进克福州。洪武元年兼同知詹事院事。略定闽中诸郡，至延平，破执陈友定。寻拜征南将军，以朱亮祖为副，由海道取广东。永忠先发书谕元左丞何真，晓譬利害。真即奉表请降。至东莞，真帅官属出迎。至广州，降卢左丞。擒海寇邵宗愚，数其残暴斩之。广人大悦。驰谕九真、日南、朱崖、儋耳三十余城，皆纳印请吏。进取广西，至梧州，降元达鲁花赤拜住，浔、柳诸路皆下。遣亮祖会杨璟收未下州郡。永忠引兵克南宁，降象州。两广悉平。永忠善抚绥，民怀其惠，为之立祠。明年九月还京师，帝命太子帅百官迎劳于龙江。入见，仍命太子送还第。复出，抚定泉、漳。三年从大将军徐达北征，克察罕脑儿。还，封德庆侯，食禄一千五百石，予世券。

明年，以征西副将军从汤和帅舟师伐蜀。和驻大溪口，永忠先发。及旧夔府，破守将邹兴等兵。进至瞿塘关，山峻水急，蜀人设铁锁桥，横据关口，舟不得进。永忠密遣数百人持糗粮水筒，舁小舟逾山渡关，出其上流。蜀山多草木，令将士皆衣青蓑衣，鱼贯走崖石间。度已至，帅精锐出墨叶渡，夜五鼓，分两军攻其水陆寨。水军皆以铁裹船头，置火器而前。黎明，蜀人始觉，尽锐来拒。永忠已破其陆寨，会将士舁舟出江者，一时并发，上下夹攻，大破之，邹兴死。遂焚三桥，断横江铁索，擒同金蒋达等八十余人。尽天张、铁头张等皆遁去，遂入夔府。明日，和始至，乃与和分道进，期会于重庆。永忠帅舟师直捣重庆，次铜锣峡。蜀主明升请降，永忠以和未至辞。俟和至，乃受降，承制抚慰。下令禁侵掠。卒取民七茄，立斩之。慰安戴寿、向大亨等家，令其子弟持书往成都招谕。寿等已为傅友德所败，及得书，遂降。蜀地悉平。帝制《平蜀文》旌其功，有"傅一廖二"之语，褒赏甚厚。明年北征，至和林。六年督舟师出海捕倭，寻还京。

初，韩林儿在滁州，太祖遣永忠。迎归应天，至瓜步覆其舟死，帝以咎永忠。及大封功臣，谕诸将曰："永忠战鄱阳时，忘躯拒敌，可谓奇男子。然使所善儒生窥朕意，微封爵，故只封侯而不公。"及杨宪为相，永忠与相比。宪诛，永忠以功大得免。八年三月坐僭用龙凤诸不法事，赐死，年五十三。

（《明史》卷一百二十九）

吴 祯

　　吴祯，江国襄烈公良弟也。初名国宝，赐名祯。与良俱从克滁、和，渡江克采石，从定集庆，下镇江、广德、常州、宣城、江阴，皆有功。又从常遇春自铜陵取池州，以舟师毁其北门入城。敌舰百余至，复大败之，遂克池州。积功由帐前都先锋累迁为天兴翼副元帅，以千人助良守江阴，数败吴兵，破士诚水寨。擒其骁将朱定，授英武卫亲军指挥使。又大破吴兵于浮子门。从大将军徐达帅马步舟师取湖州，勒奇兵出旧馆，大捷。湖州平，遂戍之。从围平江，破封、晋二门，进金大都督府事，抚平江。寻副征南将军汤和讨方国珍，乘潮入曹娥江，毁坝通道，出不意直抵军厩。国珍亡入海，追及之盘屿合战，自申至戌，败之，尽获其战舰士卒辎重，国珍降。复自海道进取福州，围其西、南、水部三门，一鼓克之。

　　洪武元年，进兵破延平，擒陈友定，闽海悉平。还次昌国。会海寇劫兰秀山，剿平之。兼率府副使，寻为吴王左相兼金大都督府事。二年，大将军平陕西还，祯与副将军冯胜驻庆阳。三年，讨平沂州答山贼。命为靖海将军，练军海上。其冬，封靖海侯，食禄千五百石，予世券。与秦、晋二王传金朝兴、汪兴祖并专传王，解都督府事。

　　仇成戍辽阳，命祯总舟师数万，由登州饷之。海道险远，经理有方，兵食无乏。完城练卒，尽收辽海未附之地，降平章高家奴等。坐事谪定辽卫指挥使，寻召还。七年，海上有警，复充总兵官，同都督佥事于显总江阴四卫舟师同捕倭。至琉球大洋，获其兵船，献俘京师。自是常往来海道，总理军务，数年海上无寇。

　　十一年，奉诏出定辽，得疾，舆还京师。明年卒。追封海国公，谥襄毅，与良俱肖像功臣庙。子忠，嗣侯。二十三年，追论祯胡惟庸党，爵除。

（《明史》卷一百三十一）

　　吴元年丁未九月，复从大将军攻围苏州，连破胥莘二门，士诚就执。公奉令抚循，秋毫无所扰，进金大都督府事。时方谷珍据明州，未下，上以公为征南副将军，从御史大夫信国公汤和往平之。公引舟乘潮，夜入曹娥江，夷坝通道，出其不意，直抵车厩。会降者言方氏已潜挈家入海。公领兵追于盘屿，与合战，自申至夜，三鼓败之。尽获其战船、人马、辎重而还。未几，谷珍降。有旨由海洋进取福州。

（刘楚：《大明敕赐开国辅运推诚宣力武臣征南副将军靖侯追封海国公谥襄毅吴公神道碑铭》：《明文衡》卷七十二）

桢字干臣,以战功升天兴右翼副元帅,副良守江阴。从取湖州,勒奇兵出旧馆扼之,留戍。吴元年,平士诚,进金大都督府事。副汤和军讨方国真,引舟夜入曹娥江,通道夷坝,出不意,追国真至盘屿。

(《罪惟录》卷八)

胡 深

胡深,字仲渊,处州龙泉人。颖异有智略,通经史百家之学。元末兵乱,叹曰:"浙东地气尽白,祸将及矣。"乃集里中子弟自保。石抹宜孙以万户镇处州,辟参军事,募兵数千,收捕诸山寇。温州韩虎等杀主将叛。深往谕之,军民感泣,杀虎以城降。已,偕章溢讨龙泉之乱,搜旁县盗,以次平之。宜孙时已进行省参政,承制命深为元帅。戊戌十二月,太祖亲征婺州。深帅兵车数百辆往援,至松溪不能救,败去,婺遂下。明年,耿再成侵处州,宜孙分遣元帅叶琛、参谋林彬祖、镇抚陈中真及深帅兵拒战。会胡大海兵至,与再成合,大破之,进抵城下。宜孙战败,与叶琛、章溢走建宁,处州遂下。深以龙泉、庆元、松阳、遂昌四县降。

太祖素知深名,召见,授左司员外郎,遣还处州。招集部曲,从征江西。既定,命以亲军指挥守吉安。处州苗军叛,杀守将耿再成,深从平章邵荣讨诛之。会改中书分省为浙东行中书省,遂以深为行省左右司郎中,总制处州军民事。时山寇窃发,人情未固,深募兵万余人,捕诛渠帅。沿海军素骁,诛其尤横者数人,患遂息。癸卯九月,诸全叛将谢再兴以张士诚兵犯东阳。左丞李文忠令深引兵为前锋,再兴败走。深建议以诸全为浙东藩屏,乃度地去诸全五十里并五指山筑新城,分兵戍守。太祖初闻再兴叛,急驰使诣文忠,别为城守计。至则工已竣。后士诚将李伯升大举来侵,顿新城下,不能拔,败去。太祖嘉深功,赐以名马。

太祖称吴王,以深为王府参军,仍守处州。温州豪周宗道聚众据平阳。数为方国珍从子明善所逼,以城来归。明善怒,攻之。深遣兵击走明善,遂下瑞安,进兵温州。方氏惧,请岁输银三万充军实。乃命深班师,复还镇。陈友定兵至,破之,追至浦城,又败其守兵,城遂下。进拔松溪,获其守将张子玉。因请发广信、抚州、建昌三路兵,规取八闽。太祖喜曰:"子玉骁将,擒之则友定破胆。乘势攻之,理无不克。"因命广信指挥朱亮祖由铅山、建昌,左丞王溥由杉关,会深齐进。已,亮祖等克崇安,进攻建宁。友定将阮德柔固守。深视氛祲不利,欲缓之。亮祖曰:"师已至此,庸可缓乎?且天道幽远,山泽之气变态无常,何足征也。"时德柔兵屯锦江,逼深阵后。亮祖督战益急。深引兵还击,破其二栅。德柔军力战,友定自以锐师夹击。日已暮,深突围走,马蹶被执,遂遇害,年五十二。追封缙云郡伯。

太祖尝问宋濂曰:"胡深何如人?"对曰:"文武才也。"太祖曰:"诚然。浙东一障,吾方赖之。"而深以久任乡郡,志图平闽以报效,竟以死狗。深驭众宽厚,用兵十余年，未尝妄戮一人。守处州，兴学造士。缙云田税重，以新没入田租偿其数。盐税什一，请半取之，以通商贾。军民皆怀其惠云。

（《明史》卷一百三十三《胡深传》）

岁甲辰秋，温州方明善取平阳，时平阳已为我所有，公出偏师复之，并复瑞安所侵地，而亲领大军攻温州。明善窘蹙，乃与其叔国珍议纳岁贡银三万两。有旨俾班师，公乃入觐。上欲遂柄用之，公以边境未宁，愿还守外以自效。时上既即王位，乃除公王府参军，仍总制处州等翼。

（《王忠文集》卷二十二《故参军缙云郡伯胡公行述》）

费　聚

费聚，字子英，五河人。父德兴，以材勇为游徼卒。聚少习技击，太祖遇于濠，伟其貌，深相结纳。定远张家堡有民兵无所属，郭子兴欲招之，念无可使者，太祖力疾请行，偕聚骑而往，步卒九人俱。至宝公河，望其营甚整，弓弩皆外向。步卒惧，欲走，太祖曰："彼以骑蹴我，走将安往？"遂前抵其营。招谕已定，约三日，太祖先归，留聚俟之。其帅欲他属，聚还报。太祖复偕聚以三百人往，计缚其帅，收卒三千人。豁鼻山有秦把头八百余人，聚复抬降之。遂从取灵璧，克泗、滁、和州。授承信校尉。

既定江东，克长兴，立永兴翼元帅府，以聚副耿炳文为元帅。张士诚入寇，击败之。召领宿卫。援安丰，两定江西，克武昌，皆从。改永兴翼元帅府为永兴亲军指挥司，仍副炳文为指挥同知。士诚复入寇，获其帅宋兴祖，再败之。士诚夺气，不敢复窥长兴。随征淮安、湖州、平江，皆有功，进指挥使。汤和讨方国珍，聚以舟师从海道邀击，浙东平。复由海道取福州，破延平。归次昌国，剿海寇叶、陈二姓于兰秀山，至是聚始独将。

洪武二年，会大军取西安，改西安卫指挥使，进都督府佥事，镇守平凉。三年，封平凉侯，岁禄千五百石，予世券。时诸将在边屯田募伍，岁有常课。聚颇耽酒色，无所事事。又以招降无功，召还，切责之。明年，从傅友德征云南，大战白石江，擒达里麻。云南平，进取大理。未几，诸蛮复叛，命副安陆侯吴复为总兵，授以方略，分攻关索岭及阿咱等寨，悉下之，蛮地始定。置贵州都指挥使司，以聚署司事。十八年，命为总兵官，帅指挥丁忠等征广南，擒火立达，俘其众万人。还镇云南。二十三年召还。李善长败，语连聚。帝曰："聚曩使姑苏不称旨，朕尝詈责，遂欲反耶！"竟坐党死，爵除。

子超，征方国珍没于阵。璇，以人材举，官江西参政。孙宏，从征云南，积功为右卫指挥使，坐奏对不实，戍金齿。

（《明史》卷一百三十一）

耿天璧

（再成）子天璧，闻父难，纠部曲杀贼。比至，李文忠已破贼斩之。遂以天璧守处州，拒方国珍、张士诚皆有功，擢指挥副使。克浦城，捣建宁，走陈友定，征襄阳，进至西安，招谕河州、临洮，皆下。改杭州指挥同知。七年，出海捕倭，深入外洋，溺死。

（《明史》卷一百三十三）

叶 兑

叶兑，字良仲，宁海人。以经济自负，尤精天文、地理、卜筮之书。元末知天运有归，以布衣献书太祖，列一纲三目，言天下大计。时太祖已定宁越，规取张士诚、方国珍，而察罕兵势甚盛，遣使至金陵招太祖，故兑书于三者筹之为详。其略曰：

愚闻取天下者，必有一定之规模。韩信初见高祖，画楚、汉成败，孔明卧草庐，与先主论三分形势者是也。今之规模，宜北绝李察罕，南并张九四，抚温、台，取闽、越，定都建康，拓地江、广，进则越两淮以北征，退则画长江而自守。夫金陵古称龙蟠虎踞，帝王之都，藉其兵力资财，以攻则克，以守则固，百察罕能如吾何哉。江之所备，莫急上流。今义师已克江州，足蔽全吴。况自滁、和至广陵，皆吾所有，匪直守江，兼可守淮矣。张氏倾覆可坐而待，淮东诸郡亦将来归。北略中原，李氏可并也。今闻察罕妄自尊大，致书明公，如曹操之招孙权。窃以元运将终，人心不属，而察罕欲效操所为，事势不侔。宜如鲁肃计，鼎足江东，以观天下之衅，此其大纲也。

至其目有三。张九四之地，南包杭、绍，北跨通、泰，而以平江为巢穴。今欲攻之，莫若声言掩取杭、绍、湖、秀，而大兵直捣平江。城固难以骤拔，则以锁城法困之。于城外矢石不到之地，别筑长围，分命将卒四面立营，屯田固守，断其出入之路，分兵略定属邑，收其税粮以赡军中。彼坐守空城，安得不困？平江既下，巢穴已倾，杭、越必归，余郡解体，此上计也。

张氏重镇在绍兴。绍兴悬隔江海，所以数攻而不克者，以彼粮道在三江斗门也。若一军攻平江，断其粮道，一军攻杭州，绝其援兵，绍兴必拔。所攻在苏、杭，所取在绍兴，所谓多方以误之者也。绍兴既拔，杭城势孤，湖、秀风靡，然后进攻平江，犁其心腹，江北余孽随而瓦解，此次计也。

方国珍狼子野心，不可驯狎。往年大兵取婺州，彼即奉书纳款。后遣夏煜、陈显道招谕，彼复狐疑不从。顾遣使从海道报元，谓江东委之纳款，诱令张昶赍诏而来，且遣韩叔义为说客，欲说明公奉诏。彼既降我，而反欲招我降元，其反覆狡狯如是，宜兴师问罪。然彼以水为命，一闻兵至，挈家航海，中原步骑无如之何。夫上兵攻心，彼言杭、越一平，即当纳土，不过欲款我师耳。攻之之术，宜限以日期。责其归顺。彼自方国璋之没，自知兵不可用，又叔义还称义师之盛，气已先挫。今因陈显道以自通，正可胁之而从也。事宜速不宜缓。宣谕之后，更置官吏，拘集舟舰，潜收其兵权，以消未然之变，三郡可不劳而定。

福建本浙江一道，兵脆城陋。两浙既平，必图归附，下之一辩士力耳。如复稽迟，则大兵自温、处入，奇兵自海道入，福州必不支。福州下，旁郡迎刃解矣。威声已震，然后进取两广，犹反掌也。

太祖奇其言，欲留用之，力辞去。赐银币袭衣。后数岁，削平天下，规模次第略如兑言。

（《明史》卷一百三十五）

叶兑，字良仲，宁海人。得象孙，博通经史，尤精天文、地理、卜筮之书，以经济自负。元末知天运有归，以布衣献书太祖。列一纲三目，言天下大计。时太祖已定宁越，规取张士诚、方国珍而察罕兵势甚盛，遣使至金陵，召太祖，故兑书于三者筹之为详。其略曰：愚闻取天下者，必有一定之规模。韩信初见高祖，画楚、汉成败，孔明卧草庐，与先主论三分形势者是也。今之规模，宜北绝李察罕，南并张九四，抚温、台，取闽、越，定都建康，拓地江、广，进则越两淮以北征，退则画长江而自守。夫金陵古称龙蟠虎踞，帝王之都，藉其兵力资财，以攻则克，以守则固，百察罕能如吾何哉。江之所备，莫急上流。今义师已克江州，足蔽全吴。况自滁、和至广陵，皆吾所有，匪直守江，兼可守淮矣。张氏倾覆可坐而待，淮东诸郡亦将来归。北略中原，李氏可并也。今闻察罕妄自尊大，致书明公，如曹操之招孙权。窃以元运将终，人心不属，而察罕欲效操所为，事势不侔。宜如鲁肃计，鼎足江东，以观天下之衅，此其大纲也。

至其目有三。张九四之地，南包杭、绍，北跨通、泰，而以平江为巢穴。今欲攻之，莫若声言掩取杭、绍、湖、秀，而大兵直捣平江。城固难以骤拔，则以锁城法困之。于城外矢石不到之地，别筑长围，分命将卒四面立营，屯田固守，断其出入之路，分兵略定属邑，收其税粮以赡军中。彼坐守空城，安得不困？平江既下，巢穴已倾，杭、越必归，余郡解体，此上计也。

张氏重镇在绍兴。绍兴悬隔江海，所以数攻而不克者，以彼粮道在三江斗门也。若一军攻平江，断其粮道，一军攻杭州，绝其援兵，绍兴必拔。所攻在苏、杭，所取在绍兴，所谓多方以误之者也。绍兴既拔，杭城势孤，湖、秀风靡，然后进攻平江，犁其心腹，江北余孽随而瓦解，此次计也。

方国珍狼子野心，不可驯狎。往年大兵取婺州，彼即奉书纳款。后遣夏煜、陈显道招谕，彼复狐疑不从。顾遣使从海道报元，谓江东委之纳款，诱令张昶赍诏而来，且遣韩叔义为说客，欲说明公奉诏。彼既降我，而反欲招我降元，其反覆狡狯如是，宜兴师问罪。然彼以水为命，一闻兵至，挈家航海，中原步骑无如之何。夫上兵攻心，彼言杭、越一平，即当纳土，不过欲款我师耳。攻之之术，宜限以日期。责其归顺。彼自方国璋之没，自知兵不可用，又叔义还称义师之盛，气已先挫。今因陈显道以自通，正可胁之而从也。事宜速不宜缓。宣谕之后，更置官吏，拘集舟舰，潜收其兵权，以消未然之变，三郡可不劳而定。

福建本浙江一道，兵脆城陋。两浙既平，必图归附，下之一辩士力耳。如复稽迟，则大兵自温、处入，奇兵自海道入，福州必不支。福州下，旁郡迎刃解矣。威声已震，然后进取两广，犹反掌也。

太祖奇其言，欲留用之，力辞去。曰："苟策可采用，其策使天下苍生早获息肩足矣，荣其身，非所顾也。"帝重违其意。赐银币袭衣。后数岁，削平天下，规模次第，悉如兑言。宋濂见其书，称服不已。会谒告归，与兑同舟，得读其所为文十余篇，谓兑曰："仆好古文，凡天下士大夫名能文者，皆得与上下议论。先生居乡郡，文字不在诸君后，独见遗耶？"遂与定交。既归，益敛迹不出。其后征辟岁至，兑皆不就，当植梅四种于轩，自号四梅先生。有《四梅集》，年八十卒。

（《（民国）台州府志》卷一百二十二《人物传》）

叶兑，字良仲，上叶人。以经济自负，尤精天文、地理、卜筮之书。元末知天运有归，以布衣献书太祖，列一纲三目，言天下大计。时太祖已定宁越，规取张士诚、方国珍，而察罕兵势甚盛，遣使至金陵招太祖，故兑书于三者筹之为详。其略曰（略）。

（《（光绪）宁海县志》卷十《列传》）

国初，宁海布衣叶兑上太祖书，论武事一纲三目，其大意谓：用兵之要，在胸中有一定之规模。宜北绝李察罕之招诱，南并张九四之僭据，督方国珍之归顺，取闽越之上地，即建康以定都，招江广以自资。进则越两淮，窥中原，而取天下。退则保全方面而自守。此一定规模之纲领也。其三目，即：一取张九四，二取温台处，三取福建。时伪汉虽已平，而元李平章察罕方以书招诱太祖，故兑云云。卒之，平吴、平越、平闽，然后北伐，混一天下。次第皆如允言，亦奇士也。后不知其所终。

（《徐襄阳西园杂记》卷上）

夏 煜

　　夏煜,字允中,江宁人。有俊才,工诗,辟为中书省博士。婺州平,调浙东分省,两使方国珍,咸称旨。太祖征陈友谅,儒臣惟刘基与煜侍。鄱阳战胜,太祖所与草檄赋诗者,煜其一也。洪武元年,使总制浙东诸府,与高见贤、杨宪、凌说四人以伺察抟击为事,后俱以不良死。

(《明史》卷一百三十五)

刘 辰

　　刘辰,字伯静,金华人。国初,以署典签使方国珍。国珍饰二姬以进,叱却之。李文忠驻师严州,辟置幕下。元帅葛俊守广信,盛冬发民浚城濠。文忠止之,不听。文忠怒,欲临以兵。辰请往谕之。俊悔谢,事遂已。以亲老辞归。建文中,用荐擢监察御史,出知镇江府,勤于职事。濒江田八十余顷,久沦于水,赋如故,以辰言得除。京口闸废,转漕者道新河出江,舟数败。辰修故闸,公私皆便。漕河易涸,仰练湖益水,三斗门久废。辰修筑之。运舟既通,湖下田益稔。

　　永乐初,李景隆言辰知国初事,召至,预修《太祖实录》。迁江西布政司参政,奏蠲九郡荒田粮。岁饥,劝富民贷饥者,蠲其徭役以为之息。官为立券,期年而偿。辰居官廉勤尚气,与都司、按察使不相得,数争,坐免官。十四年起行部左侍郎,复留南京者三年。帝念其老,赐敕及钞币,令致仕。卒于途,年七十八。

(《明史》卷一百五十)

　　按状,公讳辰,字伯静,姓刘氏。其先沛人,后徙鄞。迁婺之金华,则自公之曾祖三顾始也。三顾仕元为明台上万户府经历。幼鞠于舅王氏,遂因其姓,故公之祖父璜、父志皆姓王氏。至公复姓刘。公慷慨负气节,喜立功业,以表见于世。初王师亲下婺州,公首上谒,署为典签,奉命使方谷珍,谷珍令左右饰二姬以进,公峻却之,其人惭而退。……

(《嘉议大夫北京行部左侍郎刘公墓志》,《明文衡》卷八十八)

　　刘辰慷慨负气节,善谈论,喜功名。天兵下婺城,辰首上谒,署为典签,奉使方谷珍,令左右饰二美姬以进,辰峻却之。后擢知镇江府,兴废举坠,勤于其政。

(《牧津》卷十五)

桂彦良

　　洪武二十年十一月甲寅,晋王府左长史桂彦良卒。彦良名德偁,以字行,宁波之慈溪人。元乡贡进士，为衢之包山书院长，转平江路儒学教授，罢归。时张士诚据浙西，方国珍分省浙东，数致礼聘，俱不就。

（《太祖高皇帝实录》卷之一百八十七）

桂彦良，名德称，以字行，慈溪人。元乡贡进士，为平江路学教授，罢归。张士诚、方国珍交辟，不就。洪武六年征诣公车。授太子正字。帝尝出御制诗文，彦良就御座前朗诵，声彻殿外，左右敬愕，帝嘉其朴直。时选国子生蒋学等为给事中，举人张唯等为编修，肄业文华堂。命彦良及宋濂、孔克表为之师。尝从容有所咨问，彦良对必以正。帝每称善，书其语揭便殿。七年冬至，词臣撰南郊祝文用"予""我"字，帝以为不敬。彦良曰："成汤祭上帝曰'予小子履'，武王祀文王之诗曰'我将我享'，古有此言。"帝色霁曰："正字言是也。"时御史台具狱，令词臣覆谳。彦良所论释者数十人。

迁晋王府右傅，帝亲为文赐之。彦良入谢，帝曰："江南大儒，惟卿一人。"对曰："臣不如宋濂、刘基。"帝曰："濂，文人耳。基，峻隘，不如卿也。"彦良至晋，制《格心图》献王。后更王府官制，改左长史。朝京师，上太平十二策。帝曰："彦良所陈，通达事体，有裨治道。世谓儒者泥古不通今，若彦良可谓通儒矣。"十八年，请告归，越二年卒。

明初，特重师傅。既命宋濂教太子，而诸王傅亦慎其选。彦良与陈南宾等皆宿儒老生，而李希颜与驸马都尉胡观傅徐宗实，尤以严见惮。

（《明史》卷一三七）

王士宏

王士宏，潞州汾水人，洪武五年任县事。时兵后，学校未兴，首隆作养，士风不振。初，方国珍据台、温、明三郡，驱民为兵。洪武七年，海警，上遣靖侯吴桢收方氏故卒，三郡无赖子诬平民富家为兵，沿海大扰。士宏曰："诬良民为兵，不可，吾宁获死罪，当为民请命。"即上封事，辞极恳切，诏罢之，民赖以安。夏旱，祷雨即应。邑多虎，檄城隍神，令民设械柙之，一月虎尽除。民歌曰："祷雨得雨，柙虎得虎。岂弟君子，民之父母。"为政一以清心省事为本，故事集而民安。暇日与俞宗恺、张振、郭信弹琴赋诗，其诗葩藻递发，多出于自得。著有《桃源集》。后升南雄别驾，至今亲书诗扁，犹存阆风庵。

（《（光绪）宁海县志》卷八）

严　德

严德讨方谷珍,战殁,追封姑熟郡公。

（《六典通考》卷一百五十二《建国考》）

方克勤

　　呜呼！先君讳克勤,字去矜,姓方氏。其先出于桐庐玄英处士,于宋初十五世祖二十四府君始迁宁海侯城里。世敦儒术,为邑礼义家。曾大父讳重桂,乡贡进士,有学行,学者尊之曰介轩先生。大父讳子野,父讳炯,元鄞县教谕,皆以长者称。夫人叶氏,宋丞相西涧公,从曾祖也。……

　　会海东盗起,江浙行中书檄吴江同知金刚奴以白金募民为水兵,先君曰:"此关利害,吾其可不言!"乃诣金刚奴曰:"民之为盗者,或迫于饥寒,或祛于徭役,今斯民固无赖矣,奈何使其去妻子而为兵？几何不首为盗耶？是所谓致盗,非御盗也。"金刚奴怒而去。已而水兵果中道杀护吏逃去从盗,金刚奴逾垣走,折一足,始悔曰:"吾不从方先生言,以至于此。"未几,侍御左答纳失里至郡,议招谕刘中丞基为副。先君上书陈剿捕之略,不宜姑息,刘君奇先君言而不能用,遂至郡县陷没,民受其害。先君发愤称疾,决意不出,行入山谷,采松柏啖之,或辟谷绝食,累日不返。然益务开淑后学,讲说君臣父子大义以动之,闻者心解,或至洒泣。是时他乡民多著鹖冠,操戈剑,从权贵剽劫,独所居乡无一人附乱者。

（《逊志斋集》卷二十一《先府君行状》）

　　会海民为变,江浙行中书檄吴江同知金刚奴,募民为水兵。先生诣金刚奴谓曰:"民初穷而为盗,未为盗者亦梃梃欲动,奈何？授之以兵,是谓增盗,非御盗也。"金刚奴怒不答。既而水兵果于中道杀护吏,逃去从盗。金刚奴逾垣走,折一足,始悔曰:"吾不从方先生言,以至于此!"未几,侍御史左答纳失里至郡,招谕刘都事基为之副。先生上书陈剿珍之略,不宜姑息。都事韪其言而不能用,遂致郡县陷没,民罹涂炭。先生发愤入山谷,采松柏食之,累日不返。当路延先生入幕府,先生谢曰:"我辟久矣,弗足与人间事也。"

　　……

（《故愚庵先生方公墓版文》,《宋濂全集》第1281页）

李应荣

　　应荣字显道,东阳人。元末平江路教授。同章溢谒太祖于军门,留参戎务。以说降方国珍,累官尚宝少卿。《诗话实录》:说降方国珍为主簿蔡元刚、处士陈显,再使为夏煜、陈显,而尚宝此作见《东阳历朝诗》。

（《明诗综》卷十三）

黄中德

　　黄中德,字观成,黄岩人。幼颖悟,受学于潘伯修。伯修为方国珍所害,中德闻明师至婺,即持书问道,诣军门,请为师复仇,会方氏归附,事乃寝,遂与其徒徜徉山水间,不复有仕进意,学者称为元白先生。

（《（民国）台州府志》卷一百二十二《人物传》）

　　黄中德,字观成,幼颖悟,学于潘伯修。伯修为方国珍所害,叹曰:"人生于三事之如一雠,其可不复乎?"闻明师至婺,即持书问道,诣军门,请为师复仇,会方氏归附,事乃寝,遂与其徒徜徉山水间,学者称元白先生。

（《（光绪）黄岩县志》卷二十《人物》）

陈显道

　　陈显道,字如晦,东阳人。好学明经,旁通天文、地理、律历、兵机。试乡闱不售,辄弃去。谓人曰:"大丈夫要当以勋业垂名竹帛,安能与群儿争长于铅椠间邪?"元季兵起,散家财,结义旅,以卫乡井。戊戌,高皇帝下婺城,驻跸赤松官,显道谒陈济世安民之略,留置左右,参决大事。时方谷珍据台州、明、越,未下,特命显道往谕。至则谷珍纳款,上赐显道手札及和其诗以宠嘉之。复遣谕谷珍兄弟纳土。入觐,历官至尚宝司少卿。以忤旨,出为临洮知府,俄召还复职,卒。上甚悼之,命有司造坟,护丧归葬。

（《两浙名贤录》卷十二）

舒 卓

　　舒卓,字可立,有德操,善谈论,事母以孝称。博极群书,潜心理学。至正辛卯,乡试左榜,任象山县包山书院山长。时方国珍僭据,遂隐居教授,邑人多所矜式。金华赵友桂有文才,豪放自高,每读人文章,一语弗契,辄覆手掩几,上视云汉作他语。独善卓,卓至,夜谈屡及旦。饭至,且辩且食,入咽不计多寡即弃去,盖其文为所深服云。

（《（光绪）宁海县志》卷十）

李 毓

　　李毓,字长民,号药所,黄岩人,今隶太平。本姓林乔年之后。祖天麟,后其舅氏李父原绅，洪武中膺明经荐，遥授知县，试事户部。毓资秉纯粹，学问渊洽，精楷书。方国珍据有台、温，一时人皆附之。毓杜门屏迹，若将浼焉。有所感，必于诗发之。尝赋云："白发三千丈，穷愁十万端。谁云李太白，心事酒中宽。"里居与潘从善、许伯旅诗酒往还，二人明初皆应辟，毓独耽隐山林，自行其意。洪武初，累荐不起，以子茂宏贵，赠刑部主事。著有《药所稿》。

（《（民国）台州府志》卷一百二十二《人物传》）

　　李毓，字长民，（《宏治赤城新志》号药所，本邑人，今隶温岭。本姓林乔年之后。祖天麟，后其舅氏李父原绅，洪武中膺明经荐，遥授知县，试事户部（魏骥《李茂宏墓表》）。毓资秉纯粹，学问渊洽，精楷书。（《嘉庆太平志》）方国珍据有台、温，一时人皆附之。毓杜门屏迹，若将浼焉。有所感，必于诗发之（《弘治赤城新志》）。尝赋云："白发三千丈，穷愁十万端。谁云李太白，心事酒中宽。"里居与潘从善、许伯旅诗酒往还，二人明初皆应辟，毓独耽隐山林，自行其意（《嘉庆太平志》）。洪武初，累荐不起，以子茂宏贵，赠刑部主事。著有《药所稿》（《弘治赤城新志》）。

　　按：毓，《弘治赤城新志》作公毓，《康熙台州府志》、《康熙太平县志》俱无"公"字，今从之。（《府志考异》）

（《黄岩新志》第三十二册《人物三》）

詹　鼎

　　詹鼎，字国器，台宁海人也。其家素贱，父鬻饼市中，而舍县之大家应由于官者。大家惟吴氏最豪贵，舍其家生鼎。鼎生六七年，不与市中儿嬉敖，独喜游学馆，听人读书，归辄能言诸生所诵。吴氏爱之，谓其父令儿读书。鼎欣然，其父独不肯，骂曰："吾故市人家，生子而能业吾业不废足矣，奈何从儒生游也。"然鼎每自课习，夜坐饼灶下诵不休。其父见其志不可夺，遣之读书，逾年尽通其师所能，师辞之。时吴氏家延师儒，鼎就学，吴氏亦子育之，使学。未数年，吴氏子无能与鼎谈者。其师去，鼎遂为吴氏诸子师。还邑中，诸儒皆与为礼，称詹先生，不敢慢。鼎闻同邑有王愚可先生者，学甚博，从而师之，学《春秋》，通其说去，就有司试，不得。代赵生试，赵生乃得上第以仕。于是鼎谓赵生曰："我学经亦劳矣，而子乃以我而仕，此岂非天耶？然不可无以谢我。"携赵生白金五十两而去。

　　元末方国珍起海上，不能制，以重位授之。国珍开府庆元，求士为己用。是时知向背者，以为国盗也不可辅，皆匿不出。国珍闻鼎有才，以计获之。鼎为所获，无奈，因为之尽力，为其府都事，有廉名。国珍弟平章事有人犯法，属鼎治，鼎论如法。平章之妻受赇，请于鼎，持不可，曰："今方氏欲举大谋，当用天下贤士，一心守法，曷使妇人得预事乎？"不许。妻怒谮之，系鼎狱，半载乃释。复起，为上虞制。上虞与伪吴王张士诚地相错，军吏贵臣甚众，以鼎儒生不习边事，稍违约。鼎会众于庭，引一驿丞责以不奉公，斩之，在庭者皆股栗膝行请罪，膝屈久不能起，乃罢。后虽元帅、万夫长有所陈说，皆长跪以言，不敢举目视其面。鼎临事有才，简牍满前，须臾而决，暇复与故人宾客出游四方，游士争及其门。有马给事者，尝与鼎以事过宁海，令以下皆迎谒，旦暮候其市中。人相指叹曰："学之能贵人乃至于此乎？"

至正末，我兵临庆元城下，国珍惧，乘楼船遁于海。上怒欲举兵诛之，莫为计。鼎为草表谢，辞甚恭而辩。上读表曰："孰谓方氏无人哉？是可以活其命矣。"乃赦不问，更以国珍为右丞，鼎亦召至京师。鼎为书万余言诣阙下，须驾出，上之，上为之立马受读，付丞相官鼎。杨宪为左丞，恶言事者，奉例徙居梁，又徙陕。去数年，宪败，凡为宪用者皆受诛，鼎赖此以免。在陕七年，大臣荐鼎名于朝。鼎至京师，中书以谪徙人不宜用，将还之于陕。鼎恐还为人所轻笑，以资属掾史，愿留。掾为之言于丞相曰："詹鼎有奇才，以例弃不用，可惜。丞相不信，其人在，可召视之，非诬也。"丞相果召见鼎，问之。鼎髯甚美，又能为梁赵间言，步趋进退，闲雅有威仪，丞相甚喜之，称于众曰："詹鼎尚书才也。"时河南行省缺郎中，吏部请命鼎为之，丞相曰："吾同事以鼎才，不可使外也。"待半岁，除留守都卫经历，改刑部郎中。刑部佐寮未完，有司请除吏，丞相曰："刑部有詹鼎在，胜百辈。"其见称如此。鼎在刑部，一以宽仁行法，威声不起，而人皆乐其不苛刻。罪人当分覆者，争曰："愿得詹公覆我，我死不憾。"会大都督府受略除军吏事发，诬鼎有赃，御史覆鼎。鼎言在留守时，所养孤甥来省，恐有之，鼎诚不知。御史曰："法贵杀有名。"卒诛鼎，与百余人皆死。鼎坐罪薄，有才，人惜之。

鼎为文章气焰逼古人，守身廉，重行义，好学不废。自陕入京师时，闻人有好书，价金一斤，鼎无金，惟所乘驴，弃以买书，其为人奇伟如此。及死，其所养孤甥为之服衰三年。

（《逊志斋集》卷二十一《詹鼎传》）

詹鼎，字国器，性豪迈奇伟。同邑王愚可学甚博，鼎从之学《春秋》，通其说。方国珍闻其名，强致之。明师临庆元，国珍遁于海。太祖怒，将诛之。鼎为草表，谢辞甚恭而辩。太祖览之，曰："孰谓方氏无人乎？"乃舍不问。因趣国珍入觐，以为左丞，待之甚厚。鼎亦召至京师，为书万余言，须车驾出，上之，太祖立马受读，付丞相，授以官。历刑部郎中，一以宽仁行法。罪人当分覆者，争曰："愿得詹公覆我，我死不憾。"后以被诬抵法，人咸惜之。《旧志》："谪陕西卒。"

（《（光绪）宁海县志》卷十《列传》）

萨都剌

萨都剌,字天锡,号直斋,答失蛮氏,回族。其祖父徙居河间,萨都剌则生于雁门(今山西代县)。其生卒年不能确指。一说为至元九年(一二七二年)生,一说为至元末(一二九四年)或大德间生;卒年在至正间。萨都剌泰定四年(一三二七年)中进士,授镇江录事司达鲁花赤,历南台掾、宪司照磨、经历等职,后入方国珍幕,卒。为官清正,曾有发廪赈灾、救助难民、禁止巫蛊、移风易俗等政绩。萨都剌博学能文,兼善楷书。他宦游多年,足迹遍及长城内外,大江南北,不少作品富于生活实感,描写细腻,贴切入微。后人曾推崇萨都剌为"有元一代词人之冠"。著有《雁门集》。明朱权《太和正音谱》评其词"如天风环珮"。

(《全元散曲·萨都剌》)

蒋大德

蒋大德,名不传,以字行。方国珍据有浙东,起大德于其庐。大德厚遇使者,令善为己辞,且曰:"否者,吾惟有死而已。"

(《浙江古今人物大辞典》)

周必达

名未详,台州人。

《三台诗话》:方国珍起兵时,造同郡隐士周必达问计。周曰:"君举义为天子除道,斯名正言顺,富贵可致,余非所知。"方不别而去。周意其复来,题诗,扉上有"由来天命非人力,项羽英雄亦就擒"之句。方见大恨,命索之,则已挈妻子远遁深谷中矣。及事不成,叹曰:"不意黄毛野人,能料事至此。"

(《全浙诗话》卷二十五)

周必达,黄岩人。方国珍起兵,问计必达,曰天下虽乱,君举义为天子除盗,名正言顺,富贵可数,余非所知也,国珍不别而去。必达知其必复来,题扉上云:"海上愚夫不自斟,妄起关中逐鹿心。命运由来非力致,项羽英雄亦就擒。"携妻子入山谷中。明日国珍来见诗,大恨,及事败,乃悔曰:"黄茅山人能料事至此耶?"遂为浮海计。

(《(民国)台州府志》卷一百二十一《人物传》)

周必达,东山人。方国珍起兵,往问计,必达曰:"天下虽乱,君举义为天子除盗,斯名正言顺,富贵可致,余非所知也。"国珍不别而去,必达知必复来,题诗扉上，有"项羽英雄亦就擒"之句，携妻子遁山谷中。明日国珍来，见诗大恨。及事败，乃悔曰："黄茅山人能料事至此耶？"遂为浮海计。《坚瓠集》作天台人，未知黄茅山，与洋山皆黄色，东南山也。

（《（光绪）黄岩县志》卷二十《人物》）

黄毛野人：方谷珍起兵时，造天台隐士周必达问计。周曰："天下虽乱，君举义为天子除道，斯名正言顺，富贵可致，余非我所知也。"谷珍不别而去。周意珍复来，题诗扉上云："海角愚夫不自斟，妄起关中逐鹿心。命运由来非力致，项羽英雄亦就擒。"携妻子入山谷中。明日，珍果来见诗，恨不杀之。及事不成，方悔曰：黄毛野人能料事至此，乃投水死。

（《坚瓠集》九集卷一）

戚学标《台州外书》载：周必达，东山人。方国珍起兵往问计，必达曰："天下虽乱，君举义为天子除盗，斯名正言顺，富贵可致，余非所知也。"国珍不别而去。必达知必复来，题诗扉上，有"项羽英雄亦就擒"之句，携妻子遁山谷中。明日，国珍来见诗，大恨。及事败，乃悔曰："黄茅山人能料事至此耶？"遂为浮海计。

（《民国四修石曲方氏宗谱》卷八）

潘伯修

伯修字省中，黄岩人。三举于乡，赴春官不遇，遂隐居教授，后为方国珍所害，有《江槛集》。

《元诗选》：潘伯修，黄岩人。方国珍劫致海上，欲官之，不从，遂死于难。应梦虎作诗吊之，有"嵇康未必轻钟会，黄祖何曾爱祢衡"之句。今读其诗，缠绵感慨，多出入于二李之间，如《燕山秋望丙申元日》诸诗，则忠君爱国之心固蔼然溢于言外也。

《三台诗话》：潘省中伯修，世居淋头，曾三中省试，遭海氛不靖，客授柔溪，卒死方氏之难。应彦文诗哭之云："嵇康未必轻钟会，黄祖何曾爱祢衡。"似微惜其不能遽举全身者。然初被诱致，本欲说之反正，卒以不从逆见戕，其志节可尚也。所著有《江槛集》。

（《全浙诗话》卷二十五）

潘伯修，字省中，士骥从子。少从陈绍，大习举子业。后从林兴祖游，林大器重之。尝三举于乡，至春官辄不偶，遂决志隐居教授，以著述为事，旁通天文、地理、律历之学，为诗文皆寓微意，曰："文章不关世教，虽工无益也。"岁戊子，方氏兵起浙江,参政朵儿只班总兵至,将尽屠边海之民,伯修挺身率父老诣军前,力争之。曰:"倡乱者独国珍耳,吾民无罪也。"乃得免。与泰不华素相善,不华来镇黄岩,每咨访焉。后方氏劫至庆元,欲使长幕府,力辞归。用事者不悦,使盗待诸隘杀之。黄云泉有言:"潘先生莫邪大剑也,其光铄然,足以动星斗;其锋锷然,足以破坚珉,而不保其缺折之患。虽然,不害其为千金之宝也。"可谓深得其为人者矣。所著有《江槛集》,从祀乡贤祠。万历志曰:先生少负异才,三中省试,究不得志于春官。中岁隐居,著述自娱,望重而弗矜,道尊而能晦,亦贤人。苟全乱世之微,情也。义不出此,而乃依违于方氏。割据之初,进退失伦,身罹凶祸,嗟嗟,正平江夏之难,亦负才寡识之所致,岂得专咎曹黄哉。

(《(光绪)黄岩县志》卷十九)

潘伯修,字省中,黄岩人。尝三举于乡,至春官辄不偶。遂决志隐居教授,以著书为事。旁通天文、地理、律历之学,为诗文皆寓微意。尝曰:"文章不关世教,虽工无益也。"方谷珍寇海上,浙江参政朵儿只班总兵至,将尽屠边海之民。伯修挺身率父老诣军前,力争之曰:"倡乱者独谷珍尔,吾民无罪也。"乃得免。国珍闻其名,欲降之,不屈,遂被害。黄云泉有言:"潘先生,莫邪大剑也,其光烁然,足以动星斗;其锋锷然,足以破坚珉,而不保其缺折之患。虽然,不害其为千金之宝也。"可谓深得其为人者矣。

(《两浙名贤录》卷四十三)

潘伯修,字省中,淋川人。才名为达兼善所重,帅台生事咨访。海上兵起,尝挺身说朵儿只班,保全乡里。方氏劫致庆元,省中力辞归,为郭仁本所逸,死于途。谢方石尝作《待隘盗》乐府伤之。赤城集录诗多至四十一首,因《江槛集》现上于世,故略为登载。

(《方城遗献》卷二)

刘仁本

刘仁本,字德元,号羽庭。由进士乙科试吏于闽,历官温州路总管,江浙行省左右司郎中。学问淹雅,工吟咏,文清隽绝俗,意趣超然。方国珍据温、台,朝廷授以节钺,招延诸郡士大夫,仁本入其幕中,参预谋议。时群雄角立,朝令不行。仁本乃心元室,劝国珍海运资京师,朝命加枢密院副使。其在庆元,凡兴学建桥及修上虞石塘诸善政,国珍皆用其言。一时名士依以避乱者甚众。至正庚子,治师余姚,作雩咏亭于龙泉左麓,仿佛兰亭景物,集名士赵俶、朱右以下四十二人修禊赋诗,仁本为之序,文采风流辉映千古。其后,国珍兵败,仁本被擒,明太祖欲降之，不屈，鞭背溃烂死。论者谓仁本于方氏，犹罗隐之仕吴越，志不忘唐，事败后，义不仕明，捐生抗节，实不失为烈士云。著有《羽庭诗集》四卷，《文集》二卷。

（《（光绪）黄岩县志》卷二十《人物》）

左司臣元《三台诗话稿》：主海运资元者，刘仁本也；阻馈粟江左者，张仁本也。刘系元官，始终忠元；张为方辟，一意事方，二人皆国珍同乡里，而一时名字易乱。鞭背之刑，明祖终以仁本一心向元，憾之。仁本以名进士官省郎于行省，丞相平章为属，非于方氏有君臣之分。且导之资元，心迹表表。近修黄岩志者，抹其忠元之实，坐以臣方之名，何其漫不稽考，率臆妄断耶？

（《（光绪）黄岩县志》卷三十八《杂志》）

左司臣元《三台诗话稿》：主海运资元者，刘仁本也；阻馈粟江左者，张仁本也。刘系元官，始终忠元；张为方辟，一意事方，二人皆国珍同乡里，而一时名字易乱。鞭背之刑，明祖终以仁本一心向元，憾之。仁本以名进士官省郎于行省，丞相平章为属，非于方氏有君臣之分。且导之资元，心迹表表。近黄岩志抹其忠元之实，坐以臣方之名，似近失考。《光绪志》

（《黄岩新志》第三十六册《杂事》）

兰亭续会　左司刘仁本佐国珍谋议，治师会稽之余姚州相龙泉之左麓，州署后山，得神禹祕图之处，水出岩罅，潴为方沼，疏为流泉，卉木丛茂，行列紫微，间以竹箽，仿佛兰亭景状，作《雩咏亭》以表之。合瓯越之士赵淑、谢理、朱右、天台僧白云以下四十二人同修兰亭禊事。会图诗缺，不足者各占其次，补四五言各一首，名曰"续兰亭会"，其补参军刘密云："阳春沐膏泽，草木生微暄。灵图发幽祕，感此万迹存。衣冠继芳集，临流引清樽。性情聊自适，理乱复奚言。"军事纠纷，不失风雅，亦足多矣。（《光绪志》）

（《黄岩新志》第三十六册《杂事》）

章子善

章子善好纵横术，方国珍据温、台，子善说之，曰："元数将讫，不待智者而知，今豪杰并起，有分裂之势，足下奋袂一呼，千艘之舟、数十万之众可立集也。沂江而上，则南北中绝；擅馈运之粟，则青徐、辽海、闽广、瓯越可传檄而定，审能行此，人心有属，而霸业可成也。"国珍意在保境观变，子善遂谢去。

（《（光绪）黄岩县志》卷二十《人物》）

又云（戚学标《台州外书》）：章子善好纵横术，方国珍据温、台，子善说曰："元数将讫，不待智者而知。今豪杰并起，有分裂之势，足下奋袂一呼，千艘之舟、数十万之众，可立集也。泝江而上，则南北中绝；擅馈运之粟，则青徐、辽海、闽广、瓯越可传檄而定。审能行此，人心有属，而霸业可成也。"国珍意在保境观变，子善遂谢去。

（《民国四修石曲方氏宗谱》卷八）

袁廷玉

袁廷玉，名珙，以字行，其先南昌人也。五世祖子诚，仕宋知临安府，以事至鄞，遂留家焉。父宁老，元翰林检阅，博学善文。廷玉幼袭其学，于书多所观览。迨壮，益爽秀。尝游东海补怛洛伽山，僧有别古崖者，善相见而奇之，谓其眼光如电，法当以术显。……廷玉回鄞，见方国瑛曰："公神气不常，举止急速，性灵而气暴，当以武处官，十年至一品。"乃见其从子明巩、明敏曰："明巩眼长而眉太重，额广而日角不莹，非丧父官不显也。明敏边地赤气如刀剑纹，二九日内因父功进爵，可二品。"国瑛官浙江分省，后至平章政事。明巩父死于兵，对品袭爵至分省左丞。明敏从父克太仓有功，拜分省参政。

（《九灵山房集》卷二十七《袁廷玉传》）

渔者九人

方国珍攻台州久不下，有渔者九人，常夜从水关入城，渔毕则出。既久，乃就国珍献计。一夕，国珍兵至西门，渔者使数人于西门大噪放火，城中官兵尽起救之，又数人密从东门斩关而出纳外兵，遂陷台州。（《月山丛谈元》）

（李清《历代不知姓名录》卷三）

撄宁生

撄宁生，出滑伯后，名寿，字伯仁，世为许襄城大家……为作麻黄葛根汤，三进更汗，旋调数日，乃愈。时淮南丞相方公分省四明，闻撄宁生名，礼致见之，馆谷留城中。……

（《撄宁生传》，《皇明文衡》卷之五十九）

陈有定

陈有定，一名友定，清流明溪人。幼孤佣于橘州富室罗氏，虽病头疮，其状魁岸，有志略。……先是胡深没，太祖问太史令刘基。基以有定守株房，腹中无书，不足畏。惟方谷珍负山跨海，可虞。既平珍，由海入闽取之如反掌耳。九月，命御史大夫汤和、都督吴祯领兵三万征方谷珍。谷珍请救有定,恨其部下误杀海戍,不之援,谷珍遁于海。

(《元平章陈有定传》,《明文海》卷四百二十六)

吕不用父

先人讳□,字□,世居会稽之新昌。父讳□,字□,母刘氏。先人为第五子也。居少时,大父嗜食鱼,先人朝课书,莫钓鱼,存心以养,不失滋味。从叔祖竹轩翁富而无子,将图以为后,数请诸大父,辞甚倨,故确杜之。至壮士位能干蛊服劳,身先诸昆。又美姿仪,遫衣冠,动止循绳墨,与人交不妄言笑,乡先生长者咸器焉。岁屡饥,人有称贷者,多不责其偿,故人无怨尤。大父耄期哀且遘多疾,得便旋时,辄欲扶助,非先人莫如其意。霜宵暑夕,进退汤药,坐守呻吟,恨不以身代之,终大父即世,始终不少违。居父母丧,哀毁逾礼。与昆弟同居,事伯氏如事父焉。元末,方氏起海隅,乡民多附之,先人独携用辈入东峁山。力田读书垂训,扁其所筑草堂曰平淡庄,自号疏懒翁,若将终老于此。及归国朝,民遂安堵,仍归理先世遗址。户有役,丁有业,不辱身,不辱先,不苟就,不求誉,始终为清白士矣。生于大德戊申十一月九日甲子,以洪武壬戌正月十有九日己亥卒于正寝,葬于五山乡石城山之原,享年七十有五。

(《先人行状》,《全元文》第五十七册,第 808 页)

吕不用伯父

翁讳□,字子范,用大父。时家屡空,诸父凡弟五人,翁居长,以养故,不得已为府掾。三考然后得入长史,铨因除严州建德长史。至正癸巳间,两浙始多故,而建德已失守,不获往。会会稽开行御史台治,台臣有闻翁尚名节者,辟为本台行军都镇抚司知事。时元祚已衰,台纲失绍,翁即拂袖东归,植梅种菊,徜徉吟咏其旁,日以自娱。时翁年向莫,故自号晚翁云。……故凡士大夫,若越之夏泰亨叔通、鄞之马乃贤易之、温之林温伯温、处之林彬祖彦文、上饶徐容仲容、吴兴宇文子贞公亮,诸公号称江左名士,莫不与之论金石契……至正末,方氏势日横,所在焚荡。翁乃避地邑东之孙坑,居石氏草楼,日从事于诗,诗成辄题壁落殆尽。间有绝句云:"不是诗人莫上楼,晚翁闲向此中留。龙蛇满壁欲飞动,只恐风云到屋头。"其行藏固如此,晚翁之号,真可谓无愧矣。本书晚翁传,用非作传者,故但书行实云。

(《先伯父晚翁行实》,《全元文》第五十七册,第 809 页)

郑本忠

郑本忠,号安分先生,鄞县(今属浙江)人。少笃学,从乡先生舒卓受《尚书》。方国珍据浙东三郡,擅爵禄人,本忠义不食其粟,杜门不仕,益务综览,涵濡渟蓄,为文必中矩度。洪武中以荐为昌国训导,迁为秦府教授,问学纯正,言行敦卓,永乐元年(1403)卒。著有《安分先生集》十卷,《四库全书存目丛书》据以影印。

(《明人别集经眼叙录》)

林　右

林右,又名佑,字公辅,临海(今属浙江)人。生于至正十六年(1356)。洪武间官中书舍人,辅导皇太孙。进春坊大学士,以事谪中都教授,弃官归。曾与方孝孺、叶见泰、张廷璧、陈元采、许廷慎、孙惟学等游。永乐六年(1408),台州被倭寇,协助监司平乱闻名,成祖遣使召之入仕,不赴,械至京师剐死。工书,尝为方国珍侄方明谦题所藏唐玄宗书《鹡鸰颂》。所著有《林公辅集》三卷。

(《明人别集经眼叙录》)

方仝翁

方仝翁,字希元,鄞人,轸之裔。温厚诚笃,博学力行,志不欲仕。已而方国珍据有明州,致书以宗人称,欲强起为辅。仝翁历叙世次,由蒲来,不敢附藉。且恳词劝之归明。国珍不从,遂与之绝。号遁庵,以自明其志。居乡,以齿德见推,不敢以非礼闻。守令至,辄宾礼之。车从及门,以政事相访,多所裨益。终身澹泊,自守以寿终。

(《(雍正)宁波府志》卷二十八《隐逸》)

黄景昭

君讳文明,字景昭,姓黄氏,其十七世祖玭与宋太史文节公之七世祖玘从兄弟也。同自金华,徙于分宁。……方国珍、杨完者,两军趣越,郡人虽不安,居其乡,固按堵无他虞。而君遽率其族,载其帑,避之他所。无何,官军狎至,环乡率焚荡狼藉,惟君举宗以先去免祸。……

(《苏平仲集》卷十二《黄景昭墓志铭》)

孔　旸

至正末,方国珍据台、庆、温,用名士以收人心,凡士居其地者,不为所用,则为所祸。而其于公也,不得而用之,亦不得而祸之,四方之士闻而莫不高其风。

……讳旸，字子升，生于大德甲辰正月十九日。

（《苏平仲集》卷十三《故元温州路同知平阳州事孔公墓志铭》）

黄 性

黄淮，字宗豫，永嘉人。父性，方国珍据温州，遁迹避伪命。

（《明史》卷一百四十七）

兰 秀

兰秀，昌国县山民也。洪武中，偶掘得方国真旧印，遂妄自大，聚众，众争附之。破象山县，县民蒋公直、王刚甫等伏义兵东祥山，诱贼中伏，擒斩之。诏赐公，直白金百二十两。

（《罪惟录》卷三十一）

周 乐

乐，瑞安人。方国珍窃据温州，拘其父置海舟上，乐随往，事其父甚谨。一日，贼酋遣人沉其父于江，乐泣请曰："我有祖母，幸留父侍养，请以己代。"不听，乐抱父不忍舍，遂同死。

（《孝经内外传·外传》卷四）

赵进诚

赵进诚名友谅，以字行，黄岩人。明轻博学，通当世务，方氏据温台，多招致同邑士，进诚独深自避匿，屡迹之，不能得。子季鼎，明国子监典籍。（《台州外书》）

（《（民国）台州府志》卷一百二十一《人物传》）

赵进诚，名友谅，以字行。明经博学，通当世之务。方氏据温、台，多招至同邑之士，进诚独深自避匿，屡迹之不能得。子季鼎，明国子监典籍。

（《（光绪）黄岩县志》卷二十《人物》）

李 蓊

李蓊字原正，号谷隐，黄岩人，今隶太平。方国珍辟为仙居主簿，不就。再令权镇海军巡防千户，亦力辞。或谮国珍曰："彼不义公所为。"国珍曰："此善人也，听之。"乡人高其节。

（《（民国）台州府志》卷一百二十一《人物传》）

吴孝光

吴孝光,字宏济,吴墺人。操履端介,乡举两试第一。时方国珍僭据,遂隐居授徒,从学者甚众。国珍欲罗致幕下,孝光逃不赴。(《旧志》、《通志》)

(《(光绪)宁海县志》卷十一《遗逸》)

吴孝光,字宏济,宁海人。操履端介,乡举两试第一。时方国珍僭据,遂隐居授徒,从学者甚众。国珍欲罗致幕下,孝光逃不赴。

(《(民国)台州府志》卷一百二十一《人物传》)

陈廷言

陈廷言,字君从,号云松,文贞处士子。举乡试,授上蔡书院山长。登进士,除庆元路教授,累官国子司业。及提举福建学校事,士多造就,预修三史,除集贤侍讲,以疾还。道钱塘,时方国珍据有三郡,遂寓宗阳宫,号蓬屋道人,著书自晦。寻以渔阳营田复召入,因上书极论时政之弊。省台奏其越职,出知顺昌,谢病归里。时两浙郡县多失守,廷言内抚遗黎,外固防守,以义结民兵,捍御有方,修举废坠,境内以安。著有《易指归》四卷、《江湖品评》二卷、《贻笑集》二卷。

(《(光绪)宁海县志》卷十《列传》)

张纯诚

张纯诚,字允诚,白桥峤人,登元乡榜。至正己亥,谒明太祖,陈取天下大计,授和州同知。庚子,从击伪汉,升广德知州。时江北甫定,寇盗屡发,纯诚至,民始安业。乃歌曰:"张知州,谁与俦。乐民乐,忧民忧。淮甸之人嬉以游,知州之德何时休。"吴元年,转江南提刑按察司知事,行部至婺源,见黄山之民病茶税,欲奏罢之,或不可。纯诚曰:"国家初定,正当捐山泽之利以与民,使天下知吾轻财以爱民,奈何朘民自殖,以沮天下向化之心。"卒奏免之。洪武二年,升监察御史,与修律令官制,持议劲正,中外肃然。寻乞归省。诏令集乡郡之旧为方氏兵者,纯诚奏曰:"臣侍陛下十年,无丝毫惠及乡里,归省而首集子弟为兵,父老其谓臣何?"太祖动容,称叹而止。山东初定,欲择一管盐策者而难其人,太祖曰:"前张某奏免黄山茶税者,不可耶?"遂以为长芦盐运使,未至官,卒。

(《(光绪)宁海县志》卷十《列传》)

戴道显

戴道显,字均用,仙居人。深沉有卓识,方国珍起兵东南,人多附之,道显独决其无成,国珍欲聘为谋主,不就,将劫之,遂亡匿山中。

(《(民国)台州府志》卷一百二十一《人物传》)

胡　观

　　胡观,字叔辉,号确斋,天台人。治《易》学。方国珍即家开府,屡迫之仕,观光执志不污。尝推其所学,以正一乡。一乡之人蒙其惠,子宗衡,志笃性敏,读书赤山之下,榜其居曰赤山隐居,徐一夔为之纪。

(《(民国)台州府志》卷一百二十二《人物传》)

刘公宽妻侯氏

　　侯氏,永嘉人,为刘公宽妻,居南溪,称名家。至正戊戌,方明善据温,公宽团结里中少年守御乡井,语诸年少曰:"方贼昔荼毒吾郡,恨不食其肉而寝处其皮。今乃挟省镇抚职名据此,温人从而忍事之,独不愧于心乎?誓不与此贼俱生也。"遂率众渡江,由镇海至千佛寺,径袭明善卧内,杀其吏杨廷宪。明善由间道脱去,公宽敛兵退保溪山。明善连岁攻之弗克,无何,公宽为其下金兴所害,取其首以献明善。侯氏收敛夫尸,结蒲为首以葬,乃抚膺而号曰:"吾夫以身殉国,遂结仇方寇,寇至,必辱我以雪其愤,奈何以贞洁之颈饮贼刃乎?不如先死。"乃自缢,二子皆自杀。

(《两浙名贤录》卷五十一)

金幼芳妻高氏

　　高氏名文奴,遂安人。年二十六,平阳金幼芳娶以为妇。明年,生子晖,晖生七月而幼芳以病死。当是时,方明善日事兵争,高褓负晖窜匿山谷间,纺绩以自给。或劝其择所从,高曰:"我足一践金氏门,知死金氏而已,余尚复何虑乎?与其隳节幸生,孰若死饥死寒死兵也?"植志益坚,不为浮言所惑。晖稍长,日夜策励之,以诗书底于成立。乡人士无少长,咸称之曰贞妇。太史苏平仲为之传。

(《两浙名贤录》卷五十一)

　　贞妇高,名文奴,温之瑞安人。年二十六,平阳金幼芳聘以为妇。明年,生子晖,晖生七月,而幼芳以病卒。金故平阳富家,盗起海上,其家交川滨海,焚掠荡然无遗。继以军兴,尽卖其田供给。幼芳卒,高出簪珥鬻之,始克举。是时,方左丞明善、周总督从(宗)道日事兵争,幼芳兄弟析居久矣,携其妻孥东西走,避之不暇,何暇扶持高母子。高茕茕褓负晖窜匿山谷间,纺绩以自给,艰苦之状,人至不忍见。而高无毫发怨恚意。或劝之曰:"世有壮子,犹不足恃者,此三尺孤又足恃乎?遭世多虞,饶于赀者且不能全活,况一弱妇且贫乏乎? 不及时择所从,他日噬脐何及?"高曰:"我足一践金氏门,知死金氏而已,余尚复何虑乎? 与其隳节幸生,孰若死饥死寒死兵也。"其植志坚,不为浮言所撼如此。晖七八岁,日夜策励之以诗书,曰:"不学何以成人,不成人,有子与无子何以异!"晖感母之言,亦知自策励底于成立。今年二十二岁矣,高今年四十有七。乡人士无少长,咸称之曰"贞妇"云。

论曰:人皆谓贞妇儒家女,龙江书院山长高旸宾叔其父也。父讲说经史,贞妇自幼居父旁闻之,故其见义明,其抗时操于艰苦之中丧乱之际固当。于戏! 审如是,则名为儒者,当何如哉! 然吾见缓急而夺志者,亦多矣。若贞妇,岂惟世之为人妻者愧之,贞妇其可谓无愧于彝伦也已。

(《苏平仲集》卷三《金贞妇高传》)

周诚德妻陈氏

平阳陈氏为同邑周诚德妻。至正癸卯,方明善寇平阳,诚德率义旅御之,战败,与陈逃于邑之径口。陈氏谓诚德曰:"吾不能从汝去,贼至,必污我。"自缢而死。诚德坎而瘗之,复土未毕,而贼至,被执,竟为明善所杀。

(《两浙名贤录》卷五十一)

陈文先妻萧氏

陈文先妻萧氏,名菊奴,居眺湖里,文先以获贼功授名容务大使,转信州巡检,卒于军。初文先与方国珍为仇,至正癸巳,国珍船至黄岩港,囚虏菊奴及其幼子,退次海门,将甘心焉。菊奴绐以如厕,携其子同往,推之入水,以身继之。后数日,其尸自海门浮于江,不远百里,直抵旧居。知州赵宜浩以闻,诏旌其门,仍给钱营葬,资嫁其女,潘伯修作《东海有勇妇》诗以诔之。

(《(光绪)黄岩县志》卷二十二《烈女》)

谢　氏

国朝谢烈妇,沈度一妻也。年二十八,孀居将终焉。至正壬辰,方谷珍剽掠女妇甚众,谢度其姿容不可免,自谋曰:河去家远,吾不能赴水以全尸,苟得全吾志可矣。因积薪纵火自焚,□□陆钺表其墓。

(《昆山人物志》卷七)

沈度一妻谢氏,年二十八,孀居。至正壬辰,海寇方谷珍驱民驾艘入刘家港。谢氏以姿容将见掠,乃积薪纵火自焚而死。

(《吴中人物志》卷八)

谢烈妇,昆山沈度一妻也。年二十八,孀居将终焉。至正壬辰,方谷珍剽掠女妇甚众,谢度其姿容不可免,自谋曰:河去远,不吾能赴水以全尸,苟得全吾志可矣,因积薪纵火自焚。

(《(正德)姑苏志》卷五十七)

七 姬

七姬皆良家子,为江浙行省左丞潘元绍侧室。当至正丁未七月五日,元绍临战归,召七姬,谓曰:我受国重寄,脱有不宿,诚若等可自引决,毋为人耻。一姬跪而前曰:主君遇妾厚,妾终无二心,请及君时死,毋令君疑也,遂入室自经。六人亦皆相继经死。元绍敛其尸,焚之以骴,葬后圃,合为一冢,浔阳张羽为作《七姬权厝志》,乃列其姓氏云。

(《吴中人物志》卷八)

柳含春 竺月华

《留青日札》云:元季明州女子柳含春年十六,祷于神祠。一少年僧竺月华窥其姿而悦之,戏以其姓作咒诵云:"江南柳,嫩绿未成阴。攀折尚怜枝叶小,黄鹂飞上力难禁,留取待春深。"女怒,归告其父,讼于方国珍,捕僧至,欲投之江。竺月华诉曰:死,分也,乞申一词。复吟云:"江南月,如镜亦如钩。如镜未临红粉面,如钩不展翠帏羞。空自照东流。"国珍知其以名为答,一笑释之。

(《古今词话·词话下卷》)

元季明州女子柳含春,年十六,祷于神祠。一少年僧竺月华窥其姿而悦之,戏以其姓作咒诵云:"江南柳,嫩绿未成阴。攀折尚怜枝叶小,黄鹂飞上力难禁。留取待春深。"女闻之怒,归告其父,讼于方国珍,捕僧至,欲投之江,月华诉曰:"死,分也,乞神一言。"许之,乃复吟云:"江南月,如镜亦如钩。如镜未临红粉面,如钩不展翠帏羞。空自照东流。"国珍知其以名为解,一笑释之。(《留青日札》)

(《历代词话》卷九《竺月华词》)

明州女子柳含春,祷于关王祠。一僧雏窥其姿而悦之,戏以姓作咒语,诵之于神曰:"江南柳,嫩绿未成阴。攀折倘怜枝叶小,黄鹂飞上力难禁;留取待春深。"女闻之,怒,归告其父。父讼于方国珍。国珍捕僧至,问其姓名。对曰姓竺名月华。国珍命以竹笼盛之,将沉之江。曰:"我亦取汝姓作偈送汝。"因吟曰:"江南竹,巧匠结成笼。好与吾师藏法体,碧波深处伴蛟龙,方知色是空。"僧哀诉曰:"死,我分也,乞容一言。"国珍许之,僧复吟云:"江南月,如镜亦如钩。明镜不临红粉面,曲钩不上画帘头;空自照东流。"国珍大笑,释之。且令蓄发,赐柳氏为妇。按"江南柳",或以为即欧阳公《双调望江南》前半阕,未知孰是。(此条出《留青日札》)

(《词苑丛谈》卷十二《外编》)

作偈送僧蒋一葵记明州女子柳含春,年十六,患病祷于延庆寺而愈,往谢。一少年僧竺月华窥柳姿并欺其幼,取其姓作回回偈,颂于神前曰:"江南柳,嫩绿未成阴。枝小未堪轻折取;黄鹂飞上力难禁,留与待春深。"女恚,归诉。时方氏据明州,父讼之国珍,令拘至。乃作大竹笼,将纳僧沉之江。亦戏取其姓作偈送之,曰:"江南竹,巧匠作为笼。留与吾师藏法体,碧波深处伴蛟龙,方知色是空。"僧乞再一言而死,许之。僧曰:"江南月,如鉴亦如钩。如鉴不临红粉面,如钩不上画眉头,空自照东流。"国珍知其以名答,笑宥之。令蓄发以柳配焉。《闲中今古录》以为国珍女事,内附后,此女配黔国公之子,在云南宣德间,台人仕滇者,以乡里故得见之。

按:《黄岩新志》第三十六册《杂事》所载与此同。

(《(光绪)黄岩县志》卷三十九《杂志》)

含春柳氏,明州女子也。年十六,患病,祷于延庆寺关王神而愈,因绣旛往酬之。一少年僧颇聪慧,窥柳氏姿而悦之,因以其姓戏作呪语诵于神前,名曰《回回偈》。其词云:"江南柳,嫩绿未成阴。枝软不堪轻折取,黄鹂飞上力难禁,留取待春深。"女亦甚慧,闻而憾之。归告于父。时方谷珍据明州,父因讼于谷珍。谷珍捕诸僧至,讯作词者姓。各对曰:"姓竺名月华。"谷珍乃召匠氏作大竹筒,将纳僧以沉诸江。谓曰:"我亦取汝姓作一偈,送汝归东流。"因吟曰:"江南竹,巧匠作为筒,付与法师藏法体,碧波深处伴蛟龙,方知色是空。"僧惶恐伏地,扣头告哀云:"死吾分也,更乞容一言。"谷珍许之。僧复吟曰:"江南月,如镜亦如钩,如镜不临红粉面,如钩不上画帘头,空自照东流。"谷珍知其以名为答,笑而释之。且令畜发,以柳氏配为夫妇。

(《靳史》卷二十五)

江南一女名柳含春,年十六,患痘。父祷于延庆寺。既愈。女躬往酬之。寺僧作回,回偈梵语,诵于佛前,曰:"江南柳,嫩绿未成阴,枝小不堪攀折。取黄鹂飞上,力难禁,留与待春深。"女慧,悉记之,归以语父。父怒,诉于方谷珍,谷珍令以竹笼僧投之急流中。既至,谷珍曰:"我亦作一偈送汝,江南竹,巧匠为庵,留与僧依盛法体,碧波深处伴蛟龙,方知色是空。"僧泣诉:"死则死矣,再容一言。"谷珍曰:"何说?"僧曰:"江南月,如鉴亦如钩,如鉴不临红粉面,如钩不上画帘头,空自惹场愁。"珍笑而宥之。

（《僧尼孽海·延庆寺僧》）

方谷珍一女，年十八，患痘，祷延庆寺关王神。既愈，躬往奉油谢之。寺僧作偈，用梵语诵于神前，名曰：《回回偈》云："江南柳嫩，绿未成阴。枝小未堪攀折取，黄鹂飞上力难禁。留与待春深。"僧料女之莫喻，而女甚聪明、闻之恚，归以语父知。谷珍怒，捕僧将戮之，其戮人用竹笼，状若猪篰，笼之，投之浮桥急流中。僧既至，谷珍曰："我亦作一偈送汝。"曰："江南竹巧，匠作为笼。留与吾师藏法体，碧波深处伴蛟龙。方知色是空。"僧又诉曰："死即死，再容一言。"谷珍颔之，僧曰："江南月如鉴亦如钩，如鉴不临红粉面，如钩不上尽帘头，空自惹场愁。"谷珍笑而宥之曰："饶你弄聪明的小和尚。"可见谷珍虽可见谷不读书，而此词亦可美，又且容人如此。内附后，此女配黔国公之子，在云南。宣德间，吾鄞徐宪副训，奉化应方伯履平仕于彼，此女年已老。以乡里视之，往来如亲戚云。

《闲中今古录摘抄》

含春柳氏，明州女子也。年十六，患病，祷于延庆寺关王神而愈，因绣幡往酬之，一少年僧颇聪慧，窥柳氏姿而悦之，因以其姓戏作咒语，诵于神前，名曰《回回偈》，其词云："江南柳，嫩绿未成阴。枝软不堪轻折取，黄鹂飞上力难禁。留取待春深。"女亦甚慧，闻而憾之，归告于父。时方谷珍据明州，父因讼于谷珍，谷珍捕诸僧至，讯作词者姓名，对曰："姓竺名月华。"谷珍乃召匠氏作大竹筒，将纳僧以沉诸江。谓曰："我亦取汝姓作一偈送汝归东流。"因吟曰："江南竹，巧匠作为筒。付与法师藏法体，碧波深处伴蛟龙。方知色是空。"僧惶恐伏地，扣头告哀云："死，吾分也。更乞容一言。"国珍许之。僧复吟曰："江南月，如镜亦如钩。如镜不临红粉面，如钩不上画帘头。空自照东流。"谷珍知其以名为答，笑而释之，且令畜发，以柳氏配为夫妇。（一说此即谷珍女，内附后，配黔国公子，在云南。宣德间，鄞人徐宪副训、奉化应方伯履平，历仕云南，此女年已老，以乡里视之，往来如亲戚云。）

（《尧山堂外纪》卷七十四）

又按回回不事佛，而僧家每以回回说偈诳人。如方谷珍起时，有女八岁，患痘，祷于延庆寺关王神。既愈，女往奉油谢神。寺僧作梵语诵于神前，名曰回回偈。云："江南柳，嫩绿未成阴，枝小不堪攀折取。黄鹂飞上力难禁，留与待春深。"僧料女之不喻，而女甚明慧，闻之恚。归语父知。谷珍捕僧，盛以竹笼，状若猪篰，投急流中。谷珍曰："我亦有回回偈送汝。云：江南竹，巧匠作为笼，留与吾师藏法体，碧波深处伴蛟龙，方知色是空。"僧欣曰："死即死，愿容一言。"谷珍颔之。僧复作回回偈云："江南月,如鉴亦如钩,如鉴不临红粉面,如钩不上画帘头,空自惹场愁。"谷珍笑曰:"饶你弄聪明小和尚。"后谷珍内附,女配黔国公之子,在云南。姑录之以为愚俗信佛者,使知回回说偈之妄也。

(《殊域周咨录》卷十一)

　　方谷珍有女,适黔国公之子。年十八时,患痘,祷延庆寺,愈后谢神。寺有僧作回回曲,宣诵神前。有云:"江南柳,嫩绿未成阴,枝小不堪攀折得,黄莺飞上力难禁,留与待春深。"有以告谷珍,谷珍怒,捕僧,以竹笼之,且沉之江。曰:"吾亦有偈送汝曰:江南竹,巧匠作为笼,留与吾师藏法体,碧波深处伴蛟龙,方知色是空。"僧在笼中诉曰:"死即死,愿更一言。"许之。曰:"江南月,如鉴亦如钩,如镜不临红粉面,如钩不上画帘头,空自惹场愁。"谷珍笑而脱之。

(《罪惟录》卷三十二)

　　蒋一葵《尧山堂外纪》载明州女子柳含春,年十六,患病祷于延广寺而愈。往谢。一少年僧竺月华窥柳姿,并欺其幼,取其姓作回回谒,颂于神前。曰:"江南柳,嫩绿未成阴,枝小未堪轻折取,黄鹂飞上力难禁,留与待春深。"女恚,归诉父母。时方氏据明州,父讼之国珍,令拘至。乃作大竹笼,将纳僧沉之江。亦戏取其姓作偈送之,曰:"江南竹,巧匠作为笼。留与吾师藏法体,碧波深处伴蛟龙,方知色是空。"僧乞再一言而死,许之。僧曰:"江南月,如鉴亦如钩。如鉴不临红粉面,如钩不上画眉头,空自照东流。"国珍知其以名答,笑宥之。令蓄发以柳配焉。

(《民国四修石曲方氏宗谱》卷八)

二、诗词文章

朝元阁记 癸卯 至正二十三年
危 素

至正二十年,天童山景德禅寺新作大阁成,宣政院臣以闻,有敕赐名曰"朝元阁"。复三年,皇太子命太保、右丞相臣搠思监请于上,敕中书参知政事臣素撰碑铭,以赐刻石,垂诸永世。臣素按:庆元郡城东走四十里有山盘亘,高广若抱圜珠。晋永康中,沙门义兴庐于兹山,有童子日给薪水,久而辞去。曰:"上帝以师笃于道行,故使以来。吾太白星也。"寺经兵燹,唐开元二十年,高僧法璿按古迹造精舍于山之东麓,秘书省正字万齐融建多宝塔于精舍西南隅。法璿日诵《法华经》,亦感太白星化为童子,因名其山曰"天童"云。

至德中,禅师昙总来自缙云,与禅师观宗徒太白峰下。乾元处,相国第五琦请于朝,遂赐"天童玲珑寺"额。宣宗时,禅师咸启始为十万禅刹。宋建炎中,宏智禅师正觉创建千佛宝阁。淳熙五年,孝宗书"太白名山",赠僧了朴。十四年,禅师怀敞谋重新是阁。时日本千光法师荣西依敞问道,乃请曰:"某为国主近属,归当助施材木。"越二年,果至,阁成。而宝祐四年,丞相崇国公吴潜奏请禅师祖智主之,阁再建。景定四年,禅师居敬复作焉。岁既久,复毁。大德三年,禅师净日益加闻于朝,赐额"朝元宝阁"。天历间,又毁。

至正十八年,江浙行省咨宣政院,奏起台之瑞岩臣僧元良主寺事。良觑堂宇残缺,产入寡薄,于是刻心弹力,日以兴建为事。明年秋,臣左丞方国珍捐己资助工物,未逾年落成。其屋中为七间,两偏四间,左鸿钟,右轮藏,下为三间,以通出入。梁栋云飞,柱石山积,榱题修敞,而河注袤延,绮疏青锁,甬道蹑虚,于阿迦尼陀之表,崇十又三丈,邃十丈,广廿又五丈。用人力以工计则十万,用粟以石计万有奇,用楮币以贯计百五万。铸万铜佛,置阁中。复堰海涂一十七顷于宁海牧峰,以为香镫修造之田。至于重构旃檀林,庖湢众屋,不可殚纪。今司徒平章臣国珍上其事于朝,既赐臣僧元良之号曰"善觉普光禅师",遂有赐碑之命。盖自兵祸且一纪,名山胜地、浮图氏之寺宇往往摧拉焚烧,化为狐兔之穴、草莽之墟,独庆元诸刹得以无事。臣国珍能于斯时保境而安民,观诸天童之事,其功有足书者。论者谓臣僧元良审以发谋,断以行志。惠以使下,则贪者劝,勤于率众,则怠者勉。此其所以成功速而树业隆也。昔怀敞师之树阁,则有宋参政楼钥实纪其迹,距今百八十年之久,而其文章煊赫,照耀千古。臣素乏寡陋,安能执笔以奉明命,谨拜手稽首而为之铭曰:

峨峨太白,郑山惟高。其高伊何?下瞰海涛。奠厥精蓝,肇于西晋。唐宋以还.宗门大振。有峇杰阁,上摩云霄。屡废而兴,突然层构。穰穰域中,兵革蜎起。眷兹甬束,民物完美。缔构竣事,航海上闻。何以名之?锡之朝元。粲彼众星,北拱宸极。孰曰彼邦,天威咫尺。宝藏所储,三学之书。观诸义谛,湛彼玄珠。华钟击撞,天龙竦听。冥冥晨昏,发我深省。政臣承诏,庸述因缘。升冲于天,天子万年。

(《全元文》第四十八册第 349 页)

重修定水教忠报德禅寺之碑

贡师泰

距慈溪县四十五里鸣鹤山之阳,橐驼峰之东,有寺曰"定水教忠报德禅寺",左山右湖,奇胜为一县之冠,青松夹道,绿竹沿涧,逶迤曲折,行十余里乃至山门。始建于唐乾元间,相传为大梅常禅师开化之地。有泉出山东麓,甘冽,盛夏不竭。注之饮,虽久不腐,故名"清泉"。其所藏大藏经,乃唐人书,吏部侍郎京兆韩籽材为之记。岁久寺坏。宋嘉熙间,太师、越国公袁韶遂大新之奏,赐今额,盖宝叶源禅师所营度也。我朝至元甲午,东州永禅师来更创大殿,去今六十余年,又复倾圮。其它屋宇堂室,亦廪焉若不可居。寺之耆宿与大夫士皆曰:"此非有大作为,不足以成此。"

十七年春,见心复禅师应选实来。师坚悫而任事,辨博而识微,既至,顾瞻彷徨,晨夜勤悴,将图兴作。会东南兵动,徭役繁兴,寺之力益困。一日,升堂白于众曰:"吾徒逸居安食,惟佛是依,今虽财力殚竭,独无一人与我共图之乎?"寻有耆旧仁英捐钱五千缗为之倡。未几,施者踵至,曾不逾年,大殿告成。又有僧大用劝集众力,于殿壁后塑观音及诸天龙鬼神之象,金碧涂堅,五彩辉焕。而钟楼经藏,三门两庑,庖湢库庾,以次完葺。比其翠幢孔盖,宝函珠笈,羽翣华灯,珊瑚玛瑙,一切供养之具,靡不周备。寺旧有两大桂,茂甚。宋卢陵麟公住山日,尝制其花为香,以遗诚斋杨公。公答以五诗,有"天香来月窟"之句,师因扁其坐禅之室曰"天香"。正月八日终,其徒宗元等既塔于城南云峰。

......

久之，平章荣禄方公、同知枢密院事资德公、参政正奉公分省院于浙东，咸崇信其道，为作佛、菩萨、罗汉诸天龙神象，雕金涂砂，众宝罗络，光彩照耀，一复旧观，赫然为东南诸刹之冠矣。……

（《玩斋集》卷九）

余姚州筑城志
高　明

余姚襟江枕海，南连嵊嵊，北距钱塘，其东山、兰风诸乡，与浙右海宁、澉浦相宜。天清日朗，北望诸聚落，云树可指。自海宁、澉浦遇顺风挐舟南迈，半潮汐即达。余姚境实吴、越要冲地也。

至正十有八年，天子赐印绶节钺，命江浙平章荣禄方公分省东藩。明年，巡行至余姚，瞻视形势，顾谓僚属曰：“是州控扼吴、越，不宿重兵以镇之，可乎？顿兵储粮，无郭以居之又可乎？”乃议筑余姚城，而属役于军士。于是姚民咸愿输财效力，公因民情从之，且曰：“余姚为鄞郡外屏，吾其召鄞县、慈溪、奉化之民分筑之，以纾尔力；其四门用力尤重，吾其给锸庀材，令军士自营之。”民再拜感激，遂界基址、辨土方、揣高卑、仞沟洫、虑财用、书糇粮、峙桢干、称畚梮，公乃躬自为表直。视工，黎明至城所，夕犹不息。工先毕者，犒以金帛；既毕而或陨圮者，又出钱令军士缮修之。公之贵介弟金枢密亚中公，能竭力劝相，以赞公志。以至正十九年九月戊午始，十月甲申毕工。

凡城，以里计者九，以丈计者一千四百六十五有奇。余姚当其半，自西迤北，为丈七百有六；其自北而东五十四丈，慈溪县当之；又东而南四百六十丈，鄞县当之；南尽直西，委之奉化县，为丈一百八十有二；而义士鲁允实、俞诚、岑吉、徐曾四人者，又乐为助，筑三十有一丈，界余姚、慈溪之交。

城为址广二丈，其上之广杀其址二尺，其高如上之数，郫口之高又六尺焉。四面之门有五：南门齐政、北门武胜、侯青、东门通德、西门龙泉；其东南北又各立水门，通舟楫。

雉堞巇崿，睥睨明整，楼橹峻丽，虹亘云矗，州之官属与其耆老相与言曰：“吾州庶其安乎！往时寇盗窥吾境，欲肆吞噬，赖平章公威武，足以慑之，彼虽桐疑怔怯不敢进，然吾民尝惴惴不安。譬居而无藩垣门户，欲高枕而卧，得乎？今斯城既作，崇墉重关，设险守阨，树旌聚柝，昼徼夜拊，虽有外侮，亦将阻不敢犯。公之保捍我民者，其惠庸有既乎？”乃相与伐石，愿纪而属明为书其实云。

（《高则诚集》第18页）

送中书兵部员外郎富察君使还序

刘仁本

朝廷以兴兵讨贼之事属诸中书平章令忠襄献武王,则为之开分部于外,以赞武功,旷古所无。斯兵部郎官富察伯贞氏,所以列署行营也。夫兵部者,即古《周礼》大司马之职,掌以九伐之法,制军诘禁,以纠邦国。今则兵籍军器、镇戍厩牧、驿程通道、郡邑图志、阻险危塞之事悉隶之,固宜其分天子六曹以佐王师矣。至正二十又二年夏,忠襄既定两河南北,复取山东,驻兵益都而未下,于时司徒、江浙平章方公出师鄞海,遣使赍礼往问兵政。会王薨在殡,使者既白事于王之嗣子太尉公,已而将还,太尉议报使且曰:"吾行在外,所以致先王及我之情恫者,吾有吾幕职梁子晋在焉。夫欲致朝廷措置之宜与责任之重者,非朝廷人不可也。矧有如行兵部员外郎富察伯贞之贤足任使事乎?宜遣之以达朝廷责任先王及俾我袭职总戎之意。"伯贞与子晋遂并使浮海而来。既至,左右专对,唯诺惟谨,使命之礼,军旅之议,交欢之情,怿如也。伯贞世惟金源氏贵族,其先多忠贞寅亮,而伯贞雍容仪度,进退可观。于戏!自四方有事,吾阅奉使者多矣。或将命,或交际,或集事期会,率皆仓皇肤略,未有如伯贞之委曲周旋、能尽所职也。且盘桓乎瓯越台鄞之境,于地理图志、山川形势、封疆限域、军旅事机,备有识焉,可谓得《皇华》咨谋询度之义矣。今而还,复于太尉、复于朝廷者,又岂有扞格而假辞令之云乎哉?伯贞请赠言,辄书为之序。

(《羽庭集》卷五)

送吴仲明赴广东帅阃经历序

刘仁本

广海在南服万里,为天子外府,联属岛夷,聚落作大藩镇。贾舶所辏,象犀珍珠,翡翠玳瑁,委积如山。人罔市利,则商民杂处,故礼让之风少,而趋竞之日滋。我朝置帅阃,苟宣得人则易治,而乐被声教之中。在承平时,选任之法以道远人难,朝廷率遣官往授若职,更相为治。有人民焉,有军旅焉,政事无大小,悉综于大府。受约束,奉期会,故大府之任为难。宣帅而下为幕职,幕职之长为经历,则经历者,承上接下,咽喉管辖,视诸职为尤难也。矧今多故,山海弗靖,水陆之运,闭涩不通。间有窃发,人民军旅,为之烦扰,声教或梗,耳目弗周,遣官往授之法不行,则朝廷署吏,又断断乎难于得人也已。今大梁吴君仲明,奉命出为帅阃经历,谂得人矣。仲明读书尚义,当荆襄有变,尝为海北帅阃从事,以劳受赏秩。后来江浙,丞相开府,承制遣谕平江。既集事,署为富州贰守,需次侨诸四明。余在戎马间识其为人,聪明俊爽,议论多合时宜,而今司徒平章方公尤所爱重。将航海以赴广东任，凡所与游者作为歌诗，且来征序。于戏！仲明年甚茂，学甚充，数十年间历练事机，从容政务，有不待言。而谕其人，于人民军旅盖所优为，而象犀宝货力役之征，亦在所不论矣。入其境，幸为问贪泉之酌、近有如君家隐之者否乎？又复有如区册辈能过海而来谈诗书仁义者否乎？明年风舶南来，庶几有以教我乎？书为序。

平益都诗序

刘仁本

国家承平将百年，宽以御众，仁以行法，文恬武熙，弛张之道息，而奸宄惕玩之心生。循至寇乱蜂起，毒害生灵，民物垫溺，天实厌之。下有文武长材，间气所钟，为国佐命，拨乱反正，膺任大事，上下豪杰匡扶社稷者，不足以成不世之伐功。故忠襄献武王始由义起，钦承天子明命，锡之节钺，握尔重兵。二三年间，奉辞攻讨，有征无战，招降受疑，从宜制胜。首取汴梁，定两河南址，继下山东，连百十城。独益都负固不悛，元恶大憝，遁逃逆命。顾乃待以至仁，示以不杀，迟以岁月，俟其顺化，自拔来归。孰谓田丰、王士成蠢兹丑类，既已送降，蔑视恩威，怙终复叛，出诸不意。仓卒间王薨于外，宵旰贻忧，天人齐怒，愤生遐迩。既而王之令子今太尉中书平章詹事枢密公缞墨从事，偏裨用命，戍卒齐呼，同心戮力，复君父雠。廷议褒崇，举行盛礼，仍奖世勋，命公袭爵总戎。不数月间，遂平益都。田丰、士成枭首碎尸，醢醢以衁。余寇歼灭，或割裂以徇，或槛送京师，吊其人民，宥其诖误，散其积聚，赈恤赍功。于是人咸曰："忠襄有后，惟西平之有子矣。"呜呼！天之祐人主也，当大运否塞，得一贤将，足以安邦定国，固为难矣。而况于两贤继出，联蝉接武，惟忠与孝萃于一门，而又英雄豪杰，智勇相成，同功共济，岂偶然哉？昔周室中兴，生甫及申，维申及甫，维周之翰。四国于蕃，四方于宣，而下又有如召虎之平淮夷，方叔之伐荆蛮者焉。故宣王能兴衰拨乱，复文武之境土，定东州之大业。今而元戎世勋，重臣宿将，不使甫申叔虎专美于前，则夫淮寇既定，四夷毕来，而大江东西，湖湘南北为不足以当俘馘矣。抑闻公尊儒重道，乐取诸人以为善。凡疏附奔走、先后御侮者，卒用忠襄所培植。与夫庙算成策，皆谦让不遑，必曰某之谋，某之功，而不自有焉。伟哉甚矣！宜其克集大勋也。《虞书》曰："汝惟不矜，天下莫与汝争能；汝惟不伐，天下莫与汝争功。"其公之谓欤？先是，公尝遣官浮海东来，报司徒方公之使。及兹言旋，鄞人引领壶浆，迎望王师之至者，作为诗歌，因之以献，且来命序。余不敏，辄为综其端云。至正癸卯之岁二月望日，天台刘仁本序。

送谢玉成都事进表序

刘仁本

朝觐巡狩之礼作,而天子之适诸侯,诸侯之朝天子,率用符瑞以合信,所以辨上下、别诚伪也。自符瑞之礼既辍,而凡上之有事于下者,必遣使;下之报其上者,必表疏以达其情。汉唐因之,迨今而不可改也。其在外服重译以来,职奉持者驿骑以进。是故岁时朝贡,会同庆成,皆称贺;而颁号赐爵,大赉锡予,皆称谢焉。上下之分以定,君臣之礼以明,诚敬之道以著,远近之情以达,甚盛典也。国家承平有年,乃者中原不靖,亦惟二三大臣出居外辅,蕃宣屏翰,而朝贡会同、赐赉褒嘉之礼未尝少置。至正二十一年秋九月,上进江浙行中书省平章政事臣国珍爵司徒,并赐署字玉璞。惟司徒为古掌教之官,而赐玉,则古者锡瑞之义。命既下,司徒百拜舞蹈,对扬王休,北面而称万岁者三。即又熏沐浣涤,召诸签史,述为进谢表章一,朱墨校雠,精洁函匦,鞠躬百拜稽首,遥瞻天陛,激切屏营,伛而言曰:"臣国珍不避铁钺,昧死谨遣本省都事臣玉成百拜上。"遂以表授玉成。玉成谨再拜受。兢兢业业,航海以进。时则本谨告于使者玉成曰:"圣天子神武明睿,念东南藩辅勋劳,赐之爵,赐之玉,德至渥也。藩辅之臣,夙夜是遑,栗栗危惧,不敢暇逸,以辱天子赐。惟是君臣之懿,上下之情,万里之外,边鄙之谌,惟一介使者之命是肃,可不敬欤?可不慎欤?矧玉成出自诗书之裔,礼义之门,庄以莅官,而选以充使,顾不伟哉?将见九重闉阇俞音之下,而皇皇者华,归有荣矣。"玉成曰:"敬受教,请书简以遗,某于是乎叙。"

(《羽庭集》卷五)

钱长信寺经历曹德辅序

刘仁本

自中原乱起,滋蔓淮浙,辙环既梗,邮传尼而不行。凡京师信史下江南者,率由海上浮桴以达。若征漕运,若责赏贡,若治兵戎,若亲谋方面,若咨询于宥密,若将命于相府,若持大赉以赏边勋,动则骈肩接踵,悉会于鄞转而他之。求其敏事识机、温恭谨恪、介然不辱命者,间得一二人焉。若长信寺经历曹君,其一也。君以至正十九年冬奉命来趣漕粟,并颁上所优江浙分省平章方公异数。既宣布旨意,俾治舟转粟。未几丁内艰,衰绖苫块于松江之侨舍,盖母夫人避地所也。有若尚书伯公、曹公二人者,又各以漕事至越。明年夏,得粟若干石,转输于海舶。省臣谓:"始曹君之来也,有王命焉。尔虽在制中,敢不共效力乎?当起之以相与从事。"乃檄再三,义不得辞。时余亦在奔走列,见君蓬累惨戚,舍于炎风烈日之下。君复还居丧次读礼,足不出户,暨今免服从吉,将复命于廷。浙之父老与旧尝所与游者惜其去，不忍别，来征余言为饯。余曰：士大夫行己立身，惟忠与孝而已。昔端木赐问士于孔子，以使于四方不辱君命为对，又以宗族称孝、乡党称弟为士之次。夫事君尽职谓之忠，事亲尽礼谓之孝。曹君使出而遭母之丧，泣血三年，极哀戚之情。于乱离之顷，又能勤劳使事，以复王命，忠孝之道，盖两得矣。视彼匍匐而至，冒黩以还，与夫低颜屈意、从谀佞苟且以成事者，不可同日而语。余旧闻君居维扬，读书仗义，敬贤尚德，能延纳四方士类，故南北往来多誉之。后辟丞相掾，出入政府，又优于吏牍。《诗》云："淑人君子，其仪不忒。"遂因其行，乐道其善，书以劝于后之来者。至正二十二年春三月上浣，天台刘仁本序。

（《羽庭集》卷五）

西溪湖题咏序

刘仁本

西溪湖当虞邑之西南鄙，环堤以里计之，盖四十有五焉。水利之夺于豪者既复，田赋之轻重遍负者既适均，沟塍坝闸与夫矩度之防范者既周以密，余尝为纪泳泽亭，以著民情之忻怿不忘矣。乃至正二十有二年春正月，其乡老有章志安，率若干人持绘帙踵门而告曰："西溪湖之利病，殆将百年弗治。今一旦得参政方公橄，韩伊上下询谋，悉心匡济，俾吾农民利其利而乐其乐。诚有如子记言'春而耕，歌于斯；秋而敛，歌于斯'者，不徒曰感叹而已。盖即吾溪湖胜景有八焉，昔放翁陆先生尝标题之，今将极其想象，拟诸形容，协诸情辞，见诸讴咏，使有引考，犹睹河洛而思禹功也。敢请序诸卷首。"按图：湖之东有长者山，山麓新作祠堂，旁为泳泽亭，仙人魏伯阳金罍丹井在山后。湖光晴岚，氤氲缪轕，相为荡摩然。以水之朝会，于此筑版闸，时其潴泄。西陲则瑞山屏遏，回峦叠巘，当夕曛返照，蔚乎紫翠。稍南为周岛，雄踞若狮子状，秋月扬辉，倒影浮光，涌跃金璧。又南则坤峰特出，严冬积雪，圭璋交炫，融入湖间，泽莹潭洁。自西而北，汇塘巨浸，水源春发，扬波激浪，散入沟塍，以灌以溉，凫鹥之翔集，鳞鳍之游泳，藻荇蒲菰，箐箐旆旆。又防其淫溢，更别为石闸以限之。而湖心二培塿委曲蛇蜒，断堤连桥，烟柳濯濯，春和可掬。凡此者，四时之景不同，而皆足为湖之助也。至若樵唱咿鸣，牛羊蒸薪，出没乎双溪之上，渔歌款乃，鸣榔往来于任剡两径十二里塘之浒，其乐概无尽也。噫！往者湖堕为阱，而民受其害。兹当扰攘艰阻之际，而能披蒙薙蠹，均田薄敛，克集庸功，先忧其忧而乐其乐，特贻永久若然者，人人所喜闻而饫道。故嘉其请而为之述，且以励于后之长牧焉。童氏家业儒，七世居溪湖上，盖始终湖事而孚信于其乡人者也。

（《羽庭集》卷五）

送户部尚书彻公通理趣漕回京序

刘仁本

经国之制，莫漕运为重。自汉唐以来，暨于我朝，虽损益时宜，实未有如今海舶之便利捷径也。故岁当漕东南粟粒以实京师，初由河渠转达，颇涉烦劳。既而即河入江，迤巡浅海，为程稍易。寻又访得捷法，驾大艘入洪涛巨浪，度青黑二海水，占春夏风候，浃旬日间可径达京庾，于是海道之便利，虽罹变故，而不可改也。然而上供之数，始于六七万石，渐加数十万，至甚赢羡三百五十万而止，亦惟验岁丰歉，及约州县委积因为制，其多寡未尝取必于定数，倍蓰什百千万也。计其均科傍赋，而吴地郡县实当十之七八，故又总括其事于平江，会府俾官若吏监临之，著为定制，积有年矣。迩者淮夷难兴，海岛窃发，漕运废阁者四载。朝廷既行宥典，怀徕稍复，乃至正十九年秋，遣尚书来治漕事。顾痌瘝未尽苏，止三十分取一，以一十一万石进，示开端肇始，不迫而足也。越明年，尚书王公又至，得粟一十三万石奇，视前则浸益矣。二十一年秋九月，有旨，赋粟百万石于平江，以户部尚书彻公将命。公以科第起身，光明俊伟，颀然特达，将不辱命。既至，即颁命及赐。而太尉方且以士马供亿，辞不能如数。公正色抗言，议论不阿，力折不挠，取必于足，愤激莫渝。太尉严惮，暗无答语，乃恳切于丞相，以便宜从事，得与尚书谢罪。惟是丞相俯于调伏，周旋曲折，祈辞沥命，请姑进止如前年之数，且伺后期输偿所负，遂以粟三十万石奇登于海舶。行将北上，众征言为钱，余曰：尚书，古之纳言，为王喉舌。出纳王命，职在机密，未始轻以使是也。今贡赋钱谷，丝缕稽会悉隶户部，由是国漕运出审得理矣。然较所输所得之毫末，不翅太仓稊米耳。一介下士遣之可也，矧彼尚书是渎哉？矧今所输所得，迄无少益于前事，时则彼自规为常数已。即明年有征，虽片檄可集，政又不必一介下士之遣也，诿诸相府足矣。苟中原既定，外版咸归，百万王师破竹南下，彼将匍匐奔命之不暇，陈红积腐，又讵得自私，连樯大舰，亦不待我之责贡。区区军国鄙论，诚有望出于此，故因众言及之，尚幸告于执事者。至正二十二年仲夏，天台刘仁本序。

（《羽庭集》卷五）

送中书兵部尚书伯元臣回京叙

刘仁本

国家置海道漕运，转粟江南，供亿京师者，垂八十余年矣。凡江浙诸郡之粟，悉萃平江都漕府，然后发巨舟飞挽。岁分春、夏二纲，选官部运，转涉辽海以达京庾，署为定制，诚军国重事也。至正十六年，淮夷之难作，延蔓全吴，海道梗而漕运辍，朝廷尚仁恤行、宥典事之坏乱反常者，皆复旧规。乃命江浙平章方公兼署海道事，分省浙东，董舟师以通漕运，命太尉张公就平江输粟粒以供常赋，而使命之来者，或舭舨弗称职，甚至冒黩以还，徒牵连文法，一挫风潮之汛，竟堕鲁皋矣。十九年九月，上特选六曹长吏之贤者，若兵部尚书伯颜帖木儿，使东浙趋进舟以转粟；又户部尚书曹履亨，使平江趋治粟以登舟。拜命之日，兵部曰："是可须臾缓乎？"即陛辞上道，傤海舟涉鲸波万里，冲冒烟雾，迅驶风霆，知有国而不知有身，知有转输馈饷之责，而不知有风涛鱼龙之险。既至，适际边守有隙事，几不就绪。公即白丞相，辑和二家，匡济其艰，仍身先率海舟千百艘，俟于嘉兴之澉浦，而平江之粟亦展转至杭之石墩。石墩去澉浦且一舍余，海滩浅涩，舟胶不进，公乃徒涉往来，跟肘泥沙，几溺于潮者屡矣。终订其便利，于澉浦得粟为石一十一万奇。楫人岸卒谨呼授受于斗斛间，浃旬而集事。化艰难为平易，变险阻为简夷，公之勤劳敏捷，人皆难之。由其以开物成务之学，而行之以忠诚贞白。盖忠以尽己不欺，而诚则能动物，贞固足以干事，而白则涅而不缁。唯是四者，故能上宜圣天子之德，下撼外方伯之情，以通吴越之命脉，以作中兴之盛典，顾不韪欤？浙人砻石以纪嘉绩，而使节旋矣，请叙以弁舆诵之首，是用复命于大庭，且为后之使者告云，天台刘仁本序。

（《海道经》）

平章方公重建灵桥记略

刘仁本

四明环郭皆水，自剡源合七十二溪，会于奉川，又分而错下。其西南北流悉导治为河，独东汇鄞江，以达于海者。潮汐吐吞，横亘其外郭，故往来患涉焉。按郡乘，唐长庆中，刺史应彪渡江广，以丈计之五十有五，制十六舟，舟连负板成桥，桥具而虹霓现，因名灵桥。历五代及宋，屡圮屡建。七八月间，飓涛作，代济以小航，率皆区画无法。国朝至元间，宪使陈祥更治之，遴编户虿徭，俾专缮修。久则奸起，故蠹者利其脱落，终岁营造弗就，输役之氓病之。至正二十年，淮氛浸扰，江浙省平章方公肃廷命，统舟师，分署镇鄞，乡父老水济川献言于邑丞麻公直曰："县官赋米得三百二十五石，配徭户受作子本，计造桥直，籍而儩之，岁岁而葺之。事未就绪，民罹供亿日繁重，力不逮。今偿米直，愿为之计。"丞上其言于省，省议韪之。遂檄郎中张启原董治，俾丞厘正官出缗钱九百定有奇，购材召工，仿台郡中津桥制，每舟以二为偶，肩连栉比，合为一扶，中实以材，凡为舟一十有八，共为扶偶者九，铁绳贯串纽组，岸浒葛缆相维，椓楗江底，仍籍丁夫二十一人相之，于是往者履康衢矣。既而计余锱，作二航以济桃花渡之涉。罄余钱，买田一百五十亩，城之士民率助者，倍其买数，又规桥侧灵济废寺，亩一百六十有奇，并其基址，易构为桥局公廨，中建厅事四楹，旁列仓庾八楹，后为佛堂六楹，举其香灯，命僧居之。公为检籍，岁收子粒，慎其橐钥，专理桥务。民弗再劳，官无旁出。既落成，有众欢然相与来告，用书以劝后来者。

（《（乾隆）鄞县志》卷二）

余姚州重修学记

刘仁本

今天子进浙江行省方平章国珍爵司徒、保厘东藩之明年，为至正二十有二年，司徒檄介弟国珉枢密副使，分镇越之余姚州。又明年，州之学宫修葺一新，爰释奠于先圣，且落成之。其学官蒋履泰、耆宿郑彝持状来请曰："副枢密公既镇我邦，伏谒先圣庙，荼然就圮，将图缮修。遂以规略命今都事叶某，与前知州董完哲簿化、学正郑涔。时则有若儒士黄吁者在列，愿悉出己赀力输土木之工费，一毫不假于官。役既作，知州王溶议复其户，稍酬之，而幕宾毛永、龙霖力勉成之。礼殿门堂，斋庑庖舍，以及垣墉黝垩之饰，靡不坚致具备，厥功茂矣。经始于是年二月，底就于今年正月。愿著于石，以垂后观。"

仁本载辞弗获，乃历考学之废兴，于往牒而识之。余姚旧为县，宋初有文宣王庙，在县西二百步。迨元丰间，县人莫将仕者，割己资买爽塏之地，于舜江之南一里所，别创新构。又穿四道，揭明伦之坊，以来四方之学者。既南渡，建炎之变，井邑遭燹，而学宫岿然独存。邑宰赵子潚辈增葺于绍兴初禩，施宿又复广之于庆元之末。于是作人造士，文教大兴。莫氏之后，有文清公叔光、中书舍人子纯，皆擢高科显仕，振名当代。入我国朝，毁于德祐丙子。既而重建。暨县升为州，屡加修治，而又毁于重纪至元丙子。今所存者，则知州刘绍贤所建，汪文璟所辟也。顾兹兵兴，有事边鄙，余姚在虞，守戒严之地，而修崇文教若此，有非他郡县所能企及也。然余闻学校之设，始于有虞之尊贤尚德。自水土既平，夏禹朝诸侯于会稽，执玉帛者万国，余姚独先囿于礼乐衣冠之化，渐仁摩义，沦入骨髓，诗书俎豆，久而弥芳。虽历世乱离，奔走糜烂，而又弗即废置。此无他，学校之政，实系人心，关世教，拯时溺，为甚重也。

（《全元文》第六十册第 362 页）

送陈都事使还浙东序

李继本

始淮颍盗作，所向奔突，巨镇大藩，望尘摧陷；吴粤之交，鱼馁肉烂。江浙等处行中书丞相方公起布衣，倡大义，集兵东瓯，以捍一面。岁时朝贡不辍，兼之一门昆季，虽致身显荣，而知尚学术，岂古所谓说礼乐而敦诗书者欤？其于君臣之分，忠孝之节，凛然常存，焕然可述，此故予请以往迹之暴于天下者，次第书之。

　　朝廷岁遣使督吴之赋,越其境,丞相必躬率僚寀,约舟于津,具马于郊,同迎使节。其恭敬王命,未始一日替之。往岁有盗犯边,故江浙行省右丞,丞相之仲氏也,力战死之。事闻,旌封有加,臣节伟哉!

　　至正二十四年秋,逆孛入朝,自为太师,丞相皇太子抚军于晋,朝韡大患,而外内之臣,昧于顺逆,迷于强弱,不知死君父者多橄至。丞相亟遣使请命于军,誓简师以从。明年秋,逆孛伏诛,东宫班师还,于是遣江浙等处行枢密院都事陈君彦明奉表来觐。时皇帝御大明殿,省臣以其事入奏,锡爵赉之,以旌丞相为国敌忾之劳,使臣奉命之勤,亦光耀矣。竣事将归,朝之士咸赋诗以赠,而请序于予。

　　予与彦明相与日浅,其出处之详,诚所未知,虽欲竭片语塞命,亦剿说耳。顾惟先民谓尚友千古,盖虽不必亲觌其人,而高怀雅趣,有冥合焉者。矧彦明与余定交几半岁,彦明之贤,独不可知其什一乎? 彦明,儒家也,其学敏而通,其治事练而达,其剖裁纠纷辨而捷,尤优于使事。读至仲尼氏专对之语,必慷慨奋激,思起古人于九原,其襟抱脱略,复出一时辈流万万也。且丞相一噸笑,能轻重人,在恒人,惟图倒衣趋事,觊一朝之显拔,譬之升九成之台,欲一跃至焉。彦明官不过幕佐,而未闻其竞进,遑遑焉恒抱家国之忧,彦明诚忠孝人哉!

　　今甲兵将偃息,海宇将晏熙,彦明归见丞相,当以君臣之分,忠孝之节,娓娓为说,期于力靖南服,益修乃职,以垂千万岁之烈勋。余也虽乏藻思,犹能吐辞为锋,挥笔为阵,写休声于铙歌鼓吹间也。

(《一山文集》卷四)

修上虞城記　至正二十四年

汪文璟

　　至正二十四年,太尉方公与其宾佐僚属议曰:“上虞实要害地,城池不设,何以奠民居、固士志?”即与贵介弟知行枢密院事国珉率宾佐、僚属、将帅偕来,诹故实,相地宜,虑财用,以令役于近地之州县,曰余姚、奉化、昌国、鄞、慈溪、象山、定海,并上虞为八邑。其役之赢缩,则视田赋所人为之差。惟上虞当六之一焉。其筑之法,斩木为杙,夹而列之。杙长二丈有四尺,陷其五之一于地中,其四出地上,因以崇土,土与杙等,则辇致巨石,纵横叠置,以护其外。至其面,则治使平正,以石帖之。于是规制既定,民庶子来,宵营昼作,鼛鼓弗胜。陆运川输,材用山积。公与知县及其宾佐、僚属日周行城上,察工役勤惰而劝惩之。凡为城十三里,其址之厚二丈有五尺,五分其厚之四以为城身之高,十分其高之九以为城面之广。其上则每二十步架楼橹,以宿巡警之卒;其下则于四隅列营房,以宅屯驻之士。垒壁为陴,树木为栅,堑以深濠,悬以飞渠,守御之具,无一不备。陆门五,水门三,皆环石为洞。下辟重扉,上屹层阁,锢以金铁,绚以丹雘,严严翼翼,既固既饬,而山川形胜,为之一新矣。经始于是年之十月,逾月而告成。

(《全元文》第五十二册第362页)

赠行省理问仲刚君治城序

乌斯道

　　春秋之法,书筑者,创始也,筑郿是也;书城者,完旧也。城中立城,小穀是也。筑之城之必书者,以劳民为重,苟人君知此,则慎重于用民之力也。太尉丞相方公以斧钺讨暴乱,至正二十七年夏五月,城庆元,曰:"吾所以用民,盖所以保民,吾不得已焉耳。"谨选四大官及百执事,皆用命不敢怠。江浙行省理问仲刚君在选分治北城,虽禀度于大官,而指授区别各有条理,土坚石缜,民忘其劳,未尝以棰楚为威,信足以服众,未尝以壶浆为惠,德足以饱人。越四旬,城成,视他吏凭陵怒气,厉民以衒己功,功返不逮焉。舆人歌之曰:"非泾浊,不知渭之清;非彼怒,不知君之恕,君之贤为吾之二天。"于乎!君之才加于人十百矣,且土厚之木,其为器必良。江浙行省左丞贞惠公为皇朝望臣,君,贞惠公之孙也,夙有所习,知仕宦之道。倅奉化,时村民寇境内,君募义民,擒戮之。为省府都事,时监收上虞、余姚官粮,及为余姚浚河筑堰,具有德政。是固祖父培植之久,故上知其能,而下承其泽也。矧城事甚大,而声名犹籍籍显著。以兹测之,而升高之步,又岂可量哉!郡人范某等属君抚摩之爱,故请于仆,以扬君之美云。

(《春草斋集》卷六)

送阐上人住香山序

乌斯道

　　浮屠氏其遗世而独善者耶?曰:"非也。"其避喧而习静者邪?曰:"非也。"然则何如?殆亦一视而同仁者耳。当其玄发初剪,毗衣始挂,则惧吾心天阏而弗通,蒙昧而弗明,于是乎蹑穷崖之巅,蹈虎狼之窟,收视反听,寂焉孤坐,以造夫昭明高朗之地。及其户牖四辟,天宇豁如,而无所凝滞,于是乎布筵开法,祛妄解惑,以济夫群生。是则其始也,切切焉;其终也,汲汲焉,凡所以为己者,实所以利人也。若是则果非遗世而独善,避喧而习静者,殆亦一视而同仁者矣。

　　吾方外友阐上人,郡之名家子也。少慕浮屠氏,受经于慈溪之龙山寺。寺逼近官道,迎送宾客无虚日,即杖锡江湖间,冥心兀坐,恨山不深,林不密,所见甚超诣。久之,典法藏于金陵之蒋山,道益隆而名益著。及四海弗靖,无逃遁之地,复归龙山,独处一室,泊如也。今受知于司徒荣禄方公,公命住持同里之香山寺,上人力辞,不许,乃勉就命。于其行,吾党相知者莫不为上人喜。盖太平无事,时方袍圆顶之徒,云兴雾合,居赡养饱,又有据象筵握麈尾以主之者,居相望,故不役志于道者寡，上人方矗矗自修不暇，深遁之可也。

及兵戈抢攘之秋，丛林大刹悉为灰烬，东南山水间虽无恙而梵呗之声几绝矣。老成宿德，不啻若晨星霜水，故役志于道者寡。上人乃考钟伐鼓以倡其道，虽欲遁之可乎？上人为己利人之道兼尽之矣。然浮屠之住持，犹吾儒之仕也，学优则不可不仕，仕优则不可不学，上人其勉之哉。里中诸公尝与上人游者，相率为饯，命予述其事，不得辞。

（《春草斋集》卷八）

送陈仲宽都事从元帅捕倭寇序
乌斯道

太尉丞相方公以至正十有七年，受天子命控制东藩，有梗化者讨之，自是东方以宁。倭为东海枭夷，处化外。比岁，候舶趋风至寇海中，凡水中行，而北者病焉。今年夏，丞相曰："天子方以中土未尽平，弗暇理东海事，吾为天子弭盗职耳，恶得不选吾爪牙，俘至麾下。"于是诹日饬将士曰："汝往必克，毋利其货，以逭其死，毋毒我土民。"时天台陈君仲宽以都事职在元帅钱公幕下，因佐其行。君读书士也，居帅府且久，陆攻水战之法，究之审矣，奚待言。矧倭寇蜉蝣耳，不足当吾锋，又奚言哉！然彼尚艨艟剽轻，出入波涛中若飞，有不利，则揾沙石大舟。卒不可近，此不可不豫计也。且彼既弗归顺，素摈弃海外，今又犯我中国地，枭馘固当，第虏吾中国人日伙，就为向导，为羽翼，求其回心内附，岂得已哉！苟我军相攻击，玉石弗暇论，必令吾中国人自告者免，乃生致之，此又参佐所当言也。尝闻君之先献肃公，当南宋时为谏议，以直言受知于孝庙，人至今称之。凡位与事无大小，皆可言，君是行特其兆耳。他日立显位，功益高，名益著，安知不受知于天子，进直言如其先哉！四明能诗者喜君有是行，咸赋诗以饯，予为序，以致其膻云。

（《春草斋集》卷八）

三世雷记
乌斯道

三世雷者，名琴也。唐渝州雷震所制，后震之子某尝修之，至孙某再修，侧视腹中，其识具存。得之者以一器而出，雷氏三世异之，因以名焉，以小篆刻诸底。或谓震之制琴，始于祖，至震为三世也。质虽桐梓尾，则海藤其膝，玄玉其断纹蛇腹，其制宣尼，修不及五尺，而声若金石，清越悠远。吾郡清容袁公当元之延祐间，仕京师，见是琴于故宗室赵氏，不可得。赵氏性好马，一日，有显官赠良马于公，公得而遗诸赵氏，赵氏意殊喜，自谓无以为报，虽有雷氏琴，实吾之先受赐于内府者，不忍弃将，返马焉，吾又爱之，以是依违者再三，终以是琴报公。公传于家，至孙日严，以重价归史君礼氏。至正末，天台方丞相入城，尝听人鼓琴，悦之。因命左右物色琴之佳者，左右以是琴称，遂以势而得焉。余友钱塘徐君梅涧以琴名，数鼓琴丞相前，退而大誉是琴，余方以不获见为歉。今天子肇造区宇，诏中山侯下明之郡县，丞相款附入朝，以是琴与倪参政晋斋。余时主晋斋，因得以寄意徽轸。闻中山侯将税晋斋家，晋斋挟爱物避处他室。中山侯入闽，晋斋返视，爱物咸具，惟是琴蔑之有也，漫不省何若。越半岁，丞相之子名关者自京师来明，云吾道经毗陵，有一军士抱琴求售，晋斋始记是琴。昔以爱之笃，庋卧榻上忘焉，必为中山侯麾下士先入卧内洒扫，持而闷之。每道及，未尝不歔欷悒快。岁辛亥秋，余被贡之京师，闻溪坊沈仲芳氏蓄琴，及访视之，即是琴也，抚弄慨叹而别。余宰化之石龙，甲寅冬，余以核田事赴广省，闻城中一士有古琴最佳，即偕往求视。其士乃旧所见仲芳，义出是琴，无恙。盖仲芳以获庚徙广中，凡器物皆弃去，独与是琴俱故也。余抚弄慨叹如初。己卯夏，余以考满当入觐，先至广省乞文。时仲芳闻余至，豫伺之水驿亭上，见而欣然谓曰："吾三世雷愿与子归明。"余惊念曰："此非吾所能致也。"意谓戏言，往返数过。仲芳屡以为言，不易，果以见赠。加水精弦白玉轸，足上下括以古锦囊二，余喜爱之，而不辞重以白金答贶。保抱携持，水陆行数千里至京师，不损发漂。长子熙来候迎，相慰藉。后余调吉之永新，熙东归，余委琴于熙，而命之曰："今天下故物，悉珍灭于兵燹中，若是琴岂易购哉。且屡见屡违，终购之于绝域以归，岂非幸欤！吾与汝又素好鼓琴，汝宝之勿失。"庚申夏，获归田里，而是琴迁处浮屠氏保定师之室。越三载癸亥，谋复之未克，又为好古者售入河洛，惜哉。噫，数欤？抑异物不永于一人也。然是琴之得失可怪也，有不可忘者，特记之。

（《春草斋集》卷九）

代江浙分省李郎中上方丞相书

乌斯道

窃以德不修于己，滥膺名爵之荣。泽无及于人，敢图禄秩之厚。恐贻识鉴之清议，无以惩于将来，故陈缕缕之言，以发区区之蕴。事关大体，理合上闻。伏念某学术荒疏，才能庸下，虽慕萧曹之事业，端无管晏之谋猷。始秉笔于儒司，遂致身于郡府。是时王师未集，俄而谢寇潜来城池，破陷于须臾。男女伤残者千万，吾老吾幼莫逃虎穴。吊形吊影，实等鸿毛。爰遵相命以招安，冀遂救亲之愿。乃挟伪帅而归化，初无干禄之心。顾大事则侥幸成名，痛双亲则等闲被。害庐居墓侧，誓以藏形；事上省垣，迫而强起。身着墨衰而上道，口传钧旨以夺情。省台出交荐之章，丞相有开府之擢。备员无补，律己惟忠。既因淮寇而据平江，不忍黎民而归逆虏。危时为使，挺身宣诏于吴门；强敌皆降，举足跻阶于省幕。军民事重，廊庙恩覃。不辞泛沧海之劳，浒得睹清光之美。获近御筵之殷勤顾问，历陈四方之离合源流。报效未著于一毫，宠锡远加于三品。自知孱弱，拜命战兢。虽便捷于回浙左，风驭奈阻修于赴宣城。霜露深有旷官之惧，端无利己之谋。际公相分镇东藩，怜羁臣远来北阙。授以郎中之职，赞其省署之筹。佐治一方，素餐三载。竭诚馨志，欲伸尺寸之才；碎首殒身，将报万一之遇。智能短少，规措乖违。上不能拾遗补阙以饰皇猷，下无由拯溺解悬以匡民庶。潢潦朝盈而夕涸，驽骀暂驾而顿疲。既非车辅之才，深为廊庙之耻。尝乞引身而恬退，过蒙刮目以容留。收顽矿以陶镕，拾朽木而雕斲。罪不加于谴责，荣有升于散官。举首感恩，扪心知愧。以无胜任之力，具有再辞之文。尽吐真情，全彰猥志。况天步艰难之际，为罗致英雄之秋。固宜箭锋之疾机，乃利帷幄之急用。让贤避位，惟存进善于公家；守拙投簪，实望遣居于闲地。庶得求田问舍，敢忘结草衔环。顿首申呈，鞠躬待罪。

（《春草斋集》卷九）

处士倪君仲权墓表
乌斯道

呜呼！余友倪君仲权，明之风节士也。年始五十有三，未试而卒，实洪武九年五月九日，将以次年十一月三十日葬于鄞县桃源乡黄沙之原。其长子豫翁奉书永新，请表诸墓，余义不可辞。盖知君为详，遂书其实曰："君讳可与，仲权其字也。倪于明为着姓，其先当唐昭宗有修武府君者，自永嘉徙郡之象山。子孙又分徙定海，今居郡城者，则自君曾太父徙也。曾太父讳文伟，大父讳敬聪，元赠嘉议大夫庆元路总管上轻车都尉，追封千乘郡侯。父讳天泽，赠敦武校尉台州路黄岩州判官。母俞氏，赠宜人。黄岩君性夷旷倜傥，别构高阁竹墅治居第，日觞豆娱，贤士以君秀嶷，不使少去左右，君因以观感异常。既长，从乡先生游，如程公畏斋，方外硕宿如噩梦堂，名宦如太常柳公傅、户部尚书贡公太甫、应奉邢公吉甫、状元陈公子山，益得以砥砺学业，奖掖风节，有声誉。既而元运将去，豪杰并起。岁丙申，海上李得孙以归顺帅浙东，顿军渔浦，闻君名，以书币招君为诸暨州判官。君叹曰："彼虽礼士，可致我哉？"却使者弗顾。天台方公拥兵入城，奋威武，累官至丞相，凡出其麾下者，皆得奏请于朝致显官。君伯仲亦因而受元爵贵显。君澹焉自乐，若弗知之者。丞相妻越国夫人薨，将葬，闻君深于礼文，命君考礼行事，君固谢不许。或劝君曰："人鲜以知礼，闻考礼，益国明哲之士也，苟忤其意，非自庇之道。"君于是强起而考侯邦小君之制，凡从葬明器、绋披、柳翣等物，率有品式。与执事者七百人，郡人皆未之前睹，丞相大悦。事毕，欲授以官，并以白金彩段为赠，不受。时河南王库库公总戎中原，浙江丞相达失公以便宜行事，人以才略见者锡爵不吝，人争往，惟恐后。有力挽君与俱，君叹曰："库库公自设官拟朝廷，达失公玩兵而自弱，其势岂建功之地哉。况道路梗塞，必蹈海或走间道始可达，冒险而要名，君子不为也。"力挽君者，遂愧赧而去。朝廷举茂异，授定海主簿，以在方公境壤中，亦不就。惟与故人之邃于学者游衍吟适园池中，以玩愒光景而已。平生孝友，疏财慕义，为长厚事。积书盈斋室，手校雠不倦。书修倪氏谱系，续胡贯夫庙学典礼，补朱子家礼。有司方起君议礼于朝，而君以遘疾告人曰："吾死矣，夫夜有冕服如王者，俾余教其二子。"乃令治棺具，甫就而绝，神气不乱。"于乎！君未卒之先，今天子勘定天下，天下据有城邑，以豪杰称者，悉系颈衔璧为降虏，向之利其福而大其门，得志于当时，亦随以消歇无闻焉。君独以风节自励，虽不偶以没，而高风殊邈，不可泯灭。汩于先而耀于今，孰有过于君哉。"

（《春草斋集》卷十）

迈院判哀诗序
戴　良

枢密院判迈里古思公哀诗若干卷，公之门生故吏及其士友之所作也。公武威人，初家涛江之上，后居吴最久，有才名浙水间，然每困顿不偶。久之，用进士起家，为绍兴路录事司达鲁花赤，能以直道抗上官，得士庶心。其后遭时多故，远近骚动，遂练民为兵，数击叛乱有功。浙省左丞杨完哲，方虎视钱塘，方国珍亦擅威四明。公往往以法诛其部曲，无所顾望，其所行有人所不能行者。名既上闻，乃迁江东道肃政廉访司经历。

未几，丞相答失帖木公复以便宜改今职，公又大出师，以讨不庭。而台端贵人有忌公者，召至私第，使健者候诸门击杀之。先是，余姚同知秃坚君，慈溪县尹陈君鳞，亦皆慕公之为以自奋，而公盖其杰然者也。然三人常鼎立为犄角势，故东南之气稍振。及秃坚以无罪诛，陈以失势陷，至公之死，而上下之望绝矣。此诸君之所以深恨于斯时也。恨之深而哀之至，故为按抑《蒿里》、《薤露》之遗音，作为叙哀之诗，多至千余首。其婿淮省都事王顺、枢密院管勾陈逊，既相与编辑成卷，而浙省理问刘宣，公之客也，来属余序其首。

余惟秦有奄息、仲行、针虎者，皆国之良也。一旦以无罪而见杀，国人为赋《黄鸟》之诗以哀之。而紫阳朱子以为世之读是诗者，亦徒闵三良之不幸，而念秦之衰，至于王政不纲，诸侯擅命，而杀人不忌如此，则莫知其为非也。然则公等之死，较诸三良之见杀，固不能以尽同，而诸君之所以哀之者，则视《黄鸟》之诗为无间矣。使朱子而在，得诸君之诗而读之，余又不知其叹世之何如也！呜呼悕矣。公汉姓吴氏，字善卿，居家甚孝，为人慷慨，不拘小礼，遇人豁然推腹心，与人交于恩意尤笃也。其州里世次年寿卒葬,已著于识公之墓者,故此不赘焉。

(《全元文》第五十三册265页)

谕寇文

卢琦

皇元混一天下百余年,近岁构乱河南、湖广、江浙等处,悉皆搔动。人皆为国家忧之,独高见之士以为圣上宽仁大度,宰相贤明,天下必无事。今各处郡邑尽行克复,百姓俱以平宁,自京师至福建一路无阻。汝等居深山,知红巾之乱,未必知红巾之灭;知县官之有虐政,未必知圣主贤相之有洪恩。惜乎无人为汝宣达此意,况泉郡古为佛国,自归附以来,民不知兵,虽有盗贼,随即剿除,百姓享承平之乐,他处所未有。汝等一朝作梗,祸连诸邑,百姓受流离之苦,前此未闻。且汝祖、汝父为大元民,汝身为大元民,大元何负于汝,汝乃甘心悖逆为盗乎?汝县官未尝结怨于汝,路官未尝结怨于汝,城中之人未尝结怨于汝,旁县官民未尝结怨于汝,汝敢焚毁他邑,乃复攻打城池乎?慈母十月怀胎,三年乳哺,方始得成人身。官府设狱,不敢轻人命,必审覆无冤,方置人于死。汝等杀人如刈草,曾不动心,何也?人家架屋,遮风蔽雨,养子育孙,有三十年、五十年不能完美者,汝等焚屋如点灯,使人无盖头之地,何也?人生有贫有富,自是分定,汝等见富人如仇,必欲焚其屋而杀其人,何也?汝等必曰:"半锭一石谷,十两一斗米,寻常欲求一饱不可得,今日既得酒食,又得财物,何苦而不为盗?"又曰:"官军未大集,民兵未大举,我何惮而不为盗?"呜呼,为此说者,譬如鱼游釜中,特汤未沸尔,汤沸则烂熟矣。家居惠安,与汝等即乡人也;近宰永春,于汝等即邻邑也。我才德不及于众,恩信不孚于邻,是致汝等侵我土疆,毁我县治,掠我人民,惟自责己,不敢怨人。然深思以为盗之由,诚非得已,因为汝县官吏、镇守官军虐政所逼,生事激变,汝等一时有所不堪,遂至于此间。胁从者多有富足之家、知理守分之徒,岂不知古今顺逆之理,但无路脱身,诚可哀痛也。我乃永春令尹,念汝等本皆良民也,念邻之民亦皆吾民也,岂可坐视而不恤哉?钦惟国家许人以悔过自新。近台州方国珍、福宁州康伪元帅俱各聚众数万,悉皆投首复业,众所周知。汝等若能悔前所为,开陈激变缘由,赴官首告,咸与免罪,复业为民,或能为官,出力招谕旁县贼徒,尽数投首,克复他邑,即与申明上司论功升用,不亦善欤。不然,大军四集,玉石俱焚。李志甫二年而灭,罗天凌数月而亡,其余小寇亦半月一月而诛尔。一则为康伪元帅等归附复业,一则为罗天凌等自取灭亡。汝等诚熟思之,孰得孰失,姑以人情言之。汝等身冒矢石,日从战阵,每挈妻携子,入山傍林,风餐露宿以达旦,何如奠枕而高卧其家乎?聚众千百,烹羊宰牛以为娱,何如炊饭酿酒,煨芋剥枣,与妻子相对面乎?汝等诚熟思之,孰苦孰乐,我不能掉三寸舌于汝,姑移文以戒谕汝，汝等其听之毋忽。

（《圭峰集》卷下）

重修温州路谯楼记　至正二十五年正月

林彬祖

至正二十有五年，浙江行省右丞方公，既新温郡之谯楼，士民鲍铉等以状请彬祖记其事。按，谯楼建自□宋之淳熙中，高六楹，左右翼各四楹，联以两庑，东西百步，累甓为址。下通广逵，上设更鼓，千里耳目攸属□。延祐中，郡守赵凤仪尝一缮修。更历四纪，风雨隊剥。每惮其役重，因循弗理。

公既分镇署郡治，顾而叹曰："是何得不葺？然不可劳吾民。"乃遂出帑金治之。于是工师遴才，山泽出藏，陆输水转，远近毕达。陶人、冶师咸□子来，梓匠效能，出机若神。弱变为强，腐化而坚，仆者以植，欹者以贞，缺折以完。梁柱桓桓，栋危聿隆，巨细□能。因材庀庸，新故相赞，交致其功。屹如虎踞，翼若翚翥。周阿峻直，中通外饬。涂之丹雘，辉彩交烛，无异撤其旧而新是作。是役之费白金，以两计者二千有奇。诸匠以工计者，二万五千有奇。役始癸卯冬十月，至是□功，而民不知扰。郡属文武官吏与其民士环立仰视，莫不叹息而颂公之德。咸谓：公之报国也忠，故其恤民也勤。公之镇温也，内清山贼，外遏淮寇。岁督海艘，转漕于京师。每念僭乱未平，寐不安枕。□游卒以为劲兵，斥浮费以充军实。礼贤任能，务农通贾。武备增修，而功实益着矣。

至正十八年，公以行省都镇抚来镇。明年擢行枢密院判□。又明年升同愈。二十一年，进佥书院事。公之弟元帅亦升判枢，佐公镇□。明年拜闽省参政兼佥院，镇御如故，院判亦进秩同佥。二十三年，公升江浙左丞，同佥升佥院。明年进公右丞，赐分省印章，愈院复升副枢。朝廷倚任日隆，公报效弥至。公知邦本在民，故劳民之事惟恐及焉。况丽谯政令所出而□□□无事治之□□也，人其有宁矣。彬祖以己亥冬来是邦，凡士民所状，多亲见而知之者。又兹役之美，宜□□以示后来□□□不文辞，乃遂载其事于石。公名明善，副枢名文举。是年岁在乙巳，正月八日记。

（《全元文》第五十六册第 242 页）

东轩集序

宋　濂

《东轩集》者，天台方君明敏之所作也。明敏仕于元，尝参知政事于江浙行中书。襟韵潇洒而气岸伟如，发于声诗，往往出人意表。其弟明则，缮钞成帙，同予学子桂慎请予评之。

予曰："古诗俊逸超群，如王子晋鹤背吹笙，随风抑扬，声在云外。律诗清丽婉切，譬犹长安少年，饮酒百华场中，莺歌蝶拍，春风煦然扑人，终日传杯而醉色不起。诗人之趣至是，亦可谓之不凡矣。"明则曰："请为之序以传，何如？"

余曰："宝剑薶于丰城，而紫气上浮于天。猗兰生于幽谷，而秋馨播于九衢。诗佳矣，不必藉序以传也。"曰："此固然矣，愿卒一言之。"曰："诗之古者，莫《三百篇》若也。篇首各有小序，所以序作者之意，而非后世通为之序也。汉魏以降，作者鲜自白其意。读之者不能知，乃私自臆度，此为某事而发，此为某时而叹。使若人不死，即而叩之，恐其未必尔也。故予尝有言，作诗必自序，非他人之可与闻。此言似不可忽也。"曰："固哉，吾子之为诗也。可以序，可以无序，序之将何伤焉？"余无以辞，因取所评者书之于首简云。

明敏于书无所不读，最善谈名理，与人交煦煦有恩意，君子贤之。其所长者，不特能诗而已也。

（《宋濂全集》第 1303 页）

故岐宁卫经历熊府君墓铭
宋 濂

熊君伯颖卒，其友之仕者为之请铭。余曰："君与余善，且才而文，铭余所宜为。"后数年，余致政归。衰老多病，未暇具其事，而为之请铭者亦亡。余曰："噫，余可负吾友耶？"

乃按故所书为铭。君讳鼎，字伯颖，姓熊氏，抚之临川人，世以《尚书》教授于乡。君少有敏质，年十八，从父受经义，通之。每私较试，辄冠其乡人。乡人推让，不敢与齿。后六年，为元至正七年，领江西第九名荐书。上燕京就礼部试，文彩烨然动人，偕试者窃视，执笔不敢下。众咸以高第期君，有司以君议论奇，竟弃不取。君绝不为意，曰："第不第，命也，命可尤耶？"束书南归。当时名人若张文穆公起严、余忠宣公阙、李谕德好文、张承旨翥、危左丞素、揭秘书汯、黄助教玽，皆重惜其去，相率为文辞以饯。君退而益修其业。十一年，江西行中书省檄为吉安路龙溪书院山长。龙溪故有田属他邑，前山长久不理，浸侵之。君至，问吏，叱曰："国家置田以养士，田亡，士将安食？"即檄所治征索。既具，弟子员肄业如令，月旦望，玄端深衣，据席讲说，程其良否而奖督之。无赖徒陈小峰，纵其子宁为直学，握出内之柄，每与山长抗礼。君按法黜之，小峰噤不能吐气以死。郡守妻丧，遇兵乱，其子撤山长座，将迁枢明伦堂上。枢至门，君叱止。舁者置诸别室，复欲以浮屠祝尸。浮屠方以铃钹至，君怒撞坏之，曰："此吾孔子堂，岂浮屠庐耶？亟屏去，勿污我。"守闻，嘉叹君而以书谢曰："先生教我厚甚。"

时江西寇渐起，所在扰溃，不可为职。诸郡师守，知君练筹略，往往延问军政，君亦以拯民自任，悉心力为之计。赣郡帅全普庵撒里尤器君，命君择险隘为守御备。君于皇恐、大蓼诸滩设坑阱，建寨栅，构屋三千余间，结民兵自守，由是赣独完于他郡。戍将三人坐战败，将加诛，君为救解出之。会当大比，他郡多以兵废，君独请全举行，观者以为异事。吉安岁凶，全与吉安守有隙，禁吉民勿入籴，民啼号于道。君争曰："盗之起者，为饥寒所迫也。今使君闭籴，将开盗门。脱吉民事亟生变，赣能独全乎？"全悟，即罢前令。君周旋兵间，委曲为民，皆此类。

十三年，郡多君前绩，便宜擢君赣县尹，员外置。君耻之，辞不受。未几，以父丧归。服除，兵部尚书黄昭、江西廉访使吴当总兵出闽关，辟君参谋军事。君为昭画策甚详。会昭与当罢兵柄，策不行。二十一年，陈友谅僭号于九江。用黄昭、解观等荐，以君为太常卿，俾守令踵门起君。坚卧不赴。

既而国朝兵入江西武顺，宁河王邓愈闻君贤，下令遍索，君强起揖王军门。王与君论事合，大喜，致帐中，日夜咨以事。一军惊欢，以为主将得师。君见王宽裕，诚大将材，遂委身从之不去。赞王取抚州，兵不血刃，贼酋邓克明夜遁。二十二年，皇上亲将兵入豫章，州郡望风款附，九江亦下。君得诏见，慰劳甚至。

二十三年，丁母夫人忧。后三年，以大臣荐，征至南京。奉旨偕诸儒摭古昔嘉言善行，作《公子书》，以训贵戚子弟。书成，赐袭衣、白金。会初平浙西，授湖州府德清县丞。君招辑绥怀，除剔宿蠹，创三皇孔子庙，建官吏廨署。到官数月，事治政平。钱鹤皋反，嘉兴声摇，德清民皆逃散，君坚坐镇之，钱不敢入。

吴元年，上将正位宸极，召议礼仪，除中书考功博士，寻迁起居注。承诏搜括故事可惩劝者，书新宫厢壁。时上精求礼乐之事，尝召翰林学士朱升等陈乐器于庭，上击磬，命升辨五音。升对忤旨，上大怒，欲置诸法。君从容论解之。上曰："升每谓审音，顾不辨宫徵，何耶？"君对曰："石音难辨，自古而然。唐虞惟后夔能和磬声。《书》曰：'于，予击石拊石，百兽率舞。'"上曰："任此竖儒治乐，乐何由和？"君具言乐之和由人所致，人君能致中和则万民和，万物和而乐音和矣。上怒乃解，释升不问。升既出，谢曰："非熊君，吾属几殆。" 舍人耿忠奉使回奏，广信郡县官多违法，前所陈茶税失实。时新行赦，上怒，趣中书遣御史往廉状。丞相李韩公善长谏，不听。御史已受诏，丞相复谏，不从。

君与给事中尹正谏曰："朝廷新立，将布大信于四方，今肆赦之后，复以细故而烦御史按问，既失信，且亵国威。"上良久乃曰："止，其追御史毋往。"上诏浙西民输粮京师。浙西舟小，不可泝江，率五石致一石，民甚苦之。君叩头曰："国家都金陵，以浙西为根本，而遽困之，农作方兴，而仆仆于道路，苟一年不得耕，害不浅矣。"上悦，是日即诏罢之。明年，改元洪武，上即皇帝位。凡创制更革之典，君多预闻。上遇君厚，每字称而不名。立浙江提刑按察司，以君为佥事，阶奉议大夫。君分部台、温。

二郡经方氏窃据之后，全乖人道，争讼以数百计，君悉理其曲直而奏断之。凡威取田宅者归业主，得半直者中分之，两造无验者籍之官。豪胥猾隶六百余户，悉屏之别郡。伪官悍将二百人，其暴如虎狼，君出奇计尽刮种类，迁于江淮间，民始安枕。方氏居黄岩，虽尝簿录其家，珠玉犀象金缯，藏于姻家者动以万计。君皆搜索送诸官。温有邪师曰大明教，造饰殿堂甚侈，民之无业者咸归之。君以其瞽俗眩世，且名犯国号，奏毁之，官没其产而驱其众为农。其地多倡家，中朝使者以事至，多挟倡饮，有司罢于供应。君下永嘉，令籍倡户数千，械送之京。按使者以法，钩连其它赃罪，杖流之。伪万户金甲，夺三人妻。其夫讼，则更为娶妇。君至，三夫皆诉。君论金弃市，各以其妇归之，平阳军校掠农妻五年，君摄其妻至，军校恐，抱二儿泣曰："妻去儿孰与养？愿公怜我。"君命置儿妻侧，儿避不肯近。君曰："此非其子，诈也。"诘之，果邻家子。罪校如律，而断其妻还于农。于是军中所掠妇数百，皆相告语，夜遣去，一营几空。

平阳州吏目杜乙嗜财甚，考满入京，谒御史中丞刘基。基诘谒故，杜惶骇不能对，遽命执讯之。杜自陈在州时敛民白金三十两，又受杨某金，置杀人罪不问，守与佐皆相构为奸，有旨下君鞫之。同知以下吏皆服罪，独知州梅镒廷辩不已。民数百遮司门外，争知州信无辜。君将听之。吏白曰："今奉诏按狱，而释知州不治，情则得矣，如身受故出何？"君再进民询之，辞不变。叹曰："法以诛罪，吾敢身畏谴而诛无罪人乎？"释镒，以情闻。上可其奏。台临海王参理妹有姿色，许适嵊县竺氏。其内兄方敏觇其将嫁，夜率众劫至家，逼为妻。王诣永嘉侯朱亮祖讼，事下邑。方贿吏，欲傅轻典。君知有贿，急逮吏治之。吏具状，竟致方死罪，而归女竺氏。

兵克黄岩时，州民乘乱报仇，杀一家十余人。永嘉侯受辞，令州捕鞫。州初附，假守捕杀人者十二人，狱既成，吏受赇释之，诡以死闻，纵其余党不问。君录囚，廉得十二人尚颈系东郭民家，即收掠问状，抵官吏以赃罪，捕余党诛之。黄岩官署毁于兵，官寓尼寺中，并储粮其间。君视粮过寺，尼数人来谒，皆美少年也。问孰为主者，则方氏女弟也。君大惊，踸州守、通判以下切责之，令逐尼归俗，而以寺入官。州有宋杜清献公墓，杜氏有田若干亩，入僧寺，储其租以奉祀，僧挟与方氏连，夺田以为己有，复垦田侵墓下，墓且蚀。其孙回以书闻。君执僧置诸狱，瘐杀之，追田与回，且令州立祠刻石以旌之。宁海强民陈德仲，以憾支解黎异。异妻屡诉，无为白之者，君受之。一夕省黎事，有青蛙立案上。

君曰："蛙非黎异乎？果异，则止勿动，吾复尔冤。"蛙果如君言。明日，逮陈诛之。县民冯辅卿，至正中为乱，与方氏连兵，既而方氏追杀之，且殁其资产，而余田百余亩，其豪奴吴自取之。辅卿妻杜，因服迎拜马前诉奴，君为治奴罪，奏以田还之。台地产盐，盐贱而米贵。时官卖盐一斤，责米二十五合，反贵于米数倍。复输余杭，路险不可舟车，民病欲死。君上封事，乞民得偿钱，民获免转输之劳。凡事之未便者，君皆为奏之，两郡民洒然如更生。

始，两郡旱，公所至辄雨。民曰："此熊使君雨也。"是年秋，始立按察司于山东，择其人行新政。上曰："无如熊鼎矣。"遂仍前阶，改山东，开治济南。济南元有廉访司厅事，壮丽甲诸道，台檄君居之，时汪丞相广洋以参政建行省其中，僚吏请君以台檄白省而复之。君曰："官在政事何如耳，岂以公署之丽耶？"城北有庳陋室，君就其中治事。丞相闻君言，戒其属曰："此真宪官也，吾等慎毋犯之。"山东为齐鲁之域，其民敦朴少讼，君镇之以静，而以保民为先。

时河北甫定，济南宿重兵。兵肆暴侵民，莫敢与较。君移牒指挥司禁之。黠军数纵火劫人，一家火，则一市财皆殚。君既申火禁，督邑令庀火具，为保伍相赴援。复悬书通衢，戢士卒，士不戢，坐所辖将，火患顿息。偏将有受部兵一缯者，君收问，连其党狱之，诸将大骇。浃日出于庭，数以黩货罪，准律赎金而纵之，诸将又大喜。由是莫敢横恣。东平侯韩政镇济宁，奉旨按籍选壮强为兵。东平、东昌、济宁三郡民皆惊散，将为变。君急飞书行部佥事段明德，说韩侯止之，分遣官属招辑俾复业。越三月，民始定。州县官多失廉平，君阴风迹数十辈，悉如法论罢之，六郡肃清。齐河有强盗劫商人布千匹，县求盗，逸去。吏索之村中，遇王氏妇不得于姑出走，吏见其色动，执讯之。妇曰，我王六家人也。吏因考棰，使其诬服为盗，讹为王六家儿，且指平人三十余人，榜掠无完肤，问王氏夫安在？

众不胜苦，诈云已杀之沉于河矣。追所劫布及尸，无一是者。狱已具。君尽得其情，而王氏之夫故在。君坐官吏以法，而悉遣之。君患官好致讼，乃令郡若县各置二历，日著所治狱讼钱粟之绩，一留郡县，一上之宪府，递更迭易，月按历而钩考之，凡所为事，莫敢隐者，后遵以为式。《大明律》初颁，吏莫能通。君日坐堂上，立六曹吏堂下条授之，与之辨析，俾各通其法。名声赫然著闻，凡疑狱皆质焉。上尝廷称曰："闻熊鼎为政得体，朕甚嘉之。"二年十月，台臣奏山东宪司缺副使，上曰："朕得之矣。"诏升君为之。三年四月，封建亲王，择王府臣僚。上御奉天殿，丞相以下咸侍。上首问曰："山东副使熊鼎称是选乎？"众皆曰贤。上大书君姓字于几，复问礼部尚书崔亮曰："鼎何如？"对曰："鼎诚贤。"上曰："朕固以为足任也。"遂驿召君。五月，拜晋王相府右傅，阶中奉大夫。会有事于方丘，君受告导驾。既斋宿，习射苑中，百官雁行入。上敕近臣以弓矢授君射。君文臣，素不谙习，一发中鹄。上喜，勺湩饮以赐。明日又射，上诏君至榻前，俯身御弓矢为射容以教君。君跪受弓，左执之，右手指一矢，韄二矢。向鹄三发，连三中。上嘉劳久之。将遣之国，上御端门，君及秦王相郑久成等，以次就坐。上敷扬治国之道，逾数千言，反复奖谕甚至。君等皆叩首谢，赐食而退。乘传至晋阳，议建王都城，命工入山度材木、治瓦甓。四年，大兴众筑城，作王宫，君夙夜不懈。七月，奉相府贺生辰表诣阙。至，则车驾将幸临濠，敕从行。数被召问，恩宠有加。九月，辞于临濠，上倚马诏以处将帅间协和之道，且曰："汝不善骑，勿庸自来。"君还，会徙沿边诸杂羌万余人入内地，护卒弗严，道乱奔散，太傅徐魏公达，发兵擒歼之。事闻，诏使诘责参政曹兴等，并免君官，左迁大同卫知事。五年，召还。六月，除晋王相府参军，以《尚书》授王。复奉诏兼授秦王经。翰林学士承旨宋濂，时兼太子赞善大夫。复荐君说《书》皇太子前。君于《书》最深，每以帝王心法之要陈之。太子、二王雅加爱重。

明年，上御文华堂，召君问曰："秦汉以来，诸侯王不肖者几何？"君谢未考。遂命之苏州核粮长罪状。君至，择其尤虐民者杖，徙之凤阳。事毕，复入王府。七年三月，上御西苑，复以诸侯王事为问，君复谢未遑。改刑部主事，夺参军所受俸。八年正月，授岐宁卫经历，赐白金五十两，钱万二千文。上复念君在边良苦，遣使持手诏谕君。诏上所亲制，辞意甚厚，有狐裘纩袍毳袜之赐。时朵儿只把虽降而持两端，君上书万余言言状，其略谓，西凉岐宁，汉唐内地，不可弃。朵儿只把非有归向之诚，特假我声援，胁服邻邦，为自安计，朝廷宜思制之之道。急之则必席卷而遁，虽得其地而无民，缓之则恐羽翼既成而跋扈。宜稍给种粮，抚其遗民，以安众心，而以良将参守之，则朵儿只把特匹夫耳，又将安往？

上览书曰："人谓熊鼎迂阔，今不迂也。"九年四月，乃征君还。次西凉府打班驿，遇朵儿只把叛兵，拥君北行。君力争不从，遂与中使赵某等皆遇害，时六月二十三日也，寿五十有五。后数日，乱兵就擒，获君所佩囊中公牍，始知君卒。迹其骸骨，葬于某地。西凉卫以闻，上感悼，遣使吊祭，命临川恤其家。其子某，以某年月日至某地以其骨归，以某年月日葬于某山。君学有应世材，内行尤修饬。仲弟涣，为开封府延津县主簿，受诬以赃，罢官死，妻子漂流无依，贫不能偿其赃之半。君以己俸代偿之，致其妻子于家。诸姑适俞氏，夫与子俱丧，无所于食，君延养之终其身，丧葬之礼无阙者。与人交诚朴不欺，临事善断，故居官必有名。曾祖某、祖某、父某，俱通经术。母某氏，有贤行。娶某氏，男若干人，女若干人。初，君将之岐宁，子某来见京师，君口授所行事，俾书之，且曰："我死生未可必，或死，我无累汝者。当今惟翰林宋先生文可传，我尝获先生知，汝以此拜乞铭，先生必怜汝，幸为我铭，我无憾矣。"呜呼，余言岂足恃耶？而君惓惓若斯，尤可哀也。铭曰：

天祐皇明，以民授之。必生其人，俾左右之。
启国之初，俊才如云。其心之贞，允惟熊君。
执笔载言，侍帝黼扆。从容论奏，烂然可纪。
岂徒能言，亦见于行。绣衣直指，以苏南氓。

弥强刬秽,洗濯积垢。南氓稽首,君我父母。

君车自南,民望于东。帝曰汝来,唯民之从。

齐鲁千里,厥土秽荒。君居二年,化为耕桑。

帝谓相臣,鼎也可恃。不负吾民,宁负吾子。

维晋巨国,维傅大臣。将终任之,命则孔屯。

既入授经,复出治戎。狐裘毳衣,唯帝念功。

封论边事,其策甚伟。欲召用君,君则道死。

天子圣神,用无遗才。天困其逢,贤者所哀。

生有事功,殁多子孙。铭图其传,以示千祀。

(《宋濂全集》第 1530 页)

台州路重建天妃庙碑

刘　基

　　太极散为万汇,惟天为最大,故其神谓之帝;地次于天,其祗后也。其次最大者莫如海,而水又为阴类,故海之神降于后曰妃,而加以天,尊之也。天妃之名,古不见经传。国家建都于燕,始转粟江南,过黑水,越东莱、之罘、成山,秦始皇帝之所射鱼、妖蜃之市悉帖妥如平地,皆归功天妃,故薄海州郡,莫不有天妃庙。岁遣使致祭,祀礼极虔。而帆舶之往来,咸寄命于神。即有变怪,风恶涛疾,呼神乞灵,有若火见桅樯间,其光辉辉然,舟立自定。由是海邦之人,莫不知尊天妃,而天妃之神,在百神之上,无或与京。

　　台州故有天妃祠,在城东五里。延祐中,守土者病其远,弗便于祀事,乃徙置其神像于城南垣外水仙之楼,故祠遂废为墟。今至正十有一年,方国珍复乱海上。明年夏五月,寇台州,自中津桥直上登楼,骑屋山,肉薄临城。城中人方拒击,楼忽自坏,登者尽压死。贼遂纵火焚郭外民舍,楼并毁。又明年,中书参知政事帖理特穆尔出为江浙行省左丞,领征讨事。贼闻之,因温州守帅吴世显纳款请降。奏上,有诏命左丞公与南台侍御史尊达纳锡哩同往,察便宜以行招讨。二公既受命至台州,遣使宣谕,方氏兄弟大感寤,悔罪,悉归所俘民,愿岁帅其徒防漕粮至直沽以自效。

　　于是海上既宁,惟天妃之神无所于栖,遂召其父老谓之曰:"呜呼!古先哲王所以致敬于神者,非所以为民乎?夫神无依,惟人是依。人尽其礼,而后神降之福。今此邦之民士负盾槊、冲锋镝、蒙荆棘、披霜雨数岁,惟近在海滨之故。海之神,天妃为灵。今人既获定,而神未有居,无乃于典祀有阙,而扎瘥夭厉之咎无所归乎?"众拜曰:"然。公命,吾欲也。"乃即故祠之墟,买民地以广之,命达噜噶齐布延呼图克治其役。乃十月己酉,庙成。后带平原,前拖长江,环以群山,清宫回廊,丹碧照

二

诗词文章

253

耀,高门缭垣,镘瓦辉赫,修篁美木,列植左右。台人观之,无不乐神之有依,而惠福是邦也。于是栝苍刘基既叙其事,复作迎享送神之章,俾歌以祀神。其词曰:

洁珍兮羞肥,芳椒兰兮菲菲。盼灵舟兮注云旗,神不来兮渺予思。轻霞兮长烟,风飕飚兮水潆涟,神之来兮翳九玄。伐鼓兮铿钟,吹羽笙兮舞霓幢,焱回旋兮留六龙,乐具奏兮齐肃雍,鸿熙洽兮鳌祝从。江安流兮海恬波,伏蛟蛇兮偃鼋鼍。蔚桑麻兮稔麦禾,有寿考兮无夭瘥。穆幽潜兮动天和,于神功兮世不磨。

(《诚意伯文集》卷九)

直陈江西广东事宜疏

刘 鹗

右臣鹗:伏以比岁逆贼,啸聚夥党,并合丑类,多方告警,焚我蕲黄,陷我江州,诸路守臣皆弃城而逃遁,总管李黼以无援而战死。臣履任之日,浚治城池,缮修器械,召募丁壮,分守要害,偕诸将士百计捍御。虽事势穷蹙之日,宜为安疆定国之计者也。数年之内,强寇稍却,民赖安居。十七年,荷蒙圣恩,授臣广东廉访副使。闻命之日,星夜奔驰,度岭而南,修城濠,缮甲兵,仰仗天威,军士稍集,民志得宁。十九年,迁臣守韶,整顿军旅,抚绥地方,城郭完固,猺獠遁避。谨将江西、广东两省事宜为陛下直陈之。江西以鄱阳为襟喉,以江州为辅臂,袁、临、吉、赣当楚、粤之要冲,抚、建、广、饶控闽、越之关隘,至于龙兴,名为省会,居中应外。宜慎简良帅,增设重兵,诸郡有警,则分兵援之。至于各府,则修筑城池,固守隘口,团练堵截,粮饷既裕,兵气自奋。诚能于九江、湖口各增一营卫,备兵捍卫,各置战船百艘,相为应援,则荆阳诸盗不敢窥九江、湖口,而臂指相应矣。建昌、信州,又上关隘,谨以烽堠,守以重兵,则藩篱固,而闽、浙一带不得越境而寇矣。若乃广东,五岭之外,号为四塞,由南雄可向荆、吴,由惠潮可制闽、越,由高、廉可以控交、桂。总广东一省,列郡为十,今分为三路,东则惠、潮,中则岭南,西则高、雷,此三者皆要冲也。环郡大洋,风涛千里,皆盗贼渊薮。帆樯上下,乌合突来,楼船屯哨,可容缓乎?为今之计,东路官军必屯柘林,以固要津。中路之虎头门等澳,而南头为尤甚。或泊以窥潮,或据为巢穴,乃其所必由者。西路对日本倭岛、暹罗诸番,变生肘腋,是西路所当急为经画者,又乌可缓哉?然臣今日所言者,悉地方之要害,而国之所患者,由边备之防驰。臣窃虑今日之大势,亦岌岌矣。自红巾贼刘福通起兵于汝、颍,大为心腹之患。焚蕲、黄、陷江州,是不独江西一省也。方国珍聚众海上,屡降屡叛,焚掠沿海诸郡,又不独广东一省也。夫李黼之死于徐寿辉,孤城无援也;台哈布哈之死于方国珍,驻海兵单也;赵胜普战湖口,而行省臣星吉死之;张士诚据高邮,而知府李齐死之,凡若此者,既不能深防曲虑,以消祸患于未然;又不能选将练卒,以图恢复于目前。天下之弊,起于因循而成于蒙蔽。州郡告警,而方镇不以为然也;方镇告警,而内部不以为然也。夫国家安危、民生休戚,大臣不以闻,主上不得知,其患可胜言哉!臣愿陛下严简擢之法,省参督之制,核功赏之实,奋刑威之断。举一将则众议必简,任一人则群疑莫夺,赏一功则疏远不弃,罚一罪则贵近不疑,如是则人格其心,官奉其职。由是而刍粮可充,器马可利,城堑可固,练习可娴,斥谍可明,号令可信。虽八荒之远、六合之广,皆能如身之使臂、臂之使指。若江、广区区之地,又何必深长虑哉?敢摭其大端,约其形势,惟陛下断而行之耳。臣诚愚昧,不识大计,犬马惓惓,惟陛下俯赐览观,幸甚。元至正二十二年四月。

(《惟实集》卷一)

方国珍除广西行省右丞诰

王祎

自元政既微,乃有智勇之士乘时而兴,思建功业。及天下兵起,遂角立一隅,以为民人之保障,其后果得所归,以全富贵,是亦可谓豪杰者矣。以尔方国珍材器雄毅,识虑深远,知世道将不可为,乃奋于东海之滨二十年间,与其兄弟子侄分守三郡,而威行于海上,得非一时之豪乎?然奉贡于我,盖亦有年,终能知几达变,举族来归,富贵功名,保而不失,始终自全,如此,朕甚嘉之。是用擢居左辖,列名外省,食其禄秩,缀于朝班,以示朕优崇之意。尔其恭慎以自饬,暇豫以自安,益勉令名,庶图报称敕。

按:又见《(雍正)广西通志》卷九十八。

(《王忠文集》卷十二)

御赐广扬卫方指挥明谦五花名马诗序

方孝孺

天之量不可得而测也,观乎昼夜之降升,则可窥其度。日月之形不可得而识也,视乎光华之所被,则可知其明。圣人之盛德,其高深博大,茫乎不可以私智揣度也,苟非因其庆赏政令以求其志意之所属,何由而测识其盛哉?

自昔为治者,战伐之世多轻文吏,安平之时多疏武臣。是虽势使之然,而理有不宜然者。今天子以神武定四海,当攻取之初,文武两用,各尽其材,于封疆介胄之臣,宏谟伟烈拔乎千载之上者,待以恩礼,未尝少忘。洪武十八年秋九月,广扬卫指挥臣方某有宿卫劳,出内厩五花马赐之。在廷群臣,咸咨嗟感激,或发乎咏歌,宣佈上恩,以为方氏光荣。是岁广扬季弟以事还台,谓人言曰:"吾昆弟无分寸功,上以先人之故官之禄之,置之左右,比诸心膂旧臣。天地之德,念无以报,而今重有此赐,顾吾兄弟,其何以堪?"乃传言山中,俾某为之序其事,以示子孙于无穷。某于广扬虽未之识，然以圣天子宠锡之隆而推之，其致此者，盖必有道矣。古之贤将，治身之道虽非一端，然在内而使人君亲之以为安，在外而使国家倚之以为重。至于后昆而承其遗泽，而与国同休戚者，自非忠诚神武可以格乎天人，其曷能臻此哉？

某昔于京师闻人言，广扬敦硕畏慎，而其季子好学有文，继今益自奋励，殚厥心力。处辇毂之下，则思尽忠；守疆宇于外，则思爱民，以承禄位于悠久。方氏之泽，其有艾乎？在《易》之《晋》曰："康侯用锡马蕃庶。"宠锡之来，盖未艾也。鲁人美鲁侯之诗曰："思无疆，斯马斯臧。"广扬昆弟其尚深思国恩之隆厚，载扬天子之宠命哉！

（《逊志斋集》卷十三）

方国珍府第记
全祖望

方国珍乱浙东，所据为庆、台、温，而兼有绍兴、曹江之东境，以通明坝为地限。其用刑甚严，犯其法者，以竹笼之投于江。明太祖招之，国珍约降而不奉朔，徘徊持两端。及汤信公以师渡江，国珍逃窜入海，已而自归。太祖不责前事，赏以千步廊百间。而国珍子亚关旧尝在金陵为质子，建言当筑城于沿海以防倭。太祖诏下信公施行，于是始筑定海等处十一城。

定海城为卫，而以大嵩、穿山、霩䨇、翁山、四城隶之。观海城为卫，而以龙山城隶之。昌国城为卫，而以石浦、钱仓、爵溪三城隶之，皆以亚关之言也。国珍父子于元末群雄为首乱，鼠窃一十八年，真人出而爝火息，其罪甚巨。而吾乡藩篱之固，则亦其父子实启之，不可谓无功。其吾乡府城因元初隳天下城池而坏者，虽筑于纳麟之手，而亦至方氏始完。不然，嘉靖以后，王直、徐海之乱荼毒更有不可言者矣。

国珍所居，即元时都元帅府也（宋时为庆元府治，元人始改都府治，而移总管之治于东。）归附后为宁波卫。又廊都府之后为内衙，有通道以通前，归附后为安远驿。又取其右为园，归附后为提举司。又立万户府于谯楼西，归附后为镇抚司之狱。国珍三弟，其一为右丞国璋，其一为参政国瑛，其一为行枢密国珉，故别建二府于鉴桥以居。国璋归附后，为汤信公署，寻又赐万指挥钟，后为屠侍郎第者也。建三府于问俗坊以居国瑛，当史越王第宸奎阁之右，世所称史府菜园者也。归附后以赐李指挥龄，太祖命詹孟翚书武镇坊以旌之，后为张方伯第者也。建四府于五台寺东南以居国珉，归附后亦入官，后为黄金事第者也。

易代以来，宁波卫已改为巡道治，而所谓为驿为司为狱皆废，只鉴桥屠侍郎第尚存，而张氏犹共不花厅之名。嗟夫，都府在宋时为绝盛，有窗曰四明，有洞曰桃源,有台曰百花,有轩曰丛碧。吴履斋诸公之所觞咏也,岂意其一变而为桑海之场乎?然而陨器故宫见于杜工部之诗,而王恽亦尝咏刘豫之书舍,则虽渺然小腆之陈迹,未尝不可存之为志乘之助也。明初群雄割裂,只国珍以令终,既内附,有女适沐黔公子。在滇中,凡鄞人仕滇如应布政履平辈,女敦乡里之谊,还往若亲戚然。则方氏之窃据也,所谓盗亦有道者耶?群从弗戢竟陨厥宗,悲夫。

(全祖望《鲒埼亭集外编》卷十八)

玲珑四犯 台州作。至正末,方谷珍作乱,据温、台,岂其时耶?

刘 基

白露点珠,明河生浪,秋光看一半。翠衾知夜永,梦冷孤馆。南楼数声,过雁西池,桂花零乱岁序。如何江山若此,赢得霜鬓满。

伤心慢回,愁眼见,蛩吟蔓草,萤度荒疃。泪随黄叶下,事逐浮云散。沧波衮衮东流去,问谁是,登楼王粲。王粲依刘表,登郢城楼,思故乡,作赋。菊绽篱边,赋归来恐晚。陶渊明诗:采菊东篱下,悠然见南山,又作《归去来辞》。

(《国朝诗余》卷四)

按:刘基尚有《淡黄柳》(台城秋夜)

江城夜寂,何处吹羌笛?城上月高风淅淅,翻动林梢败叶,一片琅玕下空碧。倦游客,乡关暮云隔。漫回首,盼归翼。想柴门,流水依然在,白发参军,青衫司马,休向天涯泪滴。

(《诚意伯文集》卷十八)

夏夜 台州城中作

江上火云蒸热风,欲雨不雨天蓊蓊。良田半作龟兆坼,粳稻日夕成蒿蓬。去年海贼杀元帅,黎民星散劫火红。耕牛剥皮作战具,锄犁化尽刀剑锋。农夫有田不得种,白日惨淡衡茅空。将军虎毛深玉帐,野哭不入辕门中。健儿斗死乌自食,何人幕下矜奇功。今年大军荡淮甸,分命上宰麾元戎。舞干再见有苗格,山川鬼神当效忠。胡为旱魃还肆虐,坐令毒沴伤和冲。传闻逆党尚攻剽,所过丘垄皆成童。阃司恐畏破和议,斥堠悉罢云边烽。杀降共说有大禁,无人更敢弯弧弓。山中悲啼海中笑,蜃气绕日生长虹。古时东海辟孝妇,草木枯瘁连三冬。六月降霜良有以,天公未必长暗聋。只今幅员广无外,东至日出西太蒙。一民一物吾肺腑,仁者自是哀鳏恫。养枭殖凤天所厌,谁能抗疏回宸衷。夜凉木末挂河汉,海峤月出光玲珑。仰视皇天转北斗,呜呼愁叹何时终。

(《诚意伯文集》卷十四)

天门行
王 逢

天门高高俯四极,寸田尺地登版籍。泽梁无禁渔者多,瀚海横戈恣充斥。去年官馕私敚攘,今年私醁官价偿。屠烧县邑诚细事,大将不死鲸鲵乡。谓博罗特穆尔左丞。

烹羊椎牛醉以酒,腰缠白带红帕首。定盟歃血许自新,御寇征蛮复何有。国家承平岁月久,念汝纷纷迫糊口。羽林坚锐莫汝撄,慎勿轻夸好身手。春风柳黄开阵云,号令始见真将军。博罗特穆尔讨方国真,兵败被执,为求招安,至正辛卯岁也。

(《元诗选·初集》卷六十一)

拟大明铙歌鼓吹曲十二首并序(录一首)
王 绅

方谷珍自元末跋扈东海,命将征之,举族来归,为波海平第七。

元政既不纲,万国兵抢攘。枭雄利草昧,突起溟海傍。名号僭相加,狼贪狠如羊。大舶连百艘,云涛相击撞。蕞尔鳅鳣窟,自拟蛟龙藏。天兵渡东浙,疾若列缺光。投戈载妻子,逃匿海中决。寻复系厥颈,来诣辕门降。震雷既辑声,朝暾出扶桑。帖尔波不兴,浩劫尘不扬。残民沐文化,宛若邹鲁邦。右海波平二十二句,句五字。

(《明文衡》卷之四)

至正壬辰癸巳以来,方国珍辈起,天下遂大乱,时士民皆登城御敌,马教授辈于窝铺中【下缺】至正戊戌九日感怀赋
叶 颙

吴枫初冷水痕收,塞雁南飞渡远洲。
岁月无情天地老,江山不尽古今愁。
黄华谩引杯中物,白发空惊镜里秋。
却笑桓温清燕后,终然无梦到神州。

(《樵云独唱》卷六)

平政祠有序
董 沛

唐明州刺史应彪始创东津浮桥,县人建平政祠祀焉,后之有功斯桥者并祔其侧。

唐代流传刺史功，明州郭外卧波虹。
谰言应笑汪容甫，谓此浮桥始李公。

（汪中谓李敏达，创建亦妄矣。）

草窃英雄昼锦乡，尚留遗爱到舆梁。
无人别立衢公庙，却让麻丞侑此堂。

（方国珍大修此桥，以麻县丞监其役。）

（《六一山房诗集·诗续集》卷二）

奉使涂中作

李应荣

驱车出东郭，远上天台城。峰高插霄起，屹立如回屏。前涂在云杪，仿佛秋蛇行。俯视万壑底，涧水嘈嘈鸣。恍然心目眩，几欲堕危峥。况兼风雨至，泥滑如饴饧。一步三退缩，战栗若履冰。仆夫屡颠踬，行者难为情。神武恢疆宇，垂念及生灵。俾将诚信辞，以息东南兵。藐焉一小子，敢不来趋承。

（《明诗综》卷十三）

题扉上

周必达

海角愚夫不自斟，妄起关中逐鹿心。命运由来非力致，项羽英雄亦就擒。

《垒起杂事》：方谷珍起兵时，尝造天台山隐士周必达问计。必达曰："当今四方虽乱，君举义为天子除逆，斯名正言顺，富贵可致耳，余非我所知也。"谷珍不别而去。必达意谷珍复来，乃题句扉上云云，遂携妻子入山中。明日谷珍果来，恨不先杀之，焚庐而去。后谷珍事不成，为兵所困，方悔曰："不意黄毛野人能料事至此。"呜呼，晚矣！乃投水而死。

（《元诗纪事》卷九）

辨谤诗

张昱

宣徽院司议李荣贵以使事至明州，飞语获谤，拘留二年。乞诗白其事，司徒方公命还京师。

司议因乘海上槎，河源归路未应赊。市巾徒尔疑成虎，杯内何曾影似蛇。官事吉凶占鹊语，闺房消息卜灯花。南风乞得楼船便，六月中旬便到家。

（《张光弼诗集》卷五）

鹤傍牡丹图

吕玄英

牡丹花畔鹤精神，飞并云林似倚人。万里青霄不归去，洛阳能有几时春。

《闲中今古录》：元末江西程国儒任余姚州判官，因乱来依，方谷珍与吕玄英为友，国儒有《鹤傍牡丹图》，索吕题云云，程得诗，即日促装回番阳。

（《元诗纪事》卷十）

待隘盗

（明）谢铎

鸱鸮张，悲凤凰，麒麟伤，类犬羊，嗟嗟先生今则亡。君不见棘门盗能杀春申黄，又不见宝应盗能杀辅国王。吁嗟乎，尔盗何不解杀枢密郭，更杀丞相方。枢密郭、丞相方，百世与尔谁流芳。

按：潘伯修字省中，黄岩西乡人。隐居教授，兼通天文、地理、律历之学。方国珍使人劫至庆元，欲使长幕府，力辞归，用事者使盗待诸隘而杀之，诗咏此事（绍翰附注）。

（《路桥志略》卷六）

方衙怀古诗

（明）胡璞（符叔，太平）

元统闻乌呼换帝，方氏兄弟相窃据。叠桥之势如投鞭，叱咤风云此雄据。谁料雄图变野花，行人空自悲豪华。一自鹿入明天子，留得三衙与四衙。

（《路桥志略》）

孽蛟奔

（明）高壁（字贵明，山阴人）

淮浙底平，海寇方谷珍惕息窜于海岛，命将汤和征之，谷珍降。

孽蛟奔，溟涛兴。盲风煽，毒雾蒸。赤城黯惨天姥倾。真龙咨，震雷霆。截馋牙，扼毒吭。驱逐鳞介出杳冥，天吴稽首海水宁。

（《石仓历代诗选》卷三百四十二）

降谷珍

岛夷首乱，元末慑我大威，束缚待命海口，为《降谷珍》第九。

方谷珍，起盗薮，乘元之乱窃据一方地如斗。耗金币，大官酒，海上时时飞且走。如鬼如蜮鸡与狗，大明当空烛九有，举宗乞命窜海口。帝悯其愚印加肘，以较群雄最小丑。

右《降谷珍》十一句,四句三字,六句七字,一句十一字。

（《少室山房集》卷一）

访沈文明给事过黄浦舟中杂诗

顾 潜

吴淞东下海门开,岁晏天寒独客来。雨里趁潮船未泊,雁声相和橹声哀。
路入苍茫不自由,乾坤无际一孤舟。黄茆白浪非人世,似共天吴海若游。
家临黄浦沈黄门,舟楫艰危隔海村。我欲为文与招隐,重迁应是等空言。
（尝劝文明移居城中不果）
烈焰连延走赤龙,乘风一炬扫蒙茸。太平黎庶春耕计。不是亡元海上烽。
（海上夜多野烧,元末时,方国珍从海道攻张士诚,烽堠尚存）

（《静观堂集》卷六）

答方指挥咏雪韵

戴瑞安

塞北心何苦,天山志未休。将军图报国,乘势射旄头。

（戴瑞安,字文信,号樗巢,洪武间制科进士,任监察御史,出为四川按察司佥事,世居小塘呑。）

（《方城遗献》卷三）

洪武壬戌春吾族颠沛避地方还见景伤怀

戴宗涣

无人到此不心灰,况我情亲更可哀。悄悄悲风生网梂,悠悠恨水绕楼台。垣墙积雨生青草,石壁逢春上绿苔。满眼凄凉禁不得,惟望天道转阳回。

（按:林鹤巢先生传瞿善士,谓戴氏侈汰逾制。永乐三年,其客胡应中、叶得中等讦告诸不法事,下巡按御史收捕,至族诛。善士以姻戚证成其狱,得给赏。□地为能,以义灭亲。今按:此诗则戴氏之抄自在洪武末,盖戴与方连婚,方氏罹祸在洪武戊午,戴氏已有岌岌之势。客因乘机告讦,不必果有不法事迹。泉溪王氏谱记同时被抄者,有白山蔡氏及江氏,不止一戴,并云洪武末,则云永乐三年者,误也。且抑戴杨瞿,顾失是非之实。）

（《方城遗献》卷三）

三、笔记小说

【粉蝶儿】(老旦上)门巷喧腾,喜报良人返斾。

(见介老旦)江山阻隔,梦寐怀思。(外)形遐心迩,在彼犹此。夫人,盗贼四起,朝廷特受我为都元帅,着我捍卫河南江北,开府汴京,彼乃一水之地,不比闽中,况方国珍势甚猖獗,密迩杭城,你母子速整行装随我赴任,庶几免我内顾之忧。(老旦)多感垂念,即当侍行。

(《六十种曲·锦笺记下·第二十四出》)

那时元顺帝失政,红巾贼起,大肆劫掠,朝廷命枢密使咬咬征讨。李平章私受红巾贼贿赂,主张招安,事发,坐同逆系狱。穷治党与,牛万户系首名,该全家抄斩,顷刻有诏书下来。家人得了这个凶信,连夜奔回说了。牛公子惊慌,收拾细软家私,带妻携妾,往海上避难。遇叛寇方国珍游兵,夺其妻妾金帛,公子刀下亡身,此乃作恶之报也。

(《警世通言》第二十五卷《桂员外途穷忏悔》)

更数年,卢大来因人荐入京,做了滦州学正。刘伯温也做了行省都事,只是伯温又为与行省丞相议论台州反贼方国珍事,丞相要招,伯温主剿。丞相行了钱,怪伯温阻挠他,劲道擅作威福,囚禁要杀他。王孟端便着家人,不时过江看视,自己便往京师为他申理。此时脱脱丞相当国,他间关到京,投书丞相道:

法戒无将,罪莫加于已著。恶深首事,威岂贷于创谋。枕戈横槊,宜伸忠义之心;卧鼓弢弓,适长奸顽之志。海贼方国珍,蜂虿余蠕,疮痍微毒。揭竿斥澷,疑如蚁斗床头,弄楫波涛,恰似沤漂海内。固宜剪兹朝食,何意慁彼老谋。假以职衔,是畔乱作缙绅阶级,列之仕路,衣冠竟盗贼品流。欲弭乱而乱弥增,欲除贼而贼更起。况复误入敌彀,坚拒良图。都事刘基,白羽挥奇,欲尽舟中之敌;赤忱报国,巧运几前之筹。止慷慨而佐末谈,岂守阃而妄诛戮。坐在擅作威福,干法不伦。竟尔横讨羁囚,有冤谁雪?楚弃范增,孤心膂将无似之;宋杀岳飞,快仇雠谅不异也。伏愿相公,秤心评事,握发下贤,谓畔贼犹赐之生全,宁幕寮混加之戮辱。不能责之剿捕,试一割于铅刀,请得放之田里,使洗愆于守剑。敢敷尘议,乞赐海涵。

书上。脱脱丞相看毕,即行文江浙丞相,释放刘伯温,又荐他做翰林承旨。

(《型世言》第十四回《千秋盟友谊双璧返他乡》)

话说宗泐和尚教宋景濂以持准提咒之法,宋景濂遂日日虔诚持诵。后红巾贼起,刘福通以白莲教烧香聚众而起,方国珍占了浙东,张士诚占了浙西。那时满眼都是干戈,生民涂炭,不可胜言。

(《西湖二集》第八卷)

到了服阕之后,不过一年有余,天下就大乱了。方国珍据了浙江,张士诚据了苏州,陈友谅据了湖广,都是些草窃的英雄。只有太祖皇帝起兵滁阳,得了金陵,立为吴王,乃是王者之师。提兵破了方国珍,号令全浙,乡村镇市,并无骚扰。一日日中时分,王冕正从母亲坟上拜扫回来,只见十几骑马竟投他村里来。为头一人,头戴武巾,身穿团花战袍,白净面皮,三绺髭须,真有龙凤之表。那人到门首下了马,向王冕施礼道:"动问一声,那里是王冕先生家?"王冕道:"小人王冕,这里便是寒舍。"那人喜道:"如此甚妙,特来晋谒。"吩咐从人都下了马,屯在外边,把马都系在湖边柳树上。那人独和王冕携手进到屋里,分宾主施礼坐下。王冕道:"不敢拜问尊官尊姓大名?因甚降临这乡僻所在?"那人道:"我姓朱,先在江南起兵,号滁阳王。而今据有金陵,称为吴王的便是。因平方国珍到此,特来拜访先生。"王冕道:"乡民肉眼不识,原来就是王爷。但乡民一介愚人,怎敢劳王爷贵步?"吴王道:"孤是一个粗卤汉子,今得见先生儒者气像,不觉功利之见顿消。孤在江南即慕大名,今来拜访,要先生指示,浙人久反之后,何以能服其心?"王冕道:"大王是高明远见的,不消乡民多说。若以仁义服人,何人不服,岂但浙江?若以兵力服人,浙人虽弱,恐亦义不受辱,不见方国珍么?"吴王叹息,点头称善。

(《儒林外史》第一回)

刘伯温荐贤平浙中

口角风来薄荷香,绿荫庭院醉斜阳。
向人只作狰狞势,不管黄昏鼠辈忙。

这一首诗是钱塘才子刘泰咏猫儿的诗。在下这一回书为何把个猫儿诗句说起？人家养个猫儿，专为捕捉耗鼠，若养了那偷懒猫儿，吃了家主鱼腥饭食，只是躺躺打睡煨灶，随那夜耗子成精作怪，翻天搅地，要这等的猫儿何用？所以岳爷爷道："文臣不爱钱，武臣不惜死，天下太平矣。"这两句说得最妙，就如国家大俸大禄，高官厚爵，封其父母，荫其妻子，不过要他剪除祸难，扶持社稷，拨乱反正。若只一味安享君王爵禄，贪图富贵，荣身肥家，或是做了贪官污吏，坏了朝廷事体，害了天下百姓，一遇事变之来，便抱头鼠窜而逃，岂不负了朝廷一片养士之心？那陶真本子上道："太平之时嫌官小，离乱之时怕出征。"这一种人不过是要骗这顶纱帽戴，及至纱帽上头之时，不过是要广其田而大其宅，多其金而满其银，标其姬而美其妾，借这一顶纱帽，只当做一番生意，有甚为国为民之心？他只说道"书中自有千钟粟，书中自有黄金屋，书中有女颜如玉"，却不肯说道"书中自有太平策，书中自有擎天笔，书中自有安边术"，所以做官时不过是"害民贼"三字。若是一个白面书生，一毫兵机将略不知，没有赵充国、马伏波老将那般见识，自幼读了那些臭烂腐秽文章，并不知古今兴亡治乱之事，不学无术，胡做乱做，一遇祸患，便就惊得屁滚尿流，弃城而逃，或是思量伯喜渡江，甚为可恨。这样的人，朝廷要他何用？那"文人把笔安天下，武将挥戈定太平"这二句何在？所以刘泰做前边这首诗讥刺。然这首诗虽做得好，毕竟语意太露，绝无含蓄之意，不如刘潜夫一诗却做得妙：

> 古人养客乏车鱼，今尔何功客不如。
> 食有溪鱼眠有毯，忍教鼠啮案头书！

刘潜夫这首诗，比刘泰那首诗语意似觉含蓄。然亦有督责之意，未觉浑化，不如陆放翁一诗更做得妙：

> 裹盐迎得小狸奴，尽护山房万卷书。
> 惭愧家贫策勋薄，寒无毯坐食无鱼。

陆放翁这首诗，比刘潜夫那首诗更觉不同，他却替家主自己惭愧，厚施薄责，何等浑厚！然这首诗虽做得妙，怎如得开国元勋刘伯温先生一首诗道：

> 碧眼乌圆食有余，仰看蝴蝶坐阶除。
> 春风漾漾吹花影，一任东风鼠化驽。

刘伯温先生这首诗，意思尤觉高妙，真有凤翔千仞之意，胸怀豁达，那世上的奸邪叛乱之人，不知不觉自然潜消默化，岂不是第一个王佐之才！他一生事业，只这一首猫儿诗便见他拨乱反正之妙，所以他在元朝见纪法不立、赏罚不明、用人不当、贪官污吏布满四方，知天下必乱。方国珍首先倡乱东南，他恐四方依样作反，便立意主于剿灭，断不肯为招抚苟安之计，道："能杀贼之人方能招抚，不能杀贼之人未有能招抚者也。纵使要招抚，亦须狠杀他数十阵，使他畏威丧胆，方可招抚。若徒然招抚，反为贼人所笑，使彼有轻朝廷之心，抚亦不成。如宋朝宗泽、岳飞、韩世忠皆先能杀贼而后为招抚，不然，乱贼亦何所忌惮乎？"遂一意剿杀，方国珍畏之如虎。争奈元朝行省大臣，都是贪污不良之人，受了方国珍的金珠宝货，准与招安，反授方国珍兄弟官爵。那方国珍假受招安，仍旧作乱，据有温、台、庆元等路，渐渐养得势大，朝廷奈何他不得。后来各处白莲教盛行，红巾贼看了样，人人作反，兵戈四起，遂亡了天下。若是依刘伯温先生"剿灭"二字，那元朝天下华夷毕一，如铁桶一般牢固，怎生便得四分五裂！后刘伯温归了我洪武爷，言听计从，似石投水，遂成就了一统天下之业，岂不是擎天的碧玉柱、架海的紫金梁！只是一个见识高妙，拿定主意，随你千奇百怪，再跳不出他的圈子，所以为第一个开国功臣，真真是大有手段之人。那时还有魏国公徐达，他是关爷爷转世，生得长身、高颧、赤色，相貌与关真君一样。常遇春是尉迟公转世，后来遂封为鄂国公。沐英是岳爷爷转世，所以相貌与岳少保一毫无二。又有李文忠为文武全才。邓愈、汤和、傅友德等，一时云龙风虎之臣、鹰扬罴貔之将，都是上天星宿，一群天神下降，所以旗开得胜，马到成功，攻城略地，如风卷残云，辅佐我洪武爷这位圣人，不数年间，成就了大明一统之业。虽然如此，识异人于西湖云起之时，免圣主于鄱阳炮碎之日，运筹帷幄之中，决胜千里之外，元朝失之而亡天下，我明得之而大一统，看将起来，毕竟还要让他一着先手。《西湖一集》中《占庆云刘诚意佐命》，大概已曾说过，如今这一回补前说未尽之事。

从来道："为国求贤"，又道是"进贤受上赏"，大臣第一着事是荐贤。况天下的事不是一个人做得尽的，若是荐得一个贤人，削平了天下之乱，成就了万世之功，这就是你的功劳，何必亲身上阵，捉贼擒王，方算是你的功劳。从来"休休有容"之相都是如此。小子这一回书，就与为国求贤之人一看。

话说方国珍倡乱东南，僭了温、台、庆元等路，这是浙东地方了。只因元朝不听刘伯温之言，失了浙东一路，随后张士诚也学那方国珍的榜样，占了浙西一路。那张士诚他原是泰州白驹场人，为盐场纲司牙侩，与弟士德、士信都以公盐夹带私盐，因为奸利，生性轻财好施，颇得众心。士诚因乱据了高邮，自称为王，国号"周"，建元"天佑"。元朝命丞相脱脱统大军讨之，攻城垂破，元主听信谗言，下诏贬谪脱脱，师大溃，贼势遂炽，占了平江、松江、常州、湖州、淮海等路。果是：一着不到处，满盘俱是空。

那时江浙行省丞相达识帖木迩是个无用的蠢才，张士诚领兵来攻破了杭州，达识帖木迩逃入富阳，平章左答纳失里战死。达识帖木迩无计可施，访得苗军可用，遂自宝庆招土官杨完者，要来恢复杭州。那杨完者是武冈绥宁之赤水人，其人奸诈惨毒，无所不至。无赖之人，推以为长，遂啸聚于溪洞之间，打家劫舍。只因王事日非，湖广陶梦祯举师勤王，闻苗兵杨完者，习于战斗，遂招降之，由千户累官至元帅。陶梦祯死后，枢密院判阿鲁恢总兵驻淮西，仍用招纳。杨完者得了权柄，便异常放肆，专权恣杀。达识帖木迩因失了杭州，召杨完者这支兵来，遂自嘉兴引苗军及万户普贤奴等杀败了士诚之兵，复了杭州。达识帖木迩从富阳回归。杨完者复了杭州，自以为莫大之功，遂以兵劫达识帖木迩升为本省参知政事，其作恶不可胜言。他的兵是怎么样的？

所统苗、僚、侗、瑶答刺罕等，无尺籍伍符，无统属，相谓曰"阿哥"、曰"麻线"，至称主将亦然。喜着斑斓衣，衣袖广狭修短与臂同，幅长不过膝，裤如袖，裙如衣，总名曰"草裙草裤"。周胫以兽皮曰"护项"，束腰以帛，两端悬尻后若尾，无间晴雨，被毡毯，状绝类犬。军中无金鼓，杂鸣小锣，以节进止。其锣若卖货郎担人所敲者。士卒伏路曰"坐草"。军行尚首功，资抄掠曰"简括"。所过无不残灭，掳得男女，老者幼者，若色陋者杀之，壮者曰"土乖"，少者曰"赖子"，皆驱以为奴。人之投其党者曰"入伙"。妇人艳而皙者畜为妇，曰"夫娘"。一语不合，即剚以刃。

话说杨完者生性残刻，专以杀掠为事，驻兵城东菜市桥外，淫刑以逞，虽假意尊重丞相，而生杀予夺一意自专。丞相无可为计，只得听之而已。正是：前门方拒虎，后户又进狼。

那杨完者筑一个营寨在德胜堰，周围三四里，凡是抢掳来的子女玉帛，尽数放在营里，就是董卓的眉坞一般。杀人如麻，杭人几于无命可逃，甚是可怜。有梁栋者，登镇海楼闻角声，赋绝句道：

听彻哀吟独倚楼，碧天无际思悠悠。
谁知尽是中原恨，吹到东南第一州。

后来张士诚屡被我明朝杀败，无可为计，只得投降了元朝，献二十万石粮于元，以为进见之资。达识帖木迩亦幸其降，乃承制便宜行事，授士诚太尉之职。士诚虽降，而城池甲兵钱粮都自据如故。后来达识帖木迩气忿杨完者不过，遂与张士诚同谋，以其精兵，出其不意，围杨完者于德胜堰，密扎扎围了数重。杨完者奋力厮杀不出，遂将标致妇女尽数杀死，方才自缢而死。达识帖木迩自以为除了一害，甚是得计。怎知张士诚专忌惮得杨完者，自杨完者诛死之后，士诚益无所忌,遂遣兵占了杭州,劫了印信。达识帖木迩亦无如之何,眼睁睁地看他僭了杭州,只得饮药而死。过得不多几时,连嘉兴、绍兴都为士诚所据,而浙西一路非复元朝之故物矣。正是:后户虽拒狼,前门又进虎。

说话的,若使元朝早听了刘伯温先生之言,那浙东、浙西谁人敢动得他尺寸之土?后来虽服刘伯温先见之明,要再起他为官,而刘伯温已断断不肯矣。果然是:不听好人言,必有凄惶泪。

话说刘伯温举荐的是谁?这人姓朱名亮祖,直隶之六安人,兄弟共是三人,亮祖居长,其弟亮元、亮宗。朱亮祖字从亮,自幼倜傥好奇计,膂力绝人,刘伯温曾与其弟亮元同窗读书。刘伯温幼具经济之志,凡天文、地理、术法之事无不究心。亮元的叔祖朱思本曾为元朝经略边海,自广、闽、浙、淮、山东、辽、冀沿海八千五百余里,凡海岛诸山险要,及南北州县卫所,营堡关隘,山礁突兀之处,写成一部书,名为《测海图经》。细细注于其上,凡某处可以避风,某处最险,某处所当防守。亮祖弟兄,因是叔祖生平得力之书,无不一一熟谙在心。亮元曾出此书与刘伯温同看。刘伯温见其备细曲折,称赞道:"此沿海要务经济之书也。子兄弟既熟此,异日当为有用之才。"

后元朝叛乱,亮元、亮宗俱避乱相失,独亮祖后为元朝义兵元帅。时诸雄割据,亮祖率兵与战,所向无敌。我洪武爷命大将徐达、常遇春攻宁国,朱亮祖坚守,日久不下。洪武爷大怒,亲往督师。会长枪军来援,我兵扼险设机,元守臣杨仲英出战大败,俘获甚众。数日后,仲英与我师通谋,计诱亮祖绑缚来降。洪武爷喜其骁勇,赐以金帛,仍为元帅之职。其弟亮元因兄叛了元朝,不义,遂改名元(王亮),以示所志不同之意,遂与之绝。亮祖因弟弃去,每以书招之不至,数月后复叛归于元,常与我兵战,为所获者七千余人,诸将俱不能当。后平了常州,洪武爷乃遣徐达围亮祖于宁国,常遇春与战,被亮祖刺了一枪而还。洪武爷大怒,亲往督战,阴遣胡大海敢死百人,衣饰与亮祖军士一同,合战之时,混入其军,及至收兵,先入夺其门,徐达同常遇春、郭子兴、张德胜、耿再成、杨璟、郭英、沐英道后,亮祖军见城上换了我兵旗帜,惊散溃乱,亮祖与八将混战不过,遂被生擒而来。洪武爷道:"尔将何如?"亮祖道:"是非得已,生则尽力,死则死耳。"洪武爷命常遇春捶三铁简而未杀,会俞通海力救得释。随使从征,宣、泾诸县望风归附;又同胡大海、邓愈克绩溪、休宁,下饶、广、徽、衢。洪武爷授亮祖广信卫指挥使、帐前总制亲兵、领元帅府事,后升院判。鄱阳湖大战之时,亮祖同常遇春拼命力战,手刃骁将十三人,射伤张定边,虽身中矢被枪,犹拔矢大战,汉兵披靡。后吴将李伯升统兵二十余万寇诸暨、新城围之,守将胡德济督将士坚守,遣使求援,李文忠同亮祖救之,出敌阵后,冲其中坚,敌列骑迎战,亮祖督众乘之,敌人大溃。胡德济亦自城中率领将士鼓噪而出,呼声动地,莫不一以当百,斩首数万级,血流膏野,溪水尽赤。亮祖复追击余寇,燔其营落数十,俘其同佥韩谦、元帅周遇、总兵萧山等将官六百余名、军士三千余人、马八百余匹,委弃辎重铠仗弥亘山丘,举之数日不尽,五太子仅以身免。张士诚自此气夺势衰。洪武爷大喜,召亮祖入京,赐名马、御衣,诸将各加升赏。

后来大将胡大海知刘伯温之贤,荐于洪武爷,言听计从,鱼水相投,每与密谋,出奇制胜,战无不克,攻无不取,洪武爷信以为神而师之。丙午年十月,洪武爷要下浙江,刘伯温备知朱亮祖之才,荐道:"朱亮祖胆勇可任,可为副将军也。"洪武爷遂命李文忠统领水陆之师十余万,朱亮祖为副。亮祖对李文忠道:"杭州民物丰盛,攻陷则杀伤必多,守将平章潘原明与我为乡里,当先遣人说之以降,如其不降,亦当有以摇动其心,心摇则守不固,然后多方以取之。"李文忠甚以为是。亮祖遂遣婿张玉往说,选锐士三十人与俱杂处城中,俟戒严五日而后见之。潘原明大骇,自恃兵精粮足,效死以守,张玉多方开谕。潘原明道:"归谢而翁,吾与张王誓同生死,委我重地,何忍弃之?"张玉道:"张王国蹙,何似汉王?君之亲信,孰与五太子哉?今吴亡在旦夕,而君且执迷不悟,一时变生肘腋,献门纳师,身家戮辱,欲求再见,难矣。"潘原明终不忍背,谢而遣之,然而其心自此动矣。朱亮祖定计与李文忠道:"此城不烦一矢,保为君取之。"乃提兵驻于皋亭山,以威声震惊城中,先与耿天璧竟攻桐庐。时张士诚的元帅戴元陈兵江上,朱亮祖分遣部将袁洪、孙虎围富阳,从栖鹤山坑进兵,联界四府,出其不意,诸郡震动。戴元力不能支,开壁出降。亮祖单骑入抚其民,复与袁洪合围富阳,擒了同佥李天禄。遂引兵围余杭、临安、於潜等县,守将谢清等五人都望风归顺。潘原明势孤,知不可为,乃遣员外方彝请见约降,亮祖迎至军门。李文忠道:"师未及城,而员外远来,得无以计缓我乎?"方彝道:"大人奉命伐叛,所过秋毫无犯。杭虽孤城,生齿百万,择所托而来,尚安有他意乎?"文忠见其至诚,引入卧内,欢笑款接,命条画入城次第,翌日遣归。潘原明遂封府库,籍军马钱粮。文忠与亮祖入居城上,下令敢有擅入民居者斩。有一卒下借民釜,即磔以殉。由是内外帖然,民不知有更革事。凡得兵五万、粮二十万石、马六百匹。文忠与亮祖复攻萧山、绍兴路,克之。从此浙西一路尽为我明朝有矣。洪武爷以潘原明全城归顺,民不受锋镝,仍授浙江行省平章,遂开浙江等处行中书省于杭州,升右丞李文忠为平章政事。丁未年,升朱亮祖中奉大夫、中书省参知政事,代李文忠守浙。那时,亮祖弟亮宗自怀远来,以功入侍。亮元仍避迹山野,不肯归于我明,亦奇人也。亮祖后同徐达、常遇春等破灭了张士诚,洪武爷敕加御史大夫,赐金三十锭、彩二十匹。

那时独有浙东一路为方国珍所据。始初洪武爷攻婺州之时,遣使往庆元,就是如今的宁波府,招谕方国珍。国珍与其下谋议道:"方今元运将终,豪杰并起,惟江左号令严明,所向无敌。今又东下婺州,恐不能与抗。况与我为敌者,西有张士诚,南有陈友谅,宜莫若姑示顺从,藉为声援,以观其变。"遂遣使奉书币以温、台、庆元三郡来附,且以其次子关为质。洪武爷道:"古人虑人不从,则为盟誓,盟誓变而为交质,皆由未能相信故也。今既诚信来归,便当推诚相与如青天白日,何自怀疑而以子为质哉?"乃厚赐其子关而遣之。洪武爷后察其意终是阳附阴叛,心怀二端,乃遣博士夏煜、陈显道谕方国珍道:"福基于至诚,祸生于反复。大军一出,不可以其言释也,尔宜深思之!"国珍始惶惧,对使者谢道:"鄙人无状,致烦训谕。"使者归国,遂遣人谢过,且以金玉饰马鞍辔来献。洪武爷却之道:"吾方有事四方,所需者文武材能,所用者布帛菽粟,宝玩非所好也。"庚子年,洪武爷以方国珍虽以三郡来附,不奉正朔,又遣人谕之。国珍道:"当初奉三郡时,尝请天朝发军马来守,交还城池,不至。今若奉正朔,实虑张士诚、陈友谅来,救援若不至,则危矣。姑以至正为名,彼则无名罪我。况为元朝首乱,元亦恶之,不得已而招我四兄弟授以职名,我弱则不容矣。要之从命,必须多发军马来守,即当以三郡交还。"洪武爷知其心持两端,道:"且置之,俟我克苏州,彼虽欲奉正朔迟矣!"

始初国珍约降之时,原说俟下杭州即当入朝献地,及降了杭州,破灭了张士诚,他仍据境自若;又累假贡献,觇我虚实,又北通扩廓帖木儿,南交陈友定,图为犄角之势。洪武爷累书责其怀奸挟诈,阳降阴叛,且征其贡粮二十三万石,国珍不报。洪武爷遂遣汤和率师讨之,国珍遁入海岛,师劳无功。刘伯温奏道:"方国珍倚海保险,狡黠难制,苟不识沿海形势、港泊浅深、礁巇突兀、避风安吞、藏舟邀击之处,难以避敌扼险、设奇出伏决胜也。臣昔与朱亮祖弟亮元共学,曾出其叔父朱思本《测海图经》示臣,自粤抵辽东边海险要皆注图说,其关阶快捷方式计里画方,确有成算。亮元能熟谙之,此人不可不招致。亮祖亦颇知之。浙东主将,非亮祖莫可任使。"洪武爷复以亮祖为浙江行省参知政事,统领马、步、舟师三万人,开府浙东。有诗为证:

万里波涛万里山,山礁突兀千水湾。
图经测海千秋事,亮祖当时镇百蛮。

话说洪武爷听刘伯温之言,命朱亮祖统领马、步、舟师三万人讨方国珍于庆元,弟国瑛、国璋于台州。亮祖领兵攻关岭山寨,一鼓破之,乘胜至天台,县尹汤盘以城降,遂统水陆二军进向台城。方国瑛率劲兵出战,前锋击却之,遂乘山攻打,焚其东门,士卒溃乱不守。国瑛自料抵敌不过,夜从间道出兴善门,以大船载了妻子奔于黄岩县。亮祖入城抚安其民。始初国瑛要遁入海岛,适值国珍入庆元,治兵为城守之计,使都事马克让来谕国瑛坚守地方,国瑛遂据住黄岩县。国珍见势事危急，复结海中大盗来援，又分遣人引日本岛倭入寇。探事人来报了亮祖。亮祖遣儿子朱暹同朱忠邀其来路，各领舟师二百人伏于牛头、钓崩两岙。时贼船十余只过昏山，朱暹舟突出占住上风，出其不意，贼船惊散。朱忠兵船四面合围夹攻，标枪毒矢，毙其篙师，又用善伏水之人凿其船底，上攻下凿，贼莫能支。火箭火炮乱施，贼船火发，船底之水又滔滔的滚将入来，再无逃避之处，溺死千余人，生擒二百余人，贼首陈敬、陈仲被我兵拿住，叩头乞命。朱暹责问道："我父子兵取绍兴，至台州，所向无敌，方国珍兄弟父子不日便要授首，尔敢助贼以挠我师，此是何意？"陈敬、陈仲道："方殿下以重币金银器皿约我兄弟共退大兵，取台州、绍兴，画江以守，许封我侯爵。"朱暹笑道："尔等也要图封拜？方国珍剽劫小寇，仅得三州，欲抗王师，若釜中鱼耳。我朱殿下圣文神武，四海属心，应天顺人，舆图并有大半。尔在海上劫掠犹为未足，复党叛贼，欲图侥幸，自来送死，还思求活耶？"敬、仲二贼哀求免死，后当捐躯报德。朱暹叱道："叛贼逆天，罪宜族灭。"令朱忠领兵押其党，捣彼海岛巢穴，俘其家属，悉来就戮。朱忠至彼，焚毁其巢，械其妻子家属，并房中积聚，载之以随。敬、仲与妻子对泣，朱暹亦怜之，送父军前，乞赦其死。亮祖谕之道："胡元乱华，群雄并起，虽海陬奸宄亦蓄异志。尔所从非人，败则为虏。今日至此，万无生理。按军法当分尸枭示方是。我今体上天好生之心，推吾主不嗜杀人之念，当请之主上，待尔不死。"乃亲释其缚，以妻子财物还之。敬、仲二人叩首，愿将财物献上，以完军费。亮祖不受道："尔得此改心易虑，为浙东布衣，能不负保全之意否？"敬、仲复叩首道："愚民抗犯王师，自甘天诛。将军有再生之恩，即令赴水火，当捐躯以报，敢再反耶！"亮祖推心以待之。敬、仲感激思奋，对朱暹道："闻方氏遣使臣厚资礼物，往结海岛，通市倭主，大小琉球、萨摩州五岛，伊岐、对马、多艺等岛借兵，各船集泥湖礁，约定分踪往取苏、杭、常、太、建康等府，夺朱殿下地方。今约日将至，将军须早为之计。"朱暹道："吾家为元朝经略边海，自广、闽、浙、淮、山东、辽、冀，延海八千五百余里，凡海岛诸山险要，及南北州县卫所、营堡关隘御敌处，各有方略，何惧倭夷百万？我主帅周知地利险夷，各岛出没皆有常处，备御多方，用兵如神，百胜百战。倭夷乌合之众，吾当以计尽剿灭之。"陈仲道："我等蒙再生之恩，当效死力。"亮祖因问道："岛中倭主未必齐来，若来，尔有何计待之？"敬、仲对道："我兄弟往来海岛二十余年，各岛倭主相识信任，且知我为方王所用。若以十船带善驾识海之人，假方王旗帜，多备牛酒充犒师之物，愿为前驱往献，可知各倭消息。主帅可设应敌之方。"亮祖大喜，抚其背道："此言正合我意。方欲为此，无可遣者。公怀此忠义，殆非降虏可比也。"遂与之同饮甚欢，刺血为盟，以心腹委之。十月小汛，亮祖令朱暹、朱忠同陈敬、陈仲并其党能知倭情、通夷语及我兵善驾舟识海道者，通共千余人，统领十舟，下迭芦苇，上列牛酒水米，尽用方王旗号，自海门出洋，过大陈山而去。有诗为证：

270

假张旗帜混方王，夷狄攻夷计策良。

自是伯温能报主，荐贤为国靖封疆。

话说亮祖得夷狄攻夷狄之法，以陈敬、陈仲做了心腹，装载船只，假张方王旗号，开出海洋，果遇方国珍遣人迎倭船四只而来。陈仲通了倭话，跳上倭船，尽将倭夷杀死；并以其所赍物往迎，直抵五岙，有八岛倭船主先集约八千余人。陈敬、陈仲呈上国珍所送书礼，盛陈犒劳供馔，群倭甚喜。陈仲道："方王望救甚急，令我弟兄来迎。"各许即日开洋，我船与倭船间行而来。

先是十月朔，亮祖简阅精锐之士，陈兵龙王堂，祭了海神及前代经略海防功烈祠宇，统战船二百艘，督兵二万，驾出海洋，抵陈钱下八山，哨船连报瞭见倭船。亮祖命我兵避匿安岙，远远瞭见倭船近温州洋下碇。至于将暮，亮祖与儿子暹合船进发，号炮三声，出其不意，突占上风，杂施火铳，长短标枪，弓弩齐发。群倭束手，不能出舱，驾舟舵公都被击伤。烟焰障天，倭被我兵围拢，窜水者俱被挠钩搭起，杀死八千余倭，一鼓而尽擒之，岂不畅快也哉！生擒倭酋哈日郎、萨多罗真、古欢昔容、夜郎孟哼罗等数十人，朱暹都绑缚到黄岩城下，一刀一个，斩了这些倭奴驴头。那时哈儿鲁守黄岩，心胆俱丧，实时迎降。亮祖入抚其城，遂取了仙居、宁海等县。亮祖与儿子暹道："方氏出没海岛，擅鱼盐之利，富甲天下，自谓闽、粤、浙、淮、燕、齐滨海之地，可分据以争天下，计难卒破。"亮祖善察地理，每夜登高望山，见有一方王气在杨氏山，遂发其地以破之。亮祖又同吴祯袭取明州，方国珍子明善知亮祖难与抵敌，急急浮海，奔于乐清之盘屿。亮祖身先士卒，追至海门口与战，自申至夜三鼓克之，大获其战舰士马，乘机进兵温州，扎兵马于城南七里。明善对父亲道："朱亮祖父子智勇绝伦，若至围城，难以为备。今乘其初来疲困，以逸待劳，将锐兵三道击之，可挫其锋。"明善统领劲兵万余突出，与朱暹交战良久。亮祖遣人束刍扬草，出其不意，从旁夹攻，明善大败而走，破其太平等寨，余兵溃奔入城。亮祖遣部将张俊、杨克明攻打西门，徐秀攻打东门，柴虎领游兵策应，四面攻打，遂破了温州，拿其员外刘本易。方国珍父子急携妻子遁去。朱亮祖入城抚安居民，分兵徇瑞安，守将同金喻伯通亦降。国珍仍遁入海岛。洪武爷复命廖永忠会汤和兵追之，海道郡县相继都下。汤和遣张玉持书招降国珍，谕以朝廷威德，及陈天命所在。国珍计穷力竭，甚是惶惑，乃遣子明善奉表乞降。亮祖迎之军门，汤和乃遣使送国瑛于建康，得器械舟楫以万计。亮祖乃抚定温、台、明三郡，从此浙东悉平矣。遂进平章，后又同大将军平山东，平陈友定，平两广。三年十二月，大将军徐达征西，副将军李文忠平沙漠，俱班师凯旋。丙申，诏封功臣。赐金书铁券，略云：朕观古昔帝王创业垂统，皆赖英杰之臣。削平群雄，戡定暴乱。然非首将仁智勇严，何能统率三军、弼成伟功哉？我朝副将军亮祖宗臣有识，首应义旗，为朕将兵十有五年，池、泰转战，鄱阳援翊，灭汉歼吴，平方诛定，开拓南北浙、闽、江、广、山、陕，席卷中原，威振塞外，擒王斩将，不可胜数。顷者诏令班师，星驰来赴。朕念尔勤劳既久，树绩尤多，今天下已定，论功颁赏，宜进高爵。尔辞疏属，愿就列侯，足昭谨厚。是授尔开国辅运推诚宣力武臣，特进荣禄大夫、柱国少傅、中书右丞同平章事、永嘉侯、参军国事，食禄一千五百石，俾尔子孙世世承袭。朕本疏愚，咸遵先代哲王成宪，兹与尔誓：除逆谋不宥，其余若犯极刑，尔免二死，子免一死。于戏！高而不危，所以长守贵；满而不溢，所以长守富！尔当慎守斯言，谕及子孙，世为宗臣，与国同休，顾不伟欤！

诰赠三代绮帛百匹，免其田土赋税五十顷。朱亮祖之所以能如此者，皆因刘伯温知其才而荐之也。

始初方国珍倡乱之时，啸聚诸无赖之众据于谈洋，其地僻远险阻，南抵福建界，名曰"三魁"，盖私盐盗贼出没之地，方国珍因此而作乱。刘伯温深知其弊，遂奏欲于谈洋处立巡简司以治其险恶，命儿子琏上奏，而不先白中书省。丞相胡惟庸大怒，遂欲药死刘伯温。盖知无不言、言无不尽，刘伯温真可谓忠于洪武爷者矣。所以在元朝目击当时之乱，遂赋诗道：

> 群盗纵横半九州，干戈满目几时休？
> 官曹各有营身计，将相可曾为国谋！
> 猛虎封狼安荐食，农夫田父困诛求。
> 抑强扶弱须天讨，可怪无人借箸筹。

《西湖二集》第十七卷

次早，脱脱奏说："近来僭号称王者甚多。昨日接得各府州县报说：'贼兵反了共一十四处。'"顺帝大惊，问："哪十四处？"脱脱说："颍州刘福通、台州方国珍、闽中陈友定、孟津毛贵、蕲州徐寿辉、徐州芝麻李、童州雀德、池州赵普胜、道州周伯颜、汝南李武、泰州张士诚、四川明玉珍、山东田丰、沔州倪文俊。"

《英烈传》第二回《开浚河拆民房》

俞通海说道："今江淮豪杰甚多，不如择有德者附他，庶或来救，不为奸邪所害。"廖永忠便说："徐寿辉、张士诚、刘福通、陈友定、方国珍、明玉珍、周伯颜、田丰、李武、霍武皆是比肩分居的。"赵庸说："此辈俱贪欲嗜杀，鼠窃狗盗之徒，怎得成事！我说一人，你们肯从么？"正是，知君多意气，仗剑且相投。不知此人是谁，且看下回分解。

《英烈传》第十二回《孙德崖计败身亡》

自此，暑往寒来，春秋瞬息，伯温在家中，只是耕田、凿井，与老母妻儿，隐居邱壑之内，不觉光阴已是十年了。那些张士诚、方国珍、徐寿辉、刘福通，时常用金帛来聘他，伯温想此辈俱非帝王之器，皆力辞不赴。

（《英烈传》第十八回《刘伯温法伏猿降》）

且说张士诚见朱兵克取镇江、常州、广德、江阴、宜兴、长兴等处，心中甚是惊恐；欲与亲战，又恐不利，统集多官计较。恰有丞相李伯升奏说："自古倡伯业者，国先灭亡。今朱某占据金陵，天下群雄皆怀不平，殿下可以书交结田丰、方国珍、陈友谅、徐寿辉、刘福通，约同起兵讨伐，成功之日，分土为王，雄群必来合应；再一面修表到元朝纳款，许以岁纳金币若干，元必纳受，那时即显暴金陵僭窃之罪，要他兴兵来攻，然后我国乘他虚疲，一鼓而取之，失去州郡，可复得矣。"士诚大喜。因修书遣使，各处借兵去讫。

（《英烈传》第二十六回《释亮祖望风归降》）

言未毕，只见丞相杨从政，出班启奏："若论此仇，不可不复，奈金陵君臣，智勇足备，不可轻敌。以臣愚昧，细思吴王张士诚，他与朱家久是不共之仇，且兼三吴粮多将众。今主公既欲收复失地，并取金陵，莫若修一封书，遣一个能言之士，往吴国连和，说以利害，使彼愤怒发兵，与朱家作对。主公再令二人，一往浙东说方国珍；一往闽、广说陈友定，一同发兵攻打金陵，则朱兵必当东南之敌。主公然后统了大军，前驱而进，那时取金陵，在反掌之间矣。"友谅听了大喜，说道："此计最妙。"遂遣邱士亨往苏州，孙景庄往温州，刘汝往福建，刻日起程。

（《英烈传》第三十四回《花云亲义保儿郎》）

且说伪周无锡守将莫天祐，从小儿便习武艺。身长丈二，面如喷血，有万夫不当之勇，人都称他为莫老虎，善使一把偃月刀，屯兵十万，在无锡城中，足为士诚救应。他见朱军驻扎姑苏，日夜攻打，终有难保之势，心思一计，修下三封书：一封着人往方国珍处投递；一封着人往陈友定处投递；一封着人往扩廓帖木儿王保保处投递。约他趁朱兵攻打苏州之时，正好乘势侵扰地方，朱兵彼此不支，必然得胜。他三处得了天祐来书，果然友定从闽、广来到界上侵扰；国珍从台州来到界上侵扰；王保保遣左丞李贰来到陵子村，在徐州界上侵扰。三处的文书，齐至金陵，太祖便令李文忠率钱塘兵八万，东敌方国珍；令胡德济、耿天璧率婺州、金华兵八万，东南上敌陈友定；令傅有德率兵五万，西北上敌李式；一面又着人到徐达帐前知会，各家兵马俱动，都是莫天祐之故，可仔细提防。徐达得了信息，朝夕在帐计议。

（《英烈传》第五十六回《二城隍梦告行藏》）

太祖看了大喜,赐帛五匹。便宣大元帅徐达说:"朕思胡元未定,中原未收,又闽、广、浙东、两广等处,尚未归附,四海黎民未安,此心殊是歉然。卿宜与常遇春、冯胜、郭英、耿炳文、吴良、傅友德、华高、曹良臣、孙兴祖、唐胜宗、陆仲亨、周德兴、华云龙、赵庸、康茂才、杨璟、胡美、江信、张兴祖、张龙等,率兵十万,北伐大元,以定天下。以汤和为元帅,领吴祯、费聚、郑遇春、蔡迁、韩政、黄彬、陆聚、梅思祖等,率兵十万,伐陈友定,取闽广之地。李文忠为元帅,领沐英、朱亮祖、廖永忠、阮德、王志、吴复、金朝兴等,率兵十万,伐方国珍,取浙东之地。邓愈为元帅,领王弼、叶升、李新、陈恒、胡海、张赫、谭成、张温、谭兴、周武、朱寿、吴德济等,领兵五万,取东西两广未附州郡。"四将领命出朝,专候择日起兵前去。

先说李文忠统了诸将军马,离却金陵,望浙东而行。不一日,到温州城南七里外安营。那方国珍得知兵到,便与儿子方明善欲计谋厮杀。那明善细思了半晌,对父国珍说:"朱兵雄勇难当,且李文忠所统将校,个个是足智多谋之士,若待围城,必难取胜。不若乘其远来疲困之时,先出兵冲杀,或可取胜。"国珍说:"我意亦欲如此。"即日便领兵一万,至太平寨排开拒截。哨马报入营来,文忠便率兵将对阵,却见明善出马。文忠在旗门之下说:"今主上混一天下,指日可成,你们父子不思纳款,而区区守一隅之地,以抗天兵,将复为陈、张二姓乎?"明善大怒,骂道:"你们贪心无厌,自来寻死耳,何用多言。"便纵马杀来。恰有左哨上廖永忠抡刀向前迎敌,两下喊杀,约有四十余合。右哨朱亮祖恐难取胜,因从傍直向明善刺来;明善力怯而走。明兵乘势赶杀,破了太平寨,追到城边。那明善领着残兵,急急进城,坚闭了城门不出。未知如何,且看下回分解。

(《英烈传》第六十一回《顺天心位登大宝》)

却说明善领了残兵,奔回城中,紧闭着城门不出。李文忠召诸将商议,说:"今日大败,贼众心胆俱寒,即直四下攻打,却可拔城。"众将得令。亮祖就遣指挥张俊、汤克明攻打西门,徐秀攻东门,柴虎率游兵接应。城下喊声雷动。亮祖自统精锐,不避矢石,驾着云梯径从西门而上,捉了员外郎刘本善及部将百余人。国珍看见城破,即便带领家属,出北门冲阵,径往小路,直走海口,落了大洋,遂向黄岩上台州与弟方国瑛合兵一处再图恢复,不题。

那朱亮祖奉了元帅李文忠入城抚辑。即日把军情申奏金陵,太祖看了表章大喜,便令承差到殿前,说:"那国珍遁入海洋,必向台州与弟国瑛合兵据守。事不宜迟,即着中书省写敕专付朱亮祖,仍带浙江行省参政职衔,率马步舟师,向台州进发。"差官星夜火速谕知。亮祖拜命,遂进大台。那天台县官汤盘闻知兵到,出二十八长亭迎降。亮祖在马上安慰了黎庶,着汤盘仍领旧职抚理本县地方。

自己带了人马兼程直到台州城下溺战。一边把令牌一面,邀廖永忠入帐,说如此而行。永忠得令去讫。再令阮德、王志、吴复、金朝兴四将,领兵二千,前至白塔寺侧,左右埋伏,夜来行事,不题。那方国珍与弟国瑛及子明善三人商议,说:"这赤城形势最是险阻,今我军合兵一处迎敌,必然取胜。"便放了吊桥,出城对敌。未及十合,明善力不能支,转马而走。朱亮祖乘势剿杀,力气百倍。国珍父子三人,连忙驱众入城。亮祖因吩咐四下围住,只留东门听其逃走。约莫初更,亮祖令军中砍木伐薪,缚成三丈有余的燔燎一般,立于城外。布起云梯,纵铁用军五千,从西右而上。城中见四下火光烛天,军民没做理会,惊得国珍兄弟父子,胆怯心寒,开了东门,径寻小路,往海边进发。此时已是三更有余,谁想家眷带了细软什物,正好奔到白塔寺边,计到海口仅离二里,只听一声炮响,左边阮德、金朝兴,右边王志、吴复,两下伏兵尽起,追杀而来。国珍等拚命登得海船,吩咐水手用力撑开,未及三五里之地,早有一带兵船,齐齐拦住去路。马上鸟嘴喷筒,如雨围将过来。火光之下,却有廖永忠绊袍、金甲,高叫道:"方将军,你父子兄弟何不知时势。我主上圣明英武,又是宽大仁慈,胡不归命来降,以图富贵,何苦甘为海岛之贼。况此去如将军逞有雄威,占得一城、一邑,亦不过外中国而别亲蛮夷。倘或不能为唐之虬髯,汉之天竺,则飘飘海上,将何底止。且将军纵能杀出此岛,前面汤将军见受王令,遵海往讨陈友定,舟师十万,把守大洋,亦无去路。怕一朝势败,将军悔无及矣。请自三思。"方国珍听了说话,便对国瑛、明善说:"我巢已失。今朱兵莫当,便出投降,以保身家,亦是胜算。"因回复道:"廖将军言之有理。"即于船内奉表乞降。次早仍回城,见了朱亮祖;亮祖慰劳了一番,吩咐拔寨来会李文忠。此时浙东地面,处处平服。文忠便差官申奏金陵,一面与朱亮祖等计议,道:"今汤元帅进征福建,未闻报捷,我们不如乘便长驱延平,合攻陈友定,令渠彼此受敌,那怕友定不亡乎。"亮祖说:"主帅所见极妙。"便发兵即日起身。

且说汤和统了吴祯、费聚等八员虎将,雄兵十万,前取闽、广,直到延平地面。拒守元将,正是陈友定。那元顺帝以友定败了朱将胡深,便命为福建行省平章政事。自行之后,友定益肆跋扈,遂有雄据福建之心,兴兵取了诸郡,声势甚是张大。且命儿子陈海据守将乐,以树犄角。元帅汤和屡次以书招谕,友定说:"我这八闽,凭山负海,为八州的上游;控番引夷,为东南的岭表。进足以攻,退足以守,你朱兵奈何我不得。"因与参政文殊、海牙等商议拒敌。汤和四次搦战,友定只是坚壁固守,以老其师。恰好报说,李文忠同沐英、朱亮祖等率陆兵七万,前来接应。

且说廖永忠统领水师三万人,依水列营,以分友定之势。汤和得报,喜不自胜。便令哨兵传令沐英、阮德、吴复领所部径攻南门;朱亮祖、王志、金朝兴统所部径攻东门;李文忠统大队为游兵,接应东南二处。原在将校郑遇春、黄彬、陆聚统所部协攻北门；原在吴祯、费聚协助同新到彦永忠，统领水军径攻水西门；自领蔡迁、韩政、梅思祖率水陆游兵，接应西北二处，昼夜攻击。那友定在敌楼上看见明兵勇壮，不敢争锋。只见骁将萧院，慌慌张张向前禀说：“朱兵日夜攻打，精力必疲，倘驱十万兵奋勇出战，必可得胜，何苦坐视其危。”友定沉思不语者久之。未知后事如何，且看下回分解。

（《英烈传》第六十二回《方国珍遁入西洋》）

未及一月，诸将解甲韬胄，午门外朝见。太祖面加奖慰，赏赍有差。这方国珍反复不常，枭首示众；这陈友定赐与胡深之子胡祯，将渠脔取血肉，以祭父亲。三军为之称快。

（《英烈传》第六十三回《征福建友定受戮》）

台州黄岩民方国珍，世以贩盐为业，怨家陈氏讼其与海盗通，国珍戕杀陈氏，捕者至，国珍格杀捕者，遂与兄国璋、弟国瑛、国珉等六人入海，聚众数千起义。帝命浙江参政朵儿只班讨之。国珍知事危，焚舟将遁。元兵忽自相惊溃，朵儿只班反为国珍所擒。国珍迫其上招降之状，朝廷从之，授国珍兄弟以官。国珍等不之官，纳赂执政，使无讨己，以海为巢穴，据台温、庆元、衢州之地（庆元今宁波府是也）。叛服不常，势益振，天下闻之，遂群起响应矣。其后国珍据浙东二十余年，元官为太尉，封衡国公。明太祖讨降之，以善终。见下回。

（《历代兴衰演义》第三十五回《蒙古氏九十春群雄并起》）

时友谅遣人约士诚，同侵建康，上恐二寇合，则不能支，欲速其来。乃召康茂才曰：“汝与友谅有旧，宜作书伪降，招其速来。”茂才依计行，友谅果信而进兵，上伏兵奋击，大败之。遂乘胜拔江州，及蕲、黄等郡，友谅奔武昌。方国珍以金玉饰马鞍来献，上曰：“吾所需者，文武才能，所用者，布帛菽粟，宝玩非所好也。”却之。

（《历代兴衰演义》第三十六回《壬辰年明太祖应运龙兴》）

《尧山堂外纪》：元顺帝至正年间，明州有位名叫柳含春的女子，长到十六岁时，患了一场重病，遂到延庆寺关王庙祈祷，病竟痊愈。于是，她绣了一个旗幡到庙中酬谢神灵。此寺中有位年轻的和尚，颇聪明敏慧，当他窥见柳含春的花容月貌时，顿生悦慕之心。无奈寺中法戒甚严，不能轻举妄动，他便把柳含春的姓名巧妙地编排进祝告词中，在佛前吟诵，并取名为《回回偈》。其词道：

江南柳，嫩绿未成形，枝软不堪轻折取，黄鹂飞上力难禁，留取待春深。

柳含春也是很聪明的女子，闻听此词，深感遗憾，回家后便将此事告诉了父亲。此时，明州地面属方国珍统治，柳父便向方国珍控告小和尚欲有他图。方国珍便派人将小和尚抓到官府，经审问知道他姓竺，名月华。方国珍又让工匠做了个大竹筒，准备把小和尚装到竹筒里沉到江中。并对小和尚说："你喜欢作偈词，现在我也取你的姓作一首，送你魂归东流。"于是，吟道：

江南竹，巧匠作为筒，付与法师藏法体，碧波深处伴蛟龙，方知色是空。

小和尚知道死期临头，便惶恐地向方国珍磕头求饶说："死，是我罪有应得，但请您允许我再说一句话。"方国珍同意了他的请求，小和尚便又吟道：

江南月，如镜也如钩，如镜不临红粉面，如钩不上画帘头，空自照东流。

国珍知道小和尚是借自己的名字哀叹自己的命运，遂生惜才、怜才之心，便笑着放了他。并下令让他留发，作主把柳含春许配给他。

（《古今情海·回回偈》）

过了几天，方国珍和副帅李文忠从金华、严衢州来降。元璋大乐，于是定了浙江自回金陵。元璋即于是年登位，并下旨民间挑选秀女。要知怎样选秀，且听下回分解。

（《明代宫闱史》第二十回《参佛典灵隐逐狂僧，登帝位应天选秀女》）

世间治乱有数存焉。且如胡元只任胡族为正官，中华人官佐二。到末年，数当乱，任非其人，酷刑横敛。台温处之民，树旗村落曰："天高皇帝远，民少相公多。一日三遍打，不反待如何？"由是谋叛者各起。黄岩方谷珍因而肇乱，江淮红巾遍四方矣。初谷珍之乱也，又非因刑敛。其黄岩风俗贵贱等分甚严，若农家种富室之田，名曰佃户，见田主不敢施揖，伺其过而复行。谷珍父为佃户，过于恭主，谷珍兄弟四人既长，谷珍谓父曰："田主亦人尔，何恭如此？"父曰："我养赡汝等，由田主之田也。何可不恭？"谷珍不悦。父卒，兄弟戮力，家道渐裕，酿酒以伺田主之索租。一日，主仆至其家，盛馔宴主，先以美酝醉死其仆，而主亦醉死焉。皆醢其尸于酒瓮。越数日，主家不见还，来询，答以索租去久矣。询其邻答曰："但见主仆等到其家，何不见出也？"日久事渐露，主家诉于官，遣人捕之，至则拒而杀之。既而官躬往捕，亦被杀。而兄弟亡命于海者十余年，乃拉漳州贼船寇漳州，惟时文恬武嬉。一寇贼陷，朝廷命恭不华招降，堕其计亦死，势日猖獗。窃据台、温、明十二郡。十有八年，而吾明久为其窠窟，以上虞之通明坝为界，民有死罪，惟沉于江耳。大明中天群霾渐消，谷珍初逃于海，欲效徐福。既而其下诱之内附焉。先是袁柳庄相其貌，出语人曰："南人胡相，每褒服见人则可观。若正其衣冠，则鄙俗矣。终非成美名者。"谷珍肇乱，先天下而起兵，数之莫逭有如此。录其始末，得于父老之传闻云。

（《闲中今古录摘抄》）

牡丹灯记

方氏之据浙东也，每岁元夕，于明州张灯五夜，倾城士女，皆得纵观。至正庚子之岁，有乔生者，居镇明岭下，初丧其耦，鳏居无聊，不复出游，但倚门伫立而已。

十五夜，三更尽，游人渐稀，见一丫鬟，挑双头牡丹灯前导，一美人随后，约年十七八，红裙翠袖，婷婷袅袅，迤逦投西而去。生于月下视之，韶颜稚齿，真国色也。神魂飘荡，不能自抑，乃尾之而去，或先之，或后之。行数十步，女忽回顾而微哂曰："初无桑中之期，乃有月下之遇，似非偶然也。"生即趋前揖之曰："敝居咫尺，佳人可能回顾否？"女无难意，即呼丫鬟曰："金莲，可挑灯同往也。"于是金莲复回。生与女携手至家，极其欢昵，自以为巫山洛浦之遇，不是过也。生问其姓名居址，女曰："姓符，丽卿其字，漱芳其名，故奉化州判女也。先人既殁，家事零替，既无弟兄，仍鲜族党，止妾一身，遂与金莲侨居湖西耳。"生留之宿，态度妖妍，词气婉媚，低帏昵枕，甚极欢爱。天明，辞别而去，暮则又至，如是者将半月。

邻翁疑焉，穴壁窥之，则见一粉骷髅与生并坐于灯下，大骇。明旦，诘之，秘不肯言。邻翁曰："嘻！子祸矣！人乃至盛之纯阳，鬼乃幽阴之邪秽。今子与幽阴之魅同处而不知，邪秽之物共宿而不悟，一旦真元耗尽，灾眚来临，惜乎以青春之年，而遂为黄壤之容也，可不悲夫！"生始惊惧，备述厥由。邻翁曰："彼言侨居湖西，当往物色之，则可知矣。"生如其教，径投月湖之西，往来于长堤之上、高桥之下，访于居人，询于过客，并言无有。日将夕矣，乃入湖心寺少憩，行遍东廊，复转西廊，廊尽处得一暗室，则有旅榇，白纸题其上曰："故奉化符州判女丽卿之枢。"枢前悬一双头牡丹灯，灯下立一明器婢子，背上有二字曰金莲。生见之，毛发尽竖，寒栗遍体，奔走出寺，不敢回顾。是夜借宿邻翁之家，忧怖之色可掬。邻翁曰："玄妙观魏法师，故开府王真人弟子，符篆为当今第一，汝宜急往求焉。"

明旦，生诣观内。法师望见其至，惊曰："妖气甚浓，何为来此？"生拜于座下，具述其事。法师以朱符二道授之，令其一置于门，一置于榻，仍戒不得再往湖心寺。生受符而归，如法安顿，自此果不来矣。一月有余，往衮绣桥访友。留饮至醉，都忘法师之戒，径取湖心寺路以回。将及寺门，则见金莲迎拜于前曰："娘子久待，何一向薄情如是！"遂与生俱入西廊，直抵室中。女宛然在坐，数之曰："妾与君素非相识，偶于灯下一见，感君之意，遂以全体事君，暮往朝来，于君不薄。

奈何信妖道士之言，遽生疑惑，便欲永绝？薄幸如是，妾恨君深矣！今幸得见，岂能相舍？"即握生手，至枢前，枢忽自开，拥之同入，随即闭矣，生遂死于枢中。邻翁怪其不归，远近寻问，及至寺中停枢之室，见生之衣裾微露于枢外，请于寺僧而发之，死已久矣，与女之尸俯仰卧于内，女貌如生焉。寺僧叹曰："此奉化州判符君之女也，死时年十七，权厝于此，举家赴北，竟绝音耗，至今十二年矣。不意作怪如是！"遂以尸枢及生殡于西门之外。

自后云阴之昼，月黑之宵，往往见生与女携手同行，一丫鬟挑双头牡丹灯前导，遇之者辄得重疾，寒热交作；荐以功德，祭以牢醴，庶获痊可，否则不起矣。居人大惧，竞往玄妙观谒魏法师而诉焉。法师曰："吾之符箓，止能治其未然，今祟成矣，非吾之所知也。闻有铁冠道人者，居四明山顶，考劾鬼神，法术灵验，汝辈宜往求之。"众遂至山，攀缘藤草，蓦越溪涧，直上绝顶，果有草庵一所，道人凭几而坐，方看童子调鹤。众罗拜庵下，告以来故。道人曰："山林隐士，旦暮且死，乌有奇术！君辈过听矣。"拒之甚严。众曰："某本不知，盖玄妙魏师所指教耳。"始释然曰："老夫不下山已六十年，小子饶舌，烦吾一行。"即与童子下山，步履轻捷，径至西门外，结丈之坛，踞席端坐，书符焚之。忽见符吏数辈，黄巾锦袄，金甲雕戈，皆长丈余，屹立坛下，鞠躬请命，貌甚虔肃。道人曰："此间有邪祟为祸，惊扰生民，妆辈岂不知耶？宜疾驱之至。"受命而往，不移时，以枷锁押女与生并金莲俱到，鞭箠挥扑，流血淋漓。道人呵责良久，令其供状。将吏以纸笔授之，遂各供数百言。今录其略于此。

乔生供曰：伏念某丧室鳏居，倚门独立，犯在色之戒，动多欲之求。不能效孙生见两头蛇而决断，乃致如郑子运九尾狐而爱怜。事既莫追，悔将奚及！符女供曰：伏念某青年弃世，白昼无邻，六魄虽离，一灵未混。灯前月下，逢五百年欢喜冤家；世上民间，作千万人风流话本。迷不知返，罪安可逃！金莲供曰：伏念某杀青为骨，染素成胎，坟垄埋藏，是谁作俑而用？面目机发，比人具体而微。既有名字之称，可乏精灵之异！因而得计，岂敢为妖！供毕，将吏取呈。

道人以巨笔判曰：盖闻大禹铸鼎，而神奸鬼秘莫得逃其形；温峤燃犀，而水府龙宫俱得现其状。惟幽明之异趣，乃诡怪之多端。遇之者不利于人，遭之者有害于物。故大厉入门而晋景殂，妖豕啼野而齐襄殂。降祸为妖，兴灾作孽。是以九天设斩邪之使，十地列罚恶之司，使魑魅魍魉，无以容其奸，夜叉罗刹，不得肆其暴。矧此清平之世，坦荡之时，而乃变幻形躯，依附草木，天阴雨湿之夜，月落参横之晨，啸于梁而有声，窥其室而无睹，蝇营狗苟，牛狼狼贪，疾如飘风，烈若猛火。乔家子生犹不悟，死何恤焉。符氏女死尚贪淫，生可知矣！况金莲之怪诞，假明器而矫诬。惑世诬民，违条犯法。狐绥绥而有荡，鹑奔奔而无良。恶贯已盈，罪名不宥。陷人坑从今填满，迷魂阵自此打开。烧毁双明之灯，押赴九幽之

狱。判词已具,主者奉行急急如律令。即见三人悲啼踯躅,为将吏驱捽而去。道
人拂袖入山。

明日,众往谢之,不复可见,止有草庵存焉。急往玄妙观访魏法师而审之,则
病瘖不能言矣。

(《剪灯新话》卷二)

方国珍年表

元仁宗延祐六年　己未(1319)　一岁
　　方国珍出生。

元仁宗延祐七年　庚申(1320)　二岁
正月
　　二十一日,仁宗崩,年三十六。在位十年,谥曰圣文钦孝皇帝,庙号仁宗。
三月
　　十一日,皇太子硕德八剌即皇帝位于大明殿,是为英宗。
　　是年,陈友谅出生。

元英宗至治元年　辛酉(1321)　三岁
三月
　　七日,元廷试进士泰不华、宋本等六十四人,赐及第、出身有差。
　　是年,张士诚出生。

元英宗至治三年　癸亥(1323)　五岁
八月
　　四日,英宗崩,年二十一。
九月
　　四日,也孙铁木儿即皇帝位,是为泰定帝。

元文宗天历元年　戊辰(1328)　十岁
二月
　　二十七日,诏天下改元致和。

七月

　　十日,泰定帝崩,年三十六。

九月

　　十三日,怀王图帖睦尔即皇帝位于大明殿,是为文宗,改元天历。

　　十八日,朱元璋出生。

元文宗天历二年　己巳(1329)　十一岁

正月

　　二十八日,周王和世瓎即皇帝位于和宁之北,是为明宗,本年八月六日即暴崩,年三十。

八月

　　十五日,图帖睦尔复以皇太子即皇帝位。

元文宗至顺元年　庚午(1330)　十二岁

　　元帝敕奎章阁学士院修《经世大典》。

五月

　　初八,改元至顺。

元文宗至顺二年　辛未(1331)　十三岁

五月

　　初一,奎章阁学士院上《皇朝经世大典》。

元文宗至顺三年　壬申(1332)　十四岁

八月

　　文宗崩,年二十九,在位五年。

元顺帝元统元年　癸酉(1333)　十五岁

六月

　　八日,妥懽帖睦迩即位于上都,是为顺帝。

十月

　　八日,颁诏改元,以至顺四年为元统元年。

　　是年,刘基中第二十六名进士,汉人、南人第三甲第二十名,授高安县丞。

元顺帝元统二年　甲戌(1334)　十六岁

三月

　　初一,诏科举取士、国子学积分、膳学钱粮、儒人免役等制,悉依前朝。

元顺帝至元元年　乙亥(1335)　十七岁

十一月

　　二十三日,下诏改元,以元统三年为重纪至元元年。诏罢科举。

元顺帝至元二年　丙子(1336)　十八岁

　　是年,伯颜当国,禁戏文、杂剧、评话等。

元顺帝至元三年　丁丑(1337)　十九岁

正月

　　初二,广州增城县民朱光卿反,石昆山、钟大明率众从之,国号大金国,改元赤符。

四月

　　三日,禁汉人、南人、高丽人不得执持军器,凡有马者拘入官。

　　诏省、院、台、部、宣慰司、廉访司及郡府幕官之长,并用蒙古人、色目人,禁汉人、南人不得习蒙古、色目文字。

　　是年,中书右丞相伯颜请杀张、王、刘、李、赵五姓汉人,顺帝不从。

元顺帝至元四年　戊寅(1338)　二十岁

六月

　　十七日,袁州民周子旺反,僭称周王,改年号。

元顺帝至元五年　己卯(1339)　二十一岁

四月

　　复申禁汉人、南人、高丽人不得执军器、弓矢。

元顺帝至元六年　庚辰(1340)　二十二岁

二月

　　十六日,罢中书大丞相伯颜为河南行省左丞相。

十二月

　　复科举取士制。

是年,刘基辞官归里。

元顺帝至正元年　辛巳(1341)　二十三岁
正月

初一,下诏改元,以至元七年为至正元年。

闰七月

黄岩大水。

元顺帝至正二年　壬午(1342)　二十四岁
三月

七日,顺帝亲试进士七十八人,赐拜住、陈祖仁及第,其余出身有差。

十月

二十六日,台州等路立检校批验盐引所。

元顺帝至正三年　癸未(1343)　二十五岁
三月

二十八日,诏修辽、金、宋三史。以中书右丞相脱脱为都总裁官,中书平章政事铁木儿塔识、中书右丞太平、御史中丞张起岩、翰林学士欧阳玄、侍御史吕思诚、翰林侍讲学士揭傒斯为总裁官。

是年,台州作家柯九思卒。

元顺帝至正四年　甲申(1344)　二十六岁
五月

黄河泛滥,曹、濮、济、兖等地皆被灾。

秋,温、台海啸上平陆二三十里。

是年,江浙行省乡试揭晓,好事者撰为《非程文》一文,盛传一时。

元顺帝至正五年　乙酉(1345)　二十七岁
三月

七日,顺帝亲试进士七十八人,赐普颜不花、张士坚进士及第,其余赐出身有差。

高明登进士第,授处州录事。

十一月

十四日,《至正条格》成,诏于明年四月颁行天下。

元顺帝至正六年　丙戌(1346)　二十八岁

元顺帝至正七年　丁亥(1347)　二十九岁

元顺帝至正八年　戊子(1348)　三十岁

正月

　　诏翰林国史院纂修后妃、功臣列传,学士承旨张起岩、学士杨宗瑞、侍讲学士黄溍为总裁官,左丞相太平、左丞吕思诚领其事。

三月

　　七日,顺帝亲试进士七十八人,赐阿鲁辉帖木儿、王宗哲进士及第,其余出身有差。

十一月

　　为蔡乱头、王伏之仇逼,遂入海为乱。

　　江浙参政朵儿只班总舟师捕之,追至福州五虎门。国珍执只班,迫使上招降状。授定海尉,不赴。

元顺帝至正九年　己丑(1349)　三十一岁

　　诏礼部尚书泰不华察实以闻,得状,上招捕策,不听。

　　是年,宋濂入仙华山为道士。

元顺帝至正十年　庚寅(1350)　三十二岁

六月

　　国珍复入海,焚掠沿海州郡。

十一月

　　方国珍率水船千艘,泊松门港,索粮,居民罔敢不与。

十二月

　　二十八日,攻温州及沿海诸县。温州城中守备严出兵接战,乃掠城外而去。

　　朝廷以海寇起于温、台、庆元等路,立水军万户镇之,众论纷纭,莫定。礼部员外郎郭嘉乘驿至庆元,与江浙行省会议可否。嘉首询父老,知其弗便,请罢之。

元顺帝至正十一年　辛卯(1351)　三十三岁

正月

　　三日,知城中有备,退舟出港。

　　十日,命江浙左丞孛罗帖木儿总兵,至庆元讨国珍。

二月

以泰不华为浙东道都元帅，分兵温州，使夹攻之。

三月

初一，浙东副元帅董抟霄统舟师至温，与方国珍遇，兵惊惧，皆赴水死，方国珍夺舟数百，抟霄仅以身免。

七日，顺帝亲策进士八十三人，赐朵烈图、文允中进士及第，其余赐出身有差。

五月

三日，刘福通起事，以红巾为号，陷颍州。

六月

初一，方国珍攻黄岩，沿海翼百户尹宗泽战死。江浙左丞孛罗帖木儿击之，国珍夜率劲卒火之，执孛罗帖木儿及郝万户于大闾洋，迫求招抚，元授千户（一曰万户），及其兄弟官爵有差。

刘福通陷朱皋及罗山、上蔡等县。

七月

命大司农达识帖睦迩及江浙行省参政樊执敬、浙东廉访使董守悫同招谕。至黄岩，国珍兄弟皆登岸罗拜，退止民舍。

八月

十日，萧县李二及老彭、赵均用等聚众起事，陷徐州。明年九月，脱脱克复，李二遁死。

十月

徐寿辉据蕲水为都，称皇帝号，国号天完，改元治平。

十二月，黄岩大雨震雷。

是年，有百户尹三珠者守黄岩，率百余人出与国珍战，死之。

元顺帝至正十二年　壬辰（1352）　三十四岁

二月

徐寿辉兵破江州，总管李黼死之，年五十六。

郭子兴举兵于濠州。

三月

初一，元人讨徐州盗募，舟师北守大江，方国珍疑其图己，复入海，突犯马鞍诸山寨，台州路达鲁花赤泰不华率官军与战，死之。

九日，中书省臣请行纳粟补官令："凡各处士庶，果能为国宣力，自备粮米供给军储者，照依定拟地方实授常选流官，依例升转、封荫；及已除茶盐钱谷官有能再备钱粮供给军储者,验见授品级,改授常流。"帝从其请,施行纳粟补官。又诏:"南人有才学者,依世祖旧制,中书省、枢密院、御史台皆用之。"

闰三月

初一,朱元璋从郭子兴于濠州。

方国珍不受招安之命,命江浙左丞左答纳失里讨之。

五月

命江南行台御史纳麟给宣敕与濒海民陈子由、杨恕卿、赵士正、戴甲等,令共集民丁,夹攻国珍。

六月

方国珍遣兵入黄岩。

八月

三日,方国珍率其众攻台州城,浙东元帅也忒迷失、福建元帅黑的儿击退之。

九月

二十一日,右丞相脱脱领兵复徐州,屠其城,芝麻李等遁走。脱脱以功加封为太师。

十月

入瑞安飞云江,上泊永安市,下弥海口杀掠,二十九日乃退。

十一月

十四日,命江浙行省右丞帖理帖木儿总兵讨方国珍。

元顺帝至正十三年　癸巳(1353)　三十五岁

正月

七日,方国珍复降。

三月

命江浙左丞帖理帖木儿、江南行台左答纳失里招谕国珍。行省都事刘基议国珍首乱当诛,余党当招安。省院不听,编管基于绍兴。

五月

二十九日,泰州人张士诚及其弟士德、士信举兵起事,陷泰州及兴化县。

十月

授国珍徽州路治中,国璋广德路治中,国瑛信州路治中,督遣之任。而国珍犹疑惧,拥众千艘阻漕运,不受命。复遣江浙右丞阿儿温沙击之。

是月,焚劫平阳松山分水岭,直抵州治。

元顺帝至正十四年　甲午（1354）　三十六岁

春

大饥，人相食。

浙东道宣慰使都元帅恩宁普来讨方国珍。

三月

初七，廷试进士六十二人，赐薛朝晤、牛继志进士及第，余授官出身有差。

四月

以江浙行省参政阿儿温沙为江浙行省右丞，浙东宣慰使恩宁普为本省参知政事，总兵讨方国珍。

九月

国珍执浙东元帅也忒迷失、黄岩达鲁花赤宋伯颜、知州赵宜浩以俟诏命。

是月，前御史喜山起兵袭黄岩，不成而遁。

十二月

十日，诏以中书右丞相脱脱劳师费财，已逾三月，坐视寇盗，遂削其官爵，安置于淮安路。

是年，妖人黄草堂复煽动黄岩民以报仇为名，聚众构乱，副都元帅石抹宜孙以计收渠酋六人斩之，余党皆散为民。台州平。

元顺帝至正十五年　　乙未（1355）　三十七岁

二月

初二，刘福通等自砀山夹河迎立韩林儿为帝，号小明王，建都亳州，国号宋，改元龙凤。

三月

方国珍剽掠温州、庆元等路。国珍以舟师奄至庆元浙东都元帅纳麟哈喇不能御，开门纳之。慈溪令陈文昭不附，囚之岱山。又攻昌国，州达鲁花赤高昌帖木儿力战死。复乘胜取余姚，州同知秃坚见而责之，国珍构以罪死。

郭子兴卒。

七月

九日，方国珍使其将李得孙袭陷温州。黄岩章元善好纵横之术，说国珍曰："夷狄无百年之运，元数将极，不待智者而后知。今豪杰并起，有分裂之势，足下奋袏一呼，千百之舟、数十万之众，可立而待；沂江而上，则南北中绝，擅馈运之粟，舟师四出，则青徐、辽海、闽广、瓯粤可传檄而定，审能行此，人心有所属，而霸业可成也。"国珍不能用。

元顺帝至正十六年　　丙申(1356)　三十八岁

正月

　　徐寿辉将倪文俊据汉阳,建都以迎寿辉。

二月

　　初一,张士诚陷平江路,据之,改平江路为隆平府。

三月

　　朱元璋克金陵,遂改集庆路为应天府,辟夏煜、孙炎、杨宪等十余人。

　　九日,刘基以江浙行省儒学副提举有事于处州。

　　二十八日,方国珍复降元,以为海道运粮漕运万户,兼防御海道运粮万户。其兄国璋为衢州路总管,兼防御海道事。

　　张士诚改至正十六年为天祐三年,国号大周,开弘文馆。元末文士,多聚于士诚弘文馆中。

七月

　　初一,朱元璋称吴国公。

元顺帝至正十七年　　丁酉(1357)　三十九岁

三月

　　朱元璋克常州,继而取宁国等路及徽州、扬州、常熟等地。

八月

　　二十三日,元廷以方国珍为江浙行省参知政事,海道运粮万户如故。

　　张士诚请降,江浙行省左丞相达识帖睦迩承制令参知政事周伯琦等至平江抚谕,授张士诚太尉,张士德为淮南行省平章政事。

　　是月,与张士诚联姻。

十月

　　方国珍遣兵侵绍兴。

十二月

　　徐寿辉将明玉珍据重庆路。

　　是年,明兵取建德路,判官兼义兵万户吴讷败走,寻自刭死,年二十七。

元顺帝至正十八年　　戊戌(1358)　四十岁

正月

　　陈友谅陷安庆,守将余阙死之,年五十六。

三月

元进方国珍江浙行省参政，寻击张士诚于昆山海上，大败之。张士诚不得不"遣使纳款，请奉元正朔"。

五月

初一，进官至行省左丞，加太尉，封衢国公，以节钺开治庆元。兼海道运粮万户。

刘福通陷汴梁，自安丰迎韩林儿，以为都。

三日，方国珍遣人向高丽国献方物。

八月

杨完者兵败自杀，江浙行枢密院判官张昱遂寓杭不仕。

十二月

二十日，朱元璋取婺州，改为宁越府，以王宗显为知府，辟范祖幹、叶仪、许元等十三人，以叶仪、宋濂为五经师，以戴良为学正，吴沉、徐原为训导。

二十四日，朱元璋遣主簿蔡元刚、儒士陈显道往庆元招谕方国珍。

元顺帝至正十九年　　　己亥（1359）　　四十一岁

正月

二十二日，遣使奉书献朱元璋黄金五十斤，白金百斤，金织文绮百端。书曰："国珍鱼盐负贩，生长海滨，向者因怨家构诬，逃死海岛，遂有三郡，非敢称乱，迫于自救而已。惟公起义濠梁，东渡江左，奋扬威武，以制四方，国珍向风慕义，欲归命之日久矣。道路壅遏，不能自达，今猥加训谕，俾见天日，此国珍之素愿也。谨上陈恳款，或有指挥，愿效奔走，因请以三郡内附如钱镠故事，岁贡白金赡军。遂遣镇抚孙养浩报之，献黄金五十斤，银百斤，金织文绮百端。"

三月

二十五日，方国珍遣郎中张本仁献温、台、庆元图籍，约事定，即纳土，且质其次子关。朱元璋却其质。关后改名明完。

九月

二十四日，朱元璋遣博士夏煜授方国珍福建行中书省平章政事，国璋右丞，国瑛参政，国珉枢密分院佥院，各给符印。国珍称疾受之不用，惟国珉开枢密分院署事。

十月

初一，元廷授国珍江浙行省平章政事。朱元璋遣夏煜授方国珍行省平章，国珍以疾辞。

十一月

　　十三日,胡大海克处州,石抹宜孙遁。

　　二十五日,朱元璋复遣博士夏煜、陈显道往谕方国珍。

　　是年,高明(则诚)卒。

　　是年,刘福通将李喜喜自秦入蜀,王士点战败被擒,不食死。

　　是年,方国珍遣人向高丽国献方物。

元顺帝至正二十年　　庚子(1360)　　四十二岁

正月

　　初一,夏煜还,言方国珍谲状,遣都事杨宪、傅仲彰谕之。书曰:"汝地蕞尔,忽事大之礼,吾宁不能遣一偏裨,将十万众,直穷海岛以取汝耶?第汝率先来归,姑忍须臾,待汝自改,国珍不省。"

　　方国珍治海舟,为元漕张士诚粟十余万于京师。

　　二十七日,元廷会试举人,知贡举平章政事八都麻失里,同知贡举翰林学士承旨李好文、礼部尚书许从宗,考试官国子祭酒张翥,同考官太常博士傅亨。

三月

　　初一,朱元璋征刘基、章溢、叶琛、宋濂至金陵。

　　初一,刘仁本会文士于余姚龙泉山雩咏亭,修禊赋诗,以为续兰亭之会。

　　七日,元廷廷试进士三十五人,赐买住、魏元礼进士及第,其余出身有差。

五月

　　陈友谅杀徐寿辉,自称帝,国号大汉,改元大义。

六月

　　朱元璋将耿再成败石抹宜孙于庆元,石抹宜孙战死。

七月

　　九日,陶宗仪与夏庭芝会于松江夏氏之居。

十二月

　　初一,朱元璋复遣博士夏煜、陈显道谕方国珍,始谢罪。

元顺帝至正二十一年　　辛丑(1361)　　四十三岁

三月

　　二十七日,方国珍遣检校人谢,且金玉饰马鞍辔上之。朱元璋曰:"吾方急才贤需,粟帛何玩好为?"却其献。

元顺帝至正二十二年　壬寅(1362)　四十四岁

五月

　　二十七日,明玉珍据成都,自称陇蜀王。

十二月

　　元户部尚书张昶航海至庆元,欲款朱元璋,方国珍遣检校燕敬来告。初,朱元璋遣千户王华以三千金附方氏通燕,故有是命。朱元璋闻察罕帖木儿没,叹曰:"中原无人矣。"遂不答,昶走福建。

元顺帝至正二十三年　癸卯(1363)　四十五岁

正月

　　初一,明玉珍称帝于成都,建国号夏,纪元天统。

二月

　　二十六日,朱元璋命王时以白金三千两令方国珍市马。

　　张士诚将吕珍破安丰,刘福通败死。

三月

　　七日,顺帝亲试进士六十二人,赐宝宝、杨锐进士及第,其余出身有差。

春

　　悉发台、庆、温兵以捣平阳瑞安,相持六月之久。

六月

　　二十五日,方国珍遣经历陈惟敬贡马。

八月

　　二十六日,朱元璋败陈友谅于泾江,陈友谅中流矢卒。友谅子陈理自立,据武昌为都,改元德寿。明年,为朱元璋所灭。

九月

　　张士诚自称吴王。

元顺帝至正二十四年　甲辰(1364)　四十六岁

正月

　　朱元璋自称吴王。

九月

　　方明善攻平阳,参军胡深击败之。下瑞安,趋温州,明善惧,谋输二万金,命班师。

　　是年,明兵下武昌。

　　是年,方国珍遣照磨胡若海偕田禄生向高丽国献沉香、弓矢及《玉海通志》等书。

元顺帝至正二十五年　乙巳(1365)　四十七岁

四月

　　五日,朱元璋遣赵好德以纱绮及鞍辔赐方国珍。

六月

　　二十五日,胡深克乐清,擒方国珍,镇抚周清、万户张汉臣、总管朱善等械送建康。

八月

　　四日,方国珍遣使至高丽通问。

九月

　　元以国珍为淮南行省左丞相,衢国公。分省庆元。

十月

　　九日,方国珍遣使至高丽通问。

元顺帝至正二十六年　丙午(1366)　四十八岁

三月

　　十三日,廷试进士七十二人,赐赫德溥化、张栋进士及第,其余出身有差。

四月

　　十七日,方国珍遣经历刘庸等贡朱元璋白金二万两。

七月

　　朱元璋遣宋迪赐方国珍纱绮鞍辔。

九月

　　七日,元以国珍为江浙行省左丞相,其弟国瑛、国珉、侄明善,为江浙行省平章政事。

十一月

　　明李文忠下余杭,国珍据境自如,遣间谍假贡献名觇胜负,又数通好于扩廓帖木儿及陈友定,图为犄角。

十二月

　　十二日,乌本良、乌斯道、罗本、高克柔等人致祭于业师赵偕。

　　韩林儿卒。

元顺帝至正二十七年　丁未(1367)　四十九岁

正月

　　朱元璋以吴纪元,本年为吴元年。

三月，

　　朱元璋设文武科举取士。

四月

　　十四日，朱元璋讨姑苏，方国珍拥兵坐视，阴遣人通扩廓及陈友定，朱元璋移书数国珍十二罪，国珍不报。

五月

　　二十四日，朱元璋置翰林院。

七月

　　初，方国珍纳款，朱元璋欲征之，报曰："三郡界元吴间，明公未便守之，若克杭撤吴之蔽，三郡归公，是我代公守也。"至是观望，持两端。朱元璋怒使征粟二十三万石，曰："克杭有日矣，公何负成约如故？张士诚与公接壤，取公振落耳，所不敢者谁在耶？吾旦暮下姑苏，奄至公境，背城一战，亦丈夫矣；不然，去之入海，亦一策也。然自古未有久海上者，公审思之。"国珍惧，与子弟将佐谋，郎中张本仁曰："江左方图张氏，胜负未卜，计不能越境而致于人。"刘席曰："江左多步骑，平地用耳，奈吾海舟何？"丘楠曰："二者皆非主所自福也，惟智可以决事，唯信可以守国，唯直可以用兵。昔者江淮之间，豪杰并起，人人莫不欲帝，然分鼎足者，汉与二吴耳。汉人敢战不怯，尚死九江；张吴区区如窦中鼠，败可知也。江左之吴，法严而军威，诸将所过，秋毫无犯，所得府库还封识之，以奉其主。吊伐之心，此必有天下，且势已并汉，势有张氏之二。公经营浙东十余年矣，不能越三郡，不以此时早决，不可谓智；自居钱镠，抑又背焉，不可谓信，我之不信彼征师焉，不可谓直，莫若与也。"国珍不能用。

　　二十七日，朱元璋置太常司，下设协律郎，负责制定朝仪、祭祀、宴会等所用乐章乐谱。首任协律郎为冷谦。

九月

　　初一，朱元璋命参政朱亮祖帅浙江衢州、金华等卫马步舟师讨方国珍。谕之曰："国珍眚窳偷生，往则必下，第其民困甚，下之日，毋杀一人。"

　　八日，徐达率兵克平江，张士诚被执，缚至建康，自缢死。

　　二十日，朱亮祖兵至天台，县尹汤盘降。

　　二十四日，朱亮祖攻台州，方国瑛出战，败之。指挥严德战死。

　　二十八日，朱亮祖克台州，方国瑛夜走黄岩。入之，遂徇下仙居诸县。

十月

　　初一，遣起居注吴琳、魏观以币求遗贤于四方。

　　朱元璋命御史大夫汤和为征南将军，金大都督府事吴祯为副将军，帅常州、长兴、宜兴、江阴诸军讨方国珍于庆元。朱元璋曰："毋杀当如徐达下姑苏。"

二十一日,朱元璋以徐达为征虏大将军,常遇春为副将军,帅兵二十五万,由淮入河,北征中原。

二十六日,朱亮祖进兵至温州,败方明善于城南,奔入城,攻克之,获员外郎刘本。朱元璋亲数其罪,鞭背溃烂而死。明善挈家先遁,亮祖分兵徇瑞安,枢密同金谢伯通降。

十一月

初一,朱亮祖以舟师袭败方明善于乐清之盘屿,追至楚门,遣百户李德招之。

九日,汤和克庆元。初,和渡浙江,夜入曹娥江夷坝通道,直抵车厩,逼庆元。方国珍封府库,具民数,使院判徐善等出降。方国珍遁入海岛。

十一日,朱元璋命中书平章廖永忠为征南副将军,帅师自海道会和讨之。

十二月

初二,朱元璋颁律令。

五日,国珍使国珉遣子明完,明则籍所部吏士船马资粮以降。国珍与子明善出降朱亮祖于黄岩。上表曰:"天无所不覆,地无所不载,者体天法地,于人无所不容。臣荷陛下覆载生成之德久矣,安敢自绝于天地,窃念臣本庸才,处于季世,保境安民,非具黄屋左纛之念。曩者陛下霆轰雷掣至于婺州,臣愚以为天命有在,遣子入侍,于时固知陛下有今日矣。日月中天,幸依末造,而陛下开诚布公,赐以手书,归其质子,俾守郡县如钱镠故事。十年之闲,与中吴角立,皆陛下之赐也。迨天兵发临吴会,臣尝上书,谓朝定杭越,暮归田里。不意今年以来,老病交攻,顿成昏昧,而兄弟子侄,志意不齐,致烦陛下兴问罪之师,方怀忧惧,未能自明,而大军已至台、温。令臣计无所出,虽遣使再三,而承诏之师势不容已,是以封府库、开城郭以俟王师之至。然犹未免为泛海计者,昔孝子于其亲也,小杖则受,大杖则走,今臣之事,适与相类。虽然,臣一介草莽,安敢自绝于天地,故每欲面缚待罪阙廷,复恐陛下万一震怒,天下后世不谓臣得罪之深,将谓陛下不能容臣,岂不累天地之大德哉!臣谨昧死奉表,伏俟严诛。"盖宁海詹鼎所草也,朱元璋读之,曰:"孰谓方氏无人哉!"至是,浙东平。

九日,方国珍率其弟国珉见汤和于军门,和乃送国珍等赴京师。

十六日,徙方国珍所署伪官左右丞、元帅刘庸等居于濠州。

元顺帝至正二十八年　明太祖洪武元年　戊申(1368)　五十岁

正月

初七,方国珍至京师入见。朱元璋曰:"公胡反复阴阳,劳我戎师耶?实公左右舞小智误公,公不能自裁耳。"遂赐第京师。

明太祖洪武二年　己酉（1369）　五十一岁

十月

　　初一,以方国珍为广西行省左丞,李思齐为江西行省左丞,俱不之官,食禄于京师。

　　是年,日本掠台州旁海民。

明太祖洪武三年　庚戌（1370）　五十二岁

十二月

　　方国珍子孙世袭指挥金事。

明太祖洪武四年　辛亥（1371）　五十三岁

十二月

　　诏靖海侯吴祯藉方国珍所部温、台、庆元三府军士及船户凡十一万一十七百余人。

明太祖洪武七年　甲寅（1374）　五十六岁

正月

　　二十七日,方国珍长子礼为广洋卫指挥金事。

三月

　　二十六日,广西行省中书左丞方国珍卒,年五十六。

参考文献

元·李克家《戎事类占》,《续修四库全书》本

元·陶宗仪《南村辍耕录》,《四部丛刊》本

元·贡师泰《玩斋集》,影印文渊阁四库全书本

元·李继本《一山文集》,影印文渊阁四库全书本

元·刘仁本《羽庭集》,影印文渊阁四库全书本

元·戴良《九灵山房集》,四部丛刊本

元·张昱《张光弼诗集》,四部丛刊本

元·卢琦《圭峰集》,影印文渊阁四库全书本

元·叶颙《樵云独唱》,影印文渊阁四库全书本

元·刘鹗《惟实集》,影印文渊阁四库全书本

明·丘濬《大学衍义补》,影印文渊阁四库全书本

明·宋濂等纂《元史》,中华书局 1976 年版

明·尹守衡《皇明史窃》,《续修四库全书》本

明·胡广等纂修《大明太祖高皇帝实录》,明抄本

明·顾秉谦等《大明神宗显皇帝实录》,明抄本

明·陈建辑《皇明通纪集要》,《四库禁毁书丛刊》本

明·陈邦瞻《元史纪事本末》,中华书局 1979 年版

明·高岱《鸿猷录》,《四库全书存目丛书》本

明·吕本等辑《皇明宝训》,《四库全书存目丛书》本

明·涂山辑《新刻明政统宗》,《四库禁毁书丛刊》本

明·刘辰《国初事迹》,《四库全书存目丛书》本

明·佚名《秘阁元龟政要》,明抄本

明·雷礼辑《国朝列卿记》,《续修四库全书》本

明·徐纮《明名臣琬琰录》,影印文渊阁四库全书本

明·过庭训《本朝分省人物考》,《续修四库全书》本

明·陈建撰,明·高汝栻订,明·吴桢增删《皇明通纪法传全录》,《续修四库全书》本

明·徐象梅《两浙名贤录》,《四库全书存目丛书》本

明·方鹏《昆山人物志》,明嘉靖刻本

明·张昶《吴中人物志》,《续修四库全书》本

明·查应光《靳史》,《四库禁毁书丛刊》本

明·凌迪知《万姓统谱》,影印文渊阁四库全书本

明·王圻《续文献通考》,《四库全书存目丛书》本

明·黄光升《昭代典则》,《四库全书存目丛书》本

明·余继登辑《皇明典故纪闻》,《四库全书存目丛书》本

明·朱睦㮮《圣典》,《续修四库全书》本

明·郑麟趾《高丽史》,《四库全书存目丛书》本

明·何乔远《名山藏》,《续修四库全书》本

明·李清《历代不知姓名录》,《故宫珍本丛刊》本

明·吴国伦《方国珍本末事略》,《四库全书存目丛书》本

明·邓元锡《皇明书》,《四库全书存目丛书》本

明·严从简《殊域周咨录》,明万历刻本

明·陈全之《蓬窗日录》,《续修四库全书》本

明·佚名《海道经》,《四库全书存目丛书》本

明·权衡《庚申外史》,《四库全书存目丛书》本

明·叶子奇《草木子》,《元明史料笔记丛刊》本

明·朱国祯《涌幢小品》,明天启二年刻本

明·蒋一葵《尧山堂外纪》,《四库全书存目丛书》本

明·长谷真逸辑《农田余话》二卷,《四库全书存目丛书》本

明·陈全之辑《辍耰述》,《续修四库全书》本

明·郎瑛《七修类稿》,《续修四库全书》本

明·张龙翼《兵机类纂》,明崇祯刻本

明·祝允明《野记》,《丛书集成新编》本

明·黄溥《闲中今古录摘抄》,《丛书集成新编》本

明·徐咸《徐襄阳西园杂记》,《丛书集成新编》本

明·茅元仪《掌记》,《四库禁毁书丛刊》本

明·余永麟《北窗琐语》,《四库全书存目丛书》本

明·佚名《天潢玉牒》,《丛书集成新编》本

明·郭良翰《续问奇类林》,明万历三十七年黄吉士等刻增修本

明·叶权《贤博编》,《元明史料笔记丛刊》本

明·张瀚《松窗梦语》,上海书店《丛书集成续编》本

明·袁忠彻《古今识鉴》,《四库全书存目丛书》本

明·曹学佺《石仓历代诗选》,影印文渊阁四库全书本

明·程敏政《明文衡》,四部丛刊本

明·宋濂《宋濂全集》,浙江古籍出版社 1999 年版

明·刘基《诚意伯文集》,影印文渊阁四库全书本

明·苏伯衡《苏平仲集》,四部丛刊本

明·乌斯道《春草斋集》,明崇祯二年萧基刻本

明·王祎《王忠文集》,影印文渊阁四库全书本

明·方孝孺《逊志斋集》,《四部丛刊初编》本

明·归有光《震川集》,四部丛刊本

明·胡应麟《少室山房集》,影印文渊阁四库全书本

明·祁承㸁《牧津》,《四库全书存目丛书》本

明·顾潜《静观堂集》,《四库全书存目丛书》本

明·陈仁锡《陈太史无梦园初集》,《四库禁毁书丛刊》本

明·唐枢《国琛集》,《丛书集成新编》本

明·钱允治、陈仁锡笺释《国朝诗余》,《续修四库全书》本

明·陈仁锡《国朝诗余》,明万历四十二年刻本

明·毛晋编《六十种曲》,中华书局 1958 年版

明·佚名《僧尼孽海》,《明清善本小说丛刊》本

明·瞿佑《剪灯新话》,《古本小说集成第四辑》本

明·冯梦龙辑《警世通言》,《古本小说集成第四辑》本

明·周楫《西湖二集》,《古本小说集成第一辑》本

清·李之素《孝经内外传》,《四库全书存目丛书》本

清·毕沅《续资治通鉴》,《续修四库全书》本

清·张廷玉等纂《明史》,中华书局 1984 年版

清·查继佐《罪惟录》,《四部丛刊三编》本

清·钱谦益《国初群雄事略》,中华书局 1982 年版

清·彭而述《明史断略》,《四库全书未收书辑刊》本

清·谷应泰《明史纪事本末》,中华书局 1977 年版

清·傅维鳞《明书》,《四库全书存目丛书》本

清·章邦元《读通鉴纲目札记》,《四库禁毁书丛刊》本

清·阎镇珩《六典通考》,《续修四库全书》本

清·谢旻《(康熙)江西通志》,影印文渊阁四库全书本

清·周昂《元季伏莽志》,《续修四库全书》本

清·洪颐煊《台州札纪》,《续修四库全书》本

清·洪若皋《海寇记》,《台湾文献丛刊》本

清·敕撰《资治通鉴纲目三编》,《资治通鉴纲目四编合刻》本

清·徐乾学《资治通鉴后编》,影印文渊阁四库全书本

清·史册《隆平纪事》,《丛书集成续编》本

清·永瑢等撰《四库全书总目提要》,中华书局 1965 年版

清·叶嘉榭撰,民国·刘绍宽增订《方国珍寇温始末》,《东游日记湖上答问东瀛观学记方国珍寇温始末》(陈庆念点校),上海古籍出版社 2005 年版

清·赵绍祖《读书偶记》,《续修四库全书》本

清·周广业《经史避名汇考》,《北图古籍珍本丛刊》本

清·孙承泽《春明梦余录》,影印文渊阁四库全书本

清·宫梦仁《读书纪数略》,影印文渊阁四库全书本

清·胡式钰《窦存》,《丛书集成续编》本

清·顾嗣立编《元诗选》,中华书局 1987 年版

清·黄宗羲《明文海》,清涵芬楼抄本

清·朱彝尊《明诗综》,影印文渊阁四库全书本

清·杜文澜《古谣谚》,《续修四库全书》本

清·李成经辑《方城遗献》,北图古籍珍本丛刊本

清·董沛《六一山房诗集》十卷《续集》十卷,《续修四库全书》本

清·潘耒《遂初堂集》,清康熙刻本

清·全祖望《鲒埼亭集外编》,《续修四库全书》本

清·褚人穫《坚瓠集》,《续修四库全书》本

清·陶元藻《全浙诗话》,《续修四库全书》本

清·王弈清《历代词话》,《词话丛编》本

清·沈雄《古今词话》,《四库全书存目丛书》本

清·徐釚《词苑丛谈》。影印文渊阁四库全书本

清·吕抚《历代兴衰演义》,中国文联出版社 1998 年版

民国·林绳武等《海滨大事记》,《台湾文献丛刊》本

民国·柯绍忞纂《新元史》,中国书店 1988 年影印本

民国·杨晨《路桥志略》,民国二十五年杨绍翰排印本

民国·方潢《民国四修石曲方氏宗谱》,民国木活字本

民国·王国维《宋元戏曲史》,上海古籍出版社 2011 年版

民国·陈衍辑《元诗纪事》,《续修四库全书》本

《(成化)宁波府简要志》,《四库全书存目丛书》本

《(正德)姑苏志》,影印文渊阁四库全书本

《(万历)绍兴府志》,明万历刻本

《(万历)温州府志》,明万历刻本

《(万历)嘉定县志》,《四库全书存目丛书》本

《(雍正)浙江通志》,影印文渊阁四库全书本

《(雍正)广西通志》,影印文渊阁四库全书本

《(雍正)宁波府志》,《中国地方志集成》本

《(康熙)江西通志》,《中国地方志集成》本

《(乾隆)鄞县志》,《续修四库全书》本

《(嘉庆)太平县志》,《中国地方志集成》本

《(光绪)黄岩县志》,《中国地方志集成》本

《黄岩新志》,线装书局,2006年版

《(民国)台州府志》,《中国地方志集成》本

《浙江通志》,影印文渊阁四库全书本

《(光绪)余姚县志》,清光绪二十五年刻本

《(光绪)宁海县志》,《中国地方志集成》本

李修生等主编《全元文》,江苏凤凰集团出版社

隋树森《全元散曲》,中华书局1964年版

张宪文、胡雪冈辑校《高则诚集》,浙江古籍出版社1992年版

章国庆编《天一阁明州碑林集录》,上海古籍出版社2008年版

汪根年、周望森等《浙江古今人物大辞典》,江西人民出版社1998年版

徐永明、赵素文《明人别集经眼叙录》,浙江古籍出版社2013年版

人名索引

人名索引

方国珍史料集

56,59,60,62,64,67,69,70,74,
75,83,84,85,86,87,89,91,93,
95,96,98,101,102,103,104,
105,106,107,109,110,112,114,
115,116,117,120,122,126,127,
130,133,140,141,143,145,148,
154,155,157,158,161,169,190,
219,256,269,271,274,275,276,
287,290,293,294

方国璋(谷璋、国章) 3,5,11,12,13,
14,16,17,18,20,21,22,23,26,
28,30,32,33,34,35,36,37,38,
42,43,44,45,47,48,49,51,53,
55,56,59,62,63,69,70,75,83,
84,87,89,90,92,95,103,104,
105,106,109,110,112,115,113,
114,115,122,126,134,138,139,
140,141,147,148,154,157,161,
207,208,256,269,276,287,
289,290

方洪 6

方宏之 4,6

方纮(子缨) 5

方桓 191

方回 4,5

方渐 5

方金 191

方濬(德明、桧屏翁)191

方克睦 6

方克勤 211

方克任 6

方克孝 6

方克恤 6

方克姆 6

方克友 6

方奎 191

方愧悟 185

方来 3,4,5

方雷氏 4

方礼 191

方良 191

方麟 140,147

方蒙 6

方敏 250

方明安 6

方明本 6

方明鞏(明巩、明蛮)30,40,74,94,
97,107,140,142,146,147,
148,219

方明克 30,59,97

方明礼(德庭、方礼、文谦)142,
145,146

方明敏 14,17,78,112,123,124,140,
142,146,147,148,155,161,182,
183,185,219,247,248,276

方明谦(德义、德让)23,34,50,87,
142,144,145,146,155,159,161,
221,255

方明善 12,14,19,21,22,23,27,28,
30,32,33,34,37,38,44,45,48,
49,56,57,58,59,60,64,73,74,
85,86,93,94,95,96,97,99,101,
105,106,110,113,114,116,117,
122,130,131,141,142,143,146,
154,161,182,183,186,187,190,
191,198,204,205,224,225,247,
271,274,275,292,295

方明伟 140,147

胡美 124,125,193,274

胡璞 158,260

胡璞（符叔）158,260

胡若海 108,292

胡深（仲渊）14,15,17,22,33,38,45,
  49,85,93,95,116,142,188,198,
  204,205,219,275,276,292,293

胡廷美 78,196

胡廷瑞 71,81,101

胡惟庸 132,194,195,203,272

胡俨 209

胡野卢 56

胡应中 151,261

虎陈 199

hua

华高 71,274

华云龙 78,274

huai

怀敌 230

huang

黄彬 274,275

黄功廓 161

黄淮（黄性、宗豫）222

黄景昭（文明）221

黄伦（汝彝）158

黄仁所 137

黄晟 161

黄㝚 248

黄吁 239

黄云泉 217

黄昭 249

黄中 37,90,105,114,123,171,172,
  173,212

黄中德（观成、元白先生）212

黄宗云 142,143

黄祖 216

晃火儿不花 65

huo

火你赤 62

霍武 272

ji

嵇康 216

吉雅谟丁 176

jia

贾伯嵩 59,60

贾策 160

贾鲁 128,179

贾彦临 153

jian

见心复禅师 231

jiang

姜珏 75,132

江文清 64,239

江信 274

江宗三 123,179,180

蒋达 202

蒋大德 215

蒋公直 77,222

蒋辉 180

蒋履泰 239

蒋学 210

蒋一葵 227,229,298

蒋英（蒋瑛）8,12,13,17,38,43,45,
  49,59,75,106,109,115,134,141

方
国
珍
史
料
集

方
国
珍
史
料
集

普颜不花 57,284

孙养浩 13,15,17,37,44,69,84,106,
　　114,290

ta

塔不台 166,167,168

tai

泰不花(泰不华、达普化、达兼善、台哈
　　布哈) 11,13,15,16,18,20,28,
　　32,35,44,47,51,52,61,65,67,
　　68,83,88,89,99,103,104,109,
　　110,111,112,126,137,149,150,
　　154,155,159,165,166,167,168,
　　169, 170, 188, 217, 254, 281,
　　285,286
泰费音 89
太不花 64
太平 284,285

tan

谭成 274
谭济 186
谭兴 274
谈迁 86,87
昙总 230

tang

汤和(汤东瓯、汤信国、汤信公) 3,12,
　　14,15,17,19,22,25,27,28,30,
　　33,34,40,41,42,43,45,49,58,
　　60,73,74,75,77,81,85,86,94,
　　95,96,97,98,99,101,106,107,
　　109,117,118,119,120,123,124,
　　130,132,136,142,144,145,148,
　　159,198,200,201,202,203,204,
　　205,220,260,265,269,271,274,
　　275,294,295

汤克明 19,30,73,96,117,143,274
汤盘 19,22,30,33,85,96,98,101,
　　117,269,274,294
汤通玄 192
唐胜宗 274

tao

陶九 65
陶侃 92
陶梦祯 266
陶氏 9,138
陶宗仪 169,291,297

te

特里特穆尔(特哩特穆尔、帖理特穆
　　尔) 89

teng

滕德懋(思勉) 174

tian

田丰 34,92,122,234,272,273
田禄生 108,292
田艺衡 179

tie

贴木儿不花 177
铁杰 65
铁木儿塔识 165,284
铁木练思 181
铁头张 202
帖里帖木儿(贴木儿、帖里铁木尔)
　　16,18,21,28,32,36,44,47,53,
　　54,62,63,64,66,67,69,83,99,
　　104,112,126,139,193
帖林沙 67
帖木 53

王宣 67,75,81,132,198

王祎 136

王愚可 213,214

王与敬(可权) 180,181,182

王恽 257

王志 274,275

王中都 53,54,153,194,199,200,221

王忠信(王信) 75,128,132

王子成 186

王子晋 146,248

王子清 21,32,48,56,113

wei

危素 230

韦正马 73

隗嚣 13,15,38,45,70,95,115,257

魏保 190

魏伯阳 236

魏骥 213

魏征(元成、玄成) 89,195,196

魏中立 65,68

尉陀 20

wen

文举 247

文清公叔光 239

文殊 275

文宗皇后 167

weng

翁金瑞 53,55

wu

乌古孙良桢 66

乌马儿 176

乌斯道 176,241,242,243,244,
293,299

吴邦大 182

吴帮大 57

吴成大 57

吴成七 53,57,195

吴澄 174

吴当 249

吴德济 274

吴第五 53

吴复 205,274,275

吴广 69,86

吴国伦 26,117,133,298

吴良 203,274

吴良 274

吴亮 220

吴履斋 257

吴朴 133

吴潜 230

吴世显 36,51,53,54,177,253

吴叔宁 182

吴悌五 55,57,182

吴天保 61,128

吴天雷 55

吴孝光(宏济) 223

吴兴(宇文) 220

吴彦嘉 152

吴祯(吴桢) 19,22,28,33,40,60,73,
77,79,85,94,96,97,98,106,
108,118,119,120,124,135,199,
203,210,220,271,274,275,276,
294,296,298

吴忠 203

吴仲明 233,234

伍子胥 153

悟良哈台 65,66,67

方国珍史料集

图书在版编目(CIP)数据

方国珍史料集 / 应再泉主编. —杭州:浙江大学
出版社,2013.6
ISBN 978-7-308-11523-0

Ⅰ.①方… Ⅱ.①应… Ⅲ.①方国珍(1319~1374)
—人物研究—史料 Ⅳ.①K827＝47

中国版本图书馆 CIP 数据核字(2013)第 103189 号

方国珍史料集
应再泉 主编
徐永明 何斌超 赵世文 副主编

责任编辑	冯社宁 赵 静	
策划编辑	王 晴	
封面设计	续设计	
出版发行	浙江大学出版社	
	(杭州市天目山路 148 号 邮政编码 310007)	
	(网址:http://www.zjupress.com)	
排 版	浙江时代出版服务有限公司	
印 刷	杭州日报报业集团盛元印务有限公司	
开 本	710mm×1000mm 1/16	
印 张	21	
字 数	430 千	
版 印 次	2013 年 6 月第 1 版 2013 年 6 月第 1 次印刷	
书 号	ISBN 978-7-308-11523-0	
定 价	60.00 元	